BRITANNICA
ALL NEW CHILDREN'S ENCYCLOPEDIA
(ブリタニカ)

宇宙(う・ちゅう)の誕生(たん・じょう)から現代(げん・だい)まで

138億年(おく・ねん)の こども大百科(だい・ひゃっ・か)

編 **クリストファー・ロイド**　執筆・監修 **100人以上の専門家**
翻訳 **権田敦司／瀧下哉代／倉橋俊介**

BRITANNICA BOOKS

Discover

BRITANNICA ALL NEW CHILDREN'S ENCYCLOPEDIA,
What We Know and What We Don't
Edited by Christopher Lloyd

Copyright © 2020 What on Earth Publishing Ltd and Britannica Inc
Japanese translation rights arranged with
THE RIGHTS SOLUTION LTD
through Japan UNI Agency, Inc., Tokyo

協力者たち

執筆者

マイケル・ブライト　イギリスのテレビ局BBCでネイチャー番組のプロデューサーを務める。住まいは、イギリス・ブリストル。作家としても、多方面で活躍する。イギリス王立生物学会の会員。

ジョン・ファーンドン　これまでに書いた科学や自然の本は100冊を上回る。王立協会ジュニア図書賞の最終候補にノミネートされること5回。イギリス・ロンドンに住む。

ジェイコブ・F・フィールド　作家、歴史家、教員。オックスフォード大学で歴史を学び、ロンドン大火の影響に関する論文で、博士号を取得。

アビゲイル・ミッチェル　中世と近世を専門とする歴史家。ケンブリッジ大学と南カリフォルニア大学で学位を取得。『The Vietnam War（ベトナム戦争）』や、スカラティック社から毎年出版される『Book of World Records（世界記録の本）』など、複数の本で、原稿の一部を書く。

シンシア・オブライエン　イギリスとカナダを拠点に活動する。『Amazing Brain Mysteries（おどろくべき脳のナゾ）』『Women Scientists Hidden in History(知られていない女性の科学者たち)』『Encyclopedia of American Indian History and Culture（アメリカ先住民の歴史と文化の大百科）』など、多数の本を出版。

ジョナサン・オキャラハン　宇宙と科学を専門とするフリージャーナリスト。イギリス・ロンドン在住。『サイエンティフィック・アメリカン』『フォーブス』『ニュー・サイエンティスト』『ネイチャー』など、複数の雑誌で記事を書く。

イラストレーター

マーク・ラッフル　イラストレーターとして20年のキャリアをもつ。動物や人間のイラストが大のお気に入り。その他、科学にまつわるものであればなんでも、絵にかくことが好き。

ジャック・タイト　イラストレーターでもあり、こども向けの本の作家でもある。イギリス・レスター在住。趣味は、地元の野生動物公園でバードウォッチングをすること。

アドバイスしてくれた専門家

ローマ・アグラワル　構造エンジニア、イギリス・ロンドン／タル・アヴガー　ユタ州立大学、アメリカ・ユタ州ローガン／A・ジャン＝リュック・アイトゥ　イリノイ工科大学、アメリカ・イリノイ州シカゴ／マイケル・D・ベイ　博士、イースト・セントラル大学、アメリカ・オクラホマ州エイダ／トレーシー・M・ベッカー　サウスウエスト研究所、アメリカ・テキサス州サンアントニオ／ジョン・ベネット　アテネ・ブリティッシュスクール、ギリシャ・アテネ／クリスティン・H・ベリー　アメリカ地質調査所・西部生態学研究センター、アメリカ・カリフォルニア州リバーサイド／アリシア・ボズウェル　カリフォルニア大学、アメリカ・カリフォルニア州サンタバーバラ／ショーナ・ブレイル　トロント大学、カナダ・オンタリオ州トロント／モニカ・ブライト　ウィーン大学、オーストリア・ウィーン／トビー・ブラウン　博士、マックマスター大学、カナダ・オンタリオ州ハミルトン／シンシア・チェステック　ミシガン大学、アメリカ・ミシガン州アナーバー／ジェレミー・クランプトン　ニューカッスル大学、イギリス・ニューカッスルアポンタイン／クリフォード・カニンガム　博士、サザンクイーンズランド大学、オーストラリア・クイーンズランド州トゥーンバ／ルイス・ダートネル　ウエストミンスター大学、イギリス・ロンドン／ダンカン・デービス　博士、ノースイースタン大学、アメリカ・マサチューセッツ州ボストン／パブロ・デ・レオン　ノースダコタ大学、アメリカ・ノースダコタ州グランドフォークス／イボンヌ・デル・バ

リェ　カリフォルニア大学バークレー校、アメリカ・カリフォルニア州バークレー／ポール・ディリー　アイオワ大学、アメリカ・アイオワ州アイオワシティ／エタナ・H・ディンカ　ジェームズ・マディソン大学、アメリカ・バージニア州ハリソンバーグ／マイケル・ダフィー　ニューカッスル大学、オーストラリア・ニューサウスウェールズ州キャラハン／ブライアン・ダイグナン　エンサイクロペディア・ブリタニカ社、アメリカ・イリノイ州シカゴ／デイヴ・エラ　ブロークンベイ教区カトリック教育事務所、オーストラリア・ニューサウスウェールズ州ペナントヒルズ／シンディ・アーマス　博士、テキサス大学サンアントニオ校、アメリカ・テキサス州サンアントニオ／アビゲイル・H・フェレステン　サイモンフレーザー大学、カナダ・ブリティッシュコロンビア州バーナビー／パオロ・フォルティ　ボローニャ大学イタリア洞窟研究所、イタリア・ボローニャ／ケビン・フォスター　教授、オックスフォード大学、イギリス・オックスフォード／スージー・ガーバー　シェフ、ヘブンフーズ料理長、イノバ病院グループ医学研究者、アメリカ・マサチューセッツ州サマービル／エリザベス・グラハム　ロンドン大学、イギリス・ロンドン／シャーロット・グリーンバウム　人口調査局、アメリカ・ワシントンDC／エリック・グレガーセン　エンサイクロペディア・ブリタニカ社、アメリカ・イリノイ州シカゴ／デビッド・ハンナ　バーミンガム大学、イギリス・バーミンガム／ニコラス・ヘンシュー　博士、ニューヨーク州立大学バッファロー校、アメリカ・ニューヨーク州バッファロー／平野克弥　カリフォルニア大学ロサンゼルス校、アメリカ・カリフォルニア州ロサンゼルス／胡英杰　ニューヨーク州立大学バッファロー校、アメリカ・ニューヨーク州バッファロー／アレクサンダー・D・ヒューリン　教授、アラバマ大学、アメリカ・アラバマ州タスカルーサ／キース・ハクセン　国立第二次世界大戦博物館、アメリカ・ルイジアナ州ニューオリンズ／ジョン・O・ハイランド　クリストファー・ニューポート大学、アメリカ・バージニア州ニューポートニューズ／サリマ・イクラム　アメリカン大学カイロ校、エジプト・カイロ／ジョゼフ・E・イニコリ　ロチェスター大学、アメリカ・ニューヨーク州ロチェスター／キンバリー・M・ジャクソン　博士、スペルマン大学、アメリカ・ジョージア州アトランタ／マイク・ジェイ　作家、医学歴史家、イギリス・ロンドン／ローラ・ケイリン　プリンストン大学、アメリカ・ニュージャージー州プリンストン／ダンカン・キーナン＝ジョーンズ　クイーンズランド大学、オーストラリア・クイーンズランド州セントルシア／パトリック・V・キルヒ　カリフォルニア大学バークレー校、アメリカ・カリフォルニア州バークレー／エリック・クレメッティ　博士、デニソン大学、アメリカ・オハイオ州グランビル／ルディ・クーン　南アフリカ天文台、南アフリカ・プレトリア／ジェイス・クリアコス　博士、マンチェスター大学、イギリス・マンチェスター／ニコラ・ラネリ　カターニア大学、イタリア・シチリア島、古代地中海近東研究センター宗教研究所、イタリア・フィレンツェ／クリスティーナ・ラッツェローニ　バーミンガム大学、イギリス・バーミンガム／ダリン・ルホー　クイーンズ大学、カナダ・オンタリオ州キングストン／ミランダ・リン　イリノイ州立大学、アメリカ・イリノイ州ノーマル／ジェーン・ロング　ロアノーク大学、アメリカ・バージニア州セーレム／ジャニス・ロフ　オーストラリア海洋科学研究所、オーストラリア・クイーンズランド州タウンズビル／ジスレイン・ライドン　カリフォルニア大学ロサンゼルス校、アメリカ・カリフォルニア州ロサンゼルス／ヘンリー・R・マール3世　カリフォルニア大学サンタバーバラ校、アメリカ・カリフォルニア州サンタバーバラ／ディノ・J・マーティンズ　ムパラ研究センター、ケニア・ナニュキ／マイケル・モーエル　コロンビア大学、アメリカ・ニューヨーク州ニューヨーク／カレン・マコーム　教授、サセックス大学、イギリス・ファルマー／リチャード・ミード　海運専門紙『ロイズリスト』、イギリス・ロンドン／イアン・モリソン　グレシャム大学第35代天文学教授、イギリス・マックルズフィールド／ブレンダン・マーフィー　セント・

フランシス・ザビエル大学、カナダ・ノバスコチア州アンティゴニッシュ／ロブテル・ニージェイ・ペイリー　ロンドンスクール・オブ・エコノミクス・アンド・ポリティカルサイエンス、イギリス・ロンドン／マシュー・P・ネルセン　フィールド自然史博物館、アメリカ・イリノイ州シカゴ／グレゴリー・ノワッキ　アメリカ農務省林野部、アメリカ・ウィスコンシン州ミルウォーキー／マイク・パーカー・ピアソン　ロンドン大学、イギリス・ロンドン／ビル・パーキンソン　フィールド自然史博物館、アメリカ・イリノイ州シカゴ／メリッサ・ペトルッツェロ　エンサイクロペディア・ブリタニカ社、アメリカ・イリノイ州シカゴ／マーティン・ポーリー　デ・モントフォート大学スポーツ歴史文化国際センター、イギリス・レスター／ジョン・P・ラファティ　エンサイクロペディア・ブリタニカ社、アメリカ・イリノイ州シカゴ／マイケル・レイ　エンサイクロペディア・ブリタニカ社、アメリカ・イリノイ州シカゴ／ギル・リロヴ　博士、イスラエル海洋湖沼研究・国立海洋研究所、イスラエル・ハイファ／カーラ・ロジャーズ　エンサイクロペディア・ブリタニカ社、アメリカ・イリノイ州シカゴ／マーガレット・C・ラング　ルーズベルト大学、アメリカ・イリノイ州シカゴ／ユージェニア・ラッセル　独立研究者、イギリス／マーク・サプウェル　博士、考古学者・考古学編集者、イギリス・ロンドン／ジョエル・サートレイ　ナショナル・ジオグラフィック・フォト・アーク、アメリカ・ネブラスカ州リンカーン／ベンジャミン・ソーヤー　博士、ミドルテネシー州立大学、アメリカ・テネシー州ナッシュビル／マーク・C・セレズ　アメリカ国立雪氷データセンター、コロラド大学ボルダー校、アメリカ・コロラド州ボルダー／プラヴィナ・シュクラ　インディアナ大学ブルーミントン校、アメリカ・イリノイ州ブルーミントン／マイケル・G・スミス　教授、パデュー大学、アメリカ・インディアナ州ウエストラファイエット／ネイサン・スミス　博士、ロサンゼルス自然史博物館、アメリカ・カリフォルニア州ロサンゼルス／ジャック・スナイダー　コロンビア大学、アメリカ・ニューヨーク州ニューヨーク／ソン・ホウメイ　シンシナティ美術館、アメリカ・オハイオ州シンシナティ／ヘブン・テイラー＝ウィン　ポインター研究センター、アメリカ・フロリダ州セントピーターズバーグ／シルヴァーナ・テンレイロ　ロンドンスクール・オブ・エコノミクス・アンド・ポリティカルサイエンス、イギリス・ロンドン／ロリ・アン・テルジェセン　国立女性歴史博物館、アメリカ・バージニア州アレクサンドリア／ミシェル・サラー　博士、NASAゴダード宇宙飛行センター、アメリカ・メリーランド州グリーンベルト／デビッド・トン　ケンブリッジ大学、イギリス・ケンブリッジ／サラ・タトル　ワシントン大学、アメリカ・ワシントン州シアトル／ポール・ウルリヒ　カリフォルニア大学デービス校、アメリカ・カリフォルニア州デービス／ハビエル・ウルシッド　ブランダイス大学、アメリカ・マサチューセッツ州ウォルサム／ロレンツォ・ヴェラチーニ　スウィンバーン工科大学、オーストラリア・ビクトリア州メルボルン／ローラ・フォークト　国立第一次世界大戦記念博物館、アメリカ・ミズーリ州カンザスシティ／ジェフ・ウォレンフェルト　エンサイクロペディア・ブリタニカ社、アメリカ・イリノイ州シカゴ／リンダ・J・ウォルターズ　セントラルフロリダ大学、アメリカ・フロリダ州オーランド／デヴィッド・J・ワッサースタイン　ヴァンダービルト大学、アメリカ・テネシー州ナッシュビル／ドミニク・ウジャスティク　アルバータ大学、カナダ・アルバータ州エドモントン／マン・シュ　タフツ大学、アメリカ・マサチューセッツ州メドフォード／タイミーヤ・R・ザーマン　サンフランシスコ大学、アメリカ・カリフォルニア州サンフランシスコ／アリシャ・ゼラスコ　エンサイクロペディア・ブリタニカ社、アメリカ・イリノイ州シカゴ／ジーナ・A・ズルロ　ゴードン・コンウェル神学校・世界キリスト教研究センター、アメリカ・マサチューセッツ州ボストン

まえがき

エンサイクロペディア・ブリタニカ社は1768年から、人々の知りたいという気持ちや、学ぶ喜びに貢献しています。この本も、そのような想いから作った1冊です。この本を開けば、宇宙のどんな時代にも、どんな場所にも行くことができます。きっと、ワクワク・ドキドキが止まらないはずです。たとえば、ブラックホールの中に入ったり（ちゃんと出てこられます！）、中世の城をめぐったり、なんてことも。また、未来に行って、地球や私たちにとって一番大切なことはなにか、知ることだってできます。ページをめくるたびに、新しい発見があるでしょう。そして、私と同じように、モゾモゾと動きだしそうな虫のページを見たら、少しだけゾッとするかもしれません……。

とにかく、どのページもおもしろく、目がはなせません。ただし、この本に書かれていることは、いずれ変わってしまいます。私たちはその事実を喜ぶべきでしょう。なぜかって？　「未解決のナゾ」というコーナーを読んでみてください。学者や研究者など、この本を作るために協力してくれた、優れた頭脳の持ち主たちが、来る日も来る日も研究に力を注ぎ、新たな発見をしているからです。そのような人たちが一生懸命、ひとつひとつ丁寧に調べているおかげで、私たちの生きるこの世界について、わかっていることが増えてきました。そして、わかっていないことがたくさんあることも、見えてきたのです。

エンサイクロペディア・ブリタニカ社は、事実こそが大切だと考えています。ですので、読者のみなさんに伝える情報が正しいのか、一から十まで、厳しくチェックしています。もちろん、この本の1ページ1ページについても同様です。エンサイクロペディア・ブリタニカ社は、250年以上にわたって、さまざまな情報を分析し、事実を追い求め、専門家たちとともに、社会の発展に努めてきました。こども向けのブリタニカ・ブックス・シリーズも、その点を大きな喜びとしています。今回もクリストファー・ロイドの編集による、新しいこども百科辞典を、みなさんに届けることができて、とてもうれしく思っています。

J・E・リューベリング
編集ディレクター
エンサイクロペディア・ブリタニカ社

目次

はじめに　クリストファー・ロイド……1

第1章 宇宙
ジョナサン・オキャラハン
2

ビッグバン　4／銀河　6／天の川銀河　8／恒星　10／星雲　12／星座　14／宇宙から宇宙を見る　16／ブラックホール　18／太陽系外惑星　20／太陽系　22／太陽　24／惑星探査　26／岩石惑星　28／巨大ガス惑星　30／衛星　32／小惑星　34／カイパーベルト　36／ロケット　38／人工衛星　40／有人宇宙船　42／宇宙の探査へ……　44／宇宙の終わり　46／専門家に質問しよう！　48／クイズ　49

第2章 地球
ジョン・ファーンドン
50

地球の誕生　52／宇宙の中の地球　54／地球の測量　56／地球の内部　58／地球　60／プレートテクトニクス　62／火山　64／地震と津波　66／山　68／岩石と鉱物　70／巨大結晶！　72／地球の資源　74／化石　76／恐竜の発見　78／化石燃料　80／水の世界　82／地球の氷　84／大気　86／天気　88／メガストーム　90／気候　92／自然による気候変動　94／専門家に質問しよう！　96／クイズ　97

第3章 物質
ジョン・ファーンドン
98

原子　100／元素　102／放射線　104／化合物　106／燃焼　108／固体・液体・気体　110／プラズマ　112／金属　114／非金属　116／プラスチック　118／生命の化学　120／エネルギー　122／音　124／電気　126／光　128／スピードを目指して　130／力　132／重力　134／圧力　136／空気より軽く　138／のばす、つぶす　140／単純機械　142／専門家に質問しよう！　144／クイズ　145

第4章 生きもの
マイケル・ブライト
146

生命の始まり　148／進行中の進化　150／生きものの分類　152／ミクロの世界　154／植物と菌類　156／動物　158／虫　160／生態系　162／雨林　164／タイガと温帯林　166／草原　168／エベレスト　170／砂漠　172／淡水の生きもの　174／海岸　176／サンゴ礁の危機　178／外洋　180／深海　182／地球の両端　184／小さくなる氷　186／都市の野生動物　188／自然の利用　190／専門家に質問しよう！　192／クイズ　193

第 5 章
人 間
シンシア・オブライエン

194

人類の誕生 196 ／人体 198 ／DNAと遺伝 200 ／脳 202 ／感情 204 ／感覚 206 ／食べ物と料理 208 ／服装とかざり 210 ／宗教 212 ／争いと戦争 214 ／言語と物語 216 ／読み書き 218 ／芸術の始まり 220 ／舞台芸術 222 ／暦 224 ／お金 226 ／犯罪と法律 228 ／教育 230 ／仕事 232 ／ゲームとスポーツ 234 ／祭り 236 ／死の儀式 238 ／専門家に質問しよう！ 240 ／クイズ 241

第 6 章
古代と中世
ジェイコブ・F・フィールド

242

最初のオーストラリア人 244 ／肥沃な三日月地帯 246 ／古代メソポタミア 248 ／ストーンヘンジ 250 ／中国の最初の王朝 252 ／古代エジプト 254 ／古代の神々 256 ／アンデス文明 258 ／太平洋に移り住む 260 ／ミノア人、ミケーネ人、フェニキア人 262 ／オルメカとマヤ 264 ／ペルシア帝国 266 ／古代ギリシア 268 ／アレクサンドロス大王 270 ／マウリヤ朝 272 ／兵馬俑 274 ／古代ローマ 276 ／ビザンツの世界 278 ／古代アフリカの王国 280 ／中国の唐王朝 282 ／イスラム黄金時代 284 ／中世ヨーロッパ 286 ／専門家に質問しよう！ 288 ／クイズ 289

第 7 章
近 代
アビゲイル・ミッチェル

290

アフリカの帝国 292 ／ルネサンス 294 ／アステカとインカ 296 ／大航海時代 298 ／ムガル帝国 300 ／日本の太平 302 ／新たな帝国 304 ／イギリスとフランスの北アメリカ植民地 306 ／アメリカの奴隷制度 308 ／革命の時代 310 ／医学の歩み 312 ／産業革命 314 ／第1次世界大戦 316 ／女性参政権 318 ／共産主義の台頭 320 ／にわか景気と不況 322 ／第2次世界大戦 324 ／冷戦 326 ／脱植民地化 328 ／公民権 330 ／新たな緊張、新たな希望 332 ／世界の政治地図 334 ／専門家に質問しよう！ 336 ／クイズ 337

第 8 章
現在とこれから
ジョナサン・オキャラハン

338

1つの世界 340 ／なんでも、どこでも 342 ／不平等 344 ／食料問題 346 ／世界に電気を 348 ／現代の戦争 350 ／大富豪 352 ／都市 354 ／インターネット 356 ／メディア 358 ／人工素材 360 ／医療技術 362 ／スマート技術とAI 364 ／環境問題 366 ／大量絶滅 368 ／絶滅危惧種 370 ／気候変動の影響 372 ／気候変動の防止 374 ／原子力 376 ／再生可能エネルギー 378 ／未来の都市 380 ／未来の人類 382 ／専門家に質問しよう！ 384 ／クイズ 385

情報源 386 ／用語集 394 ／索引 402 ／画像クレジット 414

はじめに

　あなたは、朝起きるのが得意ですか？　中には「そんなの簡単！」という人もいるかもしれません。でも以前の私のように「目覚まし時計をいくつも用意しないと起きられない」という人もいるでしょう。ただし、今の私はちがいます。

　おどろかれるかもしれませんが、私がすんなり起きられるようになったのは、本を書きはじめてからのことです。なぜ、起きられるようになったかと言えば、それは、自分の知らないことに出あえば出あうほど、新しい発見にワクワクするようになったからです。そのワクワクは、今も続いています。「今日はどんな人と会えるだろう？」「どんな新しい発見があるのだろう？」そう思うと、ワクワクがおさえきれずに、ベッドの中にいられなくなってしまいます。そう、この世界は、不思議でいっぱいで、面白いことばかりなんです。

　たとえば、温めると、空気の中に消えてしまうもの。それが何か、答えられますか？　手品？　いいえ。答えは、だれもが知っている「水」です。

　今度は、夜空を思いうかべてみてください。夜空にかがやく星は、現在の姿ではありません。それぞれ、いろんな時代の昔の姿を見せているのです。1万5000年前の姿を見せている星だってあります。星の光が地球に届くまで、それだけ長い時間がかかるのです。

　私が本を書きはじめた理由は、2人のむすめが、好きなことについてどんどん知りたがるようになったからでした。長女のマチルダが大好きなのは、ペンギン。ペンギンについて、くわしく知りたければ、この本の185ページを見てください。次女のベリティは、食べ物が大好きです。食べ物については208ページにのっています。

　好きなことは人それぞれちがうので、自分の面白いと思うテーマがどこにあるか、一目でわかると便利です。ですから、この本では、左側のページの下に、あわせて読んでほしいページが記されています。面白いと思うテーマが見つかったら、ページの左下で「あわせて読んでみよう」と紹介されているページも、読んでみてください。

　ぜひ、気の向くまま自由にページをめくってみてください。どこからでも読めるように、この本はつくられています。もちろん、前から順に読むのが好きなら、最初のページから読みすすめるのもいいでしょう。そうすれば、この宇宙の始まりのビッグバンから冒険を始めることができます。そして地球が生まれ、あらゆる生命が登場し、やがて人間が登場してくる。そして、残りのページが少なくな

るころには、現在の世界へとたどりつき、さらに、これからの世界がどうなるか、じっくり考えさせられるでしょう。

　私がこれまで学んできた中で、1つだけ言えることがあります。それは、わかっていることが1つ増えるたびに、わかっていないことがいくつも出てくるということです。つまり、答えが1つ見つかれば、真理に少し近づく一方で、それまでは思いもよらなかった新しいナゾがたくさん現れます。そして、新しいナゾの多くは、まだきちんと解決されていないのです。この本では、そのようなナゾを「未解決のナゾ」と題して、紹介しています。どれも、とても面白いものばかりです。

　この本は、多くの人たちが協力してくれたおかげで、完成しました。それぞれの章の書き手が、多くの調査をしたうえに、100人以上の専門家たちが、アドバイスをしてくれました。アドバイスしてくれた専門家は、それぞれのページの左下に、名前がのっています。また、専門家が、いろいろな質問に答えてくれるコーナーもあるので、ぜひ読んでみてください。

　あなたもいつか、専門家になるかもしれません。一番好きなことは何ですか？　宇宙？　自然？　考古学？　それとも、科学技術？　1人ひとり好きなことがちがうのは、本当にすばらしいことです。それぞれの知識を足しあわせれば、この世界について、実に多くのことを理解できるということだからです。私には1つ夢があります。それは、この本を読んでくれた人が、好きなことについて、ますます知ろうとしてくれることです。思いもよらないナゾは、まだまだたくさん存在します。この本には、ワクワクするようなナゾがたくさん待ちうけています。

クリストファー・ロイド
ホワット・オン・アース社

太陽は、巨大な火の玉だ。超高温のガスでできているため、地面はない。地球から1億4960万kmもはなれているが、すさまじい量の光と熱によって、地球上のほぼすべての現象にエネルギーをあたえている。

第 1 章
宇宙

　さあ、ドキドキワクワクの宇宙をめぐる旅へと出かけよう。まさに今、きみがのっているのは、おどろくほど大きな丸い岩だ。きみがのるその岩は、実は時速10万km以上のスピードで宇宙をつき進んでいる。数千億個の巨大な火の玉とともに、天の川銀河の中をぐるぐると回っているのだ。そう、その岩の名前は地球。そして、巨大な火の玉は、恒星という。太陽も恒星の1つだ。この話を聞いただけでも、現実はどんな物語より、はるかにおもしろいことがわかるだろう。

　第1章は、まず宇宙の誕生からスタートする。無限のエネルギーをもつ小さな1点が爆発した138億年前の話だ。そして最後に、未解決のナゾについて考えたい。いつ、どのように宇宙は終わるのか。そもそも、宇宙に終わりは存在するのだろうか。読み進めていけばわかるとおり、宇宙の旅では、ナゾを1つ解決するたび、新たにたくさんのナゾが出てくる。たとえば、地球以外に知的生命体のいる星はあるのだろうか？　なぜ、宇宙には反物質よりも物質が多いのだろうか？　宇宙飛行士がブラックホールに吸いこまれてしまうと、一体どうなるのだろうか？　さあ、宇宙の旅に出かけて、いろんな発見を楽しもう。多くのナゾがきみを待ちうけているはずだ。

ビッグバンの証拠

ビッグバンの一番たしかな証拠は、夜空を観測してとらえた宇宙マイクロ波背景放射（CMB）だ。CMBをうつした右の画像は、宇宙全体にうすく広がる形で残っているビッグバンの熱を表している。アメリカ航空宇宙局（NASA）が打ち上げたウィルキンソン・マイクロ波異方性探査機（WMAP）によって撮影されたものだ。

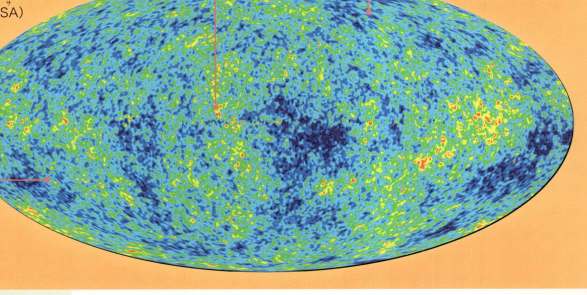

物質が多く、銀河がつくられている場所は温度が高い

物質が少なく、銀河がまばらな場所は温度が低い

色のちがいは、温度の差を表す。赤いところほど温度が高く、青いところほど低い

ハトのしわざ？

1964年、アメリカの天文学者アーノ・ペンジアスとロバート・ウィルソンが、電波望遠鏡を使って夜空を観測しようとしたら、多くの電波ノイズ（テレビ電話画面の乱れのようなもの）が入った。電波望遠鏡のアンテナに2匹のハトが巣を作っていたため、2人はハトのフンのせいだと考えた。しかし、ハトをつかまえてフンを掃除しても、電波ノイズは消えなかった。そこで2人は、電波ノイズが宇宙マイクロ波背景放射だと気がついた。つまり、ビッグバンの証拠をつかんだのだ！

オドロキの事実！

宇宙が生まれたとき、水素とヘリウムぐらいしか、元素はなかった。それら2つの元素によって、巨大な恒星がつくられた。やがて恒星の中心部で新たな元素が出現。恒星が爆発して、新たな元素が宇宙空間にばらまかれた。

H 水素 75%　He ヘリウム 25%

未解決のナゾ

なぜ、宇宙には反物質よりも物質が多い？

物質（いわゆる、モノ）と対をなすのが、反物質だ。物質と反物質がぶつかると、2つとも消えて、エネルギーだけが残る。物質と反物質は、ビッグバンによって同じ量だけ生みだされたと考えられている。ではなぜ、物質は反物質のように消えずに、現在の宇宙をつくるようになったのか？　答えはまだナゾのままだ。

専門家から一言！

サラ・タトル
天文学者

サラ・タトルは、天の川銀河周辺の銀河を観測している。望遠鏡で夜空を見ながら、宇宙の始まりについて考えることが大好きだという。はたして、宇宙はどこからやってきたのだろうか？　ビッグバンの前は、宇宙はどうなっていたのだろうか？

「私たちが生きているのは、時間の中？ 空間の中？　それとも、両方の中？」

銀河

夜空を見上げると、銀河であふれている。銀河とは、重力によって一体化している、さまざまな恒星やガス、ちりなどの集まりのこと。宇宙には、最大2兆個の銀河があるといわれている。天の川銀河をふくめ、銀河の多くは宇宙が誕生してまもなく、つくられている。

銀河は地球からどう見える？

私たちの目に映る星のほとんどは、天の川銀河の中の恒星だ。ただし、北半球（赤道より北の場所）からは、地球から最も近いアンドロメダ銀河を、肉眼で見ることができる。また南半球からは、天の川銀河の周りを公転する2つの銀河、大マゼラン雲と小マゼラン雲を見ることが可能だ。

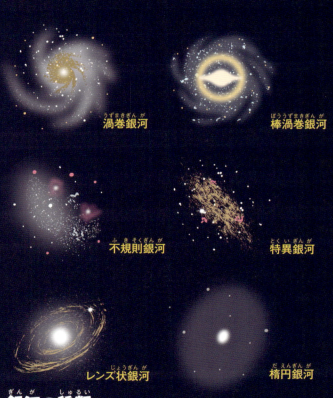

渦巻銀河　棒渦巻銀河
不規則銀河　特異銀河
レンズ状銀河　楕円銀河

銀河の種類

天文学では、銀河を形によって分ける。渦巻銀河は、渦を巻きながら外に広がる形が特徴的だ。太陽系がある天の川銀河は棒渦巻銀河で、渦巻銀河とちがって中心に棒状の部分がある。不規則銀河と特異銀河は、はっきりとした形をもたない。また、渦を巻いているが外に広がっていない銀河を、レンズ状銀河という。楕円銀河はタマゴのような形をしている。

多くの星がきらめく場所は、天の川銀河の円盤だ

天の川銀河から最も近いアンドロメダ銀河

カナダのアルバータ州立恐竜公園のかなたにしずむ金星

アドバイスしてくれた専門家：トビー・ブラウン　**あわせて読んでみよう**：ビッグバン、p.4〜5；天の川銀河、p.8〜9；恒星、p.10〜11；宇宙から宇宙を見る、p.16〜17；太陽系外惑星、p.20〜21；宇宙の終わり、p.46〜47；重力、p.134〜135

銀河同士がぶつかるとき

宇宙ではすべてのものが動いている。この写真は、2つの銀河がぶつかってできた銀河NGC6052を写したものだ。私たちの天の川銀河は今からおよそ45億年後、アンドロメダ銀河にぶつかると予想されている。アンドロメダ銀河と合体してできる新しい銀河を、科学者たちはミルコメダ銀河と呼んでいる。

歴史を変えた人物

ヘンリエッタ・スワン・リービット
天文学者　1868〜1921年　アメリカ

ほとんどの科学者は20世紀になるまで、天の川銀河が宇宙のすべてだと考えていた。しかし1912年、アメリカの天文学者ヘンリエッタ・リービットが恒星までの距離を計算する方法を考えだした。すると、天の川銀河のはるか遠くにも、恒星があることがわかった。そして1924年、エドウィン・ハッブルがリービットの方法を用いて、アンドロメダ銀河が天の川銀河とは別の銀河であることを明らかにした。

未解決のナゾ

私たちは人間以外の知的生命体を見つけられるのだろうか？　他の知的生命体はどのような見た目をしているのだろうか？

宇宙には、膨大な数の銀河や恒星、惑星系がある。物理学の法則と合わせて考えれば、地球のように知的生命体が生きる惑星が他にもある可能性がとても高い。科学者たちは、地球以外に知的生命体がいるかどうかよりも、むしろ他の知的生命体がどのような外見で、どのようにすれば見つけられるのか、ということを問題にしている。

天の川銀河

私たちの太陽系は、天の川銀河という銀河の中にある。天の川銀河は地球から見ると、まるで夜空にきらめく長い帯のようにうつる。今私たちが目にしている天の川銀河は、135億年かけて多くの小銀河が衝突し、できあがったものだ。天の川銀河の巨大な渦巻には、大きくカーブをえがく主な腕が2本と、中心から短めにのびる小さな腕が2本ある。

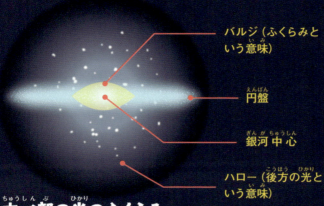

- バルジ（ふくらみという意味）
- 円盤
- 銀河中心
- ハロー（後方の光という意味）

中心部の光のふくらみ

天の川銀河全体と中心部のバルジの構造は、横から見るとわかりやすい。天の川銀河をつくる数千億個の恒星のほとんどは、バルジをふくむ平らな円盤の中にある。ただし、中心から遠くはなれたハローの中にも、恒星は存在する。

数字で見る天の川銀河
豆知識リスト

1. 1兆1200億年：時速96kmで走る自動車が、天の川銀河を横切るのにかかる時間。
2. 135億年：宇宙で天の川銀河が誕生してから過ぎた時間。
3. 2万5000光年：天の川銀河の銀河中心から太陽系までの距離。
4. 1000億〜4000億個：科学者が予想する天の川銀河の恒星の数。NASAによると、正しい数はわからないという。
5. 数千億個：1つの恒星の周りを、1つ以上の惑星が回っているとして計算した、天の川銀河の惑星の数。
6. 2億4000万年：天の川銀河が1回転するのにかかる時間。
7. 45億年後：天の川銀河が最も近いアンドロメダ銀河にぶつかるとき。

たて・ケンタウルス腕は、地球から5万5000〜6万光年の場所までのびる

はくちょう腕は、じょうぎ腕の外側の一部だと見られている

天の川銀河を包むハローの中にあるダークマター（正体不明の物質）は、この銀河全体の質量の約90%をしめる

アドバイスしてくれた専門家：ミシェル・サラー　あわせて読んでみよう：ビッグバン, p.4〜5；銀河, p.6〜7；恒星, p.10〜11；星雲, p.12〜13；星座, p.14〜15；宇宙から宇宙を見る, p.16〜17；ブラックホール, p.18〜19；太陽系, p.22〜23

天の川銀河の地図

私たちは天の川銀河の中にいるため、渦巻の形を直接見ることはできない。ただし、左のようにイメージすることはできる。NASAが打ち上げたスピッツァー宇宙望遠鏡の赤外線観測データから、天の川銀河全体のイメージをえがくことができるのだ。チリのセロ・トロロ汎米天文台の観測では、遠3キロパーセク渦状腕という、天の川銀河の新たな腕が発見された。遠3キロパーセク渦状腕は、他の小さな腕と同じく多くのガスや若い恒星でできている。

遠3キロパーセク渦状腕は2008年、天文学者によって発見された

じょうぎ腕に、ややあいまいな形をした小さな腕だ

中心部には、いて座A*と呼ばれる、超大質量のブラックホールがある。その質量は、太陽の400万倍だ

ブラックホールを中心に、約100億個の恒星が回っていて、銀河の「棒」をつくっている

恒星が密集しているペルセウス腕

オリオン腕（またはオリオン渦状腕）は、地球がある小さな腕だ

9

恒星

恒星は、ガス（気体）でできている巨大な天体だ。宇宙には、知られているだけでも、膨大な数の恒星が存在する。ガスの中心部では、核融合という反応が起きていて、とてつもない量のエネルギーが生みだされ、光や熱として放出されている。恒星の明るさは、エネルギーの大きさや星の年齢によって決まる。太陽のように、周りを惑星が回っている恒星がほとんどだ。

目で直接見ると数千個だが、望遠鏡だと、はるかに多くの恒星が見える

接眼レンズによって、見える大きさが変わる

なぜ、恒星はキラキラかがやくの？

恒星がキラキラかがやくのは、地球の大気のしわざだ。はるか遠くの恒星から地球にやってきた光は、大気の温度や密度のちがいに影響を受け、曲がりながら進む。恒星がキラキラかがやくように見えるのは、恒星からの光があちこち曲がりながら、私たちの目に届くからだ。

イタリアの科学者ガリレオ・ガリレイが1609年、初めて望遠鏡を使って夜空を観測した

天体観測

恒星をくわしく見るためには、望遠鏡がいる。屈折望遠鏡は、レンズ（表面がふくらんだりへこんだりしているガラス）と長いつつを使って、恒星からの光を観測する道具だ。つつに届いた恒星の光は、レンズを通って焦点に集まり、恒星の姿を映し出す。接眼レンズというもう1つのレンズが、その恒星の姿を拡大する仕組みだ。

アドバイスしてくれた専門家：イアン・モリソン　あわせて読んでみよう：ビッグバン、p.4～5；銀河、p.6～7；星雲、p.12～13；星座、p.14～15；太陽、p.24～25；宇宙の終わり、p.46～47；大気、p.86～87；固体・液体・気体、p.110～111；光、p.128～129；重力、p.134～135；圧力、p.136～137

恒星の一生

恒星の寿命は、数百万年をこえる。中には、数十億年以上生きる恒星も存在する。恒星の寿命は、構成する物質の多さで決まる。物質が多ければ多いほど、燃料が早くなくなり、寿命は短くなる。黄色わい星の太陽は、50億年後には赤色巨星となり、やがて爆発して、白色わい星という高密度の天体として一生を終える。

ガスやちりがそれぞれ引きつけ合ってできた星雲から、恒星は生まれる

ガスやちりが多いと、大きな恒星ができる

ガスやちりが少ないと、わい星という小さな恒星ができる

太陽は、黄色わい星という、ごく普通の恒星だ

宇宙の中で最大級の恒星を、超巨星という

太陽は最終的にふくらんで赤色わい星になる

寿命をむかえた超巨星は、超新星爆発を起こすことがある

表面部分のガスがはなれてゆき、ガス星雲の中心核が残る

超巨星がとても大きな場合、超新星爆発のあとにブラックホールができる

それほど大きくない場合は、中性子星という高密度の天体になる

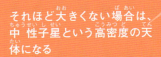

ガス星雲の中心核は白色わい星として、数兆年かがやき続ける

オドロキの事実！

恒星を見るということは、昔を見るということだ。 なぜなら、恒星の光は時間をかけて、私たちに届くからだ。たとえば、太陽系から一番近い恒星プロキシマ・ケンタウリは、4.2光年（注：光速で4.2年かかる距離）はなれているため、私たちは4.2年前の姿を見ていることになる。250万光年はなれているアンドロメダ銀河であれば、250万年前の姿を見ているわけだ。

専門家から一言！

イアン・モリソン
天文学者

イアン・モリソンは12才のときに宇宙に興味をもち、自分で望遠鏡を作った。今はアマチュア天文家向けに本を書いたり、フェニックス計画の中で地球外生命体を探したりしている。

「恒星が生みだす炭素や酸素、ケイ素、鉄などの元素のおかげで、惑星がつくられ、生命が存在しています」

星雲

銀河内の恒星の間に広がる星間空間には、水素やヘリウムなどを成分とするガスやちりが、雲のようにまとまって、ただよっている。これを星雲と呼ぶ。重力によって一体化している星雲もあれば、寿命が近い恒星から放出された星雲もある。なかでも大きく、見事な形の星雲は、超新星爆発（恒星誕生のきっかけとなる出来事）によってできたものだ。

近くの恒星からの風によって、タワーのようにたちのぼるガスとちり

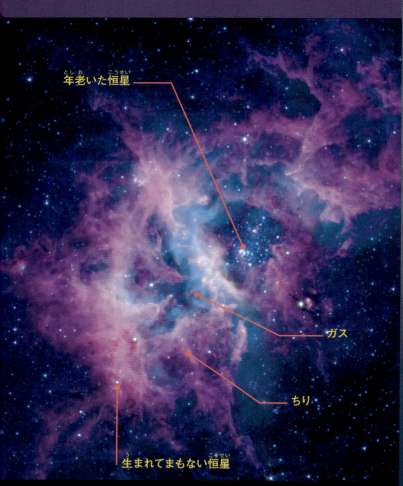

年老いた恒星

ガス

ちり

生まれてまもない恒星

星の苗床

南の空に見える、りゅうこつ座の星雲RCW49は、2000個以上の恒星を生みだしている。つまり、星の苗床のような場所だ。RCW49は普段、暗いちりにおおわれているが、NASAのスピッツァー宇宙望遠鏡であれば、ガスやちりを通りぬける赤外線をとらえて、画像として見ることができる。

創造の柱

最も有名な星雲の1つが、わし星雲だ。特に、創造の柱と呼ばれる部分がよく知られている。天の川銀河のオリオン渦状腕に位置する地球から、およそ6500光年はなれた場所で、おどろくほど多くのガスとちりが、全長約5光年の柱をつくりだしているのだ。わし星雲全体では、70光年ほどの大きさになる。

アドバイスしてくれた専門家：イアン・モリソン　あわせて読んでみよう：ビッグバン、p.4〜5；銀河、p.6〜7；天の川銀河、p.8〜9；恒星、p.10〜11；巨大ガス惑星、p.30〜31；固体・液体・気体、p.110〜111；重力、p.134〜135

星雲は、中にふくまれる化学元素によって色がちがう。硫黄があると赤い

さまざまな星雲

星雲は、地球からの見え方や、星雲になるまでの過程によって、分類される。幻想的な形で、はしからはしまでの長さが数百光年という巨大な星雲もあれば、中心から等しく丸く広がっている小さな（長さが2光年ほどの）惑星状星雲という星雲もある。大まかに、明るい散光星雲と暗い暗黒星雲の2つに大別できる。

惑星状星雲は、超新星にならずに一生を終えた恒星から生まれる。丸い形が多い

輝線星雲。中にある水素原子が、高温の恒星からの紫外線によって活性化し、赤い光を放つ

反射星雲。中にあるちりが、近くの超高温の恒星からの青い光を反射する。反射星雲自体は、ほとんど光を発しない

オリオン座にある馬頭星雲は、暗黒星雲の1つだ。高密度のちりが光を吸収する

超新星

恒星は、内側に引っぱる重力と、中心核のガスや熱による外側におしだす圧力とが、つり合うことで成り立っている。大きな恒星が燃料を使い果たすと、外側におしだす圧力が弱くなり、重力が上回って内側へと崩壊する。その後、恒星の表層が中心核に到達すると、今度はトランポリンのように外側にはねかえり、爆発する。とても強い光を放つこの大きな爆発を、超新星爆発という。爆発のあと、ブラックホールができる場合もある。

オドロキの事実！

地球とほぼ同じ大きさの星雲は、ジャガイモ1ふくろ分ほどの重さしかない！ なぜなら、星雲をつくるガスやちりはどれも、とても軽いからだ。しかし、ガスやちりの集まりが何光年という距離まで広がると、かなり重くなり、星雲は重力によってつぶれる。そして、新たな恒星の誕生へとつながるのだ。

13

星座

星座とは、夜空にさまざまな形をえがく、恒星の組み合わせのことだ。古代の人たちは、恒星がえがく形に、動物や、神話の登場人物などの名前をつけた。現在知られている主な星座は、古代ギリシアに由来する。見える星座の種類は、観測場所が北半球か南半球かによって異なる。また、太陽と地球の位置関係によっても変化する。

北半球から見える星座

北半球から見える星座のうち、見つけやすいものとしてWの形が目印のカシオペヤ座やオリオン座（ギリシア神話のオリオンのベルトを表す三つ星が特徴）、十字形の、はくちょう座などがあげられる。

うお座　くじら座　ペガスス座　おひつじ座　おうし座　みずがめ座　さんかく座　アンドロメダ座　いるか座　カシオペヤ座　ペルセウス座　オリオン座　はくちょう座　きりん座　ぎょしゃ座　北極星　わし座　こと座　こぐま座　ふたご座　へびつかい座　ヘルクレス座　りゅう座　やまねこ座　かに座　かんむり座　うしかい座　おおぐま座　かみのけ座　しし座

神話上の生き物

おおぐま座は、北半球から見える星座の中で、最も明るい星座の1つだ。古代ギリシアの人々は、このおおぐま座を、ギリシア神話の中でクマに姿を変えられた精霊カリストに見立てた。おおぐま座には、北斗七星が存在する。

腰からしっぽに位置する7つの恒星を合わせて、北斗七星という

星空がとてもきれいな世界の名所

デス・バレー国立公園（アメリカ）
テイデ天文台（スペイン・テネリフェ島）
ゴビ砂漠（モンゴル）
アタカマ砂漠（チリ）
ナミブランド自然保護区（ナミビア）
マウナケア（アメリカ・ハワイ島）
アオラキ・マッケンジー（ニュージーランド）

アドバイスしてくれた専門家：イアン・モリソン　**あわせて読んでみよう**：銀河、p.6〜7；天の川銀河、p.8〜9；恒星、p.10〜11；大航海時代、p.298〜299

スピカは、おとめ座で一番明るい恒星だ。おとめ座は、すべての星座の中で2番目に大きい

南の夜空いっぱいに広がるうみへび座。一部地域では、メスのみずへび座ともいわれる

南半球から見える星座

南半球から見える星座の中で、最も明るい星座の1つが、たこあげのたこのような形をした、みなみじゅうじ座だ。みなみじゅうじ座は、南の方角を探すときに目印となる。

リートという回転盤を回すと、恒星の位置がわかる仕組みだ

リート上のそれぞれの針が、明るく光る恒星の位置を示す

リートの下にある平らな盤は、宇宙全体を表す

恒星の地図をつくる

古代ギリシアの天文学者たちが、初めて夜空の正確な地図をつくることに成功したのは、アストロラーベ（上）という道具のおかげだった。アストロラーベを使って、夜空にかがやく恒星などの位置を特定したのだ。イスラム世界の天文学者たちも、いのりをささげる時間や、聖都メッカの方角を知るために、アストロラーベを活用した。15世紀に始まった大航海時代では、船乗りたちが船の針路を決めるため、アストラーベを参考にした。

南北の目印

昔の船乗りや探検家たちは、北の方角を見つけるために、北極の上空にある北極星を探した。また南半球では、南の方角を知るために、みなみじゅうじ座をたよりにした。

15

主鏡から反射してくる赤外線を望遠鏡に集める副鏡

テニスコートほどの遮光板で太陽の光をさえぎり、高温になるのをさけながら宇宙を観測する

宇宙から宇宙を見る

　恒星には、どんなナゾがあるのだろうか？　私たちは今、最新の望遠鏡で、宇宙をくわしく調べている。最も有名な宇宙望遠鏡は、NASAが1990年に打ち上げたハッブル宇宙望遠鏡（HST）だろう。また、さらに新しい超高性能の宇宙望遠鏡も、宇宙の奥深くに送りこまれている。その1つが、ジェイムズ・ウェッブ宇宙望遠鏡（JWST）だ。JWSTは、金でコーティングした巨大な主鏡によって、赤外線をとらえ、宇宙を観測する。つまり天体からの熱を検出することで、宇宙の知られざる姿にせまっているのだ。

アドバイスしてくれた専門家：クリフォード・カニンガム　あわせて読んでみよう：ビッグバン、p.4 〜 5：ブラックホール、p.18 〜 19：太陽系外惑星、p.20 〜 21：太陽系、p.22 〜 23：太陽、p.24 〜 25：岩石惑星、p.28 〜 29：巨大ガス惑星、p.30 〜 31：衛星、p.32 〜 33：人工衛星、p.40 〜 41：宇宙の探査へ……、p.44 〜 45

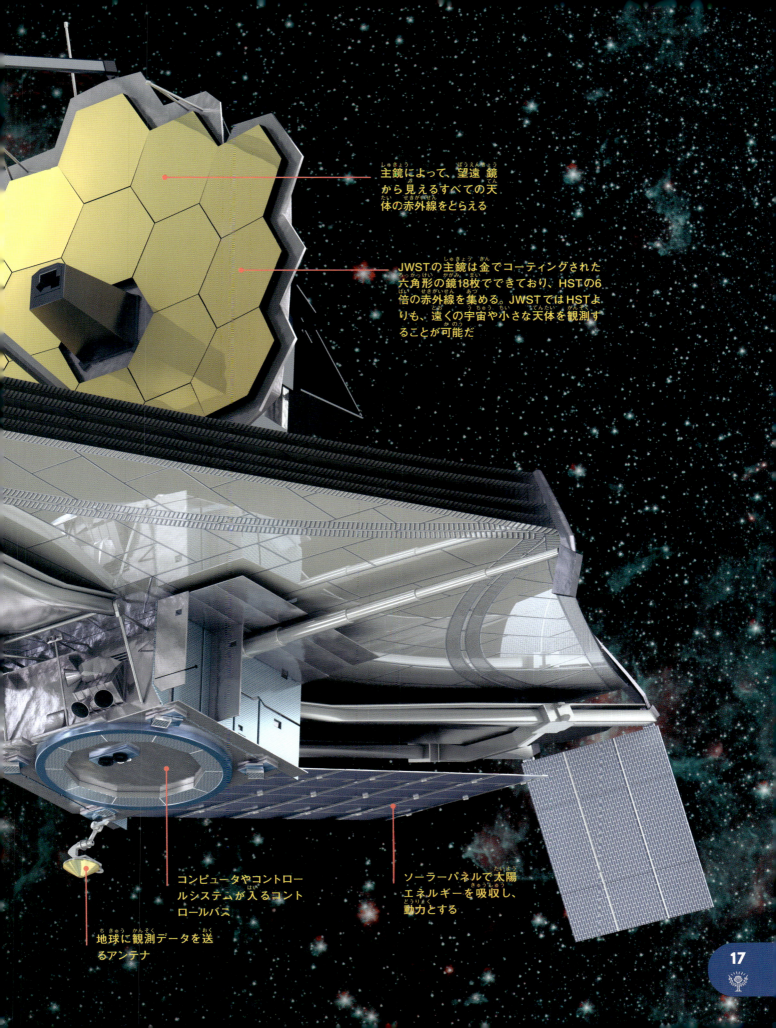

主鏡によって、望遠鏡から見えるすべての天体の赤外線をとらえる

JWSTの主鏡は金でコーティングされた六角形の鏡18枚でできており、HSTの6倍の赤外線を集める。JWSTではHSTよりも、遠くの宇宙や小さな天体を観測することが可能だ

コンピュータやコントロールシステムが入るコントロールバス

ソーラーパネルで太陽エネルギーを吸収し、動力とする

地球に観測データを送るアンテナ

このブラックホールの質量は、なんと太陽の65億倍だ

ラックホールの「シャドウ（かげ）」と呼ばれる。光でさえも進路がゆがみ、奥に吸いこまれる

ブラックホール

　ブラックホールは、極めて強い重力によって、あらゆるものをのみこんでしまう天体だ。多くの場合、大質量の恒星が一生を終えたときに、その一部が限りなく小さくおしつぶされることで生まれる。原子のように小さく、山のように重いミニブラックホールから、銀河の中心に位置する超大質量ブラックホールまで、さまざまな種類がある。

ブラックホールの初めての画像

　光でさえも脱出できないので、ブラックホール自体を目で見ることは不可能だ。しかし2019年、銀河M87の中心にあるブラックホールを取り巻く明るいガスが、初めて撮影された。世界各地の電波望遠鏡を同時に動かし、イベント・ホライズン・テレスコープ（EHT）という1つのスーパー望遠鏡に仕立て、撮影に成功した。それまで科学者たちは、恒星や高温ガスに作用する重力を調べて、ブラックホールの場所を特定していた。

アドバイスしてくれた専門家：ミシェル・サラー　あわせて読んでみよう：ビッグバン、p.4〜5；星雲、p.12〜13；宇宙の中の地球、p.54〜55；原子、p.100〜101；エネルギー、p.122〜123；電気、p.126〜127；光、p.128〜129；力、p.132〜133；重力、p.134〜135

ブラックホールの構造

ブラックホールの重力は中心に近づくほど強い。ブラックホールの周りでは、ガスとちりが重力に引きよせられながら回転している。降着円盤と呼ばれる1億℃近い高温の円盤だ。降着円盤の内側には、事象の地平面という境界面があり、そこより中に入ると重力があまりに強く、どんなものでも出られない。ブラックホールの中心は、特異点だと考えられている。物質が限りなく集中し、密度が無限大になる1点だ。

ほぼすべての銀河の中心に、超大質量のブラックホールがある。天の川銀河の中心にあるブラックホールは、いて座 A* と呼ばれる

ブラックホールの周りでは、ガスやちりが高速で回転し、電磁波を放射しながら、超高温の降着円盤を構成する

事象の地平面より内側に入ると、重力によって、あらゆるものが出られなくなる。特異点と呼ばれる中心は、密度が無限大の1点だと考えられている

歴史を変えた人物

スティーブン・ホーキング
物理学者　1942〜2018年　イギリス

彼のおかげで、ブラックホールの実体が見えはじめてきた。ホーキングは、ブラックホールから出されるものがあるかもしれないと指摘し、ホーキング放射と名づけた。ホーキング放射は、光の一部だ。ブラックホールは、ホーキング放射を出すとエネルギーを失う。ホーキング放射はまだ確認されていないが、科学者たちは観測を続けている。

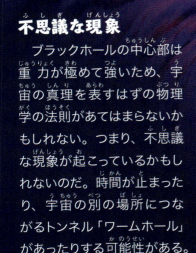

不思議な現象

ブラックホールの中心部は重力が極めて強いため、宇宙の真理を表すはずの物理学の法則があてはまらないかもしれない。つまり、不思議な現象が起こっているかもしれないのだ。時間が止まったり、宇宙の別の場所につながるトンネル「ワームホール」があったりする可能性がある。

未解決のナゾ

宇宙飛行士がブラックホールに吸いこまれてしまうと、一体どうなるのだろうか？

ブラックホールの重力によって、体が事象の地平面に向かってスパゲティ化する、つまりスパゲティのようにのびると予想されている。

しかし、ブラックホールの中心で、宇宙飛行士がどうなるかは、ナゾのままだ。

19

太陽系外惑星

周回する惑星をもつ恒星は、太陽だけではない。天の川銀河には数千億個の恒星があり、そのほとんどが惑星をもつと考えられている。太陽系の外にある惑星は、太陽系外惑星と呼ばれる。太陽系外惑星は、これまで5000個以上発見されている。そのサイズは地球より小さなものから、木星よりはるかに大きなものまでさまざまだ。科学者たちは今、生命の存在する太陽系外惑星があるかどうかを調べている。

ケプラー宇宙望遠鏡

NASAのケプラー宇宙望遠鏡は2009年から、燃料を使いはたす2018年まで、地球の公転軌道上で観測を行った。一般に、惑星が恒星の前を通ると、恒星の光がさえぎられて弱くなる。遠くの恒星の光が弱くなるのを観測して、多くの太陽系外惑星を発見したのだ。この方法は、トランジット法と呼ばれる。

彗星は、太陽系ができたときに残った氷や岩石を成分とする

惑星系の中心には、必ず恒星がある。太陽系の場合、中心にあるのは太陽だ

巨大ガス惑星は、恒星から離れたところでガスやちりを集めて形成される

生まれたての惑星は渦巻くちりを切りさきながら進む

小惑星は、惑星になりきれなかった天体で、岩石を主成分とする。ときどき、惑星に衝突する

どうやって、太陽系はできた？

太陽系のような惑星系の誕生は、ガスやちりの円盤の中心に、恒星ができることから始まる。その後、恒星の自転にともない、一部のガスやちりがまとまり、そのかたまりが長い年月をかけて大きくなっていく。それが惑星にまで成長するには、何百万年という時間が必要だ。その間に、小惑星や彗星などの、小さな天体が数多く生まれる。

アドバイスしてくれた専門家：トレーシー・M・ベッカー、エリック・グレガーセン　あわせて読んでみよう：銀河、p.6〜7；天の川銀河、p.8〜9；恒星、p.10〜11；宇宙から宇宙を見る、p.16〜17；太陽系、p.22〜23；太陽、p.24〜25；惑星探査、p.26〜27；岩石惑星、p.28〜29；巨大ガス惑星、p.30〜31

オドロキの事実!
太陽系外惑星NGTS-10bの1年は、たった18時間ほどだ!

2019年に発見された太陽系外惑星NGTS-10bは、恒星との距離がとても近く、約18時間で恒星の周りを1周する。木星に似た特徴をもつNGTS-10bのような惑星は、恒星から遠い場所でつくられたあとに近づいたと考えられている。「ホットジュピター」と呼ばれ、温度は数千℃にも達する高温だ。ホットジュピターはいずれ、恒星によって引きさかれる運命にある。

太陽系外惑星での初めて
年表

1984年 太陽系外の天体を取り巻く円盤が、初めて発見される。

1992年 太陽系外の天体を公転する惑星が、初めて確認される。

1995年 太陽系外の恒星を公転する惑星(ペガスス座51番星b)が天文学者によって初めて発見される。

2004年 太陽系外惑星の画像が初めて撮影される。その惑星は2M1207bと名づけられた。

2009年 ケプラー宇宙望遠鏡が打ち上げられる。その後数千個もの惑星が新たに発見される。

2015年 地球のように生命がいる可能性のある惑星ケプラー452bが見つかる。

2016年 太陽系から最も近い恒星を公転する、惑星プロキシマ・ケンタウリbが発見される。

2017年 ケプラー90系に、太陽系と同じ数の惑星があることが判明。TRAPPIST-1系には地球とほぼ同じ大きさの惑星が7個あることもわかった。

2018年 太陽系外惑星を探査する宇宙望遠鏡TESSが打ち上げられる。

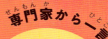

エリック・グレガーセン
天文学専門の編集者

グレガーセンは、天文学と宇宙探査を専門とする、ブリタニカ社の編集者だ。おどろくような新事実が次々と発見されるから、天文学が大好きだという。

「新しい太陽系外惑星がどんどん見つかって、天文学は今、とても盛り上がっています」

未解決のナゾ
第2の地球はあるのか?

これまで何千個もの太陽系外惑星が見つかっているが、「第2の地球」として認められた惑星は1つもない。太陽のような恒星を公転する、地球に似た惑星は、まだ発見されていないのだ。もし発見されれば、地球と同じように生命体が存在するかもしれない。そのため天文学者は、惑星の公転軌道が、生命の生存に適した領域を表すハビタブル・ゾーンで、恒星の周りを回る惑星を探している。

21

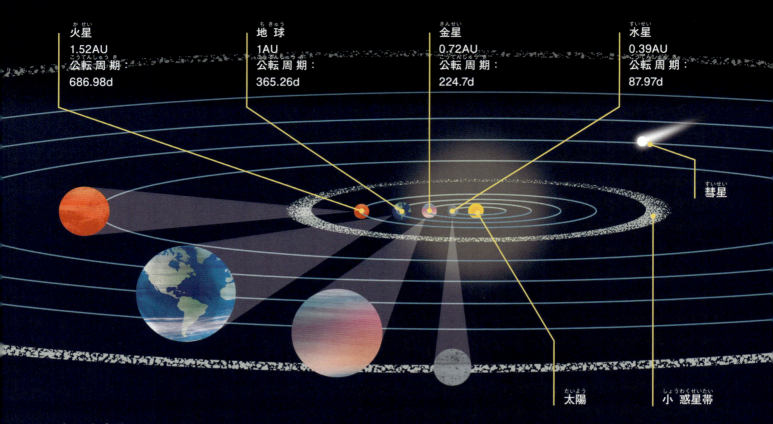

火星
1.52AU
公転周期:
686.98d

地球
1AU
公転周期:
365.26d

金星
0.72AU
公転周期:
224.7d

水星
0.39AU
公転周期:
87.97d

彗星

太陽

小惑星帯

太陽系

太陽系は、私たち人間にとって、ふるさとといえる場所だ。惑星や、冥王星のような準惑星、小惑星など、さまざまな天体が太陽の周りを回っている。太陽系には8つの惑星があり、一番小さいのが水星、一番大きいのが木星だ。火星と木星の間には、小惑星帯があり、広い範囲にわたって小惑星が集まっている。また海王星の外側には、彗星や小惑星が集中するカイパーベルトという領域がある。さらにその外側には、多くの彗星が球面のように分布するオールトの雲が存在する。

AU＝天文単位1AUは
太陽と地球の平均距離
d＝地球上の1日
y＝地球上の1年

自転周期

それぞれの惑星が自転軸を中心に1回自転するのにかかる時間は、地球上の1日、つまり地球が1回自転するのにかかる時間を単位に計算される。地球上の1日は、24時間より少し短い23時間56分4秒だ。木星の1日は、地球上の半日にも満たない。

水星 58.65d　金星 243.02d　地球 0.99d　火星 1.03d
木星 0.41d　土星 0.44d　天王星 0.72d　海王星 0.67d

オドロキの事実！

ボイジャー計画で打ち上げられた各宇宙探査機のコンピュータのメモリ容量はたった70kbで、インターネット上の画質の悪い写真と同じくらいしかない。そのメモリ容量で、太陽系や、さらに遠くの宇宙を40年以上も、観測し続けている。

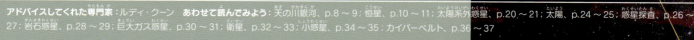

アドバイスしてくれた専門家：ルディ・クーン　あわせて読んでみよう：天の川銀河, p.8～9；恒星, p.10～11；太陽系外惑星, p.20～21；太陽, p.24～25；惑星探査, p.26～27；岩石惑星, p.28～29；巨大ガス惑星, p.30～31；衛星, p.32～33；小惑星, p.34～35；カイパーベルト, p.36～37

木星
5.2AU
公転周期：
11.86y
(4,332.82d)

土星
9.54AU
公転周期：
29.45y
(10,755.70d)

天王星
19.19AU
公転周期：
84.02y
(30,687.15d)

海王星
30.07AU
公転周期：
164.79y
(60,190.03d)

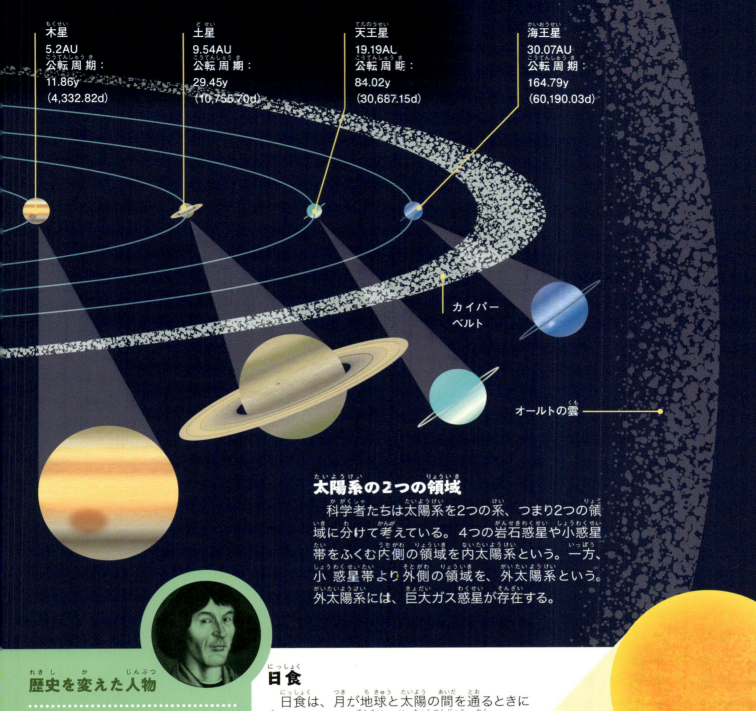

カイパーベルト

オールトの雲

太陽

太陽系の2つの領域

科学者たちは太陽系を2つの系、つまり2つの領域に分けて考えている。4つの岩石惑星や小惑星帯をふくむ内側の領域を内太陽系という。一方、小惑星帯より外側の領域を、外太陽系という。外太陽系には、巨大ガス惑星が存在する。

歴史を変えた人物

ニコラウス・コペルニクス
天文学者　1473～1543年　ポーランド

ヨーロッパの人々は何世紀もの間、地球が宇宙の中心だと考えてきた。しかしニコラウス・コペルニクスが16世紀、地球などの惑星が太陽の周りを回っていると主張した。そのおかげで、宇宙に対する見方が変わったのだ。

「知っていることは知っている、知らないことは知らない、と知ることこそが、真の知識である」

日食

日食は、月が地球と太陽の間を通るときに起こる。3つの天体が一直線上に並ぶと、月が太陽の光をさえぎり、地球の一部の地域にかげをつくるのだ。普段、太陽を直接目で見ることは危険だが、日食のときは日食グラスを使って見ることができる。

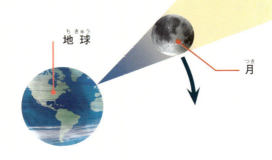

地球　　月

23

太陽

太陽は、太陽系全体にエネルギーを送り届けている恒星だ。およそ45億年前、ガスやちりを成分とする星雲から生まれた。巨大なガスのかたまりで、黄色わい星として知られる。直径は約140万kmで、主に水素とヘリウムからできているが、中心核には重い金属もふくまれる。中心核の温度は、なんと1500万℃に達する！

太陽の表層の温度は約5500℃だが、その外側を取り巻くコロナと呼ばれる大気の温度は数百万℃だ。なぜ、コロナがそれほど高温なのかは、まだわかっていない

生命の源

太陽のエネルギーは、中心核でつくられている。中心核では核融合が起こっていて、水素がヘリウムに変化している。それにともない膨大な量のエネルギーが放出されているのだ。太陽が放つ光や熱は、太陽系全体に届く。私たち人間が生きているのは、地球に届く太陽の光や熱のおかげだ。ただし、他の惑星だとそうとはいえない。たとえば金星では、太陽の熱で温度が高くなりすぎて、人間は生きていけないのだ。太陽の光は、外太陽系の冥王星の表層にも到達する。

太陽の光
豆知識リスト

1. **光の放射** 太陽が放つ光のほとんどは、可視光線だが、紫外線や赤外線もふくまれている。
2. **太陽風** 太陽は常に表層から、太陽風という粒子の流れをふきだしている。太陽風の粒子は、惑星の大気の原子と反応してオーロラをつくる。オーロラは木星や土星だけではなく地球でも見られる。地球のオーロラは、北極光や南極光とも呼ばれる。
3. **太陽フレア** 太陽表層で、かがやきながら爆発する現象を太陽フレアといい、膨大なエネルギーを宇宙空間に放っている。
4. **コロナ質量放出** 太陽はコロナ質量放出という大きな「げっぷ」をして、宇宙空間に大量の物質をはきだす。はきだされた物質は、地球に届くと、地球の磁場に影響をおよぼしながら進む。太陽フレアと同じく、通信システムや電気を送るシステムなどに、障害をもたらすことがある。

太陽の磁場の作用で外側にアーチ状にふき出す紅炎

アドバイスしてくれた専門家：イアン・モリソン　**あわせて読んでみよう**：銀河、p.6〜7；天の川銀河、p.8〜9；宇宙から宇宙を見る、p.16〜17；太陽系、p.22〜23；宇宙の終わり、p.46〜47；大気、p.86〜87；原子、p.100〜101；固体・液体・気体、p.110〜111；エネルギー、p.122〜123

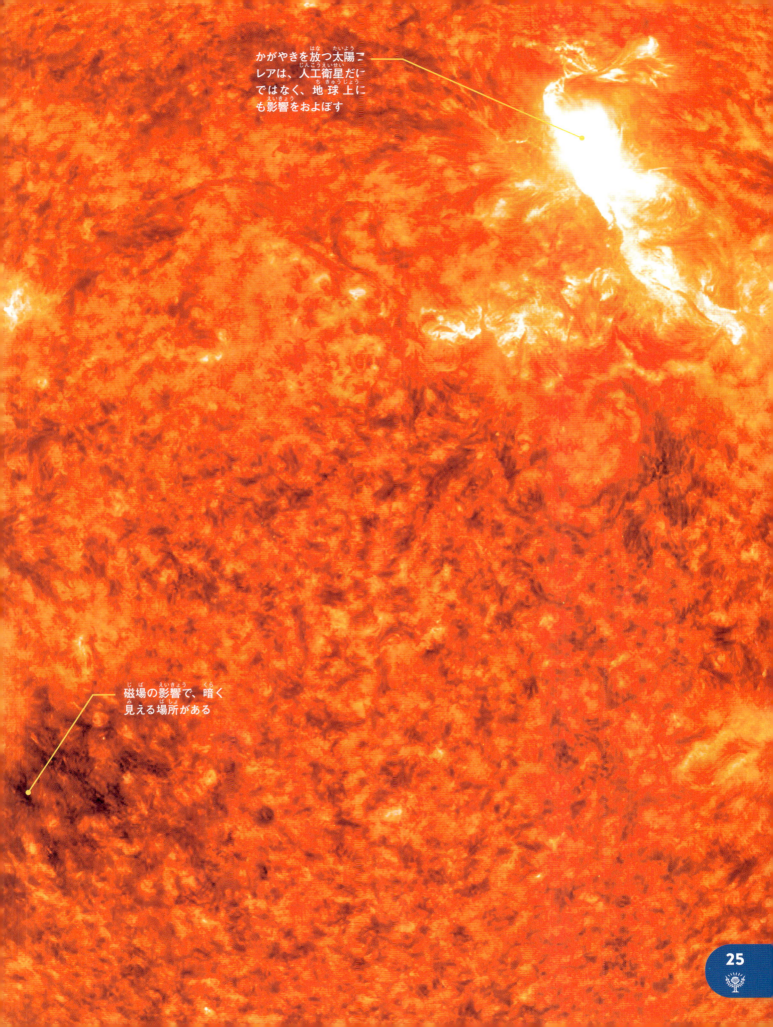

かがやきを放つ太陽フレアは、人工衛星だけではなく、地球上にも影響をおよぼす

磁場の影響で、暗く見える場所がある

惑星探査

科学者たちは1960年代から、さまざまな宇宙計画の中で、地球以外の天体に探査機を送りこんできた。金星には、これまでロシアを中心に、いくつかの国が探査機を着陸させている。いずれも、わずかな時間しか動かなかったが、おどろくような画像を地球に届けてくれた。またアメリカ、ロシア、中国、日本、インド、ヨーロッパは、いずれも月探査機を打ち上げている。火星には、生命活動のきざしを探す探査車が送りこまれている。

火星探査車キュリオシティ

NASAの探査車キュリオシティ（英語で「好奇心」の意味）は2012年8月6日、火星に着陸した。キュリオシティは火星表面をゆっくりと動きながら、かつて火星に生物がいたかどうかを調べている。キュリオシティによって、着陸場所のゲールクレーターが、昔は湖だったことが明らかになった。またキュリオシティが発見した小石から、何十億年も前に、火星に川が流れていたこともわかった。

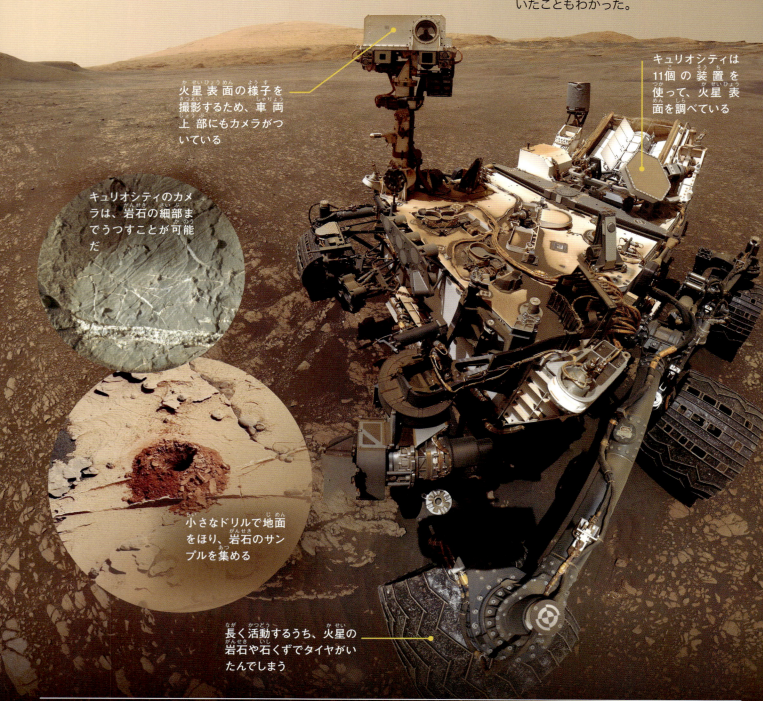

火星表面の様子を撮影するため、車両上部にもカメラがついている

キュリオシティは11個の装置を使って、火星表面を調べている

キュリオシティのカメラは、岩石の細部までうつすことが可能だ

小さなドリルで地面をほり、岩石のサンプルを集める

長く活動するうち、火星の岩石や石くずでタイヤがいたんでしまう

アドバイスしてくれた専門家：ルディ・クーン　あわせて読んでみよう：太陽系、p.22～23；岩石惑星、p.28～29；巨大ガス惑星、p.30～31；小惑星、p.34～35；カイパーベルト、p.36～37；原子力、p.376～377

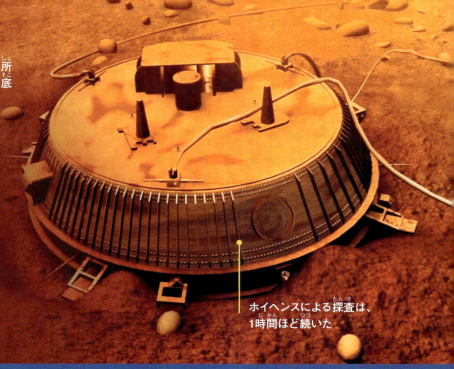

ホイヘンスの着陸場所は、干上がった川の底だと考えられている

ホイヘンスによる探査は、1時間ほど続いた

オドロキの事実！
土星の衛星タイタンには、海や湖がある。タイタンは、地球以外で表面に液体をもつ、私たちが知るたった1つの天体だ。しかし、タイタンの液体は石油に似ていて、水ではない。NASAと欧州宇宙機関（ESA）は2005年、ホイヘンスという探査機をタイタンに送りこんだ。ホイヘンスはパラシュートで着陸し、タイタン表面を初めて撮影することに成功した。

太陽系探査
豆知識リスト

人間はこれまで、小惑星や彗星、惑星、衛星など、太陽系のさまざまな天体に探査機を着陸させてきた。わずかな時間の探査もあれば、今なお続く探査もある。いずれにしても、太陽系には広く人類のつめあとが残されている。探査機の着陸先は、次のとおりだ。

1. **月** これまで6度の有人月面着陸計画が実行された。

2. **火星** キュリオシティをふくめ、複数の探査機や探査車が火星に着陸している。火星探査は今も進行中だ。

3. **金星** 金星は気温と気圧がとても高く、大体1時間以内に通信が途絶えてしまう。

4. **タイタン** 今のところ、着陸したのはホイヘンスだけだ。

5. **小惑星** これまでいくつかの探査機が小惑星への着陸に成功しており、地球にサンプルを持ち帰った例もある。

6. **彗星** 欧州宇宙機関（ESA）の打ち上げた探査機が2014年、初めて彗星に着陸した。

専門家から一言！

ルディ・クーン
天文学者

ルディ・クーンは、世界最大級の南アフリカ大型望遠鏡（SALT）で宇宙を観測している天文学者だ。主に、太陽系外惑星の発見に力を注いでいる。

「天文学者は、それまでだれも目にしたことがない、びっくりするような天体ショーを、最初に見ることができる。たとえば、はるかかなたの恒星の周りを回っている惑星とか、恒星の爆発とか、銀河同士の衝突とかをね」

未解決のナゾ
金星に活火山はあるのか？
金星の地表は、とてもこい大気でおおわれているため、外部からは見ることができない。しかし科学者たちは赤外線やレーダーを使って、金星の地表にあるかもしれない活火山を探している。もし見つかれば、私たちが考える以上に、金星は地球に似ていることになる。

赤外線やレーダーを活用して、金星表面を調べている

27

岩石惑星

岩石惑星の成分は、主に岩石だ。太陽系では、4つの惑星が岩石惑星にあたる。つまり、水星、金星、地球、火星だ。いずれも、石英などの岩石を構成するケイ酸塩や、金属でできており、表面は固体だ。また、中心部は金属を主成分とする。岩石惑星の表面は、ガスの層でおおわれていることが多い。このガスの層を大気という。

惑星の断面図（同じ縮尺）

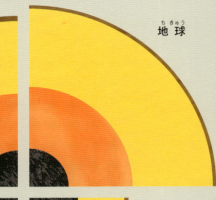

岩石惑星の内部

岩石惑星は、ガスやちりの小さなかたまりが長い年月をかけて、結びつくことで生まれる。ボールのように丸い形に結合していき、ある程度大きく、高温になると、金属と岩石の層に分かれる。金属からなる中心部を核という。そして、核を取り巻く岩石の層をマントルという。一番外側の岩石の層は、地殻と呼ばれる。

オドロキの事実！

水星のカロリス盆地は天体の衝突によるものだが、その衝突は、水星の反対側の地表が盛り上がるほど激しかった。今から40億年前の出来事だ。なお、カロリス盆地の直径は1525kmにもなる。

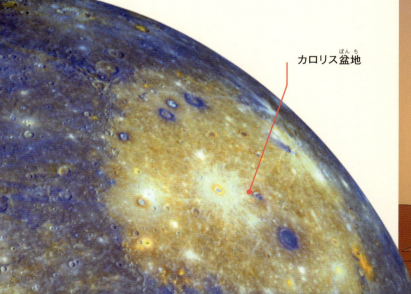

カロリス盆地

息ができない金星の大気

金星は、岩石惑星の中で最もこい大気をもつ。内側に熱がこもるため、太陽系の惑星で一番温度が高い。また金星の大気には、危険な硫酸がふくまれており、人間は息をすることができない。

硫酸を成分とする、分厚い雲で、太陽の光の多くがはね返される

地表に届いた太陽の光は、雲によって閉じこめられ、地表にとどまる

二酸化炭素などのガスも閉じこめられるため、余計に高温になる

アドバイスしてくれた専門家：トレーシー・M・ベッカー　あわせて読んでみよう：天の川銀河、p.8〜9；恒星、p.10〜11；太陽系外惑星、p.20〜21；太陽系、p.22〜23；太陽、p.24〜25；惑星探査、p.26〜27；巨大ガス惑星、p.30〜31；衛星、p.32〜33；小惑星、p.34〜35；カイパーベルト、p.36〜37

赤い惑星

赤い惑星とも呼ばれる火星のかつての環境は、地球のようだったと考えられている。数十億年前には、大小さまざまな海が地表に広がっていたかもしれない。いずれにしても、火星の分厚い大気はいつしか太陽風によって、はぎとられてしまった。そして、地表のさびた鉄がつくる赤い死の世界が残されたのだ。

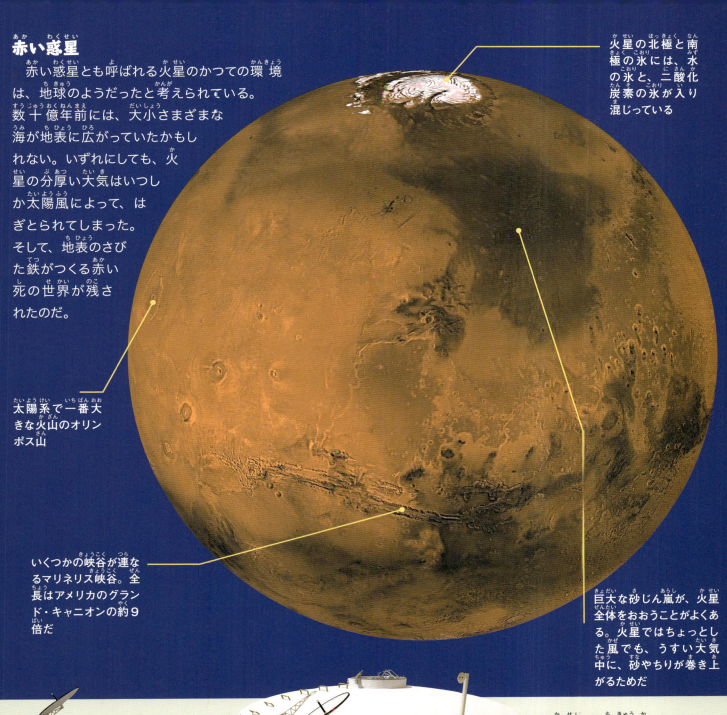

火星の北極と南極の氷には、水の氷と、二酸化炭素の氷が入り混じっている

太陽系で一番大きな火山のオリンポス山

いくつかの峡谷が連なるマリネリス峡谷。全長はアメリカのグランド・キャニオンの約9倍だ

巨大な砂じん嵐が、火星全体をおおうことがよくある。火星ではちょっとした風でも、うすい大気中に、砂やちりが巻き上がるためだ

NASAが開発した装置によって、宇宙でも、野菜を育てることができる

火星の地球化

火星には氷でおおわれた場所がある。そのため科学者たちはかつて、氷をとかすことで、人間の住める惑星にできると考えた。しかし、火星の大気はとてもうすいため、氷をとかしても、蒸発したり、氷にもどったりしてしまうのだ。

29

巨大ガス惑星

巨大ガス惑星の主な成分は、水素とヘリウムだ。内部では温度や圧力の影響で、ガスが液体に変化している。太陽系の巨大ガス惑星は、木星、土星、天王星、海王星。いずれの表層においても、こい雲が広く連なり、高層大気を形成している。岩石惑星のように地表があるわけではないが、巨大なハリケーンや激しい雷雨など、スケールの大きな気象が見受けられる。

巨大ガス惑星の誕生

巨大ガス惑星は、ガスやちりの雲が集まり、大きく成長することで生まれる。とても大きいため、内部の圧力が非常に高い。そのため、中心部の核を取り巻くのは、液体金属水素などの液体だ。なお、核は岩石でできていると考えられている。

巨大ガス惑星の断面図（同じ縮尺）

土星　木星　海王星　天王星　同じ縮尺の地球

- 岩石／金属の核
- 液体金属水素
- 液体水素
- 気体の水素
- 岩石／氷の核
- 氷（水、アンモニア、メタン）
- 気体（水素、ヘリウム、メタン）

土星

太陽系の惑星で（木星に次いで）2番目に大きい土星は、外側の環が有名だろう。環の主要部分は、土星の中心から約14万kmまで広がっている。その様子は地球から、望遠鏡で見ることができる。土星には140個以上の衛星がある。北極には六角形の雲があるが、六角形になった理由など、くわしいことはまだわかっていない。

広大な嵐が土星を取り巻き、大気の中では風がふきあれている

環をもつ巨大ガス惑星は他にもあるが、土星の環は特に見事だ

土星の環は、水の氷の粒子が集まってできている。ちりのように小さな氷から、一軒家ぐらいの大きな氷まで、その大きさはさまざまだ

アドバイスしてくれた専門家：トレーシー・M・ベッカー、エリック・グレガーセン　**あわせて読んでみよう**：天の川銀河、p.8〜9；恒星、p.10〜11；太陽系外惑星、p.20〜21；太

木星の大赤斑

木星では、太陽系の中で、最も大きな嵐（右が拡大図）が発生中だ。その嵐は大赤斑と呼ばれ、発生したのは400年以上も前のこと。一時期は、地球を上回るほどの大きさだった。近年は、少しずつ小さくなっている。とはいえ、すぐには消えないと考えられている。

オドロキの事実！

天王星は太陽系でただ1つ、横にたおれた状態で公転する惑星だ。

太陽系の他の惑星が、公転軌道の面とほぼ平行の向きに自転しているのに対して、天王星は公転軌道の面と垂直の向きに自転している。誕生後まもなく、大きな衝撃を受けた可能性がある。

自転軸

きれいなガス惑星

海王星は、おどろくほどきれいな青色をしている。大気中に、メタンというガスがふくまれているからだ。これまで宇宙探査機が海王星に近づいたことが1度だけある。1989年のボイジャー2号だ。優れた望遠鏡を使えば、地球からでも、海王星の青い大気の中の巨大な嵐や暴風を観測することができる。

専門家から一言！

トレーシー・M・ベッカー
惑星科学者

惑星科学を研究するトレーシー・M・ベッカーは、仕事で惑星や衛星、小惑星のナゾを追求することがとても楽しいという。ベッカーが初めて研究したのは、土星の環を構成する氷の粒子についてだった。現在、その氷ができた理由を明らかにしようと力を注いでいる。

「土星の環について研究が進んだおかげで、多くのナゾが解けました。でも、それ以上に多くのナゾが出てきました」

地球（1個の衛星）

月

地球の衛星である月の直径は3474km

火星（2個の衛星）
フォボス
ダイモス

木星（79個の衛星を発見ずみ）
イオ
エウロパ
ガニメデ
カリスト

土星（82個の衛星を発見ずみ）
ミマス
エンケラドス
テティス
ディオネ
レア
タイタン
ヒペリオン
イアペトゥス
フェーベ

天王星（27個の衛星を発見ずみ）
パック
ミランダ
アリエル
ウンブリエル
チタニア
オベロン

海王星（14個の衛星を発見ずみ）
プロテウス
トリトン
ネレイド

オドロキの事実！
月は毎年3.8cmほど地球からはなれている。はなれるスピードは、私たちの指のつめがのびるのと同じくらいだ！

他の衛星と同じ縮尺で表した地球の大きさ

惑星の主な衛星
水星と金星を除く太陽系の惑星のまわりを、少なくとも合計214個の衛星が回っている。最近になって、土星の衛星は、それまで考えられていたより20個多いことがわかった。全部で82個だ。その数は、太陽系の惑星の中で最も多い。

衛星
太陽系の衛星の形や大きさはさまざまだ。形は、地球の月のように丸い形をしたものが多い。土星の衛星のパン、ダフニス、アトラスのように、ラビオリのような形をしたものもある。また火星のダイモスなど、とても小さな衛星も存在する。ダイモスの直径は、わずか15kmだ。木星の衛星ガニメデは、水星よりも大きい。

月の探査
地球を回る月は、人間が着陸したことがあるたった1つの天体だ。1969年から1972年にかけて、アメリカのアポロ計画で宇宙飛行士が6度、月面に降り立った。一方で、人間が乗らない探査機は、何度も月面に着陸している。2019年には、中国の探査機の嫦娥4号が、月の裏側に着陸した。

アドバイスしてくれた専門家：トレーシー・M・ベッカー　あわせて読んでみよう：太陽系、p.22〜23；太陽、p.24〜25；岩石惑星、p.28〜29；小惑星、p.34〜35；ロケット、p.38〜39；元素、p.102〜103；重力、p.134〜135；生命の始まり、p.148〜149；未来の人類、p.382〜383

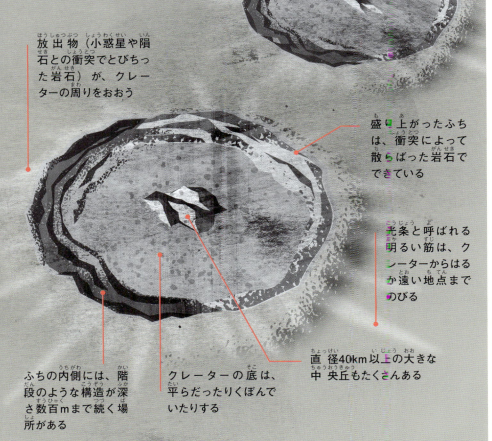

放出物（小惑星や隕石との衝突でとびちった岩石）が、クレーターの周りをおおう

盛り上がったふちは、衝突によって散らばった岩石でできている

光条と呼ばれる明るい筋は、クレーターからはるか遠い地点までのびる

直径40km以上の大きな中央丘もたくさんある

クレーターの底は、平らだったりくぼんでいたりする

ふちの内側には、階段のような構造が深さ数百mまで続く場所がある

クレーターの構造

月にはあちこちにクレーターがある。クレーターとは、小惑星などの岩石が、天体の表面にぶつかってできた円形のくぼみのことだ。月で最大のクレーターは南極エイトケン盆地で、直径は2575kmもある。南極エイトケン盆地をつくった小惑星の一部は、まだ月面の下にうまっていると考えられている。

月面のちりのつぶ

月面に積もるちりは、レゴリスという。上の写真は電子顕微鏡で見たものだ。数十億年の間、数々の小惑星が月とぶつかり、岩石がくだけて、レゴリスになった。

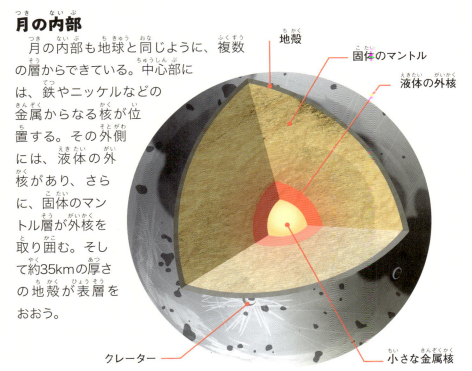

月の内部

月の内部も地球と同じように、複数の層からできている。中心部には、鉄やニッケルなどの金属からなる核が位置する。その外側には、液体の外核があり、さらに、固体のマントル層が外核を取り囲む。そして約35kmの厚さの地殻が表層をおおう。

地殻
固体のマントル
液体の外核
クレーター
小さな金属核

未解決のナゾ

人類は月に住めるのか？

アメリカとヨーロッパの科学者たちは、月面基地をつくる計画を進めている。その中で、月の表面にある氷をとかして、水をつくろうと考えている。しかし、月の気温は寒いときでマイナス133℃、暑いときで121℃にもなり、人間が生活するには厳しい環境だ。昼が地球の14日分続いた後に、それと同じ長さの夜が続くことを想像してみてほしい。

33

小惑星

小惑星は主に岩石でつくられている。およそ46億年前、太陽系ができてまもなく、惑星の成分にならなかった岩石が、小惑星を構成するようになった。太陽系には今、何百万個もの小惑星がある。直径数十cmのものから、数百kmのものまで、大きさはさまざまだ。ほとんどは、火星と木星の間の小惑星帯に位置する。地球の公転軌道に近づく小惑星のことを、地球近傍小惑星（NEO）という。

小惑星のかけら

地球の大気圏に突入した小惑星が、燃えつきずに地表に落下し、クレーターができたり、いん石が見つかることがある。科学者はいん石を調べて、小惑星がどこから来たのかをつきとめる。

恐竜絶滅の原因

大きな小惑星がこれまで数回、宇宙からやってきて、地球上に落下したと考えられている。なかでも6600万年前の出来事は有名だろう。そう、恐竜（そして多くの鳥類）が絶滅する原因となった小惑星の衝突だ。そのときできたのが、メキシコのチクシュルーブ・クレーターだ。当時、地球にすんでいた生物の75%が死んだと見られている。

アドバイスしてくれた専門家：トレーシー・M・ベッカー　　**あわせて読んでみよう**：太陽系外惑星, p.20〜21；太陽系, p.22〜23；惑星探査, p.26〜27；岩石惑星, p.28〜29；巨大ガス惑星, p.30〜31；カイパーベルト, p.36〜37

小惑星、流星、いん石？

上の3つの言葉はそれぞれ似ているものを指しているが、正確には異なる。1つずつ見ていきながら、正しく理解しよう。

- 小惑星は、宇宙空間にある小さな岩石の天体で、惑星ほど大きくないものをいう
- 直径1mに満たない、小惑星のかけら
- 流星は、小惑星のかけらが地球の大気圏に突入したものをいい、光る尾をともなうのが特徴だ（流れ星ともいう）
- いん石は、地表に落下した小惑星のかけらだ

オドロキの事実！

毎年およそ500個のいん石が地球に落下している。落下場所のほとんどは、海の真ん中など、人間が住んでいない場所だ。ときどき、人間の近くに落ちることもある。とはいえ、現在までいん石の衝突による死者は出ていない。

未解決のナゾ

生命は小惑星や彗星に乗ってやってきた？

一部の科学者たちは、地球の生命が、小惑星や彗星に乗ってやってきたと考えている。細菌などのとても小さな生きものが、岩石にくっついたまま宇宙空間を死なずに移動してきたというわけだ。そのような生きものがかつて地球にたどり着き、地球環境に適応して栄えたのかもしれない。

- 生命を育むアミノ酸などの成分が、宇宙から来たとも考えられる
- やがてDNAによる生命の進化につながり、地球に人間が生まれたのかもしれない

小惑星の探査

小惑星を探査するため、これまでいくつかの小惑星探査機が打ち上げられている。2020年には、日本の探査機はやぶさ2が、リュウグウという小惑星の岩石を地球に持ち帰ることに成功した。NASAの探査機オサイリス・レックスも2023年に、小惑星ベンヌの岩石を地球に投下した。

カイパーベルト

カイパーベルトは、太陽系において海王星の公転軌道の外側にある。小惑星帯と同じように、カイパーベルトには太陽系誕生のときに残った岩石が数多くふくまれている。カイパーベルト天体（KBO）と呼ばれるカイパーベルトの中の天体は、太陽からはなれているため、ほとんどが氷だ。カイパーベルト天体が、なんらかの影響で内太陽系に入ると、昇華（氷がガスに変化）して、彗星になる。

冥王星

海王星

カイパーベルトには何百万個もの天体があり、そのうち数千個は直径100km以上だと考えられている

冥王星の表面には、窒素の氷でおおわれたスプートニク平原という湖がある。スプートニク平原の氷の表層は、日中に蒸発し、夜になると再びこおる

トンボー地域と呼ばれる、巨大なハート形をした地形が冥王星の特徴だ

冥王星には5つの衛星がある。最大の衛星がカロンだ。カロンの直径は約1200kmで、冥王星のほぼ半分の大きさだ

冥王星の一部は、ソリンという物質の影響で赤っぽく見える。ソリンは大気中でつくられ、表面にふりそそぐ

冥王星は、準惑星

冥王星は月よりも小さい天体で、カイパーベルトの中を運行している。かつては、惑星とみなされていたが、2006年に惑星という地位を失った。今から200年以上たつと、冥王星は一時的に、海王星の公転軌道の内側に入る。大気や地表の山脈に特徴がある。

アドバイスしてくれた専門家：トレーシー・M・ベッカー　**あわせて読んでみよう：**太陽系、p.22〜23；惑星探査、p.26〜27；岩石惑星、p.28〜29；巨大ガス惑星、p.30〜31；衛星、p.32〜33；小惑星、p.34〜35

彗星の正体とは？

彗星は小惑星とはちがい、主に氷でできている。岩石をふくむ核と呼ばれる中心部を、大量の氷がおおっているのだ。つくられる場所は外太陽系だが、なんらかの理由で、内太陽系におしやられることがある。すると、固体の氷がガスになり、美しい尾をつくる。

- 彗星の尾の成分は、ガスとちりだ。ガスは太陽のエネルギーにはねかえされるため、彗星が太陽から遠ざかるときは、彗星が進む前方に尾ができる
- 核を取り巻くガスとちりの雲はコマと呼ばれる
- 中心部は核といい、氷とちりが主な成分だ
- 核とコマをあわせた部分を、彗星の頭部という

準惑星 豆知識リスト

公転軌道の一部を、他の天体と共有する小さな惑星を、準惑星という。今知られている準惑星のほとんどが、カイパーベルトの中を運行している。

1. **ケレス** 小惑星帯で最も大きい天体で、直径945kmほど。2015年、NASAの探査機ドーンが近づいた。
2. **冥王星** 公転軌道を多くの天体と共有するため、2006年に惑星という分類から外された。
3. **エリス** 散乱円盤天体のエリスは今、カイパーベルトの中を進んでいる。
4. **ハウメア** カイパーベルトの中で発見され、直径約1240km。環と衛星を持つ。
5. **マケマケ** ハウメアと同じくカイパーベルト内で見つかる。ハウメアよりわずかに大きく、直径は1430kmほど。

宇宙の奥深くへ

2015年7月、NASAの探査機ニュー・ホライズンズが初めて、冥王星に接近することに成功した。その後、アロコスというカイパーベルトの別の天体の調査も行った。アロコスは、雪だるまのような形をした、おもしろい天体だ。

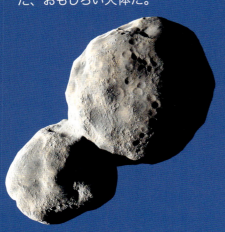

オールトの雲

カイパーベルトのさらに外側には、オールトの雲という領域がある。太陽からの距離でいうと、オールトの雲は、海王星より約70倍遠い場所から始まる。そして、太陽に一番近い恒星までの距離の4分の1の地点まで広がっている。太陽系を取り巻くオールトの雲には、1兆個以上の氷の天体があると考えられている。

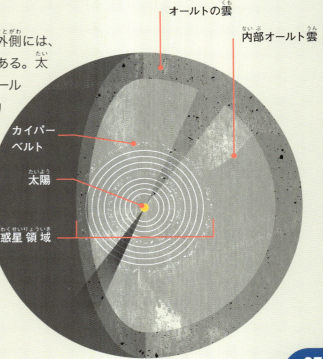

ロケット

地球の重力に打ち勝って宇宙に行くには、ロケットが必要だ。多くの国がロケットを使って、人工衛星や探査機を発射している。また、ロケットで宇宙船を打ち上げ、宇宙飛行士たちを国際宇宙ステーションに送り届けている。ロケットは、段と呼ばれる部分を積み重ねることで、できあがる。燃料を使いきった段が順番に切りはなされ、地球に落とされていく仕組みだ。宇宙船を予定の軌道に乗せれば、ロケットの役目は終了となる。

オドロキの事実！

最も古いロケットは、竹のつつでつくられた中国のロケットだ。火薬を入れた竹のつつを矢につけて、弓で発射する方式だった。1232年の開封攻囲戦で、中国がモンゴルを相手に、その竹のロケットを放って反撃に転じた。

ロケットが飛ぶ仕組み

ロケットの内部では、燃料に酸素を混ぜて点火し、燃料をガスに変えている。昔は固体の燃料を使っていたが、最近は液体水素など、液体の燃料が多い。エンジンから地面に向かってガスをふきだせば、推進力が得られ、ロケットは上昇する。ロケットの機体が大きいのは、地球の重力がとても強く、多くの燃料を必要とするためだ。

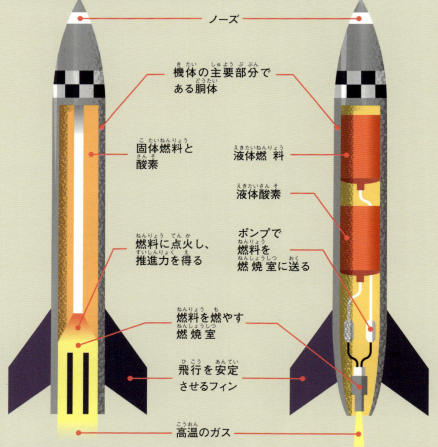

固体燃料のロケットは飛行中、常に燃料を燃やす

液体燃料のロケットは、燃焼室に送る燃料の量を調節できる

ロケットの初めて年表

1200年ごろ 固体燃料ロケットが中国でつくられる

1903年 ロケットの大きさに基づく燃料の量が、ロシアのコンスタンチン・ツィオルコフスキーによって算出される

1926年 液体燃料ロケットがアメリカの科学者ロバート・ゴダードによって打ち上げられる

1942年 ドイツの開発したロケットV2が宇宙に到達する。イギリスとの戦いで、兵器として使われた

1957年 ソビエト連邦によって発射された人工衛星スプートニク1号が地球の周回軌道に乗る

1961年 ソビエト連邦のユーリ・ガガーリンが人類として初めて宇宙に行き、地球を回る

1969年 アメリカの宇宙船アポロ11号がサターンV型ロケットで打ち上げられる。ニール・アームストロングとバズ・オルドリンが人類で初めて月面を歩いた

アドバイスしてくれた専門家：マイケル・G・スミス　あわせて読んでみよう：惑星探査, p.26〜27；衛星, p.32〜33；燃焼, p.108〜109；固体・液体・気体, p.110〜111；エネルギー, p.122〜123；力, p.132〜133；重力, p.134〜135；第2次世界大戦, p.324〜325；冷戦, p.326〜327

何度も使えるロケット

役目を終えたロケットのほとんどは、燃えて海に落下する。しかし、何度も使用できるロケットもある。スペースＸ社が開発したロケットは、地球にもどることができるのだ。ロケットを何度も使うことができれば、宇宙探査はもっとコストのかからないものになるだろう。

未解決のナゾ

どのように、他の惑星からロケットを打ち上げるの？

人間はこの数十年間、地球と月からロケットを発射してきた。しかし他の惑星からロケットを飛ばしたことはない。科学者たちは今、その方法を研究している。実現すれば、他の惑星の岩石や土を地球に持ち帰って調べることができる。科学者たちはいつか、他の惑星に送りこんだ探査機も、ロケットで地球にもどしたいと考えている。

メガロケット

一番パワーのあるロケットは、アメリカのサターンⅤ型ロケットだ。高さはビルの36階ぐらいで、重さはゾウ400頭分もある。1969年から1972年にかけて、宇宙飛行士を月に送るために使われた。今は、スペースＸ社のスターシップや、NASAのスペース・ローンチ・システム（SLS）など、新たな「メガロケット」が開発されている。

- ロケットの先端に、搭乗員の座るスペースがある
- 黒のパネルを目安に地上員はロケットの回転数を確認する
- ロケットの一番下の段が、はじめに切りはなされる

39

人工衛星

宇宙空間で、何かの周りを回っているものを、衛星という。自然の衛星には、月がある。人工衛星は、ある目的のために惑星を回っている、人間がつくった衛星だ。地球を回っている人工衛星は今、数千個を数える。バスと同じくらい大きなものもあれば、トースターより小さなものもある。

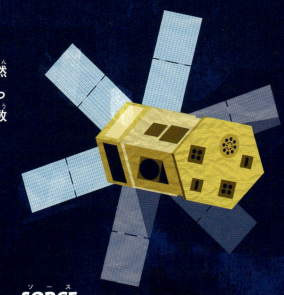

地球の周回軌道

人工衛星はロケットを使って打ち上げる。しかし、真上に発射すると、地球の重力によって落下してしまう。地球の周回軌道（地球を中心に回る軌道）に乗せるには、ななめの方向に飛ばさなくてはならない。時速2万7000km以上のスピードでななめに打ち上げれば、地球に向かって常に「落下」しながらも、地表に落ちることはない。つまり、地球の周回軌道にうまく乗るわけだ。

SORCE

人工衛星SORCEは、太陽が放つエネルギーを観測している。科学者たちは、その観測データをもとに、太陽が地球の気象におよぼす長期的な影響について調べている。（2020年に運用終了）

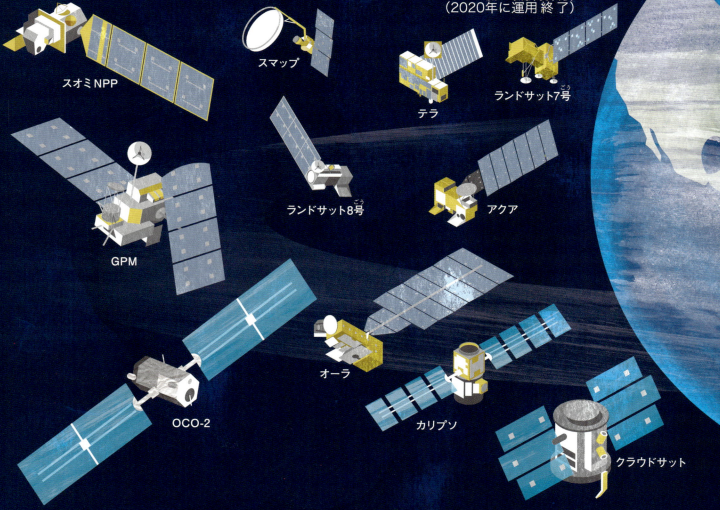

アドバイスしてくれた専門家：クリフォード・カニンガム　　**あわせて読んでみよう**：宇宙から宇宙を見る、p.16〜17；太陽系、p.22〜23；惑星探査、p.26〜27；衛星、p.32〜33；地球の測量、p.56〜57；大気、p.86〜87；天気、p.88〜89；メガストーム、p.90〜91；力、p.132〜133；重力、p.134〜135

人工衛星のおかげ
豆知識リスト

1. 宇宙の観測 ハッブル宇宙望遠鏡などの人工衛星を通じて、他の惑星や遠くの宇宙を観測することができる。人工衛星から、おどろくような画像が地球に届けられる。

2. 通信の中継 一部の人工衛星は巨大な鏡のようなアンテナで、地球のある地点から発信された信号を、別の地点に送っている。私たちが海外に電話したり、インターネットを使ったり、家でテレビを見たりできるのは人工衛星のおかげだ。

3. 他国の監視 軍事衛星によって、軍事活動など他国の動きを監視している。

4. 天気の予測 いつ、どこで雨が降るのか、また地球温暖化がどれほど進んでいるのか、人工衛星のデータをもとに分析している。

5. ナビゲーション GPS（全地球測位システム）衛星によって、地球のあらゆる場所を正確に特定できる。複数のGPS衛星から信号を受けとることで、自分のいる地点を正しく把握できるのだ。

オドロキの事実！

人工衛星の墓場が太平洋に存在する！ 人工衛星やロケットの多くは役目を終えると、太平洋のポイント・ネモという地点に落下する。ニュージーランドの東にあるポイント・ネモは、世界で陸地から最もはなれた場所だ。何百個という人工衛星が、ポイント・ネモにしずんでいる。

ポイント・ネモは一番近い陸地から2500km以上はなれている

キューブサット

ロケットはキューブサットという小さな人工衛星（左）も宇宙に運ぶ。これは予算が安く実験や測量のためによく使われる。いくつか組み合わせれば、さまざまな目的を果たすことが可能だ。キューブサットは、地球の大気圏に引きもどされると、小さいため燃えつきてしまう。

宇宙ごみ

現在、役目を終えた約3000個の古い人工衛星が何百万個という部品とともに地球を回っている。それらの宇宙ごみが、運用中の人工衛星にぶつかれば、故障を引き起こしてしまう。そのため科学者たちは、古い人工衛星を周回軌道から外そうとしている。欧州宇宙機関（ESA）は宇宙ごみを取り除く人工衛星クリアスペース1を2025年に打ち上げる予定だ。

専門家から一言！

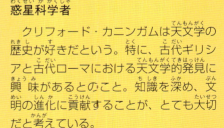

クリフォード・カニンガム
惑星科学者

クリフォード・カニンガムは天文学の歴史が好きだという。特に、古代ギリシアと古代ローマにおける天文学的発見に興味があるとのこと。知識を深め、文明の進化に貢献することが、とても大切だと考えている。

「人工衛星は、人類が築いてきた知性も、宇宙に運んでいます」

クリアスペース1は地上約800kmの周回軌道に残るロケットの大きな部品を回収する

ロボットアームをのばして宇宙ごみをつかみとる

国際宇宙ステーション

夜空を見上げると、地球の約400km上空に国際宇宙ステーション（ISS）が見えることがある。多いときで6人の宇宙飛行士たちが、国際宇宙ステーションで生活しながら、実験や研究を行っている。国際宇宙ステーションには、キッチンや実験室、トイレなど、さまざまなスペースがある。7つの大きな窓がついた部屋もあり、宇宙飛行士たちはその部屋から宇宙にうかぶ地球をながめることができる。

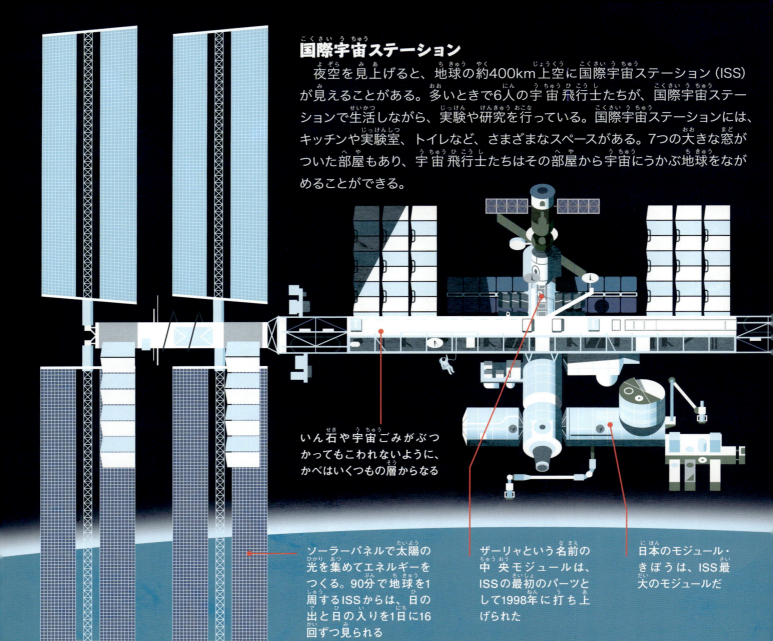

いん石や宇宙ごみがぶつかってもこわれないように、かべはいくつもの層からなる

ソーラーパネルで太陽の光を集めてエネルギーをつくる。90分で地球を1周するISSからは、日の出と日の入りを1日に16回ずつ見られる

ザーリャという名前の中央モジュールは、ISSの最初のパーツとして1998年に打ち上げられた

日本のモジュール・きぼうは、ISS最大のモジュールだ

有人宇宙船

人類は1961年から、ロケットやスペースシャトルなどに乗って、宇宙を旅している。近い将来、新たな宇宙船が地球の公転軌道の外へと、私たちを運んでくれるかもしれない。アメリカのロケット会社スペースXはスターシップという宇宙船を開発し、一度に100人で火星へ行くことを目指している。

宇宙での食事

宇宙空間では重力が弱いため、あらゆるものが宙にうく。食べ物もそうだ。そのため宇宙飛行士たちは、お皿を使わず、小さなふくろに入れられた食べ物をそのまま口に運ぶ。とはいえ、宇宙食のメニューは地上とそれほど変わらない。宇宙でも、ピザやタコスを食べられるのだ。

アドバイスしてくれた専門家：パブロ・デ・レオン　あわせて読んでみよう：太陽系外惑星, p.20〜21；太陽系, p.22〜23；惑星探査, p.26〜27；衛星, p.32〜33；ロケット, p.38〜39；大気, p.86〜87；重力, p.134〜135

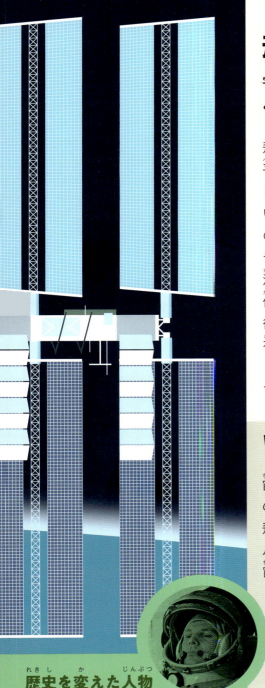

未解決のナゾ

宇宙空間に長い期間いると、どのような影響が出る？

宇宙では重力が弱いため、宇宙飛行士たちは短期間いるだけでも、平均して5cm身長がのびる。しかし、長期間いたときの体の変化についてはまだわかっていない。何人かの宇宙飛行士たちは、国際宇宙ステーションで1年間生活している。その体を調べれば、今後火星に長期間滞在する計画をつくるときに役立つだろう。

船外活動

2019年、アメリカの宇宙飛行士クリスティーナ・コックとジェシカ・メイアは、女性だけのチームとして、初の宇宙遊泳に成功した。2人は船外活動の中で、国際宇宙ステーションのバッテリーを充電するソーラーパネルの付属品を交換した。

ロボットホテル

2019年12月、NASAは国際宇宙ステーションに向けて、ロボットのための設備を打ち上げた。宇宙飛行士たちは、そのロボットホテルと呼ばれる設備（RiTS）を、宇宙遊泳で、国際宇宙ステーションの外部に設置した。低温の真空空間で大切な仕事を行うロボットを守るため、ロボットホテルにはセンサーや計器がついている。ガスもれなどを感知するためだ。

宇宙飛行士は、このようなノズルの中に小便をする

オドロキの事実！

宇宙トイレは1台1900万ドル（約28億円）もする！ なぜ、そんなに高いのか？ なぜなら宇宙トイレは、超高級掃除機のようなものだからだ。宇宙飛行士たちの便を吸いとって乾燥させるため、パイプやチューブをたくさん組み合わせる必要があるのだ。宇宙トイレでは、便にふくまれる水分はリサイクルされる。そして残りは地球の大気に向かって放出される。便を流れ星のように燃やしてしまうのだ。

歴史を変えた人物

ユーリ・ガガーリン
宇宙飛行士　1934〜1968年　ソビエト連邦

1961年4月12日、ソビエト連邦の宇宙飛行士ユーリ・ガガーリンが、人類で初めて宇宙飛行に成功した。ボストーク1号に乗って地球を1周したあと、地球に無事帰ってきたのだ。ガガーリンの名前は、世界中に知れわたった。その後、ソビエト連邦とアメリカは競って、人類を月に送りこもうとした。そして1969年、今度はアメリカが有人月面着陸に成功した。

宇宙の探査へ……
豆知識リスト

太陽系を探査する探査機
（太陽の近くから順に）

1. **パーカー・ソーラー・プローブ** 太陽の近くを回り、太陽風や磁場、太陽表層のエネルギーの流れを観測している。
2. **あかつき** 雲の動きなど、金星の大気を調べている。
3. **アルテミス1号（帰還）／2号（予定）** 太陽風の月への影響などを調査対象としている。
4. **チャンドラヤーン2号** 月探査機として月の地表や地下の水の氷を探した。
5. **嫦娥4号（着陸機）** 初めて月の裏側に着陸した。
6. **ベピ・コロンボ** 現在水星に向かっており、2025年に接近する予定。
7. **マーズ・リコネッサンス・オービター** 火星の地形や鉱物、氷などを調べている。
8. **キュリオシティ（探査車）** 火星で生命の証拠を探したり、着陸場所のゲールクレーターを調べたりしている。
9. **マンガルヤーン** 将来の宇宙探査に役立つテクノロジーの開発を目指し、火星を回った。
10. **メイブン** 火星の大気がうすくなった理由について調査中。
11. **トレース・ガス・オービター** 火星の大気をつくるガスについて調べている。
12. **インサイト（着陸機）** 火星深部を観測し、「火星地震」の検出や、構造の解明を進めた。
13. **はやぶさ2** 岩石を採取しながら、小惑星リュウグウ（162173 Ryugu）を探査した。
14. **オサイリス・レックス** 岩石を採取しながら小惑星ベンヌ（101955 Bennu）を探査した。
15. **ジュノー** 木星の構造や成り立ちについて調査中。
16. **ニュー・ホライズンズ** 冥王星や太陽系の外縁部を観測している。

ジュノーは2016年から木星を回っている

地球との交信に使われている巨大アンテナ

太陽エネルギーで動く人工衛星のうち、ジュノーは最も太陽から遠い位置で活動している

アドバイスしてくれた専門家：クリフォード・カニンガム　**あわせて読んでみよう：**宇宙から宇宙を見る、p.16〜17；太陽系、p.22〜23；太陽、p.24〜25；惑星探査、p.26〜27；岩石惑星、p.28〜29；巨大ガス惑星、p.30〜31；衛星、p.32〜33；小惑星、p.34〜35；有人宇宙船、p.42〜43

白い渦巻は、木星の大気の中でふきあれている巨大な嵐だ

木星
　巨大ガス惑星である木星は、太陽系の惑星の中で最も大きい。この写真は、人工衛星ジュノーが木星の南極に向かいながら写したものだ。木星の南極は、写真の青い領域のはしに位置する

宇宙の終わり

太陽は、およそ50億年後に燃料を使いはたし、赤色巨星としてふくらんで地球をのみこんでしまう。一方、宇宙そのものはどうなるのだろうか？ 多くの科学者たちは、宇宙自体にも終わりが来ると考えている。ただし、いつ、どのように、という点については意見が分かれている。ある説によれば、宇宙はどんどんスピードを増しながら、ふくらみ続けるという。その場合、あらゆるものが孤立するため、まったく何も生まれなくなる。

ハッブルによる発見

宇宙では、すべてのものが動いている。かつてハッブルが発見したように、望遠鏡で宇宙を観測すると、銀河同士が昔より速いスピードで遠ざかっていることがわかる。つまり、宇宙の膨張は、加速しているのだ。

宇宙は、どのように終わる？

宇宙の終わりについては、3つの説がある。ビッグクランチ、ビッグフリーズ、ビッグリップだ。ほとんどの科学者は、熱的死とも呼ばれるビッグフリーズが正しいのではないかと考えている。

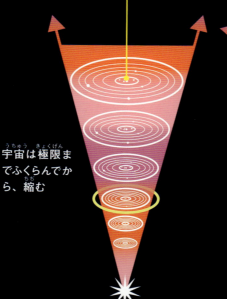

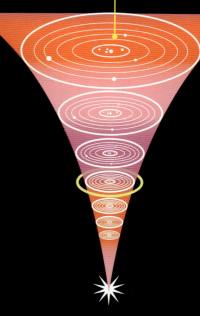

ビッグクランチ
宇宙のふくらむスピードがおそくなり、やがて反対に縮みはじめ、ビッグクランチをむかえる。ビッグクランチのあと、新たなビッグバンが起こり、再び宇宙が始まる！

ビッグフリーズ
宇宙はふくらみ続ける。やがて、あらゆるものが遠ざかってしまい、新しい恒星や惑星が生まれない状態になる。その状態をビッグフリーズ、または熱的死という。

ビッグリップ
膨張の加速がものすごく、すべてのものが引きさかれる。銀河をはじめ、恒星や惑星もバラバラになり、原子でさえも崩壊してしまう。

アドバイスしてくれた専門家：ミシェル・サラー　あわせて読んでみよう：ビッグバン、p.4〜5；恒星、p.10〜11；星雲、p.12〜13；宇宙から宇宙を見る、p.16〜17；ブラックホール、p.18〜19；太陽、p.24〜25；地球の誕生、p.52〜53；エネルギー、p.122〜123

未解決のナゾ

ダークエネルギーの正体とは？

宇宙の膨張は加速している。であれば、加速させている力があるはずだ。科学者たちは、その重力に反発する不思議な力をもつ何かが、宇宙には存在しているとし、それをダークエネルギーと名づけた。ダークエネルギーは宇宙全体のエネルギーの68％をしめると考えられているが、まだ実際には検出されていない！

歴史を変えた人物

エドウィン・ハッブル
天文学者　1889～1953年　アメリカ

エドウィン・ハッブルは、初めて宇宙がふくらんでいることを発見した天文学者だ。ハッブルは1920年代、銀河同士が遠ざかっていることに気がついた。そして、ハッブル・ルメートルの法則を発見し、遠い銀河のほうが近い銀河よりも、速いスピードで遠ざかっていることを明らかにした。彼の発見はビッグバン理論を裏づけている。

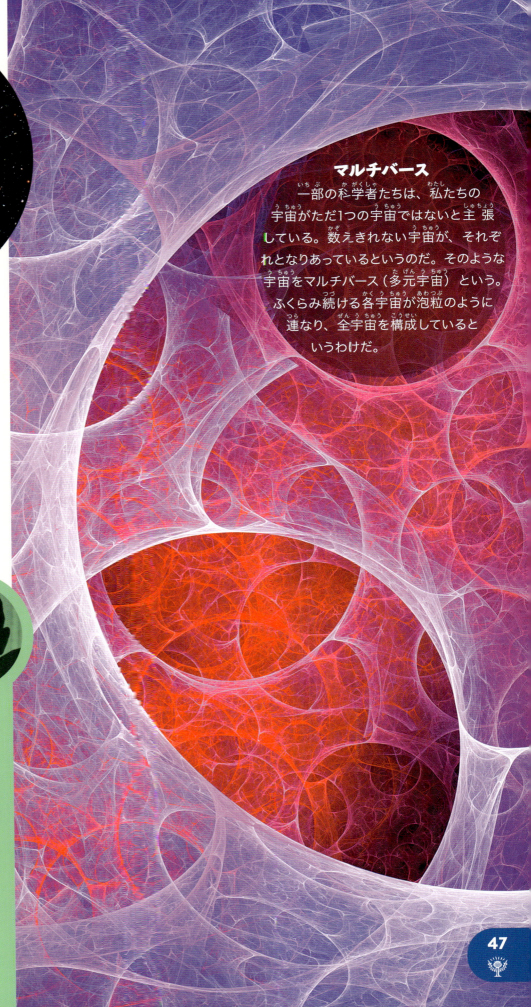

マルチバース

一部の科学者たちは、私たちの宇宙がただ1つの宇宙ではないと主張している。数えきれない宇宙が、それぞれとなりあっているというのだ。そのような宇宙をマルチバース（多元宇宙）という。ふくらみ続ける各宇宙が泡粒のように連なり、全宇宙を構成しているというわけだ。

47

宇宙
専門家に質問しよう！

ミシェル・サラー
天文学者

なぜ、天文学を勉強しようと思ったの？
私たちの体をつくる原子が、ビッグバンのときに生まれた原子以外、すべて恒星に由来すると知って、恒星について勉強しようと思いました。私たちの血は赤い。それは、血の中に鉄がわずかにふくまれているからだけど、宇宙で鉄ができるたった1つの出来事が、恒星の爆発なんです。

研究でワクワクすることは何？
地球以外の場所にいる生命体を、もうすぐ発見できるかもしれないことです。初めて発見される生命体は、おそらくとても単純な生きものだと思います。たとえば、細菌など単細胞生物のような。太陽系の中で生命がいそうな場所はいくつかあります。火星もそうだし、木星と土星の衛星もそうです。

仕事のどんなところが好き？
天体観測できる点が大好きです。夜空を見わたすと、不思議な現象にめぐりあえます。いつも、山の上から大きな望遠鏡を使って、観測しています。その望遠鏡は、とても大きくて、性能がよいから、それまでまったく知らなかった宇宙の姿を見られるんです。

マイケル・G・スミス
宇宙歴史家

仕事でおもしろいと感じることは何？
歴史のナゾを解明したときに、おもしろいと感じますね。歴史家として、図書館や記録保管所などにうもれている古い文書に目を通していると、昔の記録から証拠が見つかるときがあるんです。それは、おどろきの事実だったりアイデアだったりする。あとになって、証拠だとわかるときもある。1つの発見が他の事実とつながって、昔のことが明らかになっていくと、とても楽しいしワクワクします。

今後解決すべき問題はある？
宇宙探査をはじめ、宇宙ステーションのような宇宙での生活場所の確保や他の惑星への移住などを、低予算で長期にわたって行えるようにしないといけません。地球は惑星として、寿命をむかえるときが来ます。だから、人間は地球以外に住む場所を見つける必要がある。定期的に行ったり、ロボットで探査したりするだけではなくてね。

トビー・ブラウン
天体物理学者

一番知りたいことは何？
銀河がどのようにつくられたのか？　それが、私の一番の研究テーマなんです。天の川銀河をふくめて、銀河の始まりを知ることができれば、人類の起源を知ることにもなるでしょう。

未解決のナゾはある？
なぜ、銀河は恒星をつくらなくなってしまうのか、というナゾですね。今でもどんどん恒星をつくっている銀河もあれば、数十億年前につくるのをやめてしまった銀河もある。つくらなくなった理由をつきとめようと、天体物理学者たちは今、一生懸命取り組んでいる。数十年前からさまざまな研究が進められていますが、答えにたどり着くまでには、まだまだ時間がかかりそうです。

クイズ

1 次のうち、宇宙が生まれてすぐにできた2つの元素は？
- a 水素とヘリウム
- b 水素と酸素
- c 炭素と水素
- d ヘリウムと酸素

2 1964年、アメリカの天文学者アーノ・ペンジアスとロバート・ウィルソンは最初、電波望遠鏡の電波ノイズの原因は何だと思った？
- a 犯罪者
- b 近くの音楽コンサート
- c 宇宙人
- d ハトのフン

3 物質と対をなすものは何？
- a 負の物質
- b 反物質
- c ゼロ物質
- d なし

4 地球がある天の川銀河の渦状腕の名前は？
- a オリオン腕
- b ペルセウス腕
- c 大きな腕
- d じょうぎ腕

5 天の川銀河が1回転するのにかかる時間は？
- a 24年
- b 240年
- c 2万4000年
- d 2億4000万年

6 次の星座のうち、北半球から見えないものは？
- a オリオン座
- b カシオペヤ座
- c おおぐま座
- d みなみじゅうじ座

7 古代ギリシアの天文学者たちは夜空の地図をつくるため、何という道具を使った？
- a 望遠鏡
- b アストロラーベ
- c オーレリー
- d オラクル

8 ハッブル宇宙望遠鏡が打ち上げられたのは何年？
- a 1980年
- b 1990年
- c 2000年
- d 2010年

9 NASAの探査車キュリオシティが発見した、かつて火星に水が流れていた可能性を示すものは？
- a 氷の結晶
- b 小石
- c 貝殻
- d 排水管

10 小惑星帯は、どの惑星と、どの惑星の間にある？
- a 木星と土星
- b 火星と土星
- c 土星と海王星
- d 火星と木星

11 土星の衛星タイタンの表面には液体が流れている。その液体は何に似ている？
- a 水
- b ヘドロ
- c 心霊体
- d 石油

12 国際宇宙ステーションには1度に何人まで滞在できる？
- a 3人
- b 6人
- c 12人
- d 24人

13 宇宙の終わりを説明する説のうち、ちがうものはどれ？
- a ビッグクランチ
- b ビッグフリーズ
- c ビッグディッパー
- d ビッグリップ

14 天文学者エドウィン・ハッブルが発見した現象は？
- a 宇宙がふくらんでいること
- b 宇宙が縮んでいること
- c 宇宙の温度が高くなっていること
- d 宇宙の温度が低くなっていること

答え：1) a、2) d、3) b、4) a、5) d、6) c、7) b、8) b、9) b、10) d、11) d、12) b、13) c、14) a

地球の出（アースライズ）。この写真は、月を周回する宇宙船アポロ8号から、宇宙飛行士ウィリアム・アンダースが撮影したものだ。後世に残る写真をとったアンダースは、こう話した。「遠い月まではるばるやってきて、私たちにとって一番大切な仕事は、地球を見つけたことだ」

第 2 章
地 球

　人類は、何千年も前から、日の出や月の出を見てきた。しかし、地球の出を初めて目にしたのは、1968年のことだ。美しい青の惑星が、何もない宇宙の深いやみから、うかんでくる様子を想像してほしい。ウィリアム・アンダースがアポロ8号から見た光景は、信じられないほど美しかったにちがいない。そのアンダースがとった写真が、人類が初めて見る地球の出となった！　大気というブランケットにつつまれた地球は、青いかがやきを、おしみなく放っている。そして、たなびく白い雲の間から、緑と茶色の陸地をのぞかせている。

　第2章を読めばわかるとおり、実は地球に美しい四季が生まれたのは、別の天体との衝突が原因だ。また、岩石と水からなる地球は、なんと時速1600km以上もの速さで自転している。もし、それらのオドロキの事実だけでは物足りないというのであれば、未解決のナゾに目を向けてみよう。はたして、地震を予知する動物はいるのだろうか？　もしくは、古代ギリシアの学者エラトステネスについて学ぶのもよいかもしれない。エラトステネスは、井戸と棒、太陽がつくるかげだけで、地球1周の長さを計算した人物だ。

　地球には、考えられないほど多くの化石や鉱物、宝石、結晶が眠っている。また、火山や地震、ハリケーン、津波といった自然の力は、とてつもない強さだ。これからページをめくっていけば、きっと地球のすごさに衝撃を受けるだろう。

地球の誕生

地球が生まれたのは、今から46億年前だと考えられている。太陽ができた直後、その周りをただよっていたガスやちりが結びついて、小さな丸いかたまりをつくったのが始まりだ。中心部には重い元素が集まり、超高密度の核となった。その後、他の天体との衝突をくりかえし、燃えたぎる高温のマグマが、地表をおおうようになる。やがて温度が下がると、冷えたマグマが岩石になり地殻を形成し、凝縮した水蒸気が液体の水になり海をつくった。

なぜ、地球は球形？

惑星の重力は、あらゆるものを中心に引きつける。その力の大きさは、どの方向でも同じだから、惑星の中心から表面までの距離は、方向に関係なく等しくなり球形となる。

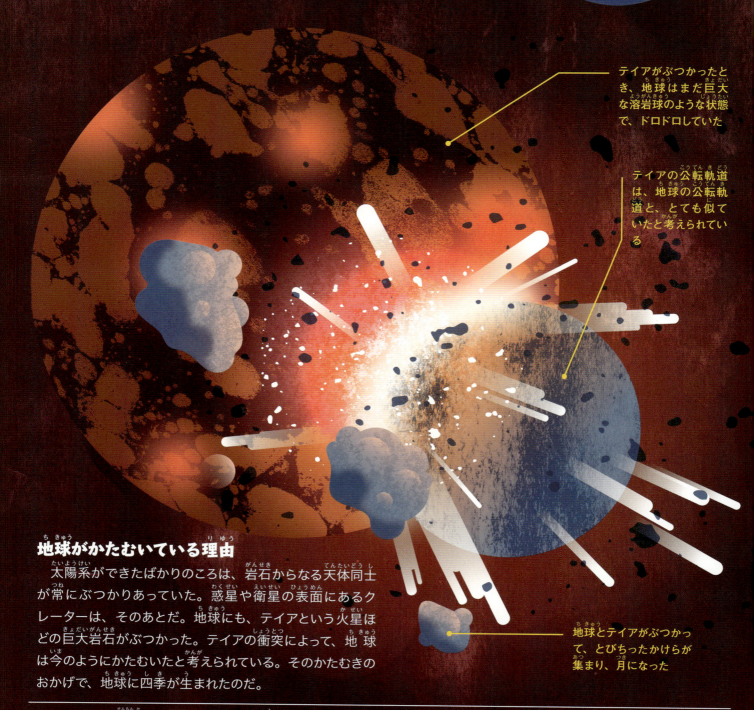

テイアがぶつかったとき、地球はまだ巨大な溶岩球のような状態で、ドロドロしていた

テイアの公転軌道は、地球の公転軌道と、とても似ていたと考えられている

地球とテイアがぶつかって、とびちったかけらが集まり、月になった

地球がかたむいている理由

太陽系ができたばかりのころは、岩石からなる天体同士が常にぶつかりあっていた。惑星や衛星の表面にあるクレーターは、そのあとだ。地球にも、テイアという火星ほどの巨大岩石がぶつかった。テイアの衝突によって、地球は今のようにかたむいたと考えられている。そのかたむきのおかげで、地球に四季が生まれたのだ。

アドバイスしてくれた専門家：ルイス・ダートネル　あわせて読んでみよう：ビッグバン、p.4～5；太陽系外惑星、p.20～21；太陽系、p.22～23；岩石惑星、p.28～29；衛星、p.32～33；地球の内部、p.58～59；山、p.68～69；岩石と鉱物、p.70～71

オドロキの事実！
月はタマゴの形をしている！

月は丸く見えるが、それはあくまで地球から見たときの話だ。実際は、タマゴのような形をしている。かつて、月のうすい地殻の下に、ドロドロした溶岩が存在したため、地球の重力に引っぱられて、そのような形になったと考えられている。月は今でも地球に引っぱられていて、地球側がふくらんでいる。

世界最古の岩石

地球の年齢は46億才だが、これまで発見された一番古い地球の岩石は、42.8億才だ。その理由は初期の地殻をつくっていた岩石が、地殻の運動によって破壊されてしまったからだといわれている。

約40億才のカナダのアカスタ片麻岩。同じくカナダのヌブアギトゥク緑色岩は42.8億才だ

神話の中の地球誕生

古代の文明は、神話によって地球の誕生を説明した。中国の神話によれば、盤古という神が、太陽、月、恒星、惑星をそれぞれ、ふさわしい場所に置いてから、陰陽の思想に基づき、地球を海と陸に分けたという。陰陽の思想とは、万物は2つの面で成り立つという考えだ。別の神話によれば、盤古の大きな死体から、地球ができたとのこと。両目が太陽と月に、血液が川に、そして、かみの毛が木や草になったという。

神話で宇宙をつくったとされる盤古が持つ陰陽のシンボル

専門家から一言！

ルイス・ダートネル
宇宙生物学者

ルイス・ダートネルは、地球環境の多様性が生物にもたらした影響について、大学で研究している。ダートネルは、テイアの衝突のあとに、水をふくんだ小惑星や彗星が地球にぶつかり、地球に水が存在するようになったと考えている。

「地球はおどろくほどエネルギーに満ちたダイナミックな惑星です。年月とともに、その表情が変わります。地球が次にどのような表情を見せるのか、まったく予想ができません」

宇宙の中の地球

太陽系の惑星の中で地球はただ1つ、生命を育む惑星だ。表面の大半が岩石からなり、気温は暑すぎも寒すぎもせず、生命に欠かせない水を大量にたくわえている。地球にLUCA（最終普遍共通祖先）と呼ばれる微生物が現れたのは、およそ40億年前のこと。そのLUCAこそが、今地球に生きる、ありとあらゆる生きものの祖先だ！

宇宙から見た地球

人工衛星や宇宙船から、宇宙にうかぶ地球の画像が送られてくる。ただし、人工衛星は地球のそばを回っているため、地球全体を1枚の写真に収めることができない。そのため、数枚の写真をつなぎあわせて、下のような画像を完成させる。さまざまな国の宇宙機関が、色を強調して、地球の美しい画像をつくっている。

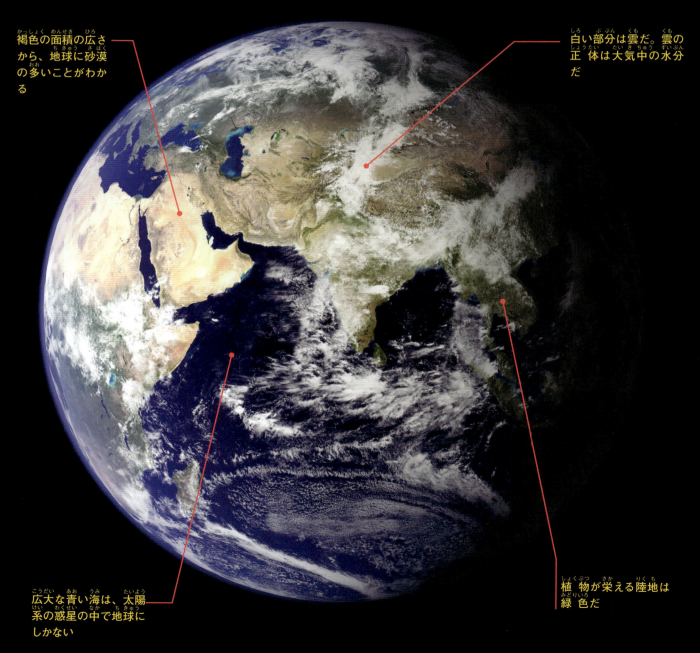

- 褐色の面積の広さから、地球に砂漠の多いことがわかる
- 白い部分は雲だ。雲の正体は大気中の水分だ
- 広大な青い海は、太陽系の惑星の中で地球にしかない
- 植物が栄える陸地は緑色だ

アドバイスしてくれた専門家：パオロ・フォルティ　あわせて読んでみよう：太陽系、p.22〜23；太陽、p.24〜25；惑星探査、p.26〜27；衛星、p.32〜33；地球の誕生、p.52〜53；地球の測量、p.56〜57；地球、p.60〜61；水の世界、p.82〜83；大気、p.86〜87

ゴルディロックスゾーン

地球は太陽から、適度にはなっているため、気温は高すぎず低すぎず、生命が育まれている。こうした領域を、おとぎ話にちなんで、ゴルディロックスゾーンと呼ぶことがある。専門的には、惑星系のハビタブルゾーン（CHZ）という。

木星や土星、それらの外側を回る惑星は、太陽から遠く、生命には寒すぎる

火星はハビタブル・ゾーンの中にあり、地球によく似た惑星だが、小さいため大気の厚さが足りない

水星や金星、それらを回る衛星は、太陽に近く、温度が高すぎて住めない

 土星　 木星　 火星　 地球　 金星　 水星

太陽

四季がある理由

北極と南極は1年中温度が低く、熱帯（赤道近辺）は温度が高い。その中間の地域には、1年に4つの特徴的な季節がある。そう、春、夏、秋、冬だ。地球はかたむきながら太陽を公転しているため、公転軌道上の位置によって、太陽の当たる角度が変わる。北半球が太陽の方にかたむいている時期は、北半球が夏、南半球が冬になる。

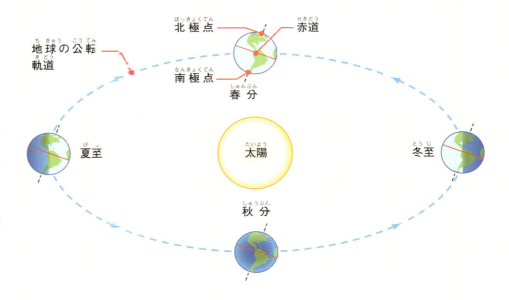

地球磁気圏

太陽は核融合反応によって、太陽風という高エネルギーの粒子の流れをふきだしている。地球がつくる磁場は、地球の外部まで広がり、危険な太陽風から地球を守る盾のような役目を果たしている。

なぜ海には、満ち引きがあるのか？

地球の海は、太陽と月の重力に引っぱられ、満ちたり引いたりしている。満ち潮と引き潮は、1日にそれぞれ2回ずつだ。地球から見て太陽と月が同じ方向にあるときは、太陽と月が反対方向にあるときよりも、重力が強くなるため、満ち潮が大きくなる。

数字で見る地球　豆知識リスト

1. 地球が太陽の周りを回る速さは時速10万7000kmだ。

2. 365.2564日。これは地球が太陽を1周するのにかかる時間だ（365日ちょうどではない）。そのため2月は4年に1度、29日になる。うるう年をつくることで、暦をうまく調整している。

3. 地球の質量の90％以上をしめる元素は、鉄、酸素、ケイ素、マグネシウムだ。

4. 地球は太陽系で最も密度の高い惑星だ。1立方cmあたりの質量は、平均5.5gになる。

5. 地球の大気の質量は、5000兆トンだ。

6. 自転速度は、時速1600km以上の速さだが実は、だんだんおそくなってきている！ 1億4000万年後には、1回転するのに25時間（今は24時間）かかると予想されている。

地球の測量

地球は、巨大な岩石のかたまりだ。丸い形をしているが、完璧な丸ではない。科学者たちはその形を「ジオイド」と呼んでいる。地球の形という意味だ。地球は、北極や南極のほうがややつぶれ、赤道に沿ってややふくらんだ形をしている。赤道の全周長（ぐるっと1周する距離）は約4万kmだ。人工衛星からの画像を見ると、地球の表面はあちこちがデコボコしている。ただし、それらのデコボコは地球全体からしてみれば小さなものだ。正確に測量するとき以外は、無視してかまわない。

地球はどれくらい重い？

地球の質量は、およそ6兆の1兆倍kgだ。地球の質量を直接量ることはできないが科学者たちはどうやって計算したのだろうか？ 実は、周りの惑星を引っぱる地球の重力の大きさから、答えを出したのだ。ある物体の重力の大きさは、その物体の質量に比例する。

緯度と経度

地球に緯度と経度を表す線を引くことによって、地球のあらゆる場所を正確に示すことができる。緯度を表す緯線は、赤道に平行して、ヨコにぐるりと1周する線だ。そのため、平行圏とも呼ばれる。一方、経度を表す経線は、北極点と南極点を結ぶように、タテに1周する線だ。皮をむいたミカンをイメージするとわかりやすい。経線は子午線とも呼ばれる。

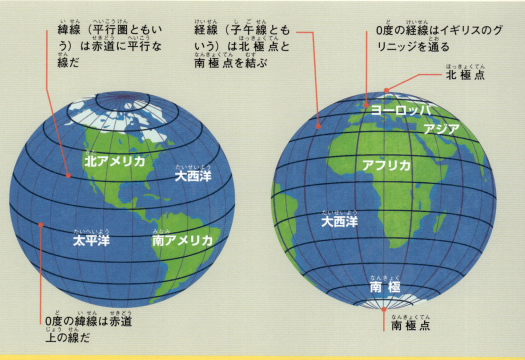

緯線（平行圏ともいう）は赤道に平行な線だ

経線（子午線ともいう）は北極点と南極点を結ぶ

0度の経線はイギリスのグリニッジを通る

北極点

ヨーロッパ

アジア

北アメリカ

大西洋

アフリカ

大西洋

太平洋

南アメリカ

南極

南極点

0度の緯線は赤道上の線だ

人工衛星による測量

人工衛星は、地表のわずかな高低も、測ることができる。海面のほんの小さなデコボコを（波の影響を除いたうえで）測り、海底の地図をつくることも可能だ。海面のデコボコは重力の差によるもので、海底のデコボコを反映しているのだ。人工衛星による左の地図で、オレンジや赤で表されている部分は、重力の大きな海底だ。つまり、海底山脈が走っている。

アドバイスしてくれた専門家：パオロ・フォルティ　あわせて読んでみよう：人工衛星、p.40〜41；宇宙の中の地球、p.54〜55；地球の内部、p.58〜59；地球、p.60〜61；光、p.128〜129；重力、p.134〜135；暦、p.224〜225

ここは世界のどこ……？

GPS（全地球測位システム）は、地球を回る約30個の人工衛星を結ぶネットワークだ。それぞれの人工衛星のデータに基づいて、正確な場所を割り出す。GPSを使えば、人工衛星からの信号をキャッチして、どれでも自分の場所を、あっという間に特定できる。

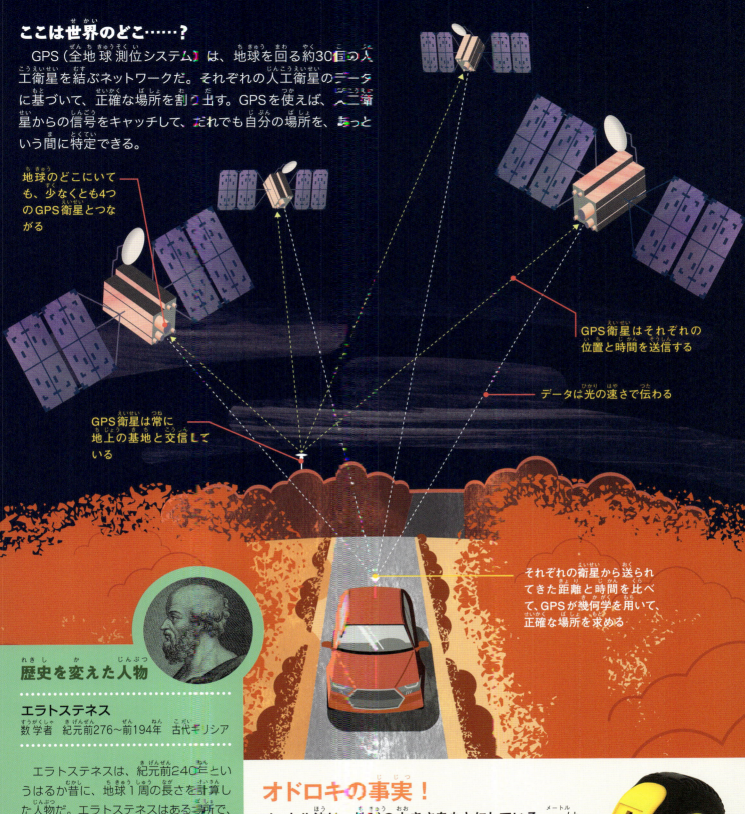

地球のどこにいても、少なくとも4つのGPS衛星とつながる

GPS衛星はそれぞれの位置と時間を送信する

データは光の速さで伝わる

GPS衛星は常に地上の基地と交信している

それぞれの衛星から送られてきた距離と時間を比べて、GPSが幾何学を用いて、正確な場所を求める

歴史を変えた人物

エラトステネス
数学者　紀元前276〜前194年　古代ギリシア

エラトステネスは、紀元前240年というはるか昔に、地球1周の長さを計算した人物だ。エラトステネスはある場所で、太陽の光が正午に、井戸の底まで届くのを見て、太陽が真上にあることに気がついた。その後、800km北の場所で、同じく正午に、まっすぐ立てた棒と、そのかげがつくる角度を測った。そして、幾何学という数学の分野を用いて、地球1周の長さが、約4万kmであることを計算したのだ。

オドロキの事実！

メートル法は、地球の大きさをもとにしている。mは、1791年にフランスでつくられた単位だ。赤道から北極点までの距離の1000万分の1を、1mとしている。よって、地球1周の長さを、約4000万m（4万km）という切りのよい数字で表せる。メートル法は現在、アメリカとミャンマー、リベリアを除く、全世界で使われている。

57

地球の内部

地球の内部は、大きく3つの層に分かれる。地殻、マントル、核だ。それぞれ、さらにいくつかの層が重なって、できている。地震で発生した振動から、そのような構造が明らかになった。表層をうすくおおう地殻は、岩石からなる。厚い層のマントルは、部分的にとけた岩石が成分だ。中心部の核は、内核と外核に分かれる。内核には、信じられないほど密度の高い金属が閉じこめられていて、太陽の表層と同じくらい高温だ！

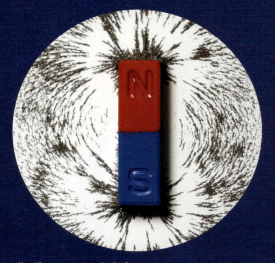

層の特徴

地球の層の中で、温度が低いのは地殻だけだ。マントルは、ものすごい熱によって岩石の一部がとけ、沸騰したスープのように、ぐつぐつとわきたっている。さらに高温の外核は液体の金属で、内核は固体の金属でできている。地球に存在する鉄の90％近くが、核の中にふくまれる。

磁場をもつ地球

地球に磁場があるのは、地球の自転の影響で、外核の液体の金属が回転しているためだ。方位磁針の針は常に磁場の向きと平行になり、N極が北極点近くの北磁極という地点を指す。

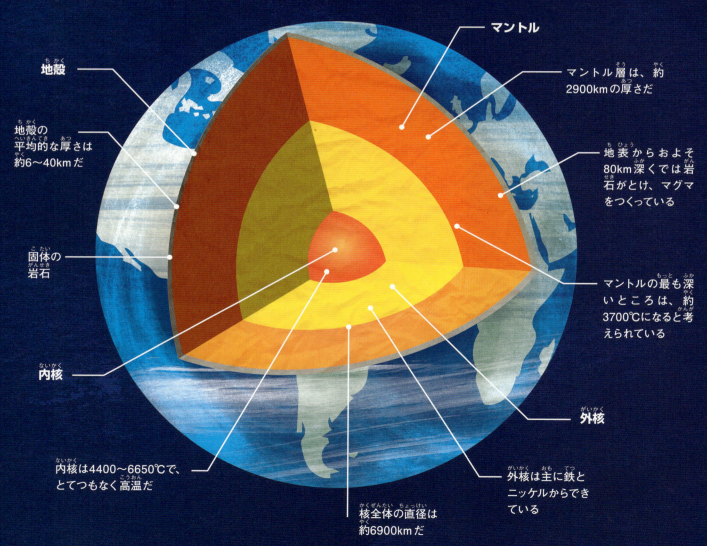

- 地殻
- 地殻の平均的な厚さは約6～40kmだ
- 固体の岩石
- 内核
- 内核は4400～6650℃で、とてつもなく高温だ
- 核全体の直径は約6900kmだ
- マントル
- マントル層は、約2900kmの厚さだ
- 地表からおよそ80km深くでは岩石がとけ、マグマをつくっている
- マントルの最も深いところは、約3700℃になると考えられている
- 外核
- 外核は主に鉄とニッケルからできている

アドバイスしてくれた専門家：ルイス・ダートネル　あわせて読んでみよう：宇宙の中の地球、p.54～55；プレートテクトニクス、p.62～63；火山、p.64～65；地震と津波、p.66～67；山、p.68～69；岩石と鉱物、p.70～71；地球の資源、p.74～75；元素、p.102～103；金属、p.114～115；電気、p.126～127

地殻とマントル

地殻には2種類ある。大陸地殻は、地表の陸地をつくる厚みのある地殻だ。一方、海洋地殻は、海底を構成する若くてうすい地殻だ。それらの地殻の内側には、マントルがある。地殻のすぐ下にあるここが、流動しづらいリソスフェアという層だ。さらに下の深さ100〜700kmには、流動しやすいアセノスフェアという層がある。

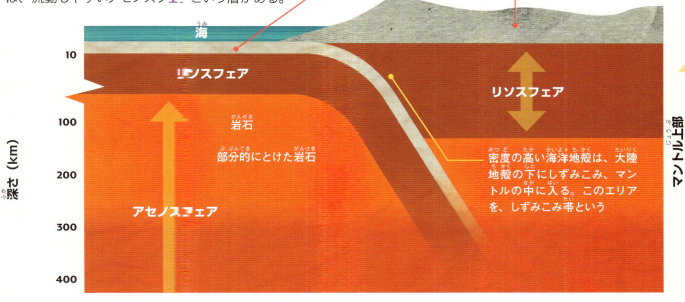

海洋地殻の厚さは5〜10kmで、大陸地殻よりうすく、密度が高い

大陸地殻の厚さは25〜70km。海洋地殻に比べ密度が低いため、マントルの上に高くうかぶ

密度の高い海洋地殻は、大陸地殻の下にしずみこみ、マントルの中に入る。このエリアを、しずみこみ帯という

地下の山脈

地震のデータや、地震波トモグラフィーという技術（おなかの中の赤ちゃんを見るのに使う、超音波のようなもの）によって、おどろくべき事実が明らかになった。マントルには複数の層があり、深さ410kmと660kmにはっきりした境目があるというのだ。深さ660kmの境目には山脈があり、その頂上はエベレストよりも高いという。

地下のお宝

ダイヤモンドはマントルで強い圧力が加わり、つくられる。かつて火山の噴火によって、地下深くからふきだし、円石形に固まったキンバーレー岩を母岩としている。マントルの中にはまだ、1000兆トンをこえるダイヤモンドがあるかもしれない。

未解決のナゾ

地球の核には、他に何がある？

地球の中心はナゾにつつまれている。地球の核は、約90％の鉄と約10％のニッケルなどの金属でできていると考えられている。しかし地球の核は予想よりも軽く、金属以外の物質がふくまれているかもしれない。科学者たちは、それがケイ素ではないかと見ている。

地球

宇宙から見ると、地球は大理石のようになめらかだ。しかし、実際の地表はおおいにデコボコしている。地球の表面の約71%は海だが、海底にも山や谷は存在する。一番高いエベレストの山頂から、一番深い太平洋のチャレンジャー海淵までの高低差は約2万mだ。その中で、高くなったり低くなったりしている地球の地形は、実に豊かだといえるだろう。

北極海
北極圏
環太平洋火山帯には、活火山が連なっており、地震の震源地となる
北大西洋
北アメリカ
ロッキー山脈
大西洋中央海嶺は、世界の海を結ぶように走る中央海嶺系の主要部分だ
北回帰線
太平洋
赤道
南アメリカ
南回帰線
アンデス山脈
南大西洋
南極圏

地球のすごい場所
豆知識リスト

地球には、すごい場所がたくさんある。

1. サハラ砂漠は、世界一広い砂漠で、面積は860万平方kmもある。

2. 中央海嶺系は、地球の海底をぐるりと走る火山の山脈だ。全長は8万kmにもおよび、地球を1周する。

3. ヒマラヤ山脈は、世界一高い山岳地帯だ。標高7300mをこえる山が110以上ある。

4. グレートバリアリーフは、生物がつくりだした世界最大の構造物で、サンゴや藻、小さなコケムシなどがすんでいる。2000ものサンゴ礁が、35万平方kmにわたって広がっている。

5. チャレンジャー海淵は、世界で最も深い場所で、その深さは1万994mだ。

赤道上の縮尺
0 1000 2000 3000 4000 5000 km

アドバイスしてくれた専門家：ルイス・ダートネル　あわせて読んでみよう：宇宙の中の地球、p.54〜55；火山、p.64〜65；地震と津波、p.66〜67；山、p.68〜69；雨林、p.164〜165；タイガと温帯林、p.166〜167；草原、p.168〜169；エベレスト、p.170〜171；地球の両端、p.184〜185

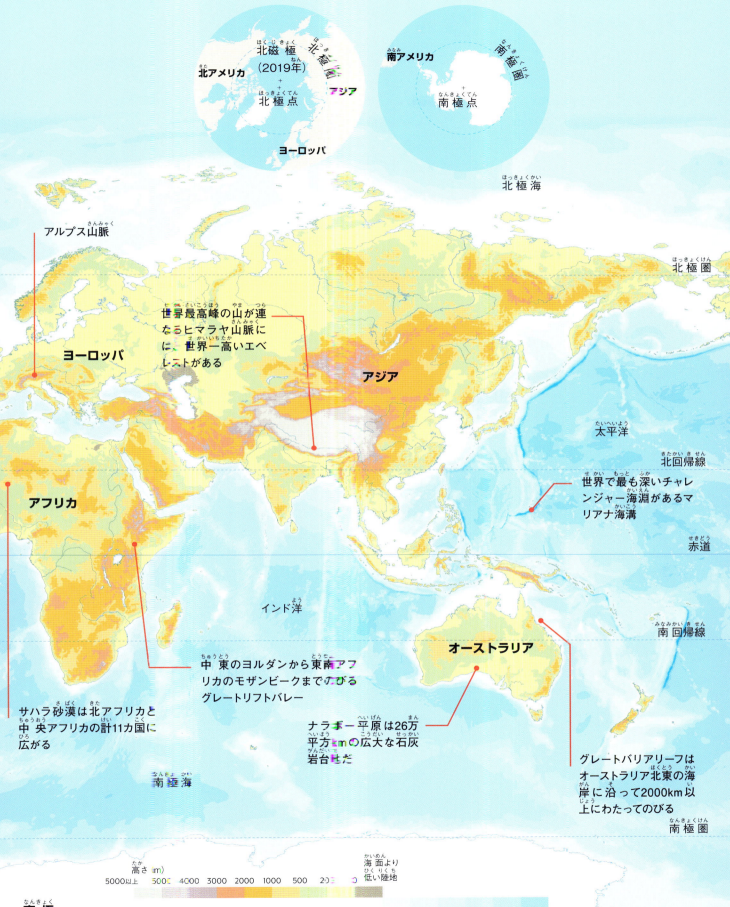

プレートテクトニクス

地球のかたい表面は、プレートという巨大な岩盤が組み合わさって構成されている。プレートには、大陸よりもはるかに大きいものもあれば、小さいものもある。いずれも地表から100〜700km深くに位置するやわらかくて弱い（粘土のような）岩石からなるアセノスフェアという層の上にうかんでいる。プレート同士がおしあうことによって、地震が起きたり、火山ができたりする。プレートは1年に約2.5cmというゆっくりした速さで動いており、これまで何百万年という長い年月をかけて、海を広げ、山脈をつくりあげてきた。

オドロキの事実！

世界の大陸はかつて、巨大な海に囲まれた1つの超大陸だった。今からおよそ3億3500万年前のことだ。地質学者たちは、その超大陸をパンゲアと呼んでいる。パンゲアは、約1億8000万年前に分かれはじめ、大西洋をつくったあと、今のような形になった。

動く地表

火山活動や地震のほとんどは、プレート同士が接する所で起こっている。つまり、プレートとプレートの境界だ。プレートの境界には、さまざまな種類がある。発散型境界では、プレートが引きはなされ、その割れ目からとけた岩石（マグマ）がわきあがる。収束型境界では、プレート同士がぶつかりあい、一方が他方の下にしずみこむ（プレートのしずみこみ）。トランスフォーム型境界では、2つのプレートがすれちがうように接触する。

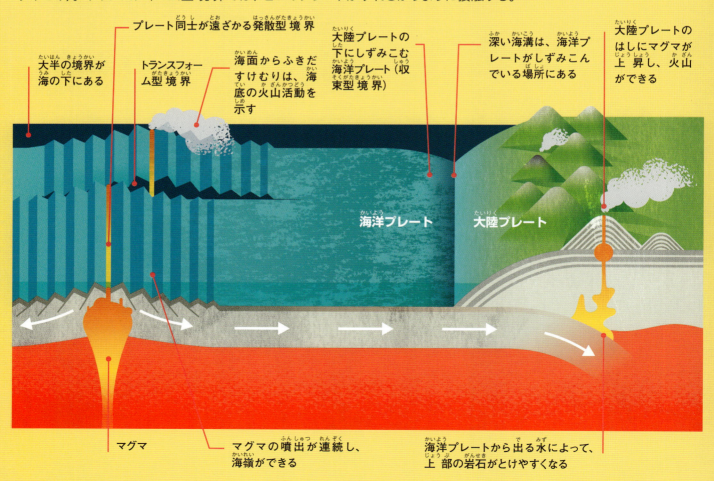

アドバイスしてくれた専門家：ブレンダン・マーフィー　あわせて読んでみよう：地球の誕生、p.52〜53；地球の内部、p.58〜59；地球、p.60〜61；火山、p.64〜65；山、p.68〜69；岩石と鉱物、p.70〜71；固体・液体・気体、p.110〜111；エネルギー、p.122〜123；圧力、p.136〜137

島の出現

1963年、アイスランドの近海に新しい島が現れた。約4年間続いた海底火山の噴火によるもので、北欧神話の火の神スルトにちなんで、スルツェイ島と命名された。大西洋にうかぶスルツェイ島（写真）の下では、2つのプレートが遠ざかり、割れ目が生じている。そのような割れ目から火山をつくる成分がふきだし、できあがったのが、大西洋を南北につらぬく大西洋中央海嶺だ。

溶岩球

プレートの発散型境界の割れ目では、高温のマグマが海底の下からふきだしている。深海の冷たい水の中にふきだしたマグマは、すぐに冷やされて固まり、固体の球になる。そのため割れ目の近くには、溶岩球がいっぱい転がっている。マクラのように見えるため、枕状溶岩と呼ばれる。

プレートの今

地球には現在、主なプレートが7枚ある。太平洋の下に横たわる巨大プレートのほか、陸と海にまたがる形で6枚のプレートが存在する。主なプレートの間にも、小さなプレートが15枚ある。そして、さらに小さなプレートが、主なプレートと小さなプレートの隙間をうめている。固体の岩石を成分とする一部のプレートは、厚さが200km近くにもなる。

ユーラシアプレート／アメリカプレート／ユーラシアプレート／太平洋プレート／アフリカプレート／インド・オーストラリアプレート／ナスカプレート／南極プレート

プレートテクトニクスの証拠
豆知識リスト

プレートが動き続けているといえるのは、次の証拠があるからだ。

1. 陸上の化石は発見された大陸がちがっても、似ている。大陸が分かれて、生物が多様化したということだ。
2. 石炭層の中で北アメリカ大陸東部にあるものは、約3億年前に堆積しており、そのころ北アメリカ大陸は赤道にまたがっていた。
3. 氷河のあとが、インドやアフリカ、オーストラリア、南極に残っている。かつて、アフリカプレートが南極点に近かった証拠だ。
4. 多くの地震と火山活動が、プレートの動きによって起こっている。
5. 人工衛星レーザー測距では、レーザー光を照射して、人工衛星に当たってもどってきた反射光を受信する。受信地点の動きを調べると、大陸が動いていることがわかる。

専門家から一言！

ブレンダン・マーフィー
地質学者

地球科学を専門とするブレンダン・マーフィーは、超大陸ができるサイクルについて研究している。その昔、たがいにぶつかって広大な山脈をつくった大陸は、今のようにはなれたが、およそ4億年後には、またつながるという。その理由をマーフィーは解き明かそうとしている。

「もし、地球の奥深くを旅することができたら、どんなものが見られるでしょう？　その旅を、想像することが好きなんです」

火山

　ほとんどの火山は、世界のどこにあるかわかっている。だが、それらがいつ噴火するかはわからない。何千年も活動していなかった火山が突然、激しく噴火することもある。火山学者たちは、火山内部の動きや火道（マグマの通り道）から出るガスに、噴火の予兆がないか調べている。ドローンを飛ばしてガスを測定したり、危険な火山活動のきざしを探したりしている。

ストロンボリ式噴火

　火山の噴火には、いろいろな種類がある。ストロンボリ式噴火は、写真のイタリアの火山（ストロンボリ山）にちなんで名づけられた。とけた岩石である溶岩を「火の噴水」のように、ふきあげるタイプだ。一方、数年にわたって、溶岩をゆっくりと、はきだす噴火もある。また突然爆発して、ガスや火山灰、軽石を空高く噴出するものもある。軽石は、冷えて固まった溶岩のかけらの一種で、気泡が多く見られる。

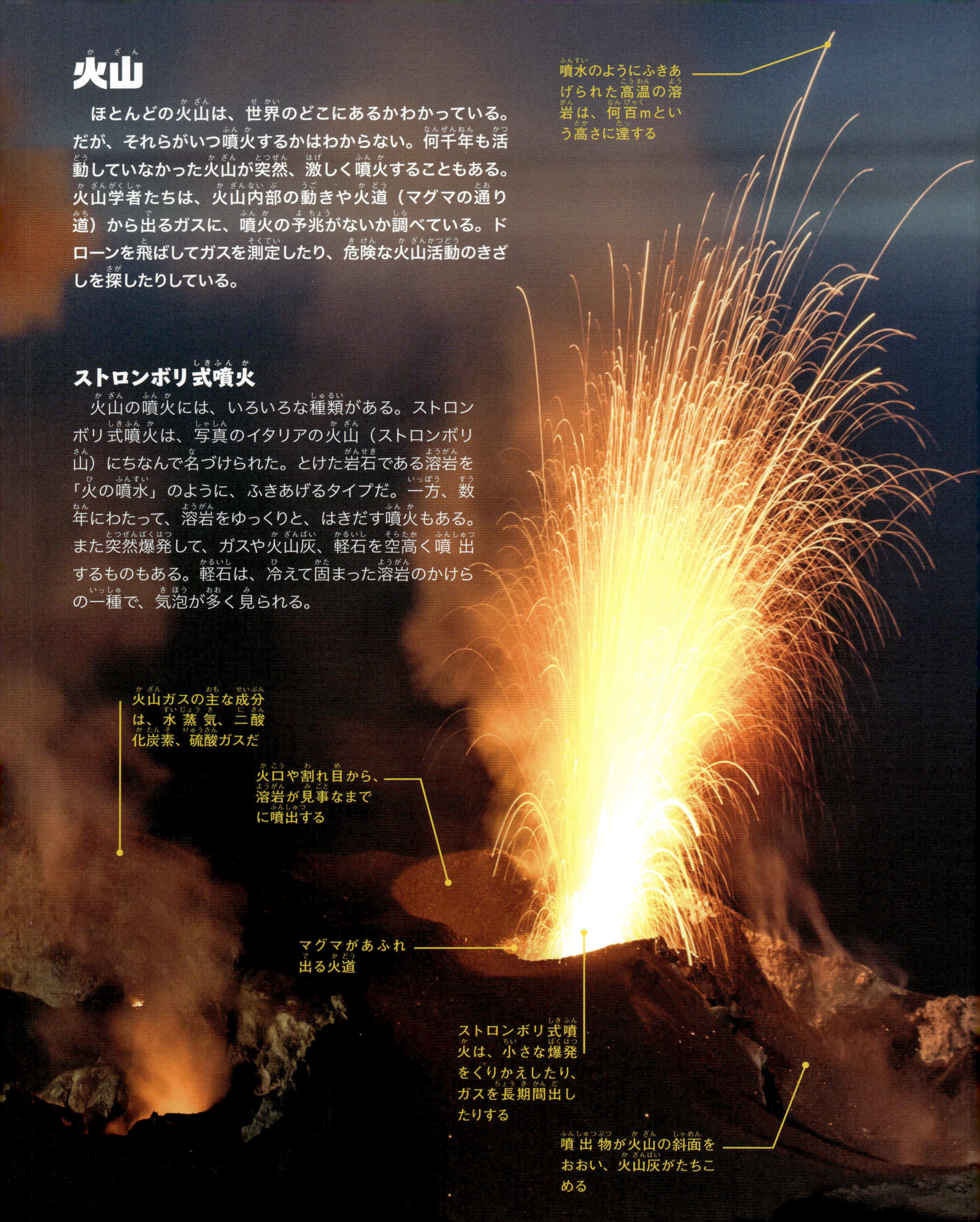

噴水のようにふきあげられた高温の溶岩は、何百mという高さに達する

火山ガスの主な成分は、水蒸気、二酸化炭素、硫酸ガスだ

火口や割れ目から、溶岩が見事なまでに噴出する

マグマがあふれ出る火道

ストロンボリ式噴火は、小さな爆発をくりかえしたり、ガスを長期間出したりする

噴出物が火山の斜面をおおい、火山灰がたちこめる

アドバイスしてくれた専門家：エリック・クレメッティ　あわせて読んでみよう：地球の内部、p.58〜59；プレートテクトニクス、p.62〜63；地震と津波、p.66〜67；岩石と鉱物、p.70

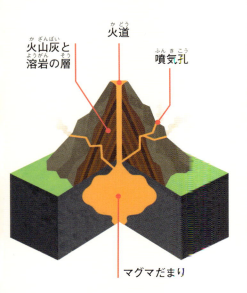

火山の内部

火山の下には大体、岩石がドロドロにとけたマグマのたまり場がある。そのマグマだまりから、噴気孔と呼ばれる割れ目を通じて、ガスがもれだすことがある。年月がたつと、マグマだまりのさらに下からマグマが上昇し、圧力が高まる。やがて圧力にたえきれず、火道からマグマが流出する。地表に流出したマグマを溶岩という。溶岩の温度は1250℃にもなる。

オドロキの事実！

火山灰や溶岩の移動する速さは、ときに時速700kmにもなる。イタリアのベスビオ山が西暦79年に噴火したとき、多くの人々があっという間に噴出物にのみこまれ、ポンペイとヘルクラネウムには火山灰が高さ6mも降り積もった。のちに、噴出物が冷えて固まったため、亡くなった人々は、そのときの格好のまま残された。

未解決のナゾ

イエローストーン火山はいつ噴火する？

アメリカのイエローストーン国立公園では、間欠泉と呼ばれる割れ目から蒸気がふきあがる現象が見られる。そのため、公園の下には、大量のマグマがあると考えられている。イエローストーン火山が噴火するのは、約60万年に1度で、最後に噴火したのは、今から64万年前だ。そのときは、グランドキャニオンをうめつくすほど多くの溶岩が降りそそいだ。また噴火すれば、アメリカ西部の大半は、高さ1m以上の火山灰でおおわれるだろう。

環太平洋火山帯

地球上の火山の4分の3の450以上の活火山が、太平洋を囲むエリアに存在する。プレート同士がぶつかりあい、一方のプレートを高温の深部へとおしこみ、おしこまれたプレートの岩石がとけ、マグマとして上昇し、火山をつくりだしているのだ。

インドネシアの火山の活動は世界一活発だ。日本やアメリカにも活火山がある

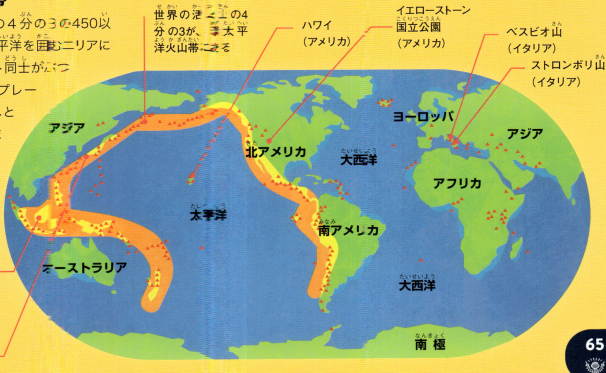

地震と津波

地面がゆれていると感じたら、それは地震かもしれない。世界では毎年、地震が5万回ほど起きている。そのほとんどは小さな地震のため、地震計と呼ばれる特別な計器を使わなければわからない。一方で、深刻な被害をもたらす、とても大きなものもある。建物がくずれ、多くの人が亡くなるような地震だ。また海の下で地震が起こると、津波が発生する危険が生じる。大きなエネルギーをもつ津波によって、地震の被害はさらに広がる。

上空から見たアメリカ・カリフォルニア州のサンアンドレアス断層。全長1300km以上にもなる

割れて、ずれる

大きな地震はほぼすべて、断層という大きな割れ目に沿って起こる。断層は、地中の岩盤が曲がりきらない場所にできる。地球表面の地殻をつくる岩石の板、つまりプレートが曲がりきらず、割れ目が生じるのだ。割れ目をはさんで、岩盤同士がおしあうと、ひずみが生じる。圧力が高まり、割れ目がさらにずれると、地震が発生する。

津波：モンスター級の波

津波は、静かな海面に突如現れるモンスター級の大波だ。高さは、ときに30mにもなる。津波は、地震や海底火山の噴火によって、海面が一気に上下することで発生する。発生した波は、海底に沿って進んでいく。そのスピードは、ジェット機と同じ時速800kmにもなるほどで、とてつもなく速い。海岸に到達するときには、巨大なかべのように高くなり、すべてのものをのみこんでしまう。

- 突然海底がずれて、海面が一気に上下する
- 海面の上下によって生まれた強力な波が、海底に沿って約100〜200km先まで伝わる
- 高速で進む波の高さはわずか60cmで、海面から見ても気づかないほどだ
- 波は時速800kmにもなる速さで海底に沿って進む

アドバイスしてくれた専門家：エリック・クレメッティ　あわせて読んでみよう：地球の内部、p.58〜59；プレートテクトニクス、p.62〜63；火山、p.64〜65

衝撃波

地震によって、地震波という高速で伝わる強力な衝撃波が発生する。地震波の中で、最初に到達する波は、第1波とも呼ばれるP波だ。P波は、1秒に6kmという超高速で進む。次に到達する波は、第2波とも呼ばれるS波だ。そして最後にやってくるのが、表面波という波で、地震波の中で最も強いゆれを起こし、最悪の被害をもたらす。

未解決のナゾ

地震を予知できる生物はいる？

地震が起こる前に――ときには数週間前に――魚や鳥、は虫類、昆虫などが変わった行動をとるのを見たという人たちがいる。科学者たちは、私たちの生活を守るため、そのような生きものを通じて、地震の発生を予想できないかと研究している。しかし今のところ、地震を予知できる生物がいるという科学的証拠はない。

オドロキの事実！

2011年、日本で過去最大規模の地震（東日本大震災）が起こり、本州を、東に2.4mほどずらした。超小型車1台分近くずらした計算だ。その地震によって、東日本の海岸が400kmにわたり、0.6mしずんだ。地震が続いた時間は6分間だった。陸地は常に動いているが、6分というわずかな時間で、これほど大きくずれることはめったにない。

最後に山のように盛り上がり、海岸にものすごい勢いで打ちつけ、人々や車、船などをのみこみ、ずっと先の内陸へと流しさってしまう

津波は、海が浅くなると速度を落とし、重なりあって次第に大きくなる

67

山

すべての大陸に、山はある。ただし、1つだけポツンと存在する山はめずらしい。たとえば、火山活動によってできたタンザニアのキリマンジャロや日本の富士山がそうだ。ほとんどの山は、南アメリカ大陸のアンデス山脈や、北アメリカ大陸のロッキー山脈など、多くの山が連なる山脈の一部として存在する。山では、上に行けば行くほど気温が下がる。そのため世界有数の高山では、雪線という境界線から上部が一年中、雪におおわれている。赤道から遠い山ほど、雪線は低くなる。

オドロキの事実！

山の高さを知るには、お湯をわかせばよい！　水が沸騰する温度は、304m高くなるごとに1℃下がる。沸騰する温度は気圧によって決まるが、その気圧が高地に行くほど下がるからだ。よって、高く登れば登るほど、お湯は早くわく。

世界一高い山は？

山の高さは普通、海面から頂上までの高さ（標高）で測る。従って、ヒマラヤ山脈のエベレストが世界一高いとされている。ふもとから頂上までの高さで測ると、ハワイ島のマウナケアが世界で最も高い。ただし、そのほとんどは海の中だ。また、地球の中心から頂上までの距離で計算すると、世界一高い山はエクアドルのチンボラソになる。

ヒマラヤ山脈のエベレストの標高は、世界一高い8850mだ

エベレスト

マウナケアの3分の2は海中にある

マウナケアの標高は4207mだが、海中にかくれた部分をふくめると、高さはなんと1万203mだ

マウナケア

アドバイスしてくれた専門家：エリック・クレメッティ　**あわせて読んでみよう**：地球の内部、p.58〜59；地球、p.60〜61；プレートテクトニクス、p.62〜63；火山、p.64〜65；岩石と鉱物、p.70〜71；化石、p.76〜77；圧力、p.136〜137；エベレスト、p.170〜171

山の種類

山には、火山活動や地震によって、高さを増したものがある。しかし、ヨーロッパのアルプス山脈や、ヨーロッパとアジアにまたがるコーカサス山脈のように、大きな山脈のほとんどは、しゅう曲山地だ。しゅう曲山地とは、プレートの運動によって、だんだんと盛り上がってできあがった山地をいう。

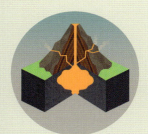

火山
地球内部のマグマが地表に噴出し、噴出物が堆積してできる

地塊山地
プレートに力が加わって生じた割れ目から、地殻の一部が盛り上がってできる

ドーム状山地
マグマの上昇によって地殻がドーム状におしあげられ、かたくなることで生まれる

しゅう曲山地
プレートの動きによって岩盤が盛り上がったり曲がったりすることでできる

主な山岳地帯

右地図の茶色の領域は、世界の主な山岳地帯だ。地球の表面を構成する岩盤、つまりプレートの境界に沿って広がっている。主な山岳地帯には、北アメリカ大陸西部のロッキー山脈、南アメリカ大陸西部のアンデス山脈、ヨーロッパのアルプス山脈とコーカサス山脈、インド北部のヒマラヤ山脈などがある。

ロッキー山脈　アンデス山脈　アルプス山脈　コーカサス山脈　ヒマラヤ山脈

チンボラソの標高は6310mだが、地球の中心から計算すると世界一高い。地球の形が完全な球ではなく、赤道近くがふくらんでいるためだ

チンボラソ

キリマンジャロの標高は5895m。独立した山の中では、世界最高峰だ

キリマンジャロ

69

岩石と鉱物

地球の表面は、岩石が積み重なってできている。岩石の内部では普通、鉱物同士がくっついたり、とけて混ざったりしている。鉱物には、キラキラ光るかたいダイヤモンドから、やわらかい石こうまで、数千種類あるが、岩石を主につくるのは、たった40種類しかない。数百もの種類がある岩石は、大きく3つに分類できる。火成岩、堆積岩、変成岩だ。

オドロキの事実！
土の生みの親は岩石だ！　岩石がこなごなにくだけて、植物や動物に由来する物質と混ざって土をつくり、植物の根を支えている。

岩石の循環

岩石は何百万年という年月をかけて、ゆっくりと変化する。地表では、くだけて小さくなった堆積物がやがて堆積岩になる。地中深くでは、おしつぶされると同時に、熱にさらされ、変成岩に変わる。その一部がとけて、地表に向かって上昇すると、固まって火成岩になり、やがてまた細かくくだける。岩石はこのような循環をくりかえしていく。

火山が噴火すると火成岩が溶岩として地表に噴出し、風化する

凝固

細かくくだけた岩石と生物の死がいが海底に堆積する。堆積物が、何百万年もかけて固まり、岩石となる

雨が降ったり植物が根を張ったりすることによって、岩石がくだける

火成岩（噴出岩）

長い年月をかけて、堆積物の層が、いくつも重なっていく

堆積岩

上方におしあげられた堆積岩は、風化する

上方におしあげられた火成岩と変成岩は、風化する

火成岩（貫入岩）

上に重なる層におされて、堆積物が堆積岩になる

変成岩
圧力と熱によって堆積岩が変成岩になる

圧力と熱によって火成岩が変成岩になる

マグマが冷えて固まり、火成岩になる

火成岩がとけてマグマになる

変成岩がとけてマグマになる

マグマ

アドバイスしてくれた専門家：ブレンダン・マーフィー　**あわせて読んでみよう**：岩石惑星、p.28〜29；地球の内部、p.58〜59；プレートテクトニクス、p.62〜63；火山、p.64〜65；山、p.68〜69；巨大結晶！、p.72〜73；地球の資源、p.74〜75；化石、p.76〜77；化石燃料、p.80〜81；元素、p.102〜103；化合物、p.106〜107

岩石の種類

岩石は、でき方や成分によって、大きく3つの種類に分類される。

火成岩
地下深くから上昇した超高温のマグマが、冷やされてできる。溶岩として地表に噴出した火成岩を、噴出岩という。地表に噴出する前に固まった火成岩は、貫入岩という。

堆積岩
ドロや砂、生物の死がいなどが、海や湖の底に堆積する。その上から新しい堆積物が重なっていく。その後、下の層が数百万年かけて固まり、岩石となったものが堆積岩だ。

変成岩
岩石をつくる鉱物は、高温のマグマの熱にさらされたり、プレート同士の衝突でつぶされたりすると、変化しやすくなる。そうして新たに結晶化したものが変成岩だ。

鉱物

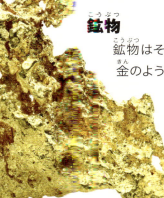

鉱物はそれぞれ、独自の化学構造をもつ。金のように、1つの元素からなるものもある。しかし、ほとんどの鉱物は、2つ以上の元素からできている。他の元素が少し加わるだけで、見た目は大きく変わる。たとえば、銅が入ると青色や緑色になったりする。

結晶のでき方

ジオードとは、空洞をもつ岩石を指し、その空洞に結晶ができる。ジオードを割ると、きらめくアメジスト（右）など、美しい結晶が出てくることが多い。ジオードの結晶は、たいてい小さい。しかし、大きな結晶が入っていることもある。そのような結晶は宝石に分類される。

ジオード内部のきらめくアメジスト

どれくらい、かたい？

モース硬度は1812年、ドイツの地質学者フリードリッヒ・モースが考案した、鉱物のかたさを表す尺度だ。モースは、10個の鉱物を選び、やわらかい順に並べて、鉱物のかたさの指標とした。そのリストは、下のとおりだ。ある岩石がどれくらいかたいか知りたければ、最もやわらかいタルクから順に、その岩石の表面をこすっていけばよい。タルクで傷つかなければ、次は石こう、といった具合に、最後のダイヤモンドまで、1つずつ試していけばよいのだ。

1 タルク
2 石こう
3 方解石
4 ほたる石
5 アパタイト
6 正長石
7 石英
8 トパーズ
9 コランダム
10 ダイヤモンド

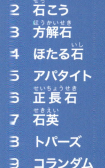

71

アドバイスしてくれた専門家：パオロ・フォルティ　あわせて読んでみよう：プレートテクトニクス、p.62〜63；火山、p.64〜65；岩石と鉱物、p.70〜71；地球の資源、p.74〜75；化合物、p.106〜107；固体・液体・気体、p.110〜111

巨大結晶！

科学者たちは2006年、メキシコ・チワワ州のナイカ鉱山の蒸し暑い洞窟の中の、巨大結晶を調べた。最も大きなもので長さ12m、幅1mにもなる、その巨大結晶は、洞窟に入りこんだ地下水にふくまれる硫化物から生まれた。洞窟の下には、とけた溶岩、つまりマグマがたまっているマグマだまりがある。そのため温度が55℃前後に保たれ、結晶が数十万年かけて、少しずつ成長したのだ。洞窟を満たしていた地下水は、調査のためにいったんぬきとられたが、いずれまた、洞窟は地下水でいっぱいになるだろう。

石こうの一種であるセレナイトでできた巨大結晶

地下水を排出した洞窟内の温度は50℃だった。とても暑いため、科学者たちは特殊な安全服を着て洞窟内に入ったが、それでも90分間活動するのがやっとだった。

地球の資源

　地球の岩石は、人間にとって貴重な資源だ。たとえば、車を造る鉄は、岩石にふくまれる鉱物をもとにしている。コンピュータや携帯電話には、希少鉱物が使われている。料理に使う塩も、その大半は岩石の鉱物からつくられている。地殻の中には、鉄やアルミニウム、銅、スズなどの金属をふくむ、あらゆる元素が眠っている。地殻の中で濃縮された金属は、鉱石という特殊な石として存在している。

空気をふきこみ、燃やす！

　岩石から金属をとるためには、鉱石を燃やして、加工しなければならない。鉄は、極めてじょうぶな金属だ。橋やなべなど、多くのものが鉄を原料としている。鉄をとるためには、鉄鉱石を高温で燃やす必要がある。巨大な溶鉱炉の中に空気をふきこみ、温度を上げて、燃やすのだ。この作業を精錬という。

鉱山

鉄鉱石を地中からとるのは難しい。巨大な穴をほるのが1つのやり方だ。これを、露天採掘（下）という。オーストラリアには世界最大級の鉄鉱山がいくつかあり、リオティント社の鉄鉱山だけでも年間3億トン以上の鉄鉱石をとっている。

アドバイスしてくれた専門家：ブレンダン・マーフィー　あわせて読んでみよう：地球の内部、p.58〜59；岩石と鉱物、p.70〜71；巨大結晶！、p.72〜73；化石燃料、p.80〜81；金属、p.114〜115；プラスチック、p.118〜119；環境問題、p.366〜367

豊かな資源
豆知識リスト

私たちは毎年何十億トンもの資源を地中からとっている。

1. 石炭は年間78億トン。石炭は地中に最も多くうまっている資源だ。中国が世界最大の生産国だ。

2. 鉄鉱石は年間15億トン。鉄は最も広く使われている金属で、大半が鋼鉄に加工される。

3. ボーキサイトは年間3億1400万トン。かたい岩石というよりも土に近い。アルミニウムの主な原料だ。

4. リン鉱石は年間2億4000万トン。リンは、肥料の原料となる。ほぼ半分が中国産だ。

5. 石こうは年間1億4000万トン。壁板やセメントなど、建築資材に使われる。

美しい宝石

ダイヤモンドやルビー、エメラルド、サファイアなどの宝石の原石は、特別な条件がそろわないとできないため、とてもめずらしい。地球には、およそ5000種類の鉱物があるが、宝石の原石とされる鉱物は100種類以下しかない。その中でも、ジュエリーに広く使われている鉱物は、わずか50種類だ。

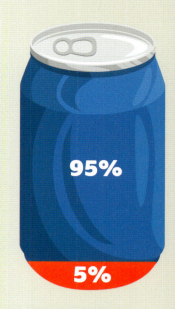

カンのリサイクル！

アルミニウムはとても軽く、さびにくい。そのため、飲み物のカンに使われる。リサイクルすれば、鉱物から新しくつくるときに比べ、5%のエネルギーしか使わない。温室効果ガスの排出量も5%におさえられる。

歴史を変えた人物

ヘンリー・ベッセマー
発明家　1813〜1898年　イギリス

ヘンリー・ベッセマーはイギリスの発明家で、1856年、鉄から鋼鉄をつくる溶鉱炉を発明した。鋼鉄は今、高層ビルからフォークやナイフまで、さまざまなものに使われている。ベッセマーの溶鉱炉では、とけた鉄に空気をふきつけ、不純物をとり除く。その後、鋼鉄の使い道に合わせて、他の元素を加える仕組みだ。

携帯電話は、何でできている？

携帯電話には、他の製品とちがい、貴重な原料が使われている。しかし、毎年1億台以上が捨てられている。そのうち100万台を集めるだけでも、16トンの銅と34kgの金を回収できる。リチウムや白金などのレアメタルもだ。私たちは、多くの資源をムダにしている！

配線に使われるのは金、銀、銅などの元素だ

酸化アルミニウムと二酸化ケイ素のガラスに、酸化インジウムスズのうすいまくをはり、スクリーンを作る

電子回路には白金やタングステンなどの金属がふくまれる

バッテリーは、レアメタルをふくむコバルト酸リチウムや、カーボングラファイトを原料とする

化石

化石は、はるか昔に生きていた生物の死がいそのものや、生きていたあとが残る岩石のことをいう。殻や骨、歯など、生物のかたい部分のかけらや、それらのあとがついた化石が大半をしめる。なかでも多いのは、貝の化石だ。ほとんど貝の化石でできている岩石もあるほどだ。大きな生物の化石は、めったに見つからない。

オドロキの事実！

恐竜のふんの化石がある！ 生物のふんのかたまりが化石になったものを、ふん石という。ふんの形や大きさ、発見場所は、ふんをした生物をつきとめる手がかりになる。ふん石から、その生物の食べ物も知ることができる。

化石ができるまで

死んだ動物は普通、化石にならない。くさったり、他者に食べられたりしてしまうからだ。死後すぐに、堆積物におおわれたときだけ、化石になる。

1 死がいがうまる

たとえば、恐竜が死に、堆積物におおわれる。堆積物は川から流れてきたりする。生物自体がドロの中で息たえ、しずむ場合もある。

- 湖のほとりで、恐竜が死ぬ
- ドロの層が堆積する湖の底

2 骨が岩石になる

恐竜の肉はくさってしまうが、骨はドロに守られる。年月とともに、骨はしずんでいく。地下水にふくまれる鉱物が、骨の中の空洞をみたし、骨元来の鉱物は追いだされ、岩石になる。

- 肉がくさり、骨や歯が残る
- 骨がドロの中にしずんでいく

3 地中で数百万年が経つ

新しく骨の中に入った鉱物によって、骨の形が保存される。数百万年かけて、周りのドロが岩石に変わり、骨を包む。その後、岩石が割れると、化石が現れる。

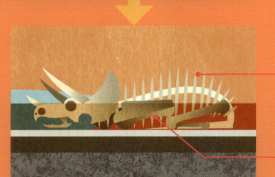

- ドロの重さによって、骨格がつぶれたり、こわれたりすることがある
- 化石の年代は、化石を包む岩石と同じだ。岩石によって化石の年代がわかる

アドバイスしてくれた専門家：ネイサン・スミス　あわせて読んでみよう：岩石惑星、p.28～29；小惑星、p.34～35；地球の内部、p.58～59；岩石と鉱物、p.70～71；恐竜の発見、p.78～79；化石燃料、p.80～81；ミクロの世界、p.154～155

強いトリケラトプス

トリケラトプスは6800万年前から6600万年前に生きていた草食の恐竜だ。全長9mで、頭骨には3本の角と、直径1mにもなる見事なフリルがついている。ティラノサウルスなど肉食の恐竜の攻撃から身を守るために使われていたのかもしれない。仲間とのコミュニケーションに活用していたとも考えられる。

最古の化石
豆知識リスト

化石のおかげで、地球の生命の進化をたどることができる。最古の化石として知られるものを、いくつか紹介する。

1. **植物** 最も古い植物の化石は、10億年前にさかのぼる。2019年に中国で発見された。

2. **殻をもつ動物** 腕足動物は、殻をもつ動物の中で最も古いものの1つだ。二枚貝のような見た目で、5億5000万年前の化石が発見されている。

3. **魚** 一番古い魚の化石は、5億3000万年前の岩石の中から見つかっている。あごがなく、ウナギのように細長い形をしている。

4. **昆虫** スコットランドのライニー村にある4億年前の地層から、トビムシに似た小さな昆虫の化石が発見された。その化石が、昆虫の化石としては最も古い。

5. **恐竜** 小さくて首の長いニャササウルスが、最古の恐竜かもしれない。ニャササウルスの化石は、タンザニアの2億4300万年前の岩石から、古生物学者（化石の研究者）たちによって発見された。これまで、約1000種類の恐竜の化石が見つかっているが、恐竜には、まだ倍以上の種類があるとも考えられている。

巨大な足

恐竜の足あとは、世界中に残されている。ボリビアのトロ国立公園にある足あとも、その1つ（右）。やわらかいドロに残された足あとが、太陽の熱で干上がり、そのまま固まって、地中にうまることなく残されたのだ。恐竜の中で最大級の竜脚類が残したもので、直径1mにもなる。足あとだけでは種類を特定するのは難しいが、だいたいのグループはわかる。また、そのとき動いていた速さを算出できることも多い。

専門家から一言！

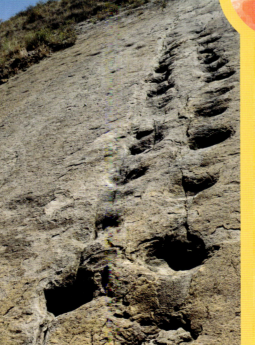

ネイサン・スミス
古生物学者

ネイサン・スミスは、アメリカのロサンゼルス自然史博物館の研究者だ。さまざまな道具と技術を用いて、生命の歴史をめぐるナゾにせまっている。特に、恐竜が繁栄した理由について調べている。

「アロサウルスの時代とティラノサウルスの時代をへだてる年月（8400万年）よりも、ティラノサウルスの時代と人間の時代をへだてる年月（6600万年）のほうが短いんです」

77

恐竜の発見

2015年、中国で道路を造っていた作業員がつまずいて、この大きな草食恐竜の化石を発見した。ルーフェンゴサウルス・マグヌス（ルーフェンの大トカゲという意味）の新たな化石だ。名前は、発見場所である中国・雲南省の禄豊県にちなんで、つけられた。地下水の鉱物によって、骨が数百万年かけて、写真のような化石に変化したのだ。近年は、かつてないほどの

ペースで、恐竜の化石が発見されている。1年に新種が見つかる恐竜の種類は、50年ほど前から人間がどんどん地面をほり広げていることと、まだ調査されていない土地がたくさんあることが理由だ。

キリンのように長い首をもち、高い木の葉っぱを食べていたと考えられる

ルーフェンゴサウルス・マグヌス

古生物学者（化石の研究者）たちの分析によって、化石に残されたルーフェンゴサウルス・マグヌスの体の一部から、全体の姿や体重、食べ物などがわかった。長い首としっぽをもち、体重は約1.7トンだったと見られる。

アドバイスしてくれた専門家：ネイサン・スミス　あわせて読んでみよう：山、 p.68〜69、化石、 p.76〜77、動物、 p.158〜159、生態系、 p.162〜163、タイガと温帯林、 p.166〜167

化石燃料

石炭や石油のもとになるのは、化石だ。数百万年前に生きていた炭素を多くふくむ植物や、単細胞生物などの死がいが、燃料になるのだ。私たちが使うエネルギーのほとんどは、地中からとった化石燃料を燃やして、つくられている。人間は数百年前から、化石燃料を燃やすことで、エネルギーを生みだしてきた。しかし、化石燃料の活用は、環境破壊につながる。そもそも、このままとり続ければ、いつかはなくなってしまうだろう。

化石燃料のでき方

恐竜の時代のはるか昔、熱帯地方の沼地の植物が、長い年月で化石になったものが石炭だ。同じく太古の昔に、地中にうまった水生生物の死がいは、細菌によってケロジェンという物質に変化した。ケロジェンが地中で温められて生まれたのが、石油と天然ガスだ。

石炭紀に多く生息していた木の一種が、レピドデンドロンだ

植物は大気中の炭素をとりこむ

化石燃料の種類

主な化石燃料は、石炭、石油、天然ガスの3つだ。

石炭
石炭は鉱山をほりおこして、とる。地表近くであれば、地面に大きな穴をほる。石炭は固体で、かさばるため、鉄道や船で運ぶ

石油
石油は大きなドリルで井戸をほり、くみ上げる。パイプラインを通して、目的地に送る。または、タンカーで世界中に届ける

天然ガス
石炭や石油とともに見つかることが多い。天然ガスはタンクにためておく。そしてパイプラインによって世界各地に届ける

アドバイスしてくれた専門家：ジョン・P・ラファーティ　あわせて読んでみよう：プレートテクトニクス、p.62〜63；岩石と鉱物、p.70〜71；地球の資源、p.74〜75；化石、p.76〜77；生命の化学、p.120〜121；圧力、p.136〜137；生命の始まり、p.148〜149；気候変動の影響、p.372〜373

フラッキングって何？

シェールという岩石には、スポンジのように小さな穴が開いていて、そこに石油が入っている。その石油をとる方法が、フラッキング（水圧破砕法）だ。砂や化学物質を混ぜた水を、地中のシェールに高い圧力で注入して、石油や天然ガスを追いだすのだ。フラッキングには問題がある。水をよごしたり、小さな地震を起こしたりするのだ。

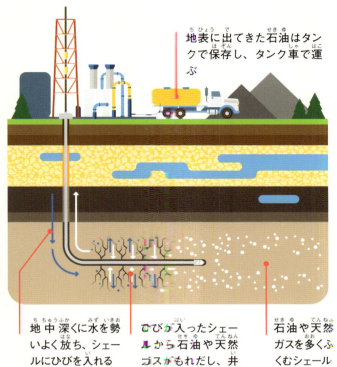

地表に出てきた石油はタンクで保存し、タンク車で運ぶ

地中深くに水を勢いよく放ち、シェールにひびを入れる

ひびが入ったシェールから石油や天然ガスがもれだし、井戸に流れる

石油や天然ガスを多くふくむシェール

化石燃料を使用する影響
豆知識リスト

化石燃料は、エネルギーをつくる大切な資源だ。だが、さまざまな点で、環境に悪影響をおよぼす。

1. **地形の変化**　石炭や石油、天然ガスをほり出したり、吸い上げたり、加工したり、運んだりすることで、地形が変化し、野生動物の生活にダメージをあたえる。

2. **水の汚染**　化石燃料をとる作業の中で、地下水などのきれいな飲み水がよごれる。地下水は地球の淡水の30％に相当する。

3. **病気のリスク**　化石燃料をとるときに、体に悪い化学物質が空気中に出てしまう。そのため、病気や死のリスクが高まる。

4. **地球温暖化**　化石燃料を燃やすと、二酸化炭素が大量に排出される。すると、地球温暖化が進み、気候危機をまねく。

5. **有害物質**　石炭を燃やす火力発電所から、水銀や硫黄などの有害物質が出る。

6. **スモッグ**　ガソリンや軽油で走る自家用車、トラック、船が一酸化炭素や窒素酸化物などの有害物質をはきだし、暑い日にけむりときりの混じったスモッグをつくる。

7. **海の酸性化**　化石燃料を燃やすと、海水に変化が生じる。酸性化して、サンゴなどの海洋生物を傷つけてしまう。

オドロキの事実！

ひとしずくの石油は、太陽の光が充電した1台のバッテリーみたいなものだ。数百万年前に生息していた陸上植物や、植物プランクトンと呼ばれる海の生物も、現在の植物と同じく、太陽の光からエネルギーを得ていた。これらは、太陽の光によって化学物質を栄養に変える。そう、光合成という仕組みだ。これらが死んで石油になると、たくわえられていた栄養が濃縮し、石油がエネルギーになるのだ。

未解決のナゾ

化石燃料は、いつなくなる？

化石燃料があとどれくらい残っているかはわかっていない。あと半分ほど残っているとの見方もある。いずれにしても、今と同じペースでとり続ければ、今世紀の終わりまでに石油と天然ガスがなくなり、次の22世紀のはじめまでに石炭がなくなる見通しだ。

50％？

水の世界

地球の表面の4分の3は、海や湖、川でおおわれている。しかし、そのほとんどは飲むことができない。およそ97%が塩水の海水、約2%が氷河と氷床、0.5%が地中深くの地下水だからだ。人間が飲めるのは、地表近くのほんのわずかな淡水だけだ。しかし、そのわずかな水さえも、工業や農業、建設業などによって、よごされている。

水の循環

地球にわずかに存在する淡水は、自然の作用で常に循環している。海や湖の水は、蒸発すると、大気中の水蒸気になる。同じく植物の葉にふくまれる水分も、蒸発して水蒸気になる。大気中の水蒸気は、冷えると凝縮して小さな水滴になり、雲をつくる。その後、小さな水滴同士がつながり、大きな水滴になると、雨や雪として地上に降りそそぐ。

オドロキの事実！

今飲んでいる水は、恐竜など、人間が登場する前の生きものたちが、飲んでいた水かもしれない！　地球の水は、地球が誕生した46億年前から存在する。つまり、私たちが飲んでいる水は、はるか昔から、何度も何度も循環してきた水なのだ。

水蒸気は、上昇すると冷たい空気で冷やされ、凝縮して小さな水滴となり、雲をつくる

雲をつくる水滴と氷の結晶は、とても小さいため、空中にうかぶ

都市部では地面がビルや道路でおおわれているため、雨水があまりしみこまない。生活や仕事の中で、よごれた水が多く出る

水滴や氷の結晶が大きくなり、雨や雪として地面に落ちる

山の上から流れてきた雨水や雪どけ水が、川となり、海に注ぐ

こおった水は、雪や氷河としてとどまる

植物の葉の表面から水分が蒸発する。水の循環の中で、これを蒸散という

雨水の一部が地中にしみこむ。植物がその水を根から、吸い上げる

土にしみこんだ水や、岩石の割れ目にたまった水などの一部が、川に流れこむ

アドバイスしてくれた専門家：デビッド・M・ハンナ　あわせて読んでみよう：小惑星、p.34〜35；地球の誕生、p.52〜53；地球の氷、p.84〜85；大気、p.86〜87；天気、p.88〜89；メガストーム、p.90〜91；気候、p.92〜93；自然による気候変動、p.94〜95

未解決のナゾ

地球の水はどこから来た？

地球は、太陽系の岩石惑星の中で、表面に大量の水をたたえる、ただ1つの惑星だ。多くの科学者たちは、地球の水が、右のような氷の小惑星から来たと考えている。地球が誕生してまもなく、氷をふくむ小惑星が衝突したというわけだ。確かに、水素の1つである重水素の割合を見ると、地球の海水と、小惑星の水とでは同じだ。しかし、地中の奥深くには、地球ができたときに閉じこめられた水も存在する。従って、地球の水の多くは、はじめからあったとも考えられる。

世界一長い川 豆知識リスト

川を測量するのは難しい。どこから始まり、どこで終わるのか、専門家たちの間でも意見が分かれる。ここで、主な水系を見てみよう。

1. ナイル川は、長さ6650kmで、白ナイルと青ナイルという2本の支流をもつ。アフリカ大陸北東部を流れ、地中海に注ぐ。

2. アマゾン川は、長さ6400kmで、南アメリカ大陸を走り、大西洋に出る。流れる水の量は、世界一だ。

3. 長江は、長さ6300kmの中国の川で、1つの国を流れる川の中で最も長い。河口は東シナ海に面する。

4. ミシシッピ・ミズーリ水系は、長さ5971kmで、アメリカの31の州とカナダの2つの州にまたがる。メキシコ湾に流れでる。

5. エニセイ・アンガラ・セレンガ水系は、長さ5540kmの水系だ。モンゴルのセレンガ川から、アンガラ川へとつながり、最後にエニセイ川に合流し、ロシア北部をめぐって北極海に注ぐ。

6. 黄河は、長さ5464km。中国を流れ、北京近くの東シナ海に注ぎこむ。

7. オビ川・エルティシ川水系は、長さ5410kmにおよぶ。中国北西部に源を発し、カザフスタンとロシアを抜け、北極海の一部のカラ海に出る。

なぜ、川はくねくねと曲がっている？

すべての川は、曲がりながら進む。海の近くは普通、やわらかいシルト（土や岩石のくず）からなる平野だ。そこを川は蛇行し、S字をえがき流れていく。流れの速い場所は、岸がけずられて外側にふくらみ、流れのおそい場所は、シルトが堆積して内側にカーブをえがくためだ。

専門家から一言！

デビッド・M・ハンナ
水文学者

「水はどこから来て、どこへ向かうのか？ 循環する中で、何が起こっているのか？ デビッド・M・ハンナによれば、人類にとって今後最も大切な問題は、水だという。地球に生きる1人ひとりに、十分行きわたるだけの水を、用意する必要があるのだ。

私たちの生活が、水の循環と深くかかわっていることを、知っておかなければいけません。水という大切な資源を、これからも守るために」

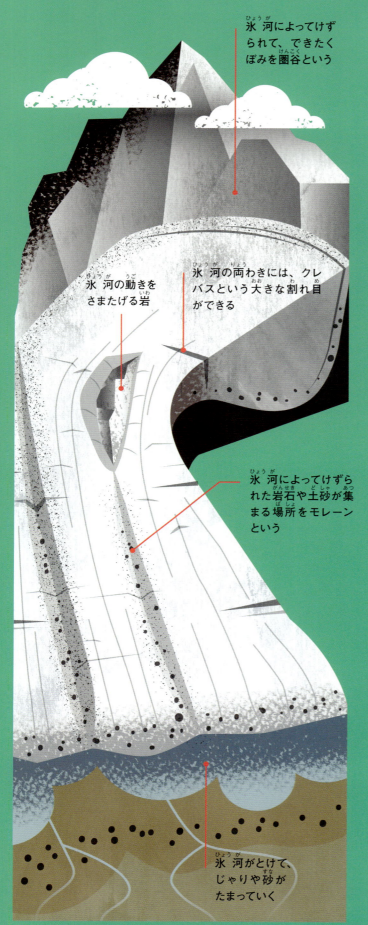

氷河によってけずられて、できたくぼみを圏谷という

氷河の両わきには、クレバスという大きな割れ目ができる

氷河の動きをさまたげる岩

氷河によってけずられた岩石や土砂が集まる場所をモレーンという

氷河がとけて、じゃりや砂がたまっていく

地球の氷

地球の淡水の3分の2はこおっている。雪としてこおっているものもあれば、氷河の中に閉じこめられているものもある。ただし、大半の氷は、北極と南極にある広大な氷床として存在している。とはいえ、昔からそうだったわけではない。地球にはこれまで、ほとんど氷がない時代も、何度かあった。反対に、地球全体が「雪だるま」のように、ほぼ氷でおおわれていた時代もある。とても気温が低かった氷河時代には、氷床が数千年にもわたって、陸地の3分の1をおおっていた。近年、その氷床が、とけはじめている。

谷氷河

谷に雪が降り積もり、氷になると、谷氷河ができる。やがて、谷氷河はゆっくりと山の斜面をくだりはじめる。氷の川が、1日に約25cmというおそいスピードで、すべりはじめるのだ。氷のとてつもない重さで、谷はU字に深くけずられる。

未解決のナゾ

なぜ、緑色の氷山がある？
ほとんどの氷山は青っぽい色をしているが、南極には緑色の氷山がある（宝石のヒスイのように見えるためヒスイ氷山と呼ばれる）。なぜ緑色をしているのかはわかっていない。氷山にくっついた赤黄色の酸化鉄が、もともとの青色と混じって、緑色になったともいわれている。

アドバイスしてくれた専門家：マーク・C・セレゼ　あわせて読んでみよう：地球、p.60～61；水の世界、p.82～83；天気、p.88～89；気候、p.92～93；自然による気候変動、p.94～95；地球の両端、p.184～185；小さくなる氷、p.186～187

氷床

5万平方km以上広がっている氷のかたまりを、氷床という。氷床は、冬に多く雪が降り、夏になってもその雪がとけない地域で見られる。グリーンランドと南極をおおう2つの主な氷床に、地球の淡水のほとんどがふくまれている。もし、南極の氷床がとけてしまえば、海面が60mほど高くなり、地球は今とまったくちがう姿になるだろう。

氷床から、大きなかたまりが分かれて、氷山となる。これを、氷山分離という

氷の密度が高い部分は青い。白い部分には気泡が多くふくまれている

海氷

南極点は陸地だが、北極点は北極海の中心にある。北極海は、海にうかぶ氷でおおわれていて、冬になると氷が遠くまで広がり、夏になるとその範囲がせばまる。地球温暖化の影響で、北極海の海氷はものすごいペースでとけはじめている。4年以上前にできた古い氷の95％が、すでにとけてしまった。古い氷は厚く、他の氷同士をつなぐ役目を果たしている。古い氷がないと、海氷は小さな氷に分かれて、さらにとけやすくなってしまう。

氷の上で体を休め、出産し、子育てをするアザラシにとって、氷は欠かせない

大気

地球は、大気という見えないガスの厚い層に、つつまれている。大気がなければ、地球の生物はみな死んでしまうだろう。大気のおかげで、私たちは空気を吸い、水を飲むことができるのだ。大気は、太陽の暖かさを閉じこめると同時に、太陽の光にふくまれる危険な光線や、流星物質からも、地球を守っている。大気には、ガスの濃度や温度が異なる5つの層がある。成分については、窒素が78％、酸素が21％をしめる。その他の元素の割合は、わずか1％にすぎない。

外気圏 地表から高さ600～1万km

熱圏 地表から高さ85～600km

中間圏 地表から高さ50～85km

成層圏 地表から高さ14.5～50km

対流圏 地表から高さ8～14.5kmくらいまで

流星
小惑星のかけらは地球の大気の中に入ると同時に、かがやきを放つ。ほとんどは中間圏で燃えつきてしまう

オーロラ
太陽からの高エネルギーの粒子が熱圏の気体にぶつかり、北極や南極の上空に美しい光を放つ

天気
地球の天気は、対流圏でくりひろげられている。一番激しい熱帯の嵐は、雲が成層圏に届くほど大きい

夜光雲
夏に太陽がしずんだあと、中間圏で右の図のような「夜にかがやく」氷の雲が現れるときがある

アドバイスしてくれた専門家：ポール・ウルリヒ　**あわせて読んでみよう**：太陽系、p.22～23；ロケット、p.38～39；人工衛星、p.40～41；有人宇宙船、p.42～43；水の世界、p.82～83；天気、p.88～89；気候、p.92～93；自然による気候変動、p.94～95

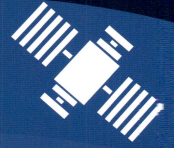

静止衛星
テレビ放送や天気予報のための人工衛星で、常に同じ地点の上空を高度3万6000kmで回っている

ＩＳＳ
宇宙飛行士たちが生活し、研究を行っている国際宇宙ステーション（ISS）は、高度400kmの熱圏を周回している

宇宙船
地表から高さ160〜1600kmの低軌道（LEO）と呼ばれる範囲で、地球を回る

スカイダイバー
2014年、アメリカ人のアラン・ユースタスが高さ41.4kmからジャンプして、自由落下の世界記録を打ちたてた

旅客機
大気の下の層で発生する気流の激しい乱れ、つまり乱気流をさけるため、旅客機は高度11kmまで上昇する

高高度気球
高い高度から気象を観測する。BU60-1号が2002年、最高高度53kmに到達した

戦闘機
1977年、ソビエト連邦のアレクサンドル・フェドトフの操縦するMiG-25Mが、高度37.7kmに達した

87

天気

地球の水と氷は、太陽の熱によって蒸発する。そして、大気の最も低い層を水分でうるおす。大気中の水分は、雲をつくり、やがて雨となって大地に注ぐ。また、空気が動くことによって風が生まれる。大気の低い層では、気温や気圧、風、湿度が、日によって変化する。同じ天気など、1つもない。

世界の風

風には、地域によってよく吹く向きがあり、その風向きの風を「卓越風」という。北半球と南半球にはそれぞれ3つの卓越風がある。北極と南極で吹く極東風、温帯で吹く偏西風、そして、熱帯で吹く偏東風だ。

極 高圧帯
偏西風
亜熱帯高圧帯
北東からの偏東風
熱帯収束帯（ITCZ）
南東からの偏東風
亜熱帯高圧帯
偏西風

巻雲
高い空にのびる、うすくて細い雲。氷の結晶からなる

巻積雲
速い気流によって、超低温の水滴が巻雲の氷の結晶に混じり、巻雲を魚のウロコのように細かく分ける

巻層雲
気流の上昇にともない、氷の結晶がうすく広がる。太陽がかさをかぶったように見える

積乱雲
空高くふくらむため、氷の結晶からなる巻雲とぶつかって、横に広がるカミナリ雲。カミナリとともに激しい雨を降らす

地表からの高さ
8km

高積雲
山の近くに発生した気流のうねりとともに、小さな雲が広がる

高層雲
巻層雲が下がり、氷の結晶と水滴が混じってできる

層積雲
層雲が細く分かれてできることが多い

積雲
太陽によって暖められた地表の空気が上昇し、モコモコした形になる

乱層雲
暗い雨雲で、高層雲が発達して生まれる

層雲
冷えた地面の上のしめった空気が、気流の影響で上昇し、上空の低い所にできる

地表からの高さ
4.8km

雲は、何からできている？

雲のほとんどは、小さな水滴が集まってできているが、氷の結晶が集まってできているものや、水滴と氷の結晶が混じっているものもある。雲には主に3つの種類がある。巻雲は、氷の結晶を成分とする、うすくて細い雲だ。積雲は、暖かい空気が上昇して、モコモコとふくらんだ雲だ。成分は水滴だったり、氷の結晶だったり、両者が混じっていたりする。層雲は、まるで白やグレーの毛布のように、低い空をおおう平らな雲だ。積雲と同じく、水滴や氷の結晶でできている。

地表からの高さ
1.6km

アドバイスしてくれた専門家：ポール・ウルリヒ　あわせて読んでみよう：宇宙の中の地球、p.54〜55；水の世界、p.82〜83；大気、p.86〜87；メガストーム、p.90〜91；固体・液体・気体、p.110〜111；生態系、p.162〜163；外洋、p.180〜181

オドロキの事実!
普通の積雲の質量は、ゾウ100頭分だ! 研究によって、積雲1立方mにつき水が0.5gふくまれることがわかっている。積雲の大きさは、平均すると約10億立方mだ。つまり、普通の大きさの積雲は、質量が50万kgになる。

雨が降る!
雲の中の水滴や氷の結晶が大きくなると、自分の重さにたえきれずに落ちはじめる。それが雨だ。気温の高い熱帯では、雲の中の水滴同士が集まって、雨つぶとして地表に落下する。その他の地域では、雲にふくまれる氷の結晶が少しずつ大きくなり、その氷が落ちる途中でとけて雨つぶになる。

雪の結晶
雪の結晶の形は、顕微鏡で見るとさまざまだ。ただし、六角形からなることが多い。主な形は、次の7つだ。板、柱、板と柱の組み合わせ、星、針、デンドライト(枝分かれしている木)、不規則(多くはこわれた結晶)。結晶の形は、気温や雲にふくまれる水分の多さで決まる。

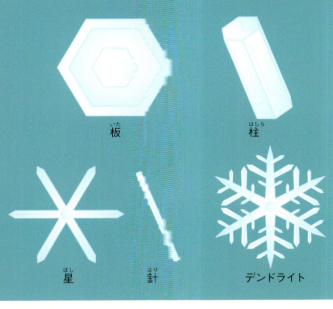

板　　柱　　板と柱の組み合わせ
星　　針　　デンドライト　　不規則

天気図の見方
気象学者(天気や気候の研究者)たちは、気温や風、気圧、湿度、雨量などから、今後の天気を予想する。それらのデータを昔のものと比べ、コンピュータで大気の動きを計算して、天気がどのように変化するか判断するのだ。気象学者たちが使う天気図には、線や記号が記されていて、降水量(雨や雪の量)や、雲の多さ、風の向きや強さなどがわかるようになっている。

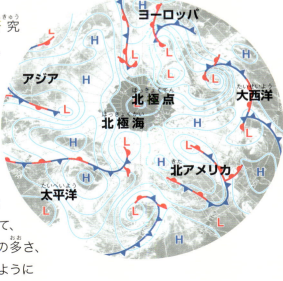

寒冷前線
冷たい空気が暖かい空気をおしやる

温暖前線
暖かい空気が冷たい空気をおしやる

へいそく前線
寒冷前線が温暖前線に追いつき重なる

停滞前線
寒冷前線と温暖前線が、たがいにおしあう

高気圧の中心
冷たくかわいた空気がまとまっていて、晴れた空が広がる

低気圧の中心
暖かくしめった空気がまとまっていて、雲が広がる

等圧線
等圧線の間隔がせまいほど、風が強い

89

竜巻が発生する、巨大な積乱雲

巨大な積乱雲から漏斗雲が回転しながら下にのびていく。地面に近づくほど、細くなる

竜巻の襲撃

　巨大なカミナリ雲から、渦を巻きながら地表にのびる、すさまじい竜巻。列車が通るときのようなごう音をたて、時速48〜113kmのスピードで、あたりを切りさいていく。建物はこわれ、木はもぎとられ、車が空中にまう。竜巻の回転速度は一般に時速105〜482kmだが、それを上回るときさえある。気圧の低い中心部は、掃除機のように、あらゆるものを吸い上げていく。

接地面では、砂や岩くずなどが、巻き上げられていく

メガストーム

　ハリケーンは、直径1000km以上にもなる巨大な円形の嵐だ。大西洋で発生し、強風や大雨、高波をともないながら、メキシコ湾へと進路をとる。台風やサイクロンは、インド洋や太平洋で発生するハリケーンを指す。竜巻は、ハリケーンとは別物だ。竜巻は、地上を数km進んだだけで消えてしまう。

帯が渦を巻いているような形のカミナリ雲が大雨を降らす

ハリケーンの目、つまり中心部には雲がなく、地上も静かだ。しかし、目を取り巻くアイウォールと呼ばれる雲のかべは、強風をもたらす

ハリケーンの進路

　気象予報士たちは、人工衛星からのデータをもとに、ハリケーンの進路を確認している。ハリケーンは赤道近くの海上で発生し、勢いを増しながら西へと進み、その後カーブをえがいて北東にぬける。北半球では反時計回りに、南半球では時計回りに渦を巻く。

アドバイスしてくれた専門家：ポール・ウルリヒ　あわせて読んでみよう：天気、p.88〜89；気候、p.92〜93；気候変動の影響、p.372〜373

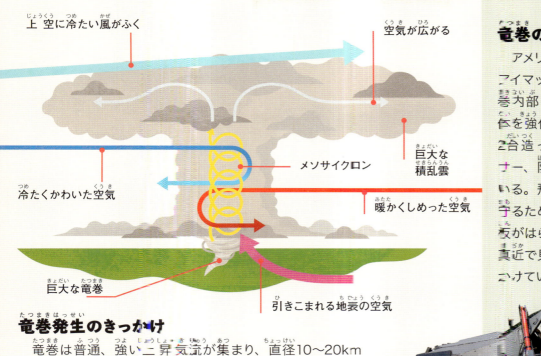

上空に冷たい風がふく
空気が広がる
メソサイクロン
冷たくかわいた空気
巨大な積乱雲
暖かくしめった空気
巨大な竜巻
引きこまれる地表の空気

竜巻の追っかけ

アメリカ人のショーン・ケイシーは、イマックス社の依頼を受けて、竜巻内部を撮影するため、鉄板で車体を強化した竜巻追跡車（TIV）を2台造った。カメラ台や天気センサー、防弾ガラスがとりつけられている。飛んでくるがれきから車体を守るため、車両側面下部には金属板がはられている。かれらは竜巻を真近で見るために命をかけている。

竜巻発生のきっかけ

竜巻は普通、強い上昇気流が集まり、直径10～20kmの回転する空気の柱（メソサイクロン）をつくることで発生する。メソサイクロンはゆっくりと回っているが、周りの空気を巻きこみながら次第に勢いを強めていく。メソサイクロンの中心部が地面につながると竜巻になる。

オドロキの事実！

アメリカ・テキサス州のダラスで2012年に発生した竜巻は、大型トラックを空中に巻き上げた。重量が30～40トンもあるトラックを簡単に持ち上げてしまったのだ。

ハリケーンの強さを測る

ハリケーンの強さは、一定時間続く風の速さをもとにしたシンプソン・スケールによって、1～5までの段階で表される。それぞれの段階で、建物や木が受けるダメージは異なる。ハリケーンは海上だと、水蒸気によるエネルギーで力を増すが、陸地に上がると次第に力を失う。

1. 風速時速119～153km 軽度のダメージ：トレーラーハウスが動き、看板が飛ばされ、木の枝が折れる
2. 風速時速154～177km 中程度のダメージ：トレーラーハウスがひっくり返り、家の屋根が持ち上がる
3. 風速時速178～208km 大きなダメージ：小さな建物がこわれ、木だおれる
4. 風速時速209～251km 甚大なダメージ：多くの木がたおれ、すべての建物が深刻な被害を受ける
5. 風速時速252km以上 壊滅的なダメージ：ほとんどの建物が倒壊し、道路上がぐちゃぐちゃになる

世界一のサイクロン 豆知識リスト

熱帯の嵐は、極めて強力だ。激しい雨や風によって、深刻な被害が出る。

最悪の被害
ボーラ・サイクロン
場所：東パキスタン（現バングラデシュ）
発生：1970年11月
死者：最大50万人

最強の風
サイクロン・オリビア
場所：オーストラリア西部のバロー島
発生：1996年4月
風速：時速408km

最大の雨量
サイクロン・イアサント
場所：インド洋のレユニオン島
発生：1980年1月
総雨量：6083mm

気候

地球の気候は、地域によって異なる。ただし、広い地域が、同じような気候をもつ。気候は、天気とは別物だ。天気は、毎日変わる。どんな場所であろうと、いつもとまったくちがう天気になるときがある。そのように目まぐるしく変わる天気を、長期的に見て、おおまかに表すものが気候だ。その土地の温度や湿度の目安ともいえるだろう。また、異常気象の頻度も知ることができる。

海の働き

海は、天気を左右する水分の源だ。また、大気中の熱や二酸化炭素を吸収し、気候変動を和らげている。しかし、海にはもう、熱を吸い取る力があまり残されていない。つまり、大気中に熱がたまり、異常な天気や嵐が起こりやすくなっている。

地球の気候帯

下の地図に示されているとおり、地球には主に5つの気候帯がある。一番暑いのは、太陽の光が強い赤道近くの熱帯気候だ。その北と南に位置するのが、（暖かくて湿度の高い）亜熱帯気候。最も寒いのは、太陽の光が弱い北極と南極の寒帯気候だ。寒帯気候には、地面がこおって木が生えない地域、ツンドラがふくまれる。温帯気候は、暑すぎず寒すぎず、ちょうどよい気温が特徴だ。高山気候は、昼と夜の気温の差が激しい。

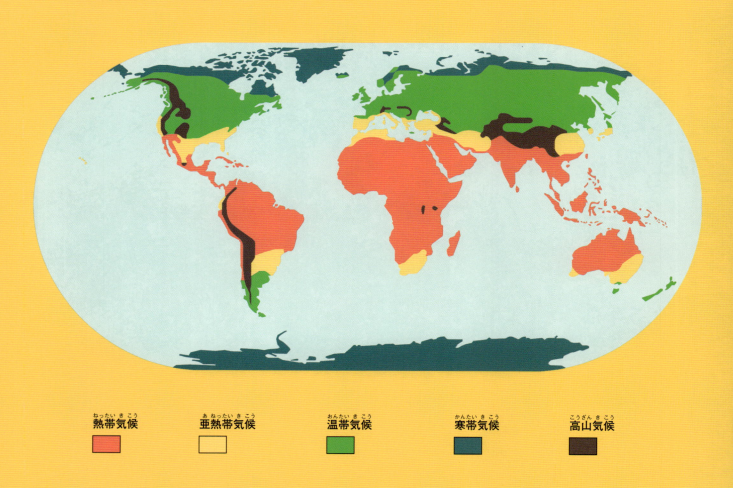

熱帯気候　　亜熱帯気候　　温帯気候　　寒帯気候　　高山気候

アドバイスしてくれた専門家：ポール・ウルリヒ　　**あわせて読んでみよう**：太陽、p.24〜25；人工衛星、p.40〜41；大気、p.86〜87；天気、p.88〜89；メガストーム、p.90〜91；自然による気候変動、p.94〜95；生態系、p.162〜163；小さくなる氷、p.186〜187；気候変動の防止、p.374〜375

温室効果

　二酸化炭素などのガスが上空につくる層は、ビニールハウス（温室）のビニールのような働きをする。光は通すが、宇宙空間にもどろうとする熱の動きをさまたげるのだ。そのため、地球に熱がたまる。この温室効果は、自然現象でもある。しかし、人間が石炭や石油を燃やすため、悪化している。家畜のウシなどが出すメタンも原因の1つだ。

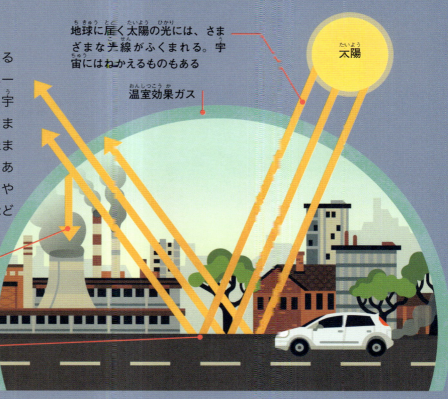

地球に届く太陽の光には、さまざまな光線がふくまれる。宇宙にはねかえるものもある

温室効果ガス

太陽

温室効果によって、宇宙への熱の放出がさまたげられ、大気中に熱がこもる

太陽からのエネルギーの一部は地面に吸収されたあと、熱として放出される

気候を決めるもの

　気候には多くの要素があり、1つの気候に属する地域を定めるのは難しい。少しはなれただけで気候がちがうこともよくある。一定の土地に限られた気候は、微気候と呼ばれる。微気候を決める要素には、たとえば、雨雲の進路をはばむ山や、熱をためるビルなどがあげられる。気候を左右する自然の要素には、次のようなものがある。

オドロキの事実！

自然による温室効果がないと、地球全体が一番寒い南極のようになってしまう。気温が今より33℃ほど下がり、世界は氷でおおわれるだろう。現在地球上にいる多くの生物が生きのびるのは、難しいかもしれない。

太陽の光が低い角度であたる地域は、真上からあたる赤道近くに比べて光のあたる面積が広いため、受けるエネルギーは弱くなる

雲は太陽の光をさえぎるはたらきをするため、地表の気温を下げる。一方で、地表の熱をたくわえるため、気温の変化をおさえる作用もある

温帯では偏西風が雨雲を運ぶため、大陸西部で雨がやや多い

山岳地帯では雨がよく降る。雨雲が山にぶつかり、斜面をのぼって、頂上をこえるときに水分を落とすためだ

海に近い場所は、海水のおかげで、湿度が高い。また内陸に比べ、温度の変化に時間がかかる。そのため気候が安定する

森林は空気に水分をもたらし地面にかげをつくるため、おだやかな気候を生む。二酸化炭素を吸収し、温室効果を和らげる

93

自然による気候変動

地球の気候は、はるか昔から同じというわけでは決してない。地球の歴史をふりかえると、さまざまな気候の時代があった。今よりずっと寒かったり暑かったり、ジメッとしていたりカラッとしていたり。その理由としては、自転軸のわずかなぶれや、公転軌道の変化があげられる。それらの現象によって、地球と太陽の距離も変わるからだ。そのほか、大陸がゆっくり動いていることや、氷床がとけること、生物の生命活動なども原因だ。

雪玉だった地球

およそ6億5000万年前、地球は氷で全体がおおわれていた。その時代の地球は、スノーボールアースと呼ばれ、生物にとっては、かこくな時期だった。その時期が終わると、生物が一気に多様化した。この出来事を、カンブリア爆発という。

巨大砂漠

およそ2億5000万年前、地球の大陸は、1つの広大な超大陸だった。気温がとても高く、超大陸の中心に、あたり一面砂だらけの巨大砂漠ができたほどだ。焼けつくような気候のもと、多くの動物たちが絶滅した。当時の巨大砂漠の一部は、アメリカのアリゾナ州とユタ州に広がるモニュメントバレーに、砂の岩山として今でも残っている。

アドバイスしてくれた専門家：ポール・ウルリヒ　あわせて読んでみよう：太陽系、p.22～23；太陽、p.24～25；プレートテクトニクス、p.62～63；氷の世界、p.82～83；地球の氷、p.84～85；大気、p.86～87；天気、p.88～89；気候、p.92～93

アジア

北アメリカ

人間と動物はベーリング地峡を通って、アジアから北アメリカに渡った

海面の上昇

気候の変化で、海面は上がり下がりする。アジアと北アメリカはかつて、ベーリング地峡という陸地で結ばれていた。しかし、今から1万1700年前の最後の氷河時代が終わると、ヨーロッパと北アメリカの広大な氷床がとけて、ベーリング地峡は海中にしずみ、つながっていた大陸が2つに分かれたのだ。

昔の気候を知る手がかり

昔の気候を知る手がかりを探す研究者を、古気候学者という。古気候学者たちは、たとえば氷河時代にできた谷を調べる。そのほか、氷床コアと呼ばれる氷床のサンプルや木の年輪、古いサンゴなども研究対象だ。そのような証拠から、何十万年、さらには何百万年も昔の気候を明らかにするのだ。

はるか昔にできた北極や南極の奥深くの氷からほり出した氷のサンプル、氷床コアから、これまでの気候の変化がわかる

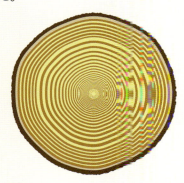

年輪の幅や形のちがいに、木が生きていた時代の気象の変化を表す

古いサンゴの骨格から、はるか昔の1生育期の雨量と気温がわかる

未解決のナゾ

大型動物が絶滅したのは気候変動のせい?

数万年前の地球には、今より多くの大型動物たちが生きていた。オオカミと同じくらいのカワウソや、ゾウの倍ほどあるサイに似た動物、シバテリウム(上)という、がっしりしたキリンの仲間などだ。なぜ、それらの大型動物は絶滅してしまったのだろうか? もちろん、人間がつかまえたことも原因だろう。しかし、生息地の急速な気候変動に対応できなかった点も、主な理由として考えられる。

専門家から一言!

ポール・ウルリヒ
気候科学者

ポール・ウルリヒは、宇宙アドベンチャーのゲームソフトを開発しているときに、さまざまな惑星の大気について調べたのをきっかけに、気候科学に興味をもったという。その後、惑星の大気、特に地球の大気について研究するようになった。

「気候科学で最も大切な問題は、人間という生きものが、この先も長く住み続けられる環境をどうつくるかなんです」

地球
専門家に質問しよう！

パオロ・フォルティ
地形学者

なぜ、科学に興味をもったの？
小さなころから、いろいろな自然現象に興味があったんです。チョウの羽ばたきから、海の波の音まで、自然の中のあらゆるものに。その1つひとつを、きちんと理解したいと思いました。

仕事で一番おどろいたことは何？
一番おどろいたのは、メキシコのナイカ鉱山の洞窟で見つかった巨大結晶です。あんなに大きな結晶が自然にできるなんて、考えてもいなかった。洞窟に入ったとき、自分の目を疑いました。死にそうなほど暑いことなんか忘れて、洞窟の真ん中に座って、見事にすきとおった巨大な結晶に見とれてしまった。仲間に声をかけられるまで、ずっとそうしていたんです。

研究で一番ワクワクすることは何？
洞窟は、地球の中で人間がほとんど足をふみいれたことがない、ただ1つの場所です。洞窟を探検する地形学者の仕事は、とてもワクワクします。まだだれも行ったことがない場所に初めて行って、ビックリするような体験ができますからね。

エリック・クレメッティ
火山学者

一番知りたいことは何？
噴火する前に、火山の下で何が、どれくらい時間をかけて起こっているのかを知りたいんです。それがわかれば、火山が噴火する前に、人々に安全な場所ににげるよう伝えることができる。ただ、実際に火山の地下にもぐって確かめることはできません。だから、溶岩の中の結晶から、内部で起こっていることを予想する必要があります。

仕事のどんなところが好き？
地球を研究する科学者の仕事は、気候変動や自然災害から人々の生活を守ることに結びつきます。また、研究を通して、はるか昔から存在する地球の大切さを、深く知ることができる。私たちは、地球の資源を大切に使わなければいけませんね。

マーク・C・セレゼ
気候科学者

何を研究しているの？
気候変動について調べています。気候変動は、人間社会が今、直面している最も大切な問題の1つなんです。

仕事で危ない思いをしたことはある？
たくさんありますよ。その多くは北極での出来事です。スノーモービルを運転していて、氷の海に胸までしずんでしまったり、耳や鼻が凍傷になってしまったり、猛吹雪で自分がどこにいるのかわからなくなってしまったりしたことがありました。

科学のどんなところが好き？
科学がわかるようになると、思いもよらなかった世界にであえるんです。地球の成り立ちを知れば、きっと考え方が広がるでしょう。よりよい世界にする責任が1人ひとりにあることも理解できるはずです。

地球クイズ

1 地球は何才？
a 138億才
b 46億才
c 4004才
d 2020才

2 生まれてまもない地球にぶつかり、自転軸をかたむかせたと考えられている惑星の名前は？
a ガイア
b パンゲア
c タイタン
d テイア

3 地球に初めて現れた微生物は、科学者たちの間で何と呼ばれている？
a ADAM
b EVE
c LUCA
d BORIS

4 地球の磁場は、地球を何から守っている？
a 彗星
b いん石
c 酸性雨
d 太陽風

5 地球の核にふくまれる、最も多い元素は？
a 酸素
b 鉄
c ケイ素
d 銀

6 地球の火山の４分の３は、どの海を取り囲むように存在する？
a 太平洋
b 大西洋
c インド洋
d 北極海

7 世界全体で1年に何回くらい、地震が起きている？
a 500回
b 5000回
c 5万回
d 50万回

8 ニャササウルスの特徴は？
a 恐竜の中で一番大きい
b 恐竜の中で一番小さい
c 恐竜の中で一番古い
d 恐竜の中で一番新しい

9 人類の中で一番高い所から空中を自由落下した人物はだれ？
a フェリックス・バウムガルトナー
b アラン・ユースタス
c マイケル・エドワーズ
d イーブル・クニーブル

10 もし南極の氷床がとけてしまったら、海面はどれくらい上がる？
a 5m
b 10m
c 20m
d 60m

11 モコモコした形が特徴の白い雲の名前は？
a 積雲
b 巻雲
c 層雲
d フワフワ雲

12 次のうち、山の種類にないものはどれ？
a しゅう曲山地
b 地塊山地
c ドーム状山地
d ふにゃふにゃ山地

13 ハリケーンの強さを表す1〜5の段階のうち、5のハリケーンの風速は？
a 時速142km以上
b 時速200km以上
c 時速217km以上
d 時速252km以上

14 およそ6億5000万年前、地球は氷でおおわれていた。その時代の地球は、何と呼ばれている？
a スノーボールアース
b つららアース
c 極低温アース
d 急速冷凍アース

答え：1) b、2) d、3) c、4) d、5) b、6) a、7) c、8) b、9) b、10) d、11) a、12) d、13) d、14) a

97

黄鉄鉱は、「おろか者の金」ともいわれる。本物の金とまちがわれることが多いからだ。実際は、二硫化鉄からできている。金のようにキラキラとかがやいているが、残念ながら、ほとんど価値はない。黄鉄鉱には有名なエピソードがある。1577年、マーティン・フロビッシャーという海賊が、金と思われる鉱物を200トン船に積んで、カナダからイギリスに渡った。しかし悲しいことに、それはただの黄鉄鉱だった。金などまったく入っていなかったのだ！

第3章
物質

　なんて、フシギだろう。今存在している金は（鉄より重いその他の金属も）すべて、もともと恒星同士がぶつかって、つくられたのだ。太陽がかがやき、地球が生まれる前の話だ。つまり、私たちの身の周りには、何十億年も存在し続けている物質があるのだ。その一方で、プラスチックがつくられたのは、わずか150年ほど前のこと。物質の世界は、フシギとオドロキにみちあふれている。おもしろいエピソードが目白押しだ。

　私たちが生きる世界（そして、私たち自身）は、固体と液体、気体が、常に入り混じることで、成り立っている。そのすべての物質をつくるのが分子だ。そして、分子をつくるのが原子。さらに、原子をつくるのが亜原子粒子だ。亜原子粒子の中でも、特に基本的な粒子には、トップ、ダウン、ストレンジ、チャームなど、一風変わった名前がつけられている。化合物については、この200年間で、1400万個以上の存在が報告されている。毎年、数えきれないほど多くの化合物が発見されているのだ。

　塩からセメントまで、いくつもの種類がある化合物は、ありとあらゆる特徴をもつ。その化合物の多様性こそが、私たちの生きる世界をつくりあげ、変えてきたといえるだろう。もちろん、化合物自体も変化する。燃えたり、こおったり、放射線を出したり、のびたり、つぶれたり……。まだまだ、他にもたくさんある。さあ、フシギとオドロキにみちた物質の世界をのぞいてみよう。

原子

　空気も水も、そして植物も動物も、宇宙の物質はすべて、小さな原子の集まりにすぎない。原子は、化学元素を構成する最小の単位だ。ちなみに人体は、およそ7000兆の1兆倍もの数の原子でできている。原子をつくるのは、陽子、中性子、電子という3種類の亜原子粒子だ。さらに、陽子と中性子は、クォークとグルーオンからなる。

電荷

　陽子と電子はともに電荷をもつ。陽子はプラス（＋）の電荷を、電子はマイナス（−）の電荷をもつため、陽子と電子はたがいに引き合う。そのおかげで、原子が1つにまとまっているのだ。

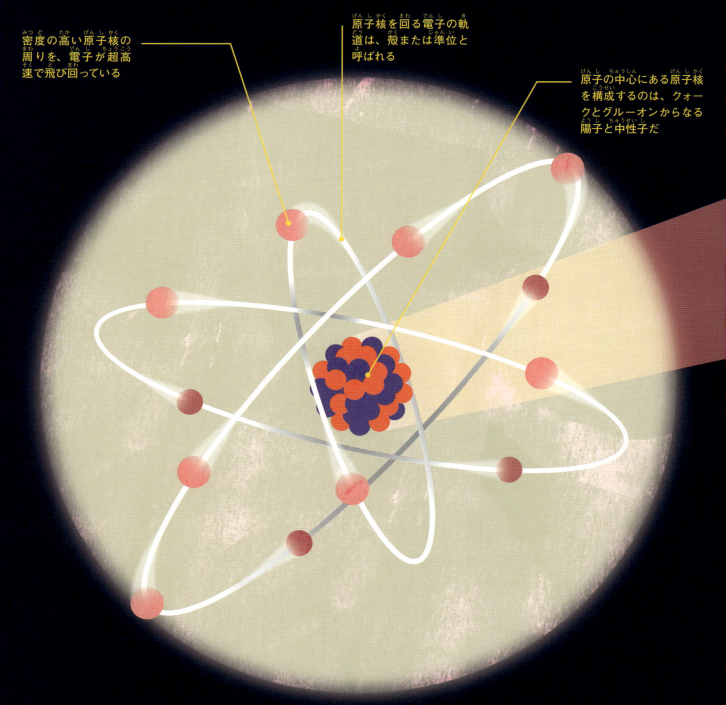

密度の高い原子核の周りを、電子が超高速で飛び回っている

原子核を回る電子の軌道は、殻または準位と呼ばれる

原子の中心にある原子核を構成するのは、クォークとグルーオンからなる陽子と中性子だ

アドバイスしてくれた専門家：クリスティーナ・ラッツェローニ　**あわせて読んでみよう**：ビッグバン、p.4〜5；太陽、p.24〜25；元素、p.102〜103；放射線、p.104〜105；固体・液体・気体、p.110〜111；生命の化学、p.120〜121；力、p.132〜133；のばす、つぶす、p.140〜141；生命の始まり、p.148〜149

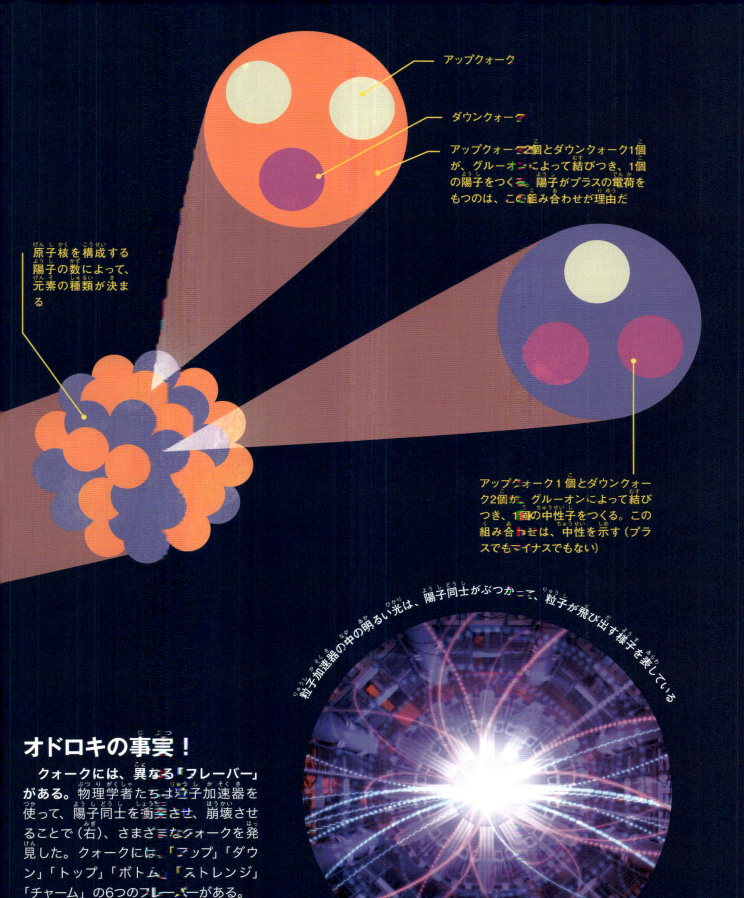

アップクォーク

ダウンクォーク

アップクォーク2個とダウンクォーク1個が、グルーオンによって結びつき、1個の陽子をつくる。陽子がプラスの電荷をもつのは、この組み合わせが理由だ

原子核を構成する陽子の数によって、元素の種類が決まる

アップクォーク1個とダウンクォーク2個が、グルーオンによって結びつき、1個の中性子をつくる。この組み合わせは、中性を示す（プラスでもマイナスでもない）

粒子加速器の中の明るい光は、陽子同士がぶつかって、粒子が飛び出す様子を表している

オドロキの事実！

クォークには、異なる「フレーバー」がある。物理学者たちは粒子加速器を使って、陽子同士を衝突させ、崩壊させることで（右）、さまざまなクォークを発見した。クォークには、「アップ」「ダウン」「トップ」「ボトム」「ストレンジ」「チャーム」の6つのフレーバーがある。

物質って、何？

物質は、原子の集まりだ。なかでも、同じ種類の原子でつくられた物質を元素という。生まれてまもない宇宙には、水素とヘリウム、わずかな量のリチウムしか、元素はなかった。他の元素は、核融合を通じて、長い年月をかけてつくられたのだ。たとえば、窒素（地球の大気の主な成分）は、恒星内部の強い圧力によってできあがった。ただし、金やウランなどの重金属ができるには、恒星同士の衝突や巨大な恒星が起こす超新星爆発（右）など、とてつもない力を必要とした。

元素

元素は、宇宙の物質の中で、最も基本的な物質だ。すべてのものは、元素でつくられている。もちろん、1つの元素から、他の元素が生まれることはない。おどろくことに、この世に存在する元素は、たった118種類だ。そのうち、自然に存在するものは、金や水素、酸素など、94種類。残りの24種類は、科学者たちが核融合で人工的につくりだしたものだ。現在知られている元素はすべて、周期表によって、グループごとに分類されている。

オドロキの事実！

人体にふくまれるリンの量は、マッチ2200本分だ。それを計算したチャールズ・ヘンリ・メイという化学者によると、人体の鉄の量は、中位のサイズのクギ1本分に相当するという。

アドバイスしてくれた専門家：A・ジャン＝リュック・アイトゥ　　**あわせて読んでみよう**：原子、p.100〜101；化合物、p.106〜107；燃焼、p.108〜109；固体・液体・気体、p.110〜111；プラズマ、p.112〜113；金属、p.114〜115；非金属、p.116〜117；プラスチック、p.118〜119；生命の化学、p.120〜121

周期表の凡例:
- アルカリ金属
- アルカリ土類金属
- 遷移金属
- その他の金属
- その他の非金属
- ハロゲン
- 貴ガス
- 希土類（21、39、ランタノイド（57〜71））
- アクチノイド

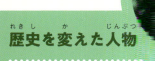

周期表

118種類の元素は、周期表によって、きれいに整理される。周期表のヨコの行は周期を表し、それぞれの周期に入る元素が、原子番号（原子の中の陽子の数）の順に並ぶ。周期表のタテの列は族を表す。元素にはそれぞれ名前とともに、1文字または2文字の記号がある。炭素であればC、ニッケルであればNiといった具合だ。一部の記号はラテン語に由来する。たとえば、金を表すAuは、ラテン語で金を意味する「aurum」のはじめの2文字だ。

歴史を変えた人物

ドミトリ・メンデレーエフ
化学者　1834〜1907年　ロシア

元素周期表をつくった人物は、ロシアの化学者ドミトリ・メンデレーエフだ。メンデレーエフは、原子の重さをもとに、元素を7つの周期に分類した。それは、まさしく見事な仕事だった。なぜなら、元素の新たなパターンを明らかにしたからだ。タテの列に入る元素同士が、似た特徴をもつことがわかったのだ。現在では、原子の構造に、その理由があることが知られている。

原子番号22のチタン ＋ 原子番号97のバークリウム ＝ 22+97=119

新しい元素をつくる

新しい元素をつくるには、粒子加速器を使って、原子同士をとてつもない速さでぶつけなければならない。科学者たちは今、チタンとバークリウムを超高速でぶつけて、119番目の元素をつくろうとしている。ただし、成功したとしても、119番目の新元素は、ほんの一瞬で崩壊し、実生活に役立つことはないと思われる。それでも科学者たちは、宇宙の知識を深めるために一生懸命取り組んでいる。

放射線

　放射線とは、原子核が崩壊したときに出る粒子などを指す。ウランなど安定していない原子は、自然に原子核が崩壊する。これを放射性崩壊という。ほとんどの場合、自然に放出される放射線は弱く、無害だ。しかし、長期間あび続けたり、制御不能な核反応による爆発により、一気に大量にあびたりすると、がんになったり命を落としたりする。

世界で最も危険なおもちゃ？

　放射線を出す物質が発見されて、まだまもないころ、暗闇で緑に光るラジウムの目もりがついた、腕時計が発売された。また、人体に害のない少量のウランが入った、子ども向け原子力実験セットも店頭に並んだ。今ふりかえれば、とんでもないアイデアの商品だといえる。

オドロキの事実！

バナナには放射線を出すカリウムがふくまれている。放射線測定器のアラームが鳴ることもある。そのため、食べ物の放射線量を測るとき、バナナ1本分の放射線量を意味するバナナ等価線量（BED）を目安にする。バナナ等価線量はとても低い値のため、バナナを100万本以上食べても大丈夫だ！

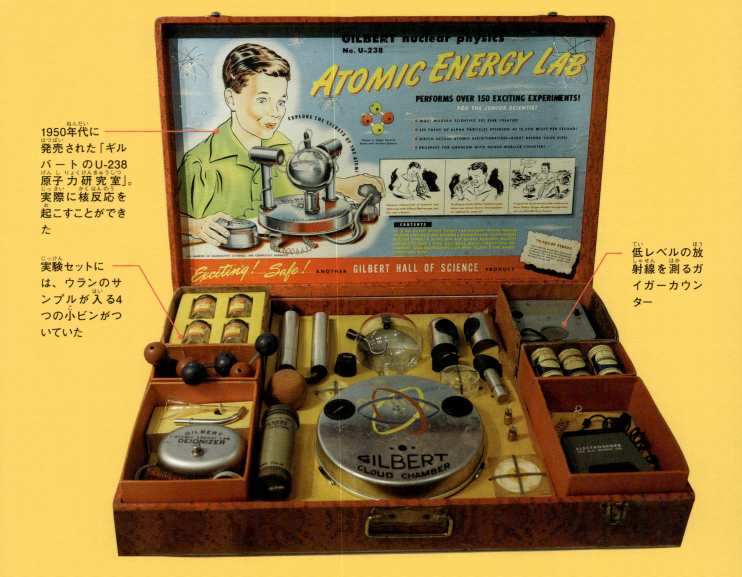

1950年代に発売された「ギルバートのU-238原子力研究室」。実際に核反応を起こすことができた

実験セットには、ウランのサンプルが入る4つの小ビンがついていた

低レベルの放射線を測るガイガーカウンター

アドバイスしてくれた専門家：クリスティーナ・ラッツェローニ　あわせて読んでみよう：原子、p.100〜101；元素、p.102〜103；電気、p.126〜127；原子力、p.376〜377

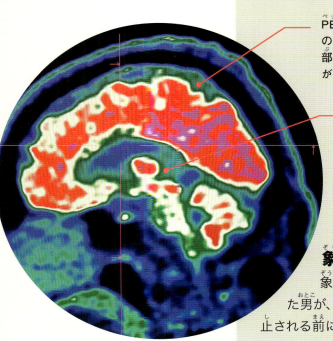

PET検査による人間の脳の画像。明るい部分では、化学反応が活発に起こっている

化学反応が盛んな所は、腫瘍など病気のおそれもある

放射線を使った検査

病気になると、病院で放射線を使った検査を受けることがある。PET検査では、放射線を出す物質が体内に注入される。もちろん、体に害はない。注入された物質は、体内で化学反応が活発な所に集まる。その様子を写した画像を見て、医師が病人の状態を判断する。

歴史を変えた人物

マリー・キュリー
科学者　1867～1934年　ポーランド

マリー・キュリーは夫のピエールとともに、放射線を研究した。そして、ラジウムとポロニウムという放射線を出す元素を発見した。その発見のおかげで、2人は1903年、ノーベル物理学賞を受賞する。しかし悲しいことに、マリーは放射線を長年あびたことで、がんになり、他界した。

「科学的発見は、人間社会を悪に導くのではなく、豊かにするものです」

象牙は語る

象牙をかくし持っていた男が、ゾウのかりが禁止される前に象牙をとったといいはった。しかし、科学が男のウソをみやぶった！　死んだ生物の体内では炭素14が放射線を出しながら、ゆっくりと崩壊する。男の象牙を調べると、炭素14がたくさん残っていて、象牙がとられてまもないことがわかったのだ。

白くて、つやのある象牙をとるために、毎日約100頭ものゾウが殺されている

象牙は、高級品やみやげ物の原料として、高い値段で売買される

炭素14の原子

ゾウが死んだときのキバにふくまれる炭素14の量

とてもゆっくり崩壊していく

死んでから5730年後に、半分になる

炭素年代測定

炭素の放射性同位体（原子の構造が少し変化したもの）である炭素14は、すべての生物の体内に存在する。死んだ動物や植物の体内では、炭素14が放射線を出しながら、少しずつ崩壊する。死がいの一部が残っていれば、炭素14の量を調べることで、死んでからどれくらい経っているかわかるのだ。

105

化合物

　地球の表面で、純粋な形で存在する元素は、金をふくめ、ほんのわずかな種類しかない。地表の物質のほとんどは、複数の元素が混じった化合物として存在している。水をはじめ、塩などの鉱物、生物の体を構成する物質など、ほぼすべての物質が化合物だ。それぞれの化合物は、複数の元素の原子が、特定の形に組み合わさってできている。そのような原子の組み合わせを分子という。たとえば水の分子は、水素原子2個と酸素原子1個の計3個の原子からなる。

爆発物に変化

　異なる元素が結びついて化合物になると、新しい特徴をもつようになる。大気中の窒素は、2個の窒素原子がくっついた形（N_2）で、また酸素は2個の酸素原子がくっついた形（O_2）で存在する。気体の窒素と酸素はいずれも危険性はない。しかし、ニトログリセリンという化合物の中で両者が結びつくとダイナマイトの原料になる。

ダイナマイトは主に、鉱山や採石場、建築現場、解体現場などで使われる

アドバイスしてくれた専門家：ダンカン・デービス　あわせて読んでみよう：原子, p.100～101；元素, p.102～103；燃焼, p.108～109；固体・液体・気体, p.110～111；プラズマ, p.112～113；金属, p.114～115；非金属, p.116～117；プラスチック, p.118～119；生命の化学, p.120～121

分子をつくる

　分子を構成するには、原子同士が結びつく必要がある。そのため、原子は他の原子と、電子を共有したり、受け渡したりする。電子は、原子核の周りを飛び回る小さな粒子だ。原子が電子を共有して結びつくことを、共有結合という。一方、電子を受け渡して結びつくことを、イオン結合という。

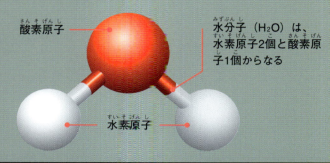

酸素原子　　　水分子（H₂O）は、水素原子2個と酸素原子1個からなる
水素原子

化学反応

　元素や化合物は、特定の相手と化学反応を起こす。化学反応は、急速に起こることもあれば、少しずつ起こることもある。鉄は、周りに水分があれば、空気中の酸素を相手に、ゆっくり化学反応を起こしてサビをつくる。

化合物の発見

　化合物は、この200年間で1000万種以上も発見された。そして今なお、1年に数万種類の化合物が見つかっている。化合物にはそれぞれ特徴がある。一部の化学者たちは、役立つ化合物の発見に力を注いでいる。たとえば、火をすばやく消さなければならない消防士のために、高い消火力をもつ臭素ガスをふくむ化合物を開発した。

歴史を変えた人物

アントワーヌ＝ローラン ド・ラボアジエ
化学者　1743～1794年　フランス

　燃焼（ものが燃える現象）について誤って理解されていた1700年代、ラボアジエは大発見をなしとげた。ものが燃えるとき、空気中の酸素がとりこまれることを、簡単な実験によって示したのだ。またラボアジエは、酸素と水素の名づけ親でもある。主な化学物質を表す文字記号も考えだした。そのため、ラボアジエは化学の父と呼ばれる。

色あざやかなガラス

　別の物質をほんの少し足すだけで、化合物の見た目や性質がガラッと変わることがある。ほんの少しの量のことを微量と呼ぶ。人間の健康は亜鉛や鉄などの微量元素によって支えられている。ステンドグラスの美しい色は、ガラスに微量の金属の化合物を足すことでつくられている。

ガラスに微量の酸化クロムを足すと緑色になる

酸化カドミウムを加えるとオレンジ色に変わる

107

燃焼

今から170万年前から100万年前に、人類は火の起こし方を身につけたと考えられる。その発見によって、文明はおおいに進歩した。そして今、人間は燃焼を思いどおりにコントロールしている。燃焼とは、燃料と酸素が結びつく激しく燃える反応だ。燃料がゆっくり燃える場合もあれば、大きな火とともに激しく燃える場合もある。人類の文明は、燃焼を中心に進化してきた。1800年代に発明された燃焼で動力を生むエンジンは、その後、改良が加えられ、今では自動車をはじめ、草刈り機や飛行機など、さまざまな機械を動かすまでになった。

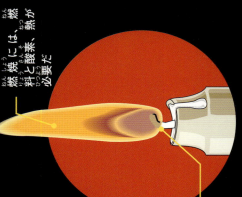

ほのおを生む

目に見えるとは限らないが、燃焼には段階がある。気体のろうそくが燃料の場合を見てみよう。ろうそくを燃やすとき、まず、ろうそくのしんに火をつける。火の熱がしんを伝わってろうに届く。すると、熱を受けたろうはとけて液体になっていく。しんに沿ってろうそくのろうが、さらに熱を受け「発火」上昇した気体のろうが、さらに熱を受け「発火」する。つまり、ほのおを生みだすのだ。

燃焼には、燃料と酸素、熱が必要だ

2004年 スクラムジェットエンジン
飛行機X-43Aは、圧縮機を使わないスクラムジェットエンジンのおかげで、とてつもなく速い。その速さは、時速1万1265kmだ

1984年 ジェットトラック
アメリカのレス・ショックレーがトラックにジェットエンジンをつける。その後、改良を重ね、時速605kmというトラックの世界最速を記録

1939年 ジェットエンジン
ドイツの技術者ハンス・ヨアヒム・パブスト・フォン・オハインが、初めてジェットエンジン搭載機を開発する

1926年 ロケットエンジン
アメリカの科学者ロバート・H・ゴダードが初めて、ミサイルのロケットエンジンを開発。のちに、宇宙船の発射に使われる

1874年 焼却炉
廃棄物を超高温で焼きつくすイギリスのノッティンガムにできた「廃棄物焼却炉」が、初めての焼却炉

1868年 ガス給湯器
イギリスのベンジャミン・モーガンが、家庭用の給湯器を発明する

1867年 ダイナマイト
スウェーデンの化学者・発明家アルフレッド・ノーベルが、強力な爆薬、ダイナマイトを発明する

火の歴史年表

1859年 内燃機関
ベルギー出身のエティエンヌ・ルノアールが、ガス、ルフトガスと空気の混合気を圧縮せずに点火して動力を生むエンジンを開発

1855年 ブンゼンバーナー
ドイツの化学者ロベルト・ブンゼンが、ガスと空気を調合して高温の炎を出す器具を作製

1816年 ライムライト
イギリスのトーマス・ドラモンドが、石灰が白熱したときの光を利用した劇場用の照明を作る

1805年 マッチ
フランスの化学者ジャン・シャンセルが、塩素酸カリウムと砂糖をつけた木片を、硫酸につけると発火することを発見

1792年 ガス灯
イギリスのウィリアム・マードックが初めて石炭ガスを燃料とする家庭と仕事場両用の照明を開発

1712年 蒸気機関
イギリスのトーマス・ニューコメンが初めて実用的な蒸気機関を作製

1000年 火薬
古代の中国で、花火の起源とされる火薬が作られる

紀元前1500年 鉄
鉄作りが始まる。とても高い温度になる炉を使って、鉄を作った

紀元前5000年 精錬
銅をふくむ岩石を精錬して、銅を取り出した

紀元前6000年 かま
レンガのかまや炉の中で火を起こすことにより、さらなる高温が実現。細かいデザインの陶器が作られるようになる

2万8000年前 陶器
粘土の形を整えて火の中に入れることで、人型の置物を作りはじめる

170万年前～100万年前 調理
調理が始まった時期は定かではない。100万年以上前だと考えられる

170万年前～100万年前 火
人類の祖先、ホモ・エレクトスが、火を起こし、使いはじめたと考えられる

アドバイスしてくれた専門家：デビッド・トン　あわせて読んでみよう　p.314～315：産業革命、p.208～209：食べ物と料理、p.130～131：スピードを目指して、p.122～123：エネルギー、p.110～111：固体・液体・気体、p.102～103：元素、p.80～81：化石燃料

固体・液体・気体

質量をもち、空間の一部をしめるものを、物質という。物質には、主に3つの状態がある。固体、液体、気体だ。固体の物質は、一定の大きさと形をもち、変化しづらい。本などが、そうだ。液体の物質は、入れ物によって形が変わる。たとえば、コップの中のミルクをボウルに注げば、ミルクの形は変化するだろう。そして、気体の物質は、一定の大きさや形をもたない。大きな入れ物を満たすこともあれば、小さな入れ物の中に圧縮されることもある。

物質の状態変化

物質の状態は、構成する粒子のふるまいによって決まる。つまり、粒子のふるまいが変われば、状態も変化するのだ。たとえば、固体の物質は、熱を受けると、熱のエネルギーによって構成する粒子の動きが活発になり、融解する。粒子が盛んに動くことで粒子同士の結びつきが弱まり、固体から液体に変わるのだ。さらに熱を受けると、粒子の動きがいっそう激しくなり、粒子同士がはなれて、液体から気体になる。ここで反対に温度を下げると、粒子の動きはにぶり、粒子同士がくっつきはじめ、気体が液体に凝縮する。さらに温度を下げ、粒子の動きをにぶらせていくと、やがて粒子同士が強く結びつき、一定の形をとるようになる。つまり、液体が凝固して固体に変化する。

玉のような水銀の液体

水銀が融解する温度は、他の金属に比べて、とても低い。水銀は常温でとけてしまう、ただ1つの金属だ。とはいえ、とけても、水銀を構成する分子同士が強く引き合うため、丸い玉のような形になる。

固体（氷）

液体（水）

気体（水蒸気）

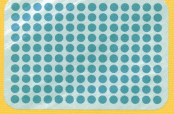

原子や分子が強く結びつく固体は、一定の形をとる

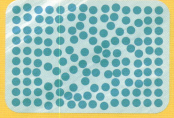

液体では、原子や分子の動きが活発になり、固体のときの形がくずれる

気体では、原子や分子が自由に動くため、膨張したり、収縮したりして、体積が大きく変化する

アドバイスしてくれた専門家：キンバリー・M・ジャクソン　**あわせて読んでみよう**：山、p.68～69；岩石と鉱物、p.70～71；水の世界、p.82～83；地球の氷、p.84～85；原子、p.100～101；元素、p.102～103；プラズマ、p.112～113；プラスチック、p.118～119；圧力、p.136～137；空気より軽く、p.138～139

超低温!

窒素は、沸点の-196℃より低い温度に冷やすと、液体に変わる。気体の窒素を、特殊な容器（下）で圧縮したあと、ゆっくりと膨張させて液体にする。生物の組織は、こおるとダメージを受けるが、超低温の液体窒素に入れると、一瞬で凍結するため、ダメージを受けない。フリーズドライ食品をつくったり、食品を冷やしたまま運んだりするときに、液体窒素が使われている。

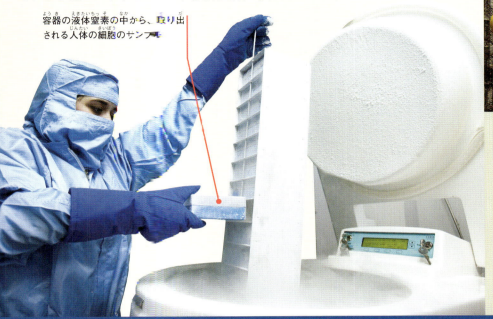

容器の液体窒素の中から、取り出される人体の細胞のサンプル

気体の圧力

気体に形がないのであれば、エアバルーンには、なぜ形があるのだろうか？　答えは、内部で気体の分子が飛び回り、エアバルーンの内側を、おしているからだ。気体をどんどん入れていけば、内部の圧力が高まり、ぱんぱんにふくらむというわけだ。

オドロキの事実!

固体に見えるものが　固体とは限らない。生物の体は、ほとんどが液体でできている。液体よりもしずかにかたい固体で、おおわれているだけなのだ。たとえば、クラゲの場合、固体はせいぜい体全体の5%にすぎない。残りは水だ。体全部が固体でできているように見える人間の大人でも、体の60%が水で構成されている。子どもであれば、その割合は3分の2になる。生まれたばかりの赤ちゃんはなんと78%が水だ。

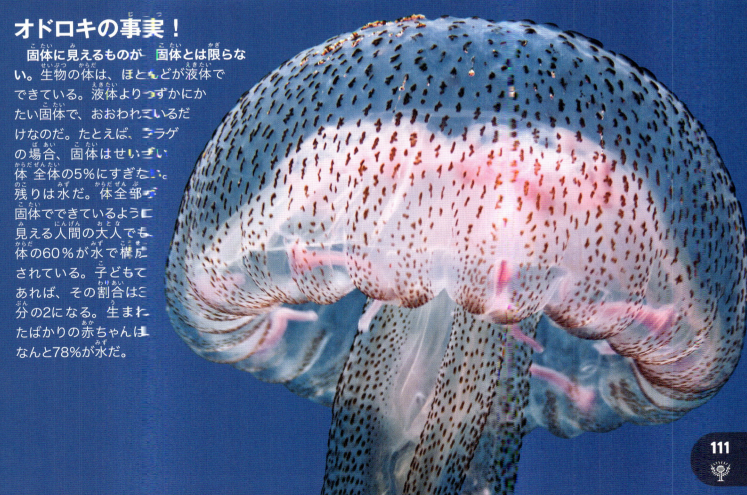

111

プラズマ

プラズマはときに、物質の4番目の状態といわれる。固体、液体、気体という3つの状態にはない特徴があるからだ。プラズマは、気体のように軽く、一定の形をもたない。その正体は、イオンと電子だ。イオンは電荷をもつ粒子で、プラズマの電子は気体の電子よりも激しく運動する。宇宙で存在が認められる物質は、太陽などの恒星をふくめ、ほとんどがプラズマでできている。私たちの生活では、雷やプラズマテレビの画面、プラズマボールの発光（右）などで、プラズマが見られる。

核融合反応

太陽などの恒星は、核融合反応によってエネルギーをつくりだしている。核融合反応とは、水素の原子核同士が結びつきヘリウムの原子核をつくる、というような反応だ。人間の手で、そのような反応を起こすことができれば、エネルギーを安全に、くりかえし生みだせるだろう。そのためには超高温下で、気体をプラズマにする必要がある。そして、他の物質との接触をさけ、プラズマの状態を保たなければならない。その1つのやり方として、トカマク（下）というドーナツ形の装置で、磁場を使って、プラズマを閉じこめる方法がある。

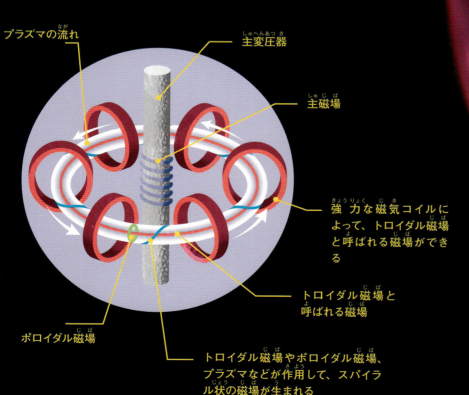

プラズマの流れ
主変圧器
主磁場
強力な磁気コイルによって、トロイダル磁場と呼ばれる磁場ができる
トロイダル磁場と呼ばれる磁場
ポロイダル磁場
トロイダル磁場やポロイダル磁場、プラズマなどが作用して、スパイラル状の磁場が生まれる

アドバイスしてくれた専門家：ダンカン・デービス　あわせて読んでみよう：恒星、p.10〜11；太陽、p.24〜25；原子、p.100〜101；元素、p.102〜103；固体・液体・気体、p.110〜111；電気、p.126〜127；光、p.128〜129

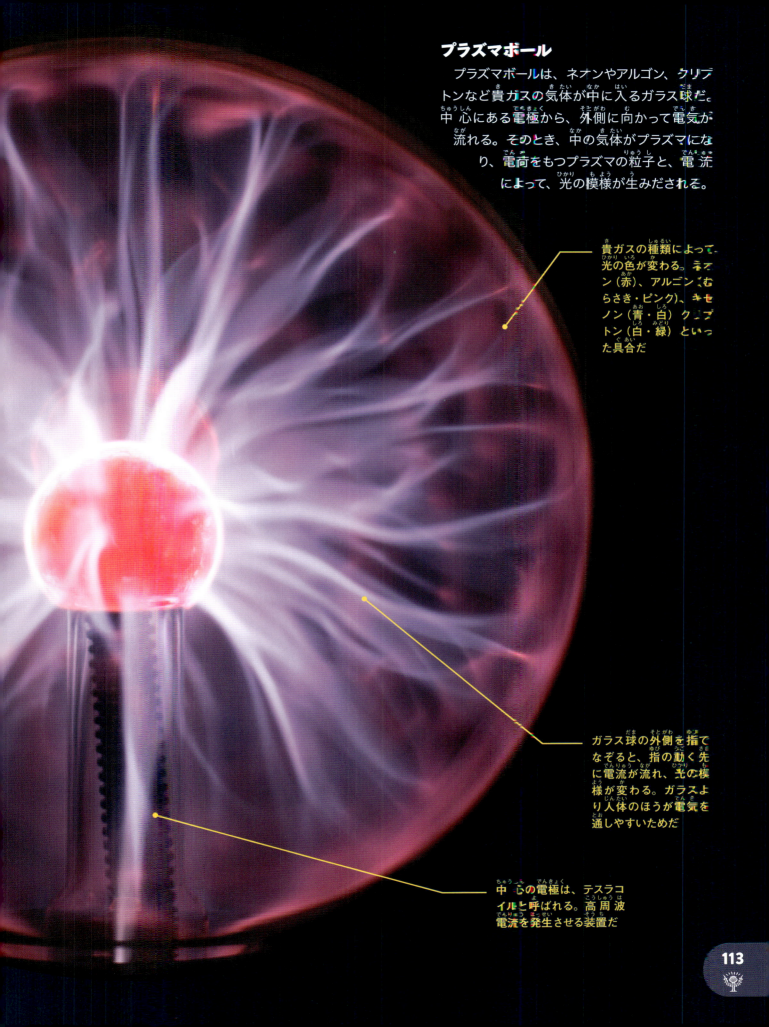

プラズマボール

プラズマボールは、ネオンやアルゴン、クリプトンなど貴ガスの気体が中に入るガラス球だ。中心にある電極から、外側に向かって電気が流れる。そのとき、中の気体がプラズマになり、電荷をもつプラズマの粒子と、電流によって、光の模様が生みだされる。

貴ガスの種類によって、光の色が変わる。ネオン（赤）、アルゴン（むらさき・ピンク）、キセノン（青・白）、クリプトン（白・緑）といった具合だ

ガラス球の外側を指でなぞると、指の動く先に電流が流れ、光の模様が変わる。ガラスより人体のほうが電気を通しやすいためだ

中心の電極は、テスラコイルと呼ばれる。高周波電流を発生させる装置だ

金はやわらかい金属で、加工するのに最適だ

金属

すでに知られている元素のうち、およそ4分の3は金属だ。金属には、多くの共通した特徴がある。たとえば、加工するとキラキラ光る。また電気を通したり、熱を伝えたりする。つまり金属は、電気や熱を通しやすい物質とも表現できる。ほとんどの金属は常温で固体だが、熱を加えれば、融解して液体になる。

キラキラかがやく金

金は、古代中国のかざり板（上）のように、はるか昔から、高級品の原料として使われてきた。何千年もの間、地中にうめられたり、地上で雨風にさらされたりしても、その黄金のかがやきが失われることはない。他の元素と簡単に反応しないからだ。金属を、酸素や水、酸などと反応しやすい順に並べたイオン化列において、金はプラチナと並んで一番後ろに位置する。

銅と青銅器時代

銅の発見は、人類の歴史を変えた。石器時代、人間は石から道具を作っていた。だが、今から7000年前になると、銅をふくむ岩石をとかして、銅を手に入れるようになった。その後、銅にスズを加えると、青銅という極めてかたい金属ができることを発見した。青銅器時代になると、金属を加工し、広く活用するようになる。銅は電気をとてもよく通すため、電気ケーブルに欠かせない素材だ。

オドロキの事実！

1794年につくられた1ドル銀貨は、今1000万ドルもする。 右の銀貨は、アメリカで初めてつくられた硬貨だ。しかしその後、金や銀の価値が上がり、金貨や銀貨はつくられなくなった。そのため、当時の硬貨は高額で取引されるようになったのだ。硬貨は今、銅やニッケルなど、安い金属でつくられている。

アドバイスしてくれた専門家：クリスティーナ・ラッツェローニ　**あわせて読んでみよう**：元素、p.102〜103; 化合物、p.106〜107; 固体・液体・気体、p.110〜111; 非金属、p.116〜117; プラスチック、p.118〜119; 電気、p.126〜127; 圧力、p.136〜137

鋼鉄は便利な金属

鉄に、決められた量（全体の重さの2％以下）の微量の炭素を足したものを鋼鉄という。鋼鉄は、最も便利な金属といえる。おどろくほどかたく、たくさんつくっても安いのだ。鋼鉄は、船や橋、工具、兵器など、さまざまなものに使われている。他の金属を混ぜれば、特徴が異なる鋼鉄をつくることができる。たとえば、クロムを全体の10～30％になるまで加えれば、サビないステンレス鋼になる。

橋を支える橋げたなど、がんじょうな骨組みの材料として、鋼鉄は多く使われている

爆発する金属

金属の中には、水にふれると爆発するものがある。事実、ナトリウムやカリウム、セシウムなど、アルカリ金属は、水を1～2滴たらすだけで爆発する。また、マグネシウムなどのアルカリ土類金属は、ほのおをあげて燃える。そのような金属は、多くの国で危険物に指定されている。

金属疲労

金属が長年使われて、だんだん弱っていくことを金属疲労という。金属疲労のため、長期間使われた金属にひびが入ることがある。1950年代はじめ、上空を飛んでいた飛行機にひびが入り、バラバラになる事故が3件起こった。飛行機の内側と外側の気圧のちがいによって、四角い窓のスミに大きな負荷がかかったのだ。そのため、今の飛行機の窓は、負荷がかからないように丸い形をしている。また、航空会社は、ほんの小さなひびも見のがさないように、超音波装置などを使って厳しく点検している。

かつて、窓の周りに、ひびが入ることがあった

非金属

元素周期表で非金属に分類される元素は、金属とは異なる特徴を示す。その多くは、金属より密度が低いため、液体や気体になる温度も低い。また金属とはちがい、ほとんどが電気を通さない。非金属には、水素や酸素のように常温で気体の元素もあれば、炭素や硫黄のように固体の元素もある。臭素はただ1つ、常温で液体の非金属だ。非金属の水素とヘリウムが、宇宙に存在する物質の全質量のうち、少なくとも98%をしめる。

クリプトンとアルゴンを混ぜた気体に高い電圧をかけると、白いレーザー光が生まれる。他の貴ガスを使えば、レーザー光に色がつく

普通の光とちがって、まっすぐ進むレーザー光は、きれいな直線を空中にえがくため、飛行機からも見える

フッ素：最も反応しやすい非金属

非金属のフッ素は反応しやすく、すぐに他の元素と結びつく。多くは、上の紫色のホタル石のように、カルシウム化合物として存在する。元素は普通、電子の軌道に空きがないほど安定する。フッ素は、最も外側の電子の軌道にもう1つ電子が入る空きがあるため、他の非金属より反応しやすいのだ。常温のフッ素は黄色の気体で、毒性をもつ。

貴ガス

非金属のクリプトンとアルゴンは、レーザー光を発生させるために使われる。レーザー光の使い道の1つは、正確な測量だ。また、写真のドバイのブルジュ・ハリファというタワーでは、レーザー光を活用して、美しいショーが行われている。クリプトンとアルゴンは、色がない気体で、においや味もない。いずれも、貴ガスに分類される。貴ガスは、他の元素と反応しにくいため、単独で存在していることが多い。

アドバイスしてくれた専門家：ダンカン・デービス　あわせて読んでみよう：元素、p.102〜103；化合物、p.106〜107；金属、p.114〜115；生命の化学、p.120〜121；光、p.128〜129；人工素材、p.360〜361；スマート技術とAI、p.364〜365

ケイ素

ケイ素は酸素に次いで、地殻に多くふくまれる元素だ。非金属のケイ素は普通、シリカ（二酸化ケイ素）などの化合物として、岩石、砂、土の中に存在する。ケイ素は何百年以上も前から、ガラスの原料として使われている。今では、コンピュータのマイクロチップの材料としても有名だ。コンピュータ産業の中心地シリコンバレーの名前は、ケイ素の英語名シリコンに由来する。

アメリカはシリカサンドの一大生産地だ。シリカサンドは、石英など、シリカを多くふくむ岩石からできた砂で、さまざまな使い道がある

オドロキの事実！
半導体をつくるため、科学者たちは結晶を育てている。
ケイ素は、半導体の主な材料だ。品質のよいケイ素をつくるため、科学者たちは、インゴットと呼ばれるケイ素の巨大結晶を育てているのだ。インゴットを、ウエハーと呼ばれるうすい板にスライスしてから、数百にもおよぶ工程をふんで、小さな半導体をつくる。

酸

一部の非金属は、酸素などと結びつき、強い酸性の化合物をつくる。酸との化合物は、金属を腐食し金属の形をくずしてしまう。下の写真では、電池からもれた酸が、金属ケースを腐食している。塩酸などの酸は、人間の皮膚を焼いてしまうほど強力だ。大気中には、二酸化硫黄といった酸性ガスがふくまれている。酸性ガスは雨を酸性にして、木を枯らしてしまう。

pHスケール

科学者たちは、物質が酸性かアルカリ性か、知る必要がある。なぜなら、酸性かアルカリ性かによって、化学反応が異なるからだ。pHの値が7より小さい物質は酸性、7より大きい物質はアルカリ性とみなされる。科学者たちは、pHの値によって色が変わるリトマス紙という特殊な紙を使って、物質のpHを調べる。

プラスチック

私たちが今生きる社会は、プラスチックがなければ成り立たないだろう。プラスチックは、人間がつくりだした素材だ。ほぼ自由に色や形を決めることができる。ほとんどのプラスチックはじょうぶで、軽く、長もちする。また、水や熱、化学薬品、電気によるダメージにも強い。しかも、天然の素材に比べて、価格が安いことが多い。プラスチックは普通、天然ガスや石油などを原料として、工場で生産される。飲料ボトルやレジぶくろ、ヘルメット、フローリングなど、あらゆるものに使われている。

プラスチックの初めて年表

レゴ社のブロックとキャラクター

1856年　イギリスのアレクサンダー・パークスがパークシンというプラスチックを発明する。

1872年　プラスチックの形を整える機械が誕生。

1909年　ベルギー出身のアメリカの化学者レオ・ベークランドが合成樹脂のベークライトを発明する。

1933年　現在世界で最も広く使われているプラスチックの1つ、ポリエチレンが生産される。

1935年　アメリカの化学者ウォーレス・カロザースがナイロンを発明する。

1958年　レゴ社が、アセチルセルロースでできたおもちゃのブロックの特許権をとる。

1965年　アメリカの化学者ステファニー・クオレクがケブラーを発明する。強度の高いプラスチック繊維だ。

1973年　ペットボトルが初めて生産される。

2009年　外板のほぼ半分がプラスチックでできた飛行機、ボーイング787が製造される。

2016年　プラスチックを食べて育つ、土の中にすむ微生物が、日本で発見される。

プラスチックのペットボトル

オドロキの事実！

ヤモリの足でも、テフロンの上ではすべってしまう。テフロンは表面がツルツルした人工の樹脂で、正式にはポリテトラフルオロエチレン（PTFE）というプラスチックだ。ものがこびりつかないためフライパンの加工素材として使われている。テフロンが他の分子とくっつかないのは、他の分子を引きつける力がとても弱いからだ。

ポリマーの力

プラスチックの大半は、ポリマーと呼ばれる化学物質だ。ポリマーとは、ビーズがいくつも連なるネックレスのように1つの単位が何百、何千、または何百万と集まって構成する集合体のことだ。ポリマーは強度が高く、柔軟性にも優れ、さまざまな形に変形する。この性質を可塑性という。プラスチックは、あらゆる形に成形できる。

アドバイスしてくれた専門家：ダンカン・デービス　あわせて読んでみよう：化石燃料、p.80～81；生命の化学、p.120～121；外洋、p.180～181；人工素材、p.360～361；環境問題、p.366～367

プラスチック問題

プラスチックは、環境汚染の主な原因物質の1つだ。分解されるのにとても時間がかかったり、まったく分解されなかったりするそうだ。プラスチックによって今、自然な生態系がくずれ、動物たちに害がおよんでいる。使い終わったプラスチックの一部は、海に行きつく。2019年に、マリアナ海溝の深さ11kmの海底で、プラスチックのポリぶくろが見つかった。

親鳥がポリぶくろを巣に持ち帰り、ヒナに食べさせてしまうおそれがある

海鳥やほ乳類が、毎日のようにナイロンのあみに引っかかっている

プラスチックごみは、海流に乗って「ごみベルト」をつくる。北太平洋のごみベルトには、1兆8000億個ものプラスチックごみが集まっている

マイクロプラスチック

プラスチックごみは、多くの場合、目に見えないほど小さなかけらとして存在する。5mmより小さいプラスチックごみは、マイクロプラスチックと呼ばれる。大きなプラスチックごみも、時間が経ってすりへれば、マイクロプラスチックになる。人間をふくめ、生物がマイクロプラスチックを食べると、体に害がおよぶ。

バイオプラスチックは、環境によい？

バイオプラスチックは主にキャッサバ（右）などの植物を原料とする。バイオプラスチックを使った商品には、皿やコップ、フォーク、スプーン、ストローなどがある。ヨーロッパの家具メーカー、イケア社は2018年から、バイオプラスチックでつくった家具を売りはじめた。バイオプラスチックメーカーによれば、化石燃料由来のプラスチックに比べ、バイオプラスチックのほうが分解されやすい。ただし、すべてのバイオプラスチックが自然に分解されるとは限らない。

119

生命の化学

地球の生命はすべて、1つの元素を中心に成り立っている。そう、炭素だ。大気中の炭素は、酸素と結合し、二酸化炭素（CO_2）になる。植物は、CO_2と水、太陽の光から炭水化物を合成し、炭水化物を栄養として成長する。その中で、いらなくなった酸素を排出する。動物は（人間をふくめて）、植物を食べ、酸素を吸い、炭水化物をエネルギーとして活動する。そして、CO_2をはきだして、大気中にもどす。

トゥファタワー

アメリカ・カリフォルニア州のモノ湖には、多数の小さな穴が空いた石灰岩（トゥファ）のタワーがある。水中の炭素がカルシウムと結びついて炭酸カルシウムになり、炭酸カルシウムを主成分とする鉱物からなる石灰岩が成長しているのだ。科学者たちはトゥファタワーを分析し、モノ湖周辺のかつての気候を調べている。

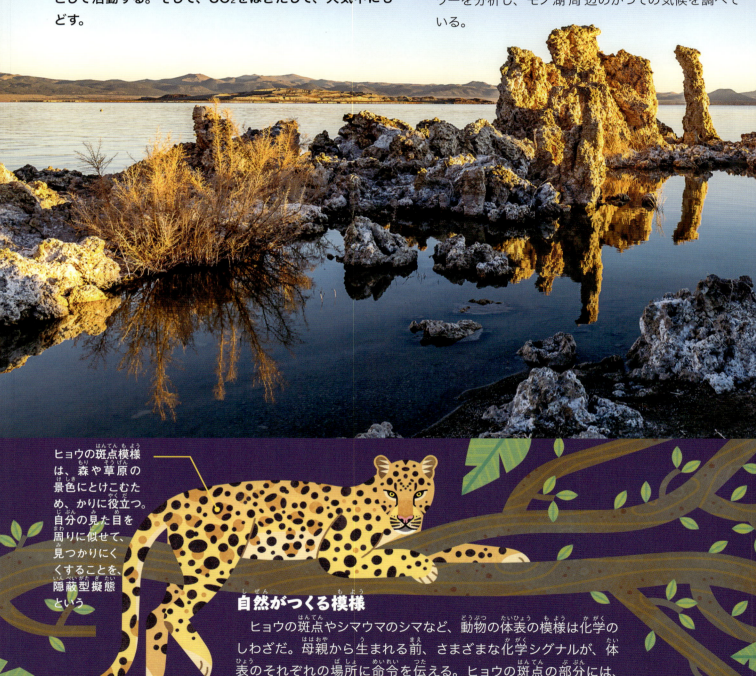

ヒョウの斑点模様は、森や草原の景色にとけこむため、かりに役立つ。自分の見た目を周りに似せて、見つかりにくくすることを、隠蔽型擬態という。

自然がつくる模様

ヒョウの斑点やシマウマのシマなど、動物の体表の模様は化学のしわざだ。母親から生まれる前、さまざまな化学シグナルが、体表のそれぞれの場所に命令を伝える。ヒョウの斑点の部分には、黒色を生みだす化学シグナルが、それ以外の部分は、黄色を生みだす化学シグナルが、色についての命令を伝えている。

アドバイスしてくれた専門家：キンバリー・M・ジャクソン　あわせて読んでみよう：岩石と鉱物、p.70～71；巨大結晶！、p.72～73；地球の資源、p.74～75；大気、p.86～87；元素、p.102～103；化合物、p.106～107；固体・液体・気体、p.110～111；植物と菌類、p.156～157；動物、p.158～159；人体、p.198～199

モノ湖の畔に並ぶトゥファタワー。高さ9mにもおよぶ

モノ湖はいわゆる炭酸湖だ。湖の水に炭酸が多くふくまれている（CO_2がとけこんでいる）

アミノ酸

たんぱく質は重要な物質だ。栄養分を運んだり、筋肉をつくったり、病気をふせいだり、さまざまな役目を果たしている。たんぱく質はアミノ酸からできている。アミノ酸は全部で20種類。そのうち人体でつくることができるのは11種類。残りの9種類は食べ物からとっている。肉や魚、タマゴ、豆、木の実など、たんぱく質の豊富な食べ物を消化し、アミノ酸に分解し吸収している。

酵素

植物や動物の体内では、生命活動のために、常に化学反応が起こっている。食べ物をエネルギーに変える反応もその1つ。酵素は自分たちの構造を変えることなく、反応を速やかに進める働きをする。パンづくりでパンの生地がふくらむのは、イースト菌の中の酵素が材料同士の反応をうながすためだ。

歴史を変えた人物

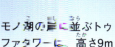

ドロシー・ホジキン
化学者　1910〜1994年　イギリス

ドロシー・ホジキンは、結晶にX線を当てるなどして、化学物質の構造を研究した化学者だ。第2次世界大戦中、兵士たちのケガや感染症をなおす薬、ペニシリンの構造を解明した。ホジキンの研究のおかげで、その後、さらに優れた新薬が開発されるようになった。体内の糖分を調整するホルモンであるインスリンや、ビタミンB12の構造の発見も、ホジキンの業績だ。

オドロキの事実！

ピーナツバターからダイヤモンドができる！　ピーナツバターには炭素がたくさんふくまれている。そしてダイヤモンドは炭素でできている。ドイツの科学者たちは、ある日、ピーナツバターに強い圧力をかけ、内部の酸素を取り除こうとしたが危険なガスが出た。実験を途中でストップしたが、すでにダイヤモンドができていた。

エネルギー

エネルギーは、宇宙のあらゆるものがあわせもつ根本的な要素だ。この世のどんな現象も、エネルギーなくして起こらない。機械が動くのも、エネルギーのおかげ。人間の体が動くのも同様だ。細菌から、セコイアの木、サメ、人間まで、すべての生物にとって、エネルギーは生きるために欠かせない。

運動エネルギーと位置エネルギー

エネルギーには、主に2種類ある。運動エネルギーは、物体の運動にともなうエネルギーだ。物体の運動が速ければ、運動エネルギーは大きくなる。一方、位置エネルギーは、たくわえられたエネルギーだ。物体の位置や、全体の中での状態によって決まる。たとえば、もち上げたボールは、重力による位置エネルギーをもつ。手をはなせば、ボールは重力に引っぱられ、加速しながら落下するだろう。位置エネルギーが運動エネルギーに変わるためだ。

熱
熱は、エネルギーの1つの形だ。物質を構成する原子や分子の運動によって発生する。従って、原子や分子が激しく運動するほど、熱は高くなる。熱という形で物質内部にたくわえられたエネルギーを、熱エネルギーという。

エネルギー
エネルギーによって、物体が動いたり、変形したりする

運動エネルギー
運動している物体はすべて、運動エネルギーをもつ

位置エネルギー
位置エネルギーは、他のエネルギーに変わるまで、物体にたくわえられる

熱エネルギー
熱エネルギーの正体は、原子や分子の運動だ

重力エネルギー
重力による位置エネルギーで、高い位置ほど大きい

放射エネルギー
電磁放射、つまり光や電磁波の運動にともなうエネルギー

核エネルギー
原子核がもつエネルギーで、原子核が分裂したり、融合したりすると放出される

音エネルギー
空気などの物質が、振動することで生まれるエネルギー

電気エネルギー
電気がもつエネルギーを電気エネルギーという。たとえば、原子や分子が電気の力によって結びついている場合、その化学結合のエネルギーは、電気エネルギーだ

アドバイスしてくれた専門家：デビッド・トン　あわせて読んでみよう：ビッグバン、p.4〜5；宇宙の終わり、p.46〜47；音、p.124〜125；電気、p.126〜127；光、p.128〜129；スピードを目指して、p.130〜131；重力、p.134〜135

エネルギーの変換

エネルギー保存の法則によれば、エネルギーは、新たに増えもせず、減りもしない。ただ、異なるタイプのエネルギーに変わるだけだ。たとえば、水車を見てみよう。水車をおす川の水は、重力エネルギーを運動エネルギーに変えている。川の水は水車の羽根をおして、運動エネルギーを水車の輪に伝える。水車の輪は、真ん中の軸を回転させて、ひきうすなどの機械を動かす。

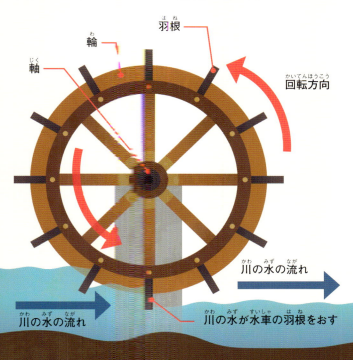

エネルギーはすべて使える？

宇宙全体のエネルギーの総量は一定だが、すべてのエネルギーを使えるわけではない。物質の状態が乱れるほど、使えるエネルギーの量は少なくなる。状態の乱れ具合は、エントロピーによって表される。エントロピーは必ず、時間とともに増大する。要するに、使えるエネルギーはたえず減っている。たとえば、ポップコーン豆に熱を加えれば、ポップコーンができる。だが、ポップコーンを冷やしても、元にはもどらない。つまり、ポップコーンをつくれば、宇宙のエントロピーは増えるのだ。

角度のついた長さ36.5mの羽根で風をとらえる

回転軸からエネルギーを受けた発電機は、受けたエネルギーを電気に変える

風力タービン

風力タービンの羽根は、風から運動エネルギーを受けることで回転する。羽根は回転軸に運動エネルギーを伝え、回転軸は、その運動エネルギーで発電機を動かす。発電機は運動エネルギーを電気エネルギーに変える。このようにして、たくわえられた電気は、遠方に送られ消費される。

超低周波音

音波はすべて、ほぼ同じ速さで伝わるが、音の高さは周波数、つまり、1秒間に通りすぎる波の数によって異なる。超低周波音と呼ばれる極めて低い周波数の音は、人間の耳では聞くことができない。しかし、ゾウや写真のザトウクジラのようなヒゲクジラ類など、一部の動物は聞くことができる。超低周波音は、水中をとても遠くまで伝わる。そのためクジラは、160kmはなれている仲間とも、情報をやりとりできる。

音

音は、人間が聞くことのできる空気の振動だ。ドラムが鳴りひびき、人々がさけび、カミナリがとどろく。これらはいずれも、空気が一定のリズムでゆれ動いているにすぎない。空気の振動が人間の耳に入ると、こまくがふるえる。すると、信号が神経を伝わって脳に届き、音として理解されるというわけだ。音による空気の振動は、音波と呼ばれる。音波は、海の波と同じように、それほど大きな動きをともなわず、空気中を進む。空気だけではなく、液体（水など）や、多くの固体（金属や石、木など）の中も伝わる。

オドロキの事実！

真空に近い宇宙空間は、音のない空間だ。音が伝わるには、振動する分子が必要だ。でも、宇宙空間にはその分子がない。従って、巨大な恒星が爆発したとしても、音はなく、シーンとしている。

アドバイスしてくれた専門家：デビッド・トン　あわせて読んでみよう：光、p.128〜129；スピードを目指して、p.130〜131；感覚、p.206〜207；言葉と物語、p.216〜217

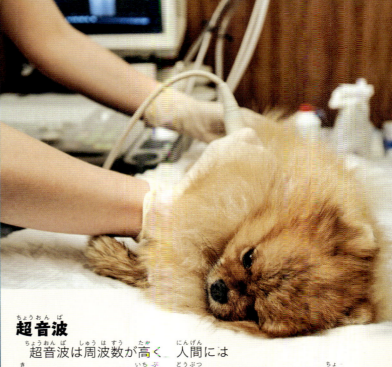

超音波

超音波は周波数が高く、人間には聞こえない。だが、一部の動物、たとえばコウモリは超音波を出し、感知しながら飛んでいる。超音波でエサの場所をつきとめ、飛ぶ方向を決めているのだ。人間は体内にひそむ病気を見つけるために、超音波を活用している。動物病院でも、超音波で体内を検査する。

音速

飛行機が空をとぶと、前方の空気が圧縮されて、圧力波になる。圧力波は普通、音速で伝わる。飛行機が音速より速く飛ぶとき、「音のカベを突破する」といわれる。前方の圧力波が、どんどんおしつぶされていき、やがて大きな衝撃波になるからだ。その衝撃波は、「ソニックブーム」と呼ばれ、ソニックブームが発生すると、地上までドーンという大きな音がひびきわたる。

無響室

無響室は、地上で最も静かな場所だ。無響室のカベや天井には、綿のような素材でできたV字型の特殊な物体が並び、音の振動が吸収される。無響室にいると、自分の心臓の音がドクンドクンと大きく聞こえる。周りの音がまったくしないため、ほとんどの人が45分以内に、気分が悪くなり、たえられなくなる。宇宙空間はまったく音がしないため、NASAの宇宙飛行士たちは、無響室を使って訓練している。

125

雲の下の一番高い所に、
電気が流れる

高いビルには、電気を
安全に地上に流すため、
避雷針が取り付けられ
ている

電気

　ふだん原子核の周りを飛び回っている小さな電子が、原子の外に飛び出して移動することを電気という。電気には、動電気と静電気がある。動電気は、ライトをつけたり、機械を動かしたりする電気だ。発電所でつくられ、電線によって家庭のコンセントに届けられている。電池の中にたくわえられる電気も動電気だ。一方、静電気は自然に発生する。たとえば、風船をかみの毛にこすりあわせると、カベにくっつくだろう。また、ウールのセーターをぬぐと、パチッと放電し、少し痛い思いをすることがある。それらは、いずれも静電気のしわざだ。

カミナリが発生する場所

　カミナリは、雲の中でつくられる静電気だ。空高くにうかぶ雲の中では、水や氷の小さな粒子同士がこすれあっている。そのため、静電気が生まれるのだ。やがて、電気がたくさんたまると、ピカッとイナズマを光らせ、放電する。カミナリは地球上で、毎日800万～900万回、発生している。

アドバイスしてくれた専門家：クリスティーナ・ラッツェローニ　あわせて読んでみよう：天気、p.88～89；メガストーム、p.90～91；原子、p.100～101；世界に電気を、p.348～349；医療技術、p.362～363

導体と絶縁体

電気を通しやすい物体は、導体と呼ばれる。反対に、電気をほとんど通さない物体は、絶縁体と呼ばれる。鳥が1本の電線の上にとまっているときは、体に電気が流れない。もし2本の電線に同時にさわれば、電気が体を通って、一方の電線から他方の電線へと流れ、鳥は感電死してしまう。

← 電気を送る金属の電線

← 体内に電気が流れないため、鳥は感電しない

静電気

原子は多くの場合、正の電荷と負の電荷のバランスをとりながら物体を構成する。ただし、負の電荷をもつ電子が物体の一方に集まることがある。それが静電気だ。上の写真では、少女がヴァンデグラフ起電機という装置をさわっている。起電機にさわると、静電気をつくっていた電子が体にとび移り、かみの毛まで到達する。電子はどれも同じ種類の負の電荷をもつため、それぞれが反発しあって、かみの毛が逆立つのだ。

専門家から一言！

クリスティーナ・ラッツェローニ
素粒子物理学者

クリスティーナ・ラッツェローニは、素粒子について、研究している。ラッツェローニの研究分野でまだ解決されていない大きな問題は、すべての物体を構成する単位の正体だ。

「科学者たちは、自分の研究室にこもってばかりだと思われているかもしれません。でも、私はいろいろな国の人たちと一緒に研究しています。さまざまな分野のすごい研究者たちと力を合わせて仕事をしています」

オドロキの事実！

電気ウナギには、小さな電池のような細胞が何千個もある。電気ウナギはその細胞を使って、家庭のコンセントの2倍以上の強力な電気を流し、さわった獲物を気絶させる。南アメリカ大陸のアマゾン川にすむ電気ウナギは、850ボルトという信じられないほど大きな電圧で電気を流す。

127

光

　光は、エネルギーの1つで、波としての性質をもつ。光の波には、さまざまな波長がある。人間の目に見える波長をもつ光は、可視光線と呼ばれる。波長が可視光線より長かったり短かったりする、その他の光は、人間の目には見えない。太陽の放つ光は、白色光と呼ばれる。ただし、大気中の水滴の中を通ると、屈折して、一度にさまざまな色に分かれるときがある。
　それが、にじだ。この世に光より速いものは存在しない。
　その光の速さは、毎秒およそ30万kmだ。

カメラでとらえるオーロラの光は、目で見るよりも色あざやかだ

さまざまな緑色がゆらめく、最も一般的なオーロラ

北極光

　北極圏の近くではときどき、夜空が美しい光のカーテンでおおわれる。そう、オーロラと呼ばれる現象だ。または、北極光とも呼ばれる。オーロラは、太陽からのエネルギー粒子の波が、地球の大気の上層をなす原子とぶつかり、発生する。南極でも同じ現象が見られる。南極のオーロラは、南極光ともいう。

アドバイスしてくれた専門家：デビッド・トン　あわせて読んでみよう：恒星、p.10～11；ブラックホール、p.18～19；太陽、p.24～25；燃焼、p.108～109；プラズマ、p.112～113；エネルギー、p.122～123；電気、p.126～127；感覚、p.206～207

レーザー光
豆知識リスト

レーザー光は波長が一定の強い光だ。たいまつの火の光のように、周りに広がったりせず、大きなエネルギーをもったまま、長い距離を直進する。レーザー光は、さまざまなものに活用されている。

1. バーコードリーダーは、スーパーマーケットのレジで使われている装置だ。赤色のレーザー光を発し、白と黒のバーコードに反射してもどってくる。もどってきたレーザー光は、電気信号に変換され、その電気信号をもとに、コンピュータがデータベースから即座に商品の値段を割り出す。

2. レーザーハープは、空中にレーザー光を何本も発する楽器だ。演奏者が手でレーザー光をさえぎると、そのレーザー光に割り当てられた音が鳴る。

3. ダイヤモンドのカッティングは、天然物質の中で一番かたいダイヤモンドの美しさを引きだすために行われる難しい技術だ。レーザーをダイヤモンドの表面の一点に集中させて、高温にして燃やせば、とても正確にカットできる。

4. 外科手術では、人体の組織を切ったり、出血しないようにつなぎ合わせたりするために、レーザー光が使われる。目のピントを合わせやすくする手術にも、活用されている。

5. 天体望遠鏡にレーザー光を取り入れることで、はるか遠い宇宙を、はっきり見ることができる。大気のゆらぎである乱流によって、望遠鏡の見え方が悪くなるときがある。新しい天体望遠鏡では、高度96kmの大気層にレーザー光が放たれる。そして、そのレーザー光の観測データをもとに乱流の影響が補正される。

光の屈折

光は普通、一定の速さで進む。しかし、ある物質の中から、別の物質の中に移動するとき、速さが変わる。空気中を進んでいた光が、コップの水の中に入るときがそうだ。水は空気より密度が高く、光の速さが少しおそくなる。速さが落ちる影響で進行方向が変わるため、空気と水の境界面で、光が折れ曲がるように見える。この折れ曲がりを屈折という。

光の屈折で鉛筆が曲がって見える

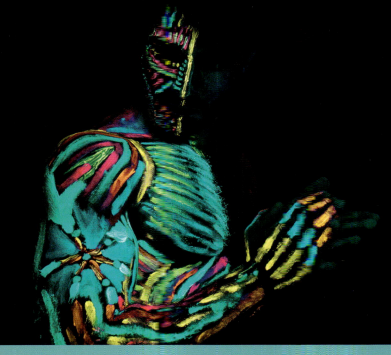

紫外線

紫外線（UV）は、可視光線より波長の短い光だ。一部の物質は、紫外線に当たると蛍光を発して明るくかがやく。蛍光塗料を体にぬったアーティストが登場すると、紫外線をあびた体が蛍光色にかがやく。紫外線は皮膚を通りぬけるが、X線のように人体の深くまでは届かない。

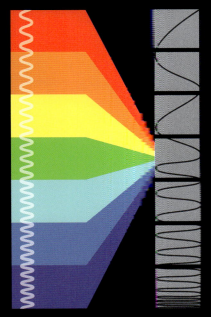

電波
受信器によって検出される

マイクロ波
電子レンジで使われる

赤外線
太陽光の一部で、熱を伝える

可視光線
人間が見られる光。さまざまな色に分かれる

紫外線
日やけの原因。皮膚に痛みを残すことがある

X線
人体を通りぬける

ガンマ線
一番強力な電磁波で、がん細胞を死滅させるため、病院で使われることがある

電磁スペクトル

可視光線は、電磁波として伝わるエネルギーの一種だ。電磁波には他に、赤外線や電波、X線などがある。それらを分けるのは、たった1つ、波長だ。波長とは、波の1つの山から次の山までの間隔を意味する。長い波長から短い波長まで、すべての電磁波を表したものを電磁スペクトルという。

ブラッドハウンドLSR

　地上を走る自動車の世界最高速度は、なんと時速1228kmだ。1997年、イギリスのリチャード・ノーブルたちが開発した自動車、スラストSSCが記録した。世界最速を目指す争いは、今なお続いている。挑戦している自動車は、ニュージーランドのジェットブラックや、オーストラリアのオージーインベーダー5R、イギリスのブラッドハウンドLSRなど。下の写真は、ブラッドハウンドLSRのオリジナルモデルだ。普通の自動車とはちがい、記録をねらう自動車は、ジェットエンジンで走る。それぞれのチームは、時速1600kmを出そうと息まいている。

高速で走るため、タイヤのまさつ力だけでは路面にくっつこうとする力が足りず、車体がういてしまう。そのため、後部に大きなフィンをつけて、車体を安定させている

主にジェットエンジンが生みだす動力で走行する。ロケットエンジンも搭載可能だ

ブラッドハウンドLSRには、3種類のブレーキがある。まず、エアブレーキが始動し、次にパラシュートが開き、最後に普通のブレーキが後ろのタイヤにかかる

アドバイスしてくれた専門家：デビッド・トン　あわせて読んでみよう：ロケット、p.38〜39；燃焼、p.108〜109；エネルギー、p.122〜123；音、p.124〜125；光、p.128〜129；力、p.132〜133；単純機械、p.142〜143

スピードを目指して
豆知識リスト

スピード・ナンバーワンの乗り物

1. アポロ10号　最高速度：時速3万9897km。この数字は、人間がこれまで動いた速さの中で一番速いスピードだ。1969年、月周回軌道から帰ってきた宇宙船アポロ10号の宇宙飛行士たちが、地球にもどるときに達成した。

2. アメリカ国防高等研究計画局（DARPA）のファルコンHTV-2　最高速度：時速2万921km。2011年8月11日に記録された飛行機の最高速度。ファルコンHTV-2は無人飛行機で、ロケットによって空中に発射された。普通の飛行機であれば、ニューヨークからロサンゼルスまで、約5時間かかるが、ファルコンHTV-2であれば12分かからない。

3. X-15　最高速度：時速7274km。実験用ロケット飛行機X-15が出した、有人飛行機の中で最も速い速度。X-15は、爆撃機B-52によって高い高度まで運ばれてから、ロケットエンジンで空中発進した。1967年にその記録を出したパイロットのピート・ナイトは、高度100kmの到達にも成功した。

4. ロッキード社のSR-71　最高速度：時速3530km。ブラックバードとも呼ばれたSR-71は、ジェットエンジンの飛行機の中で、最速記録をもつ。SR-71は1974年、ニューヨークからロンドンまでを2時間以内で飛行した。

5. スラストSSC　最高速度：時速1228km。地上を走る自動車の過去最高速度。リチャード・ノーブルが開発したジェットエンジンのスラストSSCが、このスピードをたたきだした。達成日は1997年10月15日で、運転手はアンディ・グリーン。なんと、自動車で音速のカベを突破したのだ。

6. ケーニグセグ社のアゲーラ　最高速度：時速447km。一般に向けて販売された自動車の中で、一番の速さ。2017年に記録された。

7. 中国上海のリニアモーターカー　平均速度：時速431km。世界最速の鉄道で、磁気浮上して走行する。

世界一のスピードと加速を実現するためには、ジェットエンジンが欠かせない

できるだけ軽く、また空気抵抗を小さくするため、ホイールはアルミニウム製だ。回転数は1分間に1万回を上回る

力

すべての物体は、慣性という性質をもつ。慣性とは、力を受けない限り、同じ状態を続けようとする性質のこと。つまり物体は、おされたり、引っぱられたりしなければ、そのままでいようとするのだ。たとえば、止まっているボールは、力を受けなければ動かない。また、転がっているボールは、進行方向を変えたり、止めたりする力が働かない限り、同じ方向に転がり続ける。力には、主に2種類ある。1つは、物体に接触して作用する接触力。もう1つは、物体に接触することなく、間隔を空けて作用する非接触力だ。重力や磁気力は、間隔を空けて働くため、非接触力に分類される。

粒子加速器

スイスのジュネーブにある大型ハドロン衝突型加速器（下）は、光速に近いスピードまで加速させた陽子同士を衝突させて、陽子を崩壊させて、内部の粒子をつなぎとめている力を調べている。実験によって万物の成り立ちが解明されることが、期待されている。

向心力

遊園地で回転する乗り物に乗ると、シートが外側に引っぱられる。しかし、回転の中心に向かって引っぱる力も働くため、外側に飛ばされることはない。この中心に向かって引っぱる力を向心力という。上の写真の乗り物では、チェーンを通じて向心力が働いている。

基本的な力
豆知識リスト

宇宙を動かしているのは、4つの基本的な力だ。そのうち2つは、重力と電磁気力だ。残りの2つは、それぞれ強い力、弱い力と呼ばれ、いずれも原子の内部で働く。

1. **重力**は、引きつける力だ。すべての物体は、重力によって引きつけあっている。質量が大きい物体ほど、重力は強い。

2. **電磁気力**は、磁石のように、たがいを近づけたり遠ざけたりする。電磁気力によって、原子同士がまとまることもあれば、はなればなれになることもある。人体を構成する原子が、イスの原子とくっつかないのは、近づける電磁気力が働かないためだ。

3. **強い力**は、原子核を1つにまとめる力だ。極めて重く、とても近い距離で作用する。

4. **弱い力**は、粒子の崩壊の原因となる。弱い力による核反応で、太陽ではエネルギーが生みだされている。

歴史を変えた人物

アイザック・ニュートン
物理学者　1642〜1727年　イギリス

アイザック・ニュートンは、歴史上最も重要な科学者の1人だ。運動の法則だけではなく、万有引力の法則も発見した。万有引力の法則は、月や地球をふくめ、すべての物体の間には、引力が作用するという法則だ。ニュートンは数学でも大きな業績を残した。また、太陽の光をにじ色に分ける有名な実験も行った。

未解決のナゾ
5番目の力がある?

宇宙は、どんどん速さを増しながら、ふくらんでいる。だが本来であれば、宇宙に存在するすべての物質の重力によって、ふくらみ方はおそくなるはずだ。そこで、宇宙をふくらませるナゾの反発力を想定し、その力の源をダークエネルギーと呼ぶようになった。

運動の法則

宇宙のほぼすべての運動は3つの簡単な法則に従うことが、1600年代にニュートンによって明らかにされた。ボールの転がり方やショッピングカートの進み方、ロケットの飛び方など、私たちが目にする運動はすべて、ニュートンの運動の法則に従う。

第1法則

止まっている物体は、力を受けなければ止まったままだ。一定の速さで一直線に運動している物体は、力を受けなければ、そのまま運動し続ける。この性質を慣性という。

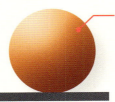

水平な面の上で止まっているボールは、力を受けなければ、止まったままだ

水平な面の上を、同じ速さでまっすぐ転がっているボールは、力を受けなければ止まらない

第2法則

物体の質量が大きくなると、運動の速さを上げ下げしたり、進行方向を変えたりするのに、より大きな力が必要になる。

商品が山積みのショッピングカートは、おしたり曲がったりするのに、より大きな力を必要とする

第3法則

物体に力が作用するとき、その反対方向にも必ず同じ大きさの力が生まれる。つまり、ある物体をおせば、必ずおした力と同じ大きさで、おしかえされる。

ロケットは後部からガスを噴射して、それと同じ大きさの反対向きの力を受けることで、空中に上がる

重力

もっているものをはなしたとき、地面に落ちるのは、なぜだろう？ 答えは、重力があるからだ。地球の重力は、物体を地球の中心に引きよせる力だ。ある物体に働く重力の大きさを、その物体の重さという。たとえば体重計に乗れば、重力によって体重計に引きよせられる。体重計は、そのときの重力の大きさ、つまり体重計に乗っている人の重さを表す。重力は、宇宙空間でも大切な役目を果たしている。太陽系や銀河系が1つにまとまっているのは、重力のおかげなのだ。質量が大きな物体ほど、作用する重力は大きくなる。

ガリレオの実験

1500年代後半、イタリアの科学者ガリレオ・ガリレイは、物体に作用する重力を調べるため、物体を落下させる実験を行った。真相は不明だが、弟子のヴィンチェンツォ・ヴィヴィアーニによると、ガリレオはイタリアのピサの斜塔から、重さの異なる2つの物体を同時に落としてみたという。その実験によって、地表近くでは、重さが異なる物体でも、ほぼ同じスピードで落下することがわかった。重い物体ほど速く落ちるという、それまで1900年間信じられてきた古代ギリシアの学者アリストテレスの考えは、まちがっていたのだ。地球上で物体ごとに落下速度が異なるのは、重さではなく空気抵抗がちがうためだ。

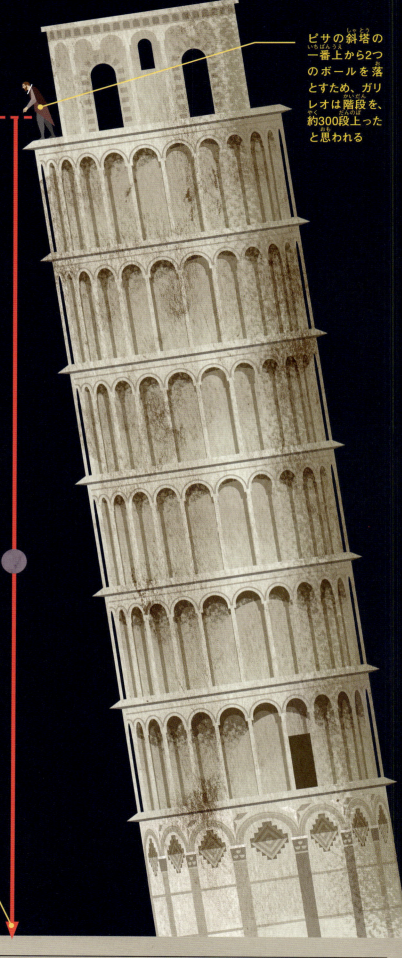

ピサの斜塔の一番上から2つのボールを落とすため、ガリレオは階段を、約300段上ったと思われる

重さの異なる2つのボールは、重力によって同じ速度で落下する

大きさは同じで、重さが異なる2つのボール

一方が軽く、他方が重くても、2つのボールはほぼ同時に地面に落ちる

アドバイスしてくれた専門家：ローマ・アグラワル　あわせて読んでみよう：星雲、p.12～13；宇宙の終わり、p.46～47；宇宙の中の地球、p.54～55；地球の測量、p.56～57；燃焼、p.108～109；力、p.132～133；圧力、p.136～137

自由落下

スカイダイバーは、パラシュートを開くまでの数分間、自由落下する。まず空中に飛び出すと、地面に向かって重力に引っぱられるため、加速しながら落ちていく。そして約15秒後に、落下速度が一定になる。重力と空気抵抗がつりあうためで、その速度は終端速度と呼ばれる。手足をちぢめれば、自由落下のスピードは増し、左の写真のダイバーのように手足を広げれば、スピードはおそくなる。

宇宙空間のほのお

ほのおの形も、重力の影響を受ける。地上でマッチに火をつけると、ほのおの中のガスが重力に引っぱられ、ふだんよく見る、下部のふくらんだほのおになる。たとえマッチをさかさまにしても、地面に近い部分が一番大きくふくらんだままだ。しかし、地表からはなれた宇宙空間では、地球の重力はとても弱い。そのため、どんなもち方をしても、ほのおは丸い形になる。

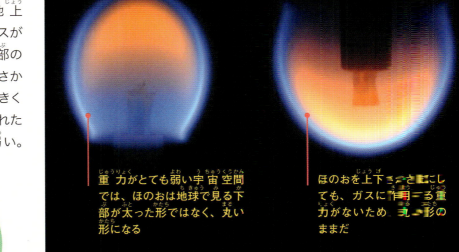

重力がとても弱い宇宙空間では、ほのおは地球で見る下部が太った形ではなく、丸い形になる

ほのおを上下さかさにしても、ガスに作用する重力がないため、丸い形のままだ

歴史を変えた人物

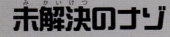

アルベルト・アインシュタイン
物理学者　1879～1955年　ドイツ

アルベルト・アインシュタインは、宇宙の真理を表すとても重要な考えをいくつか発表した。その一つ、時間は次元であるという考えだ。時間は、タテ、ヨコ、高さという、モノを測るときによく使われる空間の次元と同じというわけだ。アインシュタインは、その4つの次元の組み合わせを時空と呼び、時空は重力によってゆがむと主張した。その考えによって、物理学者は、より正確に宇宙の作用を予想できるようになった。

未解決のナゾ

生物に重力は必要？

重力は、植物や動物が生きるために必要なのだろうか？国際宇宙ステーション（ISS）の植物や動物を見ると、重力が弱い環境では、地上と同じように成長できるわけではなさそうだ。ただし、いずれは重力の弱さに適応すると考えられる。事実、ISSでかわれているネズミは、元気に過ごしていて、適応力を示している。

宇宙にいるネズミは、円をえがくように走る。バランスをとる役目をもつ内耳の小さな毛を刺激して、無重力に適応しようとしているとみられる

エアロゾル

ストリートアーティストがえがくアートに使われるエアロゾルスプレーから塗料が出るのは、圧力のおかげだ。カンの中には、塗料とガスが、圧力をかけられた状態で入っている。その圧力は大気圧の2倍から8倍だ。スプレーのボタンをおすと、圧力のかかったガスがぬけ、一緒に塗料もふきだす。ガスと同時に、塗料も細かいしぶきとなって、飛び散る仕組みだ。

圧力

圧力とは、一定の面が受ける力の大きさのことだ。たとえば、1平方cmあたり何kg、といった具合で表される。小さな面に強い力が加わるほど、圧力は大きくなる。同じ強さの力でも、作用する面が大きければ圧力は小さい。くつをはいて雪の上に立てば、くつの裏という小さな面に体重が集中するため、雪の中に体はしずむ。だが、スキー板をはけば、スキー板という広い面に体重が分散するため、圧力が小さくなり、雪の中にはしずまない。空気などの気体や、水などの液体にも、構成する分子があらゆる方向に動くため、外側におす圧力が発生する。

オドロキの事実！

人間の体表には1平方cmあたり1kgの大気の圧力がかかっている。体全体だと、約1トンの圧力を受けている計算だ。1人の人間がバッファロー1頭を支えているようなものだ。私たちがつぶれないのは、体内の全水分が同じ力でおしかえしているからだ。

アドバイスしてくれた専門家：ローマ・アグラワル　あわせて読んでみよう：原子、p.100〜101；元素、p.102〜103；化合物、p.106〜107；固体・液体・気体、p.110〜111；空気より軽く、p.138〜139；深海、p.182〜183

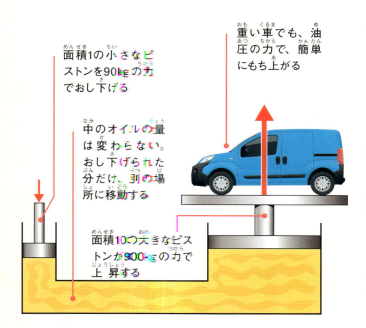

油圧装置の仕組み

小さなピストンをおし下げると、圧力が中のオイルに伝わり、大きなピストンがもち上がる。大きなピストンの面は、小さなピストンに比べてずっと広い。圧力が広い面に作用するため、面全体が受ける力は、小さなピストンに加えた力の何倍にもなり、重い車がもち上がる。

大気圧

地球を取り巻く大気にも重さがあり、下にあるものすべてに、大気の重さがかかっている。大気は、同じ体積で比べると、海抜0mに近いほど重い。なぜなら、上にある大気の重さで、分子がギュウギュウにおしつぶされているからだ。反対に地表から遠ざかると、分子同士の間隔が空き、軽くなる。そのため、上空では酸素の量も少ない。従って、上空の飛行機は、内部に圧力をかけながら、飛んでいる。高度を上げるにつれ、空気を内部に送りこんでいるのだ。これを与圧という。与圧のおかげで、乗客と乗員は地上と同じように息をすることができ、気持ち悪くならずにすむ。ただし与圧すると、飛行機の内側から外側にかかる圧力が強くなりすぎて、飛行機にヒビが入る危険が生じる。与圧には、細心の注意が必要だ。

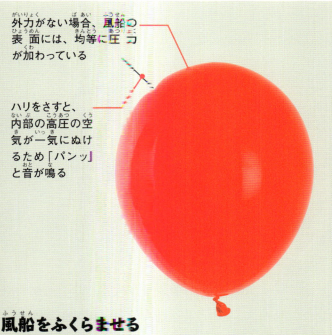

風船をふくらませる

風船をふくらませるには、空気を入れて内部の圧力を高め、風船のゴムをおしひろげる必要がある。ふくらんだ風船を指でおすと、指の圧力で表面がへこむ。一方、ハリでおすと、力がハリの細い先に伝わる。そのため圧力が高くなり、ハリがゴムにささり、風船が割れ、衝撃波が発生する。パンッと大きな音がするのは、そのためだ。

水圧

水中に深くもぐるほど、体にかかる水圧は高くなる。水深10mでは、地表の2倍の圧力が肺にかかる。ダイバーは圧力の変化に対応するため、ゆっくりと水面に浮上しなければならない。もし、すぐに浮上すれば体をこわしてしまうだろう。水圧の影響を調整する大気圧潜水服を着れば、水深600mまでもぐることができる。

空気より軽く

　世界で初めて熱気球が空を飛んだのは、1783年9月19日だった。乗組員は、ヒツジとアヒル、ニワトリ。その日、全員が無事地上にもどった。そして、その2カ月後、人間が初めて熱気球で空を飛んだ。こうして、人間の空への挑戦が始まった。それは、やがて飛行機の開発へと結びつく。熱気球は、「ボイル＝シャルルの法則」の構築にも、大きな役割を果たした。ボイル＝シャルルの法則とは、気体の温度と圧力、体積の関係を表す法則だ。

ボイル＝シャルルの法則

　ボイル＝シャルルの法則は、3つの法則を組み合わせてつくられている。その3つとは、ボイルの法則、シャルルの法則、ゲイ＝リュサックの法則だ。気体の体積が増えると、圧力は低くなるというのがボイルの法則。また、圧力が同じとき、気体の温度が上がると体積は増える、というのがシャルルの法則。そして、体積が同じとき、気体の温度が上がるにつれ圧力が高まるというのがゲイ＝リュサックの法則だ。

アドバイスしてくれた専門家：デビッド・トン　あわせて読んでみよう：有人宇宙船、p.42～43；大気、p.86～87；原子、p.100～101；元素、p.102～103；固体・液体・気体、p.110～111；重力、p.134～135；圧力、p.136～137

最新の熱気球には、格子状に織りこんだナイロンやテトロンなど、とても軽くて強い生地が使われている

インドのヴィジェイパット・シンハニアがもつ熱気球の世界最高高度の記録は2万1027mだ

バルブを開けて、高温の空気をぬくことで、上昇スピードを落としたり、高度を下げたりする

低温の空気は密度が高いため、下がっていく

高温の空気が上部を満たすことで、気球が上昇する

バーナーでプロパンガスを燃やして、中の空気を温める

熱気球の仕組み

　熱気球のパイロットは、バーナーで気球内の空気を温め、気球を上昇させている。気球内の空気を、外部の空気より軽くしているのだ。中の空気と外の空気の温度がちがうほど、気球は高く飛ぶ。熱気球を朝や夕方の気温の低い時間に飛ばすのは、そのためだ。

気球が飛ばないように、地上につないだまま火をつける

139

のばす、つぶす

すべての固体は、決まった形をしている。とはいえ、好きな方向に引っぱったり、おしたり、つぶしたり、ねじったりすることもできる。一部の固体はもろく、こわれやすい。一方で、大きく曲がったり、のびたりする、しなやかな固体もある。すべては、固体を構成する分子のつながり方次第だ。固体の金属の中にも、原子の結合が安定しているため、のびやすいものがある。対して、ガラスは簡単に割れる。のばす、つぶすといった力を受け、形が少しでも変わると、こなごなにくだけてしまう。

つぶした車を、機械のツメではさみ、移動させる

カークラッシャー

カークラッシャーは、使われなくなった車をつぶして、金属のスクラップにする装置だ。小さくつぶしておけば、保管しやすいだろう。金属は曲げたり、折ったりしやすいが、バラバラにはしづらい。そのため、カークラッシャーの油圧の力で、車をぺちゃんこにするのだ。

アドバイスしてくれた専門家：ローマ・アグラワル　あわせて読んでみよう：原子、p.100〜101；元素、p.102〜103；金属、p.114〜115；プラスチック、p.118〜119；力、p.132〜133；重力、p.134〜135；圧力、p.136〜137；人工素材、p.360〜361

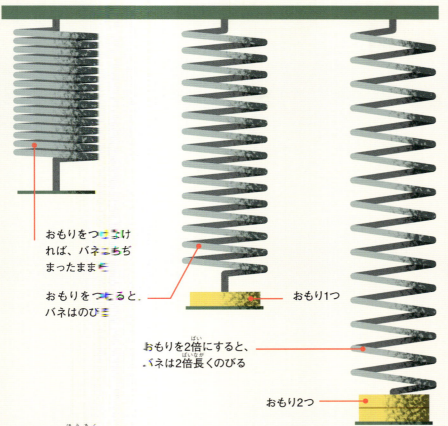

おもりをつけなければ、バネはちぢまったまま

おもりをつるすと、バネはのびる

おもり1つ

おもりを2倍にすると、バネは2倍長くのびる

おもり2つ

フックの法則

のびたり、ちぢんだりするバネの長さは、受ける力の大きさによって決まる。つまり、2倍の力をバネにかければ、2倍長くのびる。これを、弾性の法則、またはフックの法則という。フックという名前は、1660年にこの法則を発見したイギリスの科学者ロバート・フックに由来する。

4つの応力
豆知識リスト

応力とは、物体が外力を受けたとき、内部に生じる力のことだ。

1. **圧縮応力**は、物体をおしつぶしたときに、内部にかかる力。こわれたり、つぶれたりせず、たえられる最大の圧縮応力を圧縮強度という。

2. **引っぱり応力**は、物体を引っぱったときに、内部にかかる力。切れたり、われたりせず、たえられる最大の引っぱり応力を引っぱり強度という。

3. **せんだん応力**は、物体の一方の半面をおし、もう一方の半面を引っぱったときに、2つに分かれようとする力だ。

4. **ねじり応力**は、物体の両はしをそれぞれ反対方向にねじったときに、内部にかかる力。こわれずに、たえられる最大のねじり応力を、ねじり強度という。

専門家から一言!

ローマ・アグラワル
構造エンジニア

建物に作用する力には、重力や風力、地震のゆれなど、さまざまなものがある。アグラワルのような構造エンジニアたちは、そのような力にしっかりとたえられるように建物をデザインしている。環境に優しい建物を造ることが大切だ、とアグラワルは話す。

「エンジニアはクリエイティブな仕事です。自分のデザインしたものが、現実にできあがっていく様子を見ることができます。」

つり橋

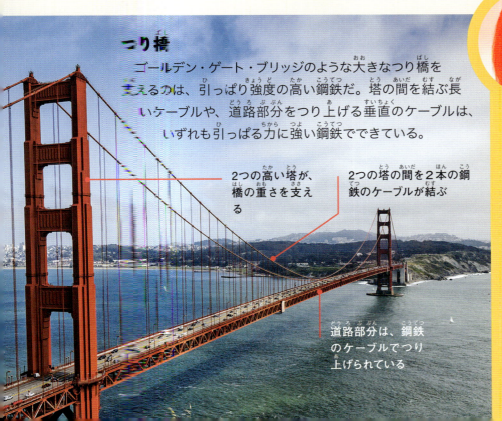

ゴールデン・ゲート・ブリッジのような大きなつり橋を支えるのは、引っぱり強度の高い鋼鉄だ。塔の間を結ぶ長いケーブルや、道路部分をつり上げる垂直のケーブルは、いずれも引っぱる力に強い鋼鉄でできている。

2つの高い塔が、橋の重さを支える

2つの塔の間を2本の鋼鉄のケーブルが結ぶ

道路部分は、鋼鉄のケーブルでつり上げられている

141

単純機械

　機械には、トンカチのようなシンプルなものもあれば、飛行機のような複雑なものもある。さまざまな機械があるおかげで、持ち上げる、運ぶといった力仕事が、楽に進むのだ。数ある機械のなかで、車輪、てこ、滑車、ねじはいずれも、単純機械と呼ばれる。単純機械は、小さな力を何倍もの大きな力に変えることができる。つまり、小さな力で、とても大きな仕事をする。これを、機械的利益という。

力を加えるウインチ

支点

ジブという長いうでで、荷を移動させる

滑車にケーブルを通すことで、力を増大させ、荷をつり上げる

カウンターウエイトと呼ばれるおもりによって、荷とのバランスをとる

クレーン

　資材を高所につり上げるクレーンがなければ、サウジアラビアのジッダで建設中のジッダタワー（写真）のような、超高層ビルは建てられないだろう。クレーンは、重い荷をつり上げて、移動させる機械だ。ウインチを原動力として、力を荷に伝えることで、仕事をする。ウインチは、モーターにケーブルを巻きつけた装置で、ケーブルの先は荷につながっている。そのウインチの仕事を助けるのが、てこと滑車の2つの単純機械だ。ジブと呼ばれるクレーンの長いうでが、てことして作用し、力を何倍も大きくする。さらに、ケーブルを通した滑車によって、その力を増大させる仕組みだ。

スクリューポンプ

スクリューポンプは、約2250年前、古代ギリシアの数学者アルキメデスが発明したといわれている。スクリューポンプを使えば、下からくみ上げた川の水を、高台の作物にあたえることができる。つつの中のスクリューを回転させれば、水が少しずつ上がっていく。

- 長い斜面を活用すれば、バケツで運ぶよりも小さな力で、水をくみ上げることができる
- ハンドル
- スクリューの長い斜面を、水がのぼっていく
- スクリューの回転で、水の位置が少しずつ高くなる
- ポンプ上部から水が出てくる

ギアチェンジ

ギアとは、たがいにかみあう歯車の組み合わせを表す。1つの歯車が回ると、もう1つの歯車が力を受けて、回転する。歯車の大きさが異なると、回転する力と速さにちがいが生じる。一部の自転車には、異なる大きさの歯車からなるギアがついている。

- 自らが回転する歯が9つの駆動歯車
- 従動歯車は小さく、歯が8つのもの。そうすると駆動歯車より少し速く回るが、力は弱い

てこ

てこは、支点を中心に棒が動くことで、大きな力を生みだす単純機械だ。ものに力を作用させる作用点が支点から近く、てこに力を加える力点が支点から遠いほど、力が大きくなる。支点と作用点、力点の位置で、てこは3つに分類される。

タイプ1
作用点 / 力点 / 支点

タイプ2
作用点 / 力点 / 支点

タイプ3
力点 / 作用点 / 支点

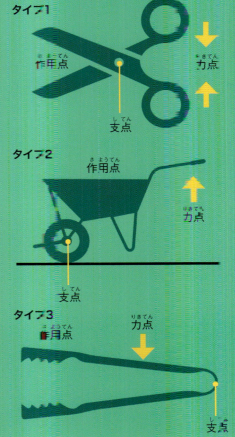

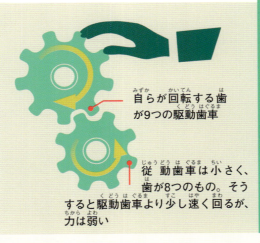

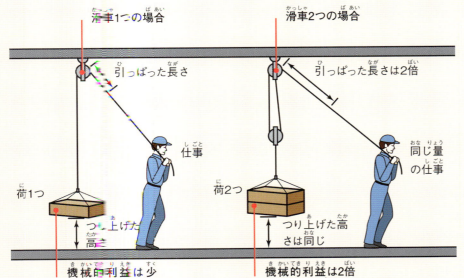

- 滑車1つの場合
- 引っぱった長さ
- 仕事
- 荷1つ
- つり上げた高さ
- 機械的利益は少ない。大きな力が必要

- 滑車2つの場合
- 引っぱった長さは2倍
- 荷2つ
- つり上げた高さは同じ
- 同じ量の仕事
- 機械的利益は2倍になる(より小さな力で持ち上がる)

滑車

滑車は、山積みのレンガなど、重い荷をつり上げるときに使われる。円盤にロープをかければ、滑車となる。ロープの一方を荷につなぎ、もう一方を引いて、荷をつり上げる。引っぱる方向を変えれば、小さな力で荷をつり上げることも可能だ。複数の滑車を使えば、より小さな力で同じ量の仕事をすることができる。

143

物質
専門家に質問しよう！

キンバリー・M・ジャクソン
生化学者

研究の中で、おもしろいと思うことは何？
　ずっとおもしろいと感じているのは、人間の体内で、おどろくような機能をもつたんぱく質が数多くつくられていることです。細胞の中で、アミノ酸がいくつも結びついて、複雑な構造のたんぱく質になって、人体でさまざまな役目を果たしています。

未解決の問題はある？
　特に注目されているのが、がんの治療です。がん細胞は、どんどん増えてしまう細胞だから、限りなく数を増やして、体内の他の組織をおびやかしてしまいます。それに、がんにはさまざまなタイプがあるから、1つの治療がすべてのがんに効くとは限らない。今、前立腺がんに効くかもしれない、カンゾウという植物の根を研究しています。

今後の夢は？
　科学がとても好きだから、自分の研究を、もっといろいろな人たちに知ってもらいたいと思っています。いつか博物館で、アートと科学を融合させた、とても大きな展示を企画できたらうれしいですね。

ダンカン・デービス
化学エンジニア

研究でワクワクするものは何？
　ポリマーは、とってもおもしろいです！ ポリマーは環境にやさしいとは言えないから、今問題になっていますね。でも、ポリマーによって、社会が進化したことは事実だし、最も可能性を秘めた物質でもあります。もし化学が好きで、研究が始まったばかりの複雑系に興味があるなら、高分子化学という、ポリマーを研究する分野の本を読んでみるといいでしょう。

化学の研究で、ビックリするようなことはある？
　高分子化学では、大発見の多くが偶然の結果なんです！ 加硫ゴムやテフロン、乗り物の安全ガラス、そして高分子化学のどの新分野も、科学者たちの間違いから生まれました。たとえ間違いであっても、新発見につながることがあるんです。

A・ジャン＝リュック・アイトゥ
化学者

一番発見したいものは何？
　化学者たちは、まだよくわかっていない問題に、一生懸命チャレンジして、解決しようとしている。たとえば、私の研究室では今、自然の仕組みを、人間の手でまねできないか、試しています。植物のように光を使って、水中で貴重な化学物質をつくろうと、がんばっているんです。

研究するうえで、何か問題は？
　化学者たちは、事故が起こらないように十分注意しているけれど、それでも事故は起こってしまう。最も注意しなければいけないことの1つは、フラスコの中の化学反応で、温度が急激に上がってしまうこと。そうなると、爆発したり、燃え上がったりする危険が出てきます。私の研究室では必ず、まず少ない量でどんな化学反応になるか、事前に確かめるようにしています。

クイズ

1 元素周期表にのっている元素はいくつ？
   a 101個
   b 118個
   c 121個
   d 212個

2 食べ物の放射線量を測るとき、BEDという単位が使われる。BEDの意味は？
   a 重曹等価線量
   b 生物等価線量
   c バナナ等価線量
   d ベクレル等価線量

3 水銀の元素記号はどれ？
   a Hg
   b Mc
   c Gl
   d My

4 原子が電子を共有して分子をつくるとき、その結合の仕方は何結合と呼ばれる？
   a イオン結合
   b 共有結合
   c 分子結合
   d ブルック結合

5 トカマクは、何を生みだすための装置？
   a 電気
   b ジェットエンジン
   c 核融合
   d レーザー光

6 青銅をつくる2つの金属は、どれとどれ？
   a 銅と鉄
   b 銅とスズ
   c スズと金
   d 鉄と銅

7 地球の地殻にふくまれる、最も多い元素は？
   a ケイ素
   b 鉄
   c 炭素
   d 酸素

8 2019年、科学者たちをおどろかせた、マリアナ海溝の海底で見つかったものは？
   a 生きたウミグモ
   b 大量の金貨
   c しずんだ船
   d プラスチックのポリぶくろ

9 あるドイツの研究者たちは、何からダイヤモンドをつくって有名になった？
   a すす
   b 空気
   c 石油
   d ピーナツバター

10 トゥファは、何の一種？
   a 動物
   b 野菜
   c 鉱物
   d ガス

11 クジラ同士が、情報をやりとりするときに使う音にどれ？
   a 超低周波音
   b 10分の1の音
   c 巨大な音
   d 超音波

12 カミナリは地球全体で1日に何回くらい発生している？
   a 8000〜9000回
   b 80万〜90万回
   c 800万〜900万回
   d 80億〜90億回

13 次のうち、1783年に世界初の熱気球に乗った動物は？
   a ブタ
   b ヒツジ
   c イヌ
   d ウシ

14 金などの重金属は、もともと何によってつくられた？
   a ビッグバン
   b 地球の誕生
   c 地球の地殻の力
   d 恒星同士の衝突

甲虫は昆虫の中で一番種類が多い。このかっこいい甲虫はハナムグリの仲間だ。甲虫はとんでもなく厳しい気候でなければ生きられるから、南極大陸を除くすべての大陸で見つかる。甲虫を見れば、地球の生きものがすばらしい多様性をもっていることがよくわかる。

第 4 章
生きもの

　生きものたちの世界は、おどろきがぎっしりつまった宝箱みたいだ。この章には、水の上を歩けるクモや、暗闇で光る魚、動物を食べる植物の他、においでコミュニケーションをとる木まで登場する。でも、発見されていない生きものはまだまだたくさんいる。実は、一番深い海の底よりも、月の表面のほうがわかっていることが多いぐらいだ。それに、今までに36万種の甲虫が命名されているが、まだ名前がつけられていない甲虫が100万種以上いるともいわれている。

　この章では、生きものがどれほど多様か、つまり、ありとあらゆる種類の生きものがいることを見ていこう。多様性がなぜ大事なのかは簡単にわかる。もし、地球に何か大きな変化が起こったとしても、その変化に適応し、うまく生き残れる生きものがいるはずだ。そうすれば、生きものが絶えることはない。でも問題は、人間がその多様性をこわしていることだ。太平洋ゴミベルトと、それが海の生きものたちにあたえている被害や、アマゾンの大熱帯雨林の破壊について読んでみよう。生きものたちの世界についてできるだけ多くを知ることが、こういう問題を解決するためのかぎになる。専門家の話を参考にして、地球で生命が栄えるためにきみにできることは何かを考えよう！

黒と白のけむり

生きものは、海底の熱水噴出孔と呼ばれる温泉から始まったという考え方がある。熱水噴出孔は、地球内部の深い場所から鉱物をふくむ熱水をふきだしている。鉱物が入っているから、熱水はにごっていて、けむりみたいに見える。生物ではない分子が、噴出孔のエネルギーを利用してコピーをつくっていくうちに、生物細胞に進化したのかもしれない。

黒か白の「けむり」の色は、熱水中の鉱物の種類によって決まる

ふきだした鉱物から煙突みたいなものがつくられる

生命の始まり

地球の生命は40億年くらい前に現れた。どのようにして生命が生まれたのか、確かなことはわかっていないが、いっぺんにできたのではなく、たぶん何百万年もかけて少しずつ形作られていったのだろう。生きものではない化学物質が集まってコピーをつくっているうちに、ついには生命体ができたと一部の科学者は考えている。生命体というのは、エネルギーを使って成長し、子孫を増やし、変化する能力をもつもののことだ。

オドロキの事実！

地球ができてから10億年もの間、生物は単細胞微生物しかいなかった。多細胞生物への進化は、生物にとって大きな一歩だった。なぜなら、1つひとつの細胞が自分のことを自分でやるのではなく、細胞が集まって、やるべきことや資源を分かち合うようになったからだ。これは少なくとも25億年前に起こったと考えられている。

アドバイスしてくれた専門家：マイケル・D・ベイ　あわせて読んでみよう：プレートテクトニクス, p.62～63；火山, p.64～65；巨大結晶！, p.72～73；化石, p.76～77；生命の化学, p.120～121；進行中の進化, p.150～151；ミクロの世界, p.154～155；動物, p.158～159

地球で最初の生命

地球に存在した一番古い生命の証拠は何だろう？ それは、35億年前の細菌のようなものの化石だと長い間考えられていた。でも2016年に、37億年以上前の微生物の化石が発見された。まだ見つかっていない、もっと古い生命の証拠もあるかもしれない。

16億年前
紅藻が現れる

46億年前
地球ができる

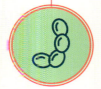

37億年前
微生物が現れる

23億年前
酸素の大量発生

6億年前
やわらかい体をもつ無脊椎動物が進化する

酸素の大量発生

地球ができてから最初の20億年間は、酸素がほとんどなかった。ところが、藍色細菌と呼ばれる単細胞の藻類が日光と栄養分と水をエネルギーに変える能力を進化させると、酸素が放出されるようになり、ついには大気が酸素でいっぱいになった。この酸素の大量発生が起こらなければ、複雑な生きものは進化しなかったかもしれない。

生きている岩

下の写真は西オーストラリアのハメリンプールにあるストロマトライトだ。酸素の大量発生を起こした藍色細菌のような、生きた藍色細菌の群れと、海水中の鉱物分子とでできている。ストロマトライトは25億年前から5億4100万年前まで地球にたくさんあった。

専門家から一言！

マイケル・D・ベイ
生物学者

マイケル・D・ベイは、今の時代の生きものを理解するために、地球の生きものがどのように進化したのかを研究している。生息地が失われた場合に、影響を受けやすい動物と、適応できそうな動物がいるのはなぜか、そして一部の種が影響を受けやすかったり、うまく適応できない原因をくわしく知りたいと考えている。

「動物の研究は、ワクワクしてやりがいがあります」

進行中の進化

　進化とは、世代から世代へ受けつがれる特徴が変化することだ。生きものがもつ特徴は、それをもっていたものが、もたなかったものよりも生き残りやすかったので受けつがれてきたのかもしれない。これを「自然淘汰」と呼ぶ。役に立つ特徴はグループの中で少しずつ広まっていき、種が変化していく。

ブロントルニスは知られている鳥の中で最大級の頭蓋骨と、肉を引きさくのに便利なくちばしをもっていた

つばさは小さく、走っているときに体を安定させたり、求愛行動をとるときに羽ばたいたりするのに使ったのかもしれない

ブロントルニスは体高2.8m、体重約400kgで、地球の歴史上3番目に重い鳥だ

恐鳥

　鳥は生きている恐竜だ。6600万年前に起こった恐竜の大量絶滅を生きのびた一部の鳥は、恐鳥類の仲間のブロントルニスのようなどうもうなモンスターに進化した。恐鳥類は絶滅した恐竜のなわばりを引きついで、6000万年もの間、南アメリカで最強の捕食者になった。

おそろしいかぎづめのついた長く強力なあしで、獲物をけったり、おさえつけたりできた。きっと、走るよりも歩く鳥だったのだろう

アストラポテリウムはゾウとバクをかけ合わせたように見えるが、どちらとも関係がない。同じ時代に生息したブロントルニスの獲物だったかもしれない

アドバイスしてくれた専門家：マイケル・D・ベイ　**あわせて読んでみよう**：化石、p.76～77；恐竜の発見、p.78～79；生命の始まり、p.148～149；生きものの分類、p.152～153；生態系、p.162～163；自然の利用、p.190～191；大量絶滅、p.368～369

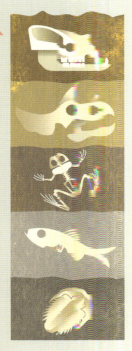

一番新しい岩

一番古い岩

時間

先史時代の動物の研究
古い岩と新しい岩にふくまれる古代の動物の化石を比べると、種がどのように進化したのかがわかる。骨などかたい部分はうまく化石になるが、肉などやわらかい部分は化石になりにくい。そこで、科学者は今の時代の種を観察して、絶滅した祖先の姿を明らかにする。

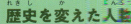

歴史を変えた人々

チャールズ・ダーウィン
博物学者　1809～1882年　イギリス

1858年にイギリスの科学者チャールズ・ダーウィンとアルフレッド・ラッセル・ウォレスは、人類をふくむあらゆる生物は自然淘汰を通して進化したと発表し、世界中の人たちをびっくりさせた。そして、地球上の生きものの多様性も同じようにして発展できると言った。次の年にダーウィンは『種の起源』を出版した。多くの人たちは神様があらゆる生物を今の形につくったと信じていたので、この本を不愉快に思った。

体色の変化
進化は、何百万年も前に起こっただけではない。最近では、19世紀のイギリスにオオシモフリエダシャクの例がある。この白いガは、生息地のカバの木の白い幹に止まると見えにくかった。ときどき黒いガが生まれても鳥に食べられた。やがて、工場の石炭のけむりが木を黒く染めた。すると、白いガは目立って捕食され、黒いガが生き残って繁殖するようになった。すぐに黒いガだらけになり、白いガはわずかになってしまった！

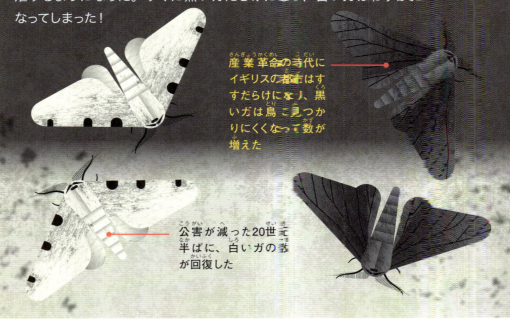

産業革命の時代にイギリスの都市はすすだらけになり、黒いガは鳥に見つかりにくくなって数が増えた

公害が減った20世紀半ばに、白いガの数が回復した

オドロキの事実！
これまでに存在した種の99％以上は絶滅してしまった。一部の種は、食べ物をめぐる競争や生息地の変化が原因でいなくなった。火山の噴火で絶滅した。地球にいん石が落ちたときに絶滅した種もある。もっと最近では、人間の活動が生きものを絶滅に追いやっている。

未解決のナゾ
恐竜は復活するだろうか？
もし、恐竜のDNAを見つけられれば、恐竜をつくりだせるかもしれない。一部の科学者は、湖の堆積物に保存された古代の吸血性の蚊の中に、恐竜のDNAが見つかるかもしれないと考えた。今のところ見つかっていないが、まだ探し続けている人たちがいる。

151

生きものの分類

生物学者は、同じ特徴をもつ生きものをグループに分ける。これを分類という。分類すると、生きもの同士の関係や進化の様子がわかりやすくなる。古代ギリシア人は、ただ単に自然界を動物と植物に分けた。もっと後の分類体系は、生きものの繁殖方法や酸素の取り入れ方、エネルギーの処理の仕方などに注目した。今では、遺伝子を使って生きもの同士の関係を明らかにしている。

5つの界

代表的な分類体系では、生物を動物界、植物界、菌界（カビ、酵母、キノコ）、原生生物界（アメーバや藻類など）、モネラ界（細菌）の5つに分ける。ただし、氷や熱湯の中など、極限の環境で生息できる多くの細菌をふくむ古細菌類は他の細菌とはちがうから、独自の界に分類するべきだと言う科学者もいる。

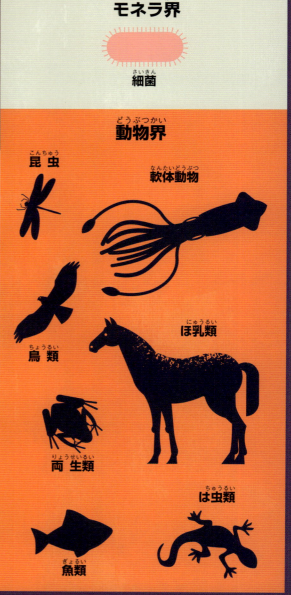

アドバイスしてくれた専門家：ディノ・J・マーティンズ　**あわせて読んでみよう**：進行中の進化、p.150〜151；ミクロの世界、p.154〜155；植物と菌類、p.156〜157；動物、p.158〜159；虫、p.160〜161；人類の誕生、p.196〜197；DNAと遺伝、p.200〜201

地球の生物量の内訳（単位：ギガトン炭素）

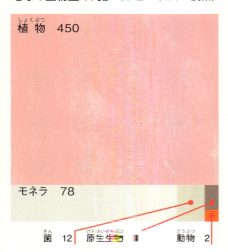

生物量の測定
　生物量とは、1つの地域に生息する生物の重さの合計のことだ。1つの生物または生物のグループが1年間につくりだしてたくわえた炭素の量から測定できる。菌は植物より数は多いかもしれないが、植物は他のすべての生きものを合わせたよりも多くの炭素をふくむから、生物量は植物のほうが大きい。

種って何だろう？
　現在、登録されているキツネザルの種の数は昔の2倍になった。これは、DNAが発見されたからだ。DNAのたった2%が別のものであれば、よく似た種と区別すべきだと考える生物学者もいる。今ではキツネザルは100種以上確認されている。

未解決のナゾ
種の数はいくつあるだろう？
　地球上の種の数がどれくらいあるのかはだれも知らない。なぜかというと、新しい種がしょっちゅう見つかっているからだ。最近では870万種くらいといわれているが、さらに何百万種もいるかもしれない！

分類階級
　生物をグループに分けることを分類という。分類階級とは、種がふくまれるグループと、そのグループがふくまれるより大きなグループとの関係を表したものだ。たとえば、イエネコという種（catus）はネコ科の一員だ。ネコ科はほ乳類（ほ乳綱）で、ほ乳類は脊索動物門に、脊索動物門は動物界にふくまれる。

共通する特徴
　リクガメは、は虫類に分類される。その理由の1つは、からのやわらかい卵から生まれるからだ。ほとんどのは虫類の卵はからがやわらかい。生物学者は共通する特徴を探して、種を分けるグループを決める。

オドロキの事実！
　グレタ・トゥーンベリにちなんで名づけられた甲虫がいる！ケニアで発見された新種の甲虫は、スウェーデンの環境活動家グレタ・トゥーンベリにちなんで、*Nelloptodes gretae* という学名がつけられた。この甲虫を発見した科学者は、触角がグレタの三つあみに似ていると思ったと言う。

管のような口を使ってコケや藻類からしるを吸う

ずんぐりした足の先には小さなかぎづめがある

地球で最もタフな生物

緩歩動物またはクマムシと呼ばれる生物は、酸素が少ない環境でも、高い放射線を浴びても生きのびられる。こおらせても、沸騰したお湯に入れても、カラカラに乾燥させてもたえられるだけでなく、真空状態でさえ10日間も生きのびた。

ミクロの世界

微生物は最小の生物で、顕微鏡がないと見えない。微生物には、真核生物や古細菌、細菌、ウイルスがふくまれる。真核生物は、細胞の中に核と呼ばれるコントロールセンターがある。地球で一番古い生命体である古細菌と細菌の細胞には核がない。ウイルスには細胞がなく、他の生きものの細胞を侵略することによって生きのびる。多くの微生物は、ほとんどの生きものが死んでしまうような環境に生息するため、極限環境微生物と呼ばれている。

古細菌

古細菌は地球のあらゆる場所にいる。深海の熱水噴出孔でも、地球の大気圏の上層でも見られる。メタノサルキナ属の古細菌（左）は、動物の腸内に生息し、メタンガスをつくりだす。

アドバイスしてくれた専門家：ケヴィン・フォスター　あわせて読んでみよう：太陽系外惑星、p.20〜21；太陽系、p.22〜23；生命の化学、p.120〜121；生命の始まり、p.148〜149；生きものの分類、p.152〜153；植物と菌類、p.156〜157；動物、p.158〜159；深海、p.182〜183

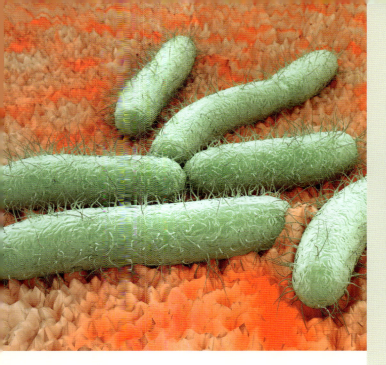
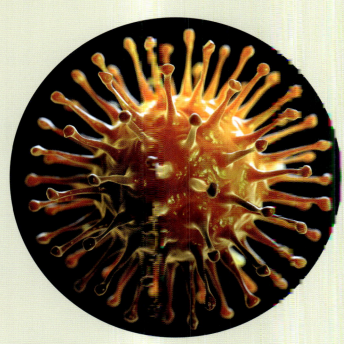

細菌

細菌は単細胞生物で、いろいろな形のものがある。ほとんどの細菌は集まってバイオフィルムと呼ばれる層をつくり、物の表面にくっついている。人間の腸内にすむものなど、役に立つ細菌もいれば、病気の原因になる細菌もいる。

ウイルス

ウイルスが子孫を増やすには宿主の細胞に侵入って乗っ取る必要がある。小さくて軽いから簡単に増えて、空気やごく小さな水滴を通じて広がる。インフルエンザ、はしか、新型コロナウイルスなど、多くの病気の原因だ。

極限環境微生物　豆知識リスト

とてつもなく厳しい環境を好んで暮らす微生物には多くの種類があり、極限環境微生物と呼ばれている。地球ができたばかりの古代に、そういう環境があったのかもしれない。これらの微生物を研究すれば、液体の水のない惑星に生きものが存在できるかどうかを明らかにできる。

1. 放射線耐性細菌で、コナン・ザ・バクテリウムというニックネームをもつ *Deinococcus radiodurans* は、さまざまな極限環境で生きられ、実際に多くの厳しい環境に生息する。自分で自分を修復できるから、人間の1000倍以上も放射線に強い。

2. 好酸性細菌の *Picrophilus torridus* は、地球で一番酸に強い生物だ。北海道の温度65℃の硫黄鉱床（右）で発見された。

3. 好塩性細菌の中には、アメリカ・カリフォルニア州のモノ湖（左）の底で、海水の2～3倍塩からく、酸素のない環境に暮らしているものもいる。

4. 真っ暗闇のチャレンジャー海淵は、太平洋のマリアナ海溝の一番深い場所だ。海面から10km以上の深さに微生物がたくさんすんでいる。

5. 氷に閉じこめられた *Chryseobacterium greenlandensis* は、グリーンランド氷河の深さ3ｋｍ地点で、12万年前の氷のかたまりから生きて発見された。

6. 好熱性の *Geogemma barossii* は、深海の熱水噴出孔にすんでいる。水の沸点（100℃）よりもはるかに高い121℃の環境で生きられる。

硫黄鉱床（北海道）

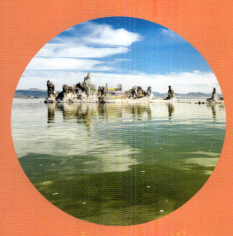
モノ湖（カリフォルニア州）

植物と菌類

ほとんどの生きものとはちがって、植物は自分で栄養をつくることができる。空気から二酸化炭素を、土から水を取りこみ、太陽エネルギーを利用して糖分をつくりだす。これが光合成だ。だから植物はたいてい食物連鎖の土台になっている。菌類は植物よりも動物に近い生物で、その多くは栄養を植物と動物にたよっている。

受粉と昆虫

ハチランの花はメスのハチにそっくりなので、オスのハチは交尾しようとする。そのとき、ハチの体に花粉がついて、ハチは花粉を他のハチランの花に運ぶ。これが受粉だ。受粉した植物は受精し、種をつくる。

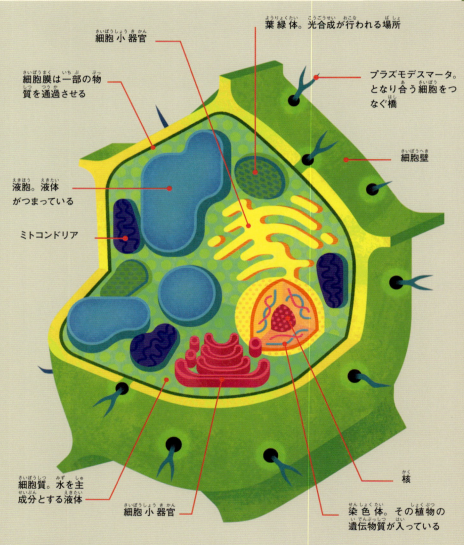

- 細胞小器官
- 葉緑体。光合成が行われる場所
- 細胞膜は一部の物質を通過させる
- プラズモデスマータ。となり合う細胞をつなぐ橋
- 液胞。液体がつまっている
- 細胞壁
- ミトコンドリア
- 核
- 細胞質。水を主成分とする液体
- 細胞小器官
- 染色体。その植物の遺伝物質が入っている

植物細胞

すべての植物細胞には細胞壁がある。細胞壁の内側には、DNAでできた染色体が入った核と、細胞小器官と呼ばれる構造体がある。細胞小器官とは、光合成が行われる葉緑体や、糖分をエネルギーに変えるミトコンドリアなどのことだ。細胞壁の中にあるプラズモデスマータと呼ばれる通路は、他の細胞とのかけ橋だ。

種を遠くへ運ぶ方法
豆知識リスト

種をつくるほとんどの植物は、その場に根を張っていて動けない。新しい場所で育ち、数を増やすには、種をできるだけ遠くへ運ばなければならないのだ。

1. **飛ぶ** カエデやセイヨウカジカエデの種は、竹トンボのように風に乗ってクルクル回りながら飛んでいく。タンポポの種は綿毛にぶら下がり、パラシュートのように風に飛ばされる。

2. **水** ココナツはココヤシの種で、海流に乗って流れていく。

3. **破裂の力** テッポウウリは熟すと破裂して、種を空中高く噴射する。

4. **動物が食べてはいせつする** 動物は多くの果物の種を食べる。腸を通過した種はふんと一緒にはいせつされ、ふんは種を育てる肥料になる。

5. **動物がうめる** リスは冬のたくわえとしてドングリをうめるが、ときどき、うめた場所を忘れてしまう。忘れられたドングリは春になると根を張る。

竹トンボのようなカエデの種

アドバイスしてくれた専門家：マシュー・P・ネルセン　あわせて読んでみよう：生きものの分類、p.152～153；生態系、p.162～163；雨林、p.164～165；タイガと温帯林、p.166～167；食料問題、p.346～347；環境問題、p.366～367

ハエトリグサ

　ほとんどの植物に、光合成でつくる栄養の他に、根系を通じて栄養分を取り入れる。泥炭地など栄養分が少ない場所には、虫をとらえて消化する植物が生育する。ハエトリグサもこういう食虫植物の一種だ。昆虫が葉の内側の赤い部分に止まって小さな毛にふれると葉が閉じる仕かけになっている。

1
昆虫が葉の上に止まるかはい回るかして、20秒間に2回感覚毛にふれると、葉がばっこ閉じる

2
獲物がもがいて5回毛にふれると、葉がきつく閉じ消化液が流れはじめる

3
10日後に獲物は消化され、中身のない外骨格だけが残る。わなが開く。外骨格は風に飛ばされ、わながリセットされる

専門家から一言！

マシュー・P・ネルセン
研究員

　マシュー・P・ネルセンは菌類が大好きで、菌類がどのように他の生物と関わり合っているかにとても興味をもっている。美しく複雑で奇妙な菌類が、進化によって地球にどんな影響をあたえたのかを知りたいと思っている。

「一度も見られたことがなく、登録されていない種がたくさんあります。也菌類にふくまれる菌類には、鳥類とほ乳類を合わせたよりも多くの種があるんですよ」

赤い警告

　菌類は自分で栄養をつくれないので、くさりかけた植物や動物を栄養分にする。真っ赤な有毒のベニテングタケなどは、木の根の近くに生育する。そして、菌糸体と呼ばれる糸のような管のネットワークを通じて、木が栄養分を集めるのを助ける。木はそのお返しに糖分をあたえる。

動物

動物界は、生物の5つの界の1つだ。植物のように自分で栄養をつくれないので、動物は他の動物や植物を食べなければならない。植物を食べる動物を草食動物、肉を食べる動物を肉食動物という。クマなど、植物も肉も食べる動物は雑食動物と呼ばれる。ほとんどの動物は動けるが、サンゴなど、若いときには動き、大人になると体を1カ所に固定する種もある。

長生きする動物

ニシオンデンザメは北極海などにすみ、500年以上も生きると考えられている。脊椎動物で一番長生きだ。メスは150才くらいになってやっと成熟する。ゾウはだいたい60代まで、シャチは100才まで生きるものがいて、長生きのほ乳類の代表だ。こういう種では、一番経験を積んだおばあちゃんが家族のリーダーになる。

背骨がある？

動物は、背骨のない無脊椎動物と背骨のある脊椎動物の2つのグループに分けられる。背骨は、脳と体の間でメッセージを運ぶ脊髄を守っている。ほとんどの無脊椎動物には、脳の代わりに神経節と呼ばれる神経細胞がある。

代表的な無脊椎動物

節足動物
昆虫、クモ、甲殻類（ロブスター、カニ、エビ他）、ムカデなど

扁形動物
ヒラムシやサナダムシなどをふくむグループで、皮膚から酸素を吸収する

軟体動物
カタツムリや二枚貝、イカなど。多くは川や小川、池、海にすむ

環形動物
体が丸いつつ形の体節に分かれ、ミミズなど約9000種がふくまれる

海綿動物
えさを食べたり動いたりする様子に科学者が気づくまで植物だと考えられていた

きょく皮動物
とげのあるかたい皮膚をもつ。ヒトデや、針刺しのようにトゲトゲのウニなど

脊椎動物

ほ乳類
空気を吸い、毛が生えている。メスはほとんどが子を産み、体内で乳をつくる

鳥類
すべての鳥は羽とつばさをもつが、飛べない鳥もいる。子ではなく卵を産む

魚類
ほとんどの魚はうろこをもち、えらで呼吸する。周りの温度と一緒に体温が変化する

は虫類
空気を吸い、乾燥した皮膚はうろこでおおわれている。ヘビ以外はたいていあしが4本ある

両生類
カエルやサンショウウオは陸上でも水中でも暮らせる。2とおりの方法で呼吸できるものが多い

アドバイスしてくれた専門家：カレン・マコーム **あわせて読んでみよう**：生きものの分類、p.152～153；植物と菌類、p.156～157；雨林、p.164～165；タイガと温帯林、p.166～167；草原、p.168～169；砂漠、p.172～173；淡水の生きもの、p.174～175；海岸、p.176～177；外洋、p.180～181

動物細胞

すべての動物細胞にだいたい同じサイズだ。人間の細胞約1万個は虫ピンの頭に乗せられる大きさだ。動物細胞は植物細胞と似ているが、厚い細胞壁の代わりに細胞膜がある。細胞膜は、役に立つ物質を細胞に入れて、有害な物質は入らないようにする。細胞小器官は、食べ物の分子をエネルギーに変えたり、たんぱく質をつくりだすなど、細胞の大事な働きを担っている。

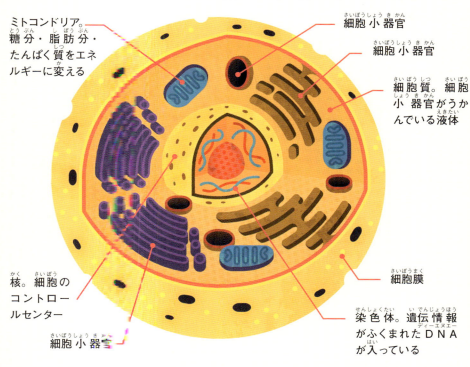

ミトコンドリア。糖分・脂肪分・たんぱく質をエネルギーに変える

細胞小器官

細胞小器官

細胞質。細胞小器官がうかんでいる液体

細胞膜

染色体。遺伝情報がふくまれたDNAが入っている

核。細胞のコントロールセンター

細胞小器官

道具を使う動物

オーストラリアには、火を使って獲物をつかまえる鳥が3種いる。燃えた小枝をかわいた植物の上に落として、げっ歯類など小型のほ乳類やトカゲ、昆虫、他の鳥など小さな動物を追い出す。人間以外に火を使う動物の例として知られているのはこれだけだが、他の道具を使う動物はたくさんいる。たとえば、カラスは小枝を使ってジムシをほり出したり、ゾウは枝で体をかいたり、オランウータンは葉をかさにして雨をしのいだりする。

オドロキの事実！

メガネザルは東南アジアの島にすむ小型の霊長類で、大きな目玉は脳と同じ大きさだ。メガネザルは、体に対する目の大きさがほ乳類で一番大きい。だから夜でもとてもよく見えて、暗闇で昆虫やコウモリをつかまえる。

専門家から一言！

カレン・マコーム
動物学者

カレン・マコームは、動物の鳴き声の録音を再生したり、動物に写真を見せたりして、動物の心の中を知りたいと言っている。そうやって、アフリカのライオンやゾウ、ウマなどいろいろな種を研究してきた。こうした動物たちが、生きるために重要な能力にとても優れていることにおどろかされている。

「動物には世界がどんなふうに見えているのか、動物として生きるのはどんな感じなのかを知りたいのです」

159

虫

地球上の知られている全生物種のなんと80％が昆虫だ。昆虫には、チョウ、アリ、ハエ、ハナバチ、カリバチ、バッタをはじめ、多くの生物がふくまれる。甲虫は昆虫の最大のグループで、知られている種はおよそ36万種、まだ見つかっていない種はおそらく100万種以上あるだろう。あるとき甲虫の専門家が、熱帯雨林の1種類の木から1200種もの甲虫を見つけたこともある！

カミキリムシ

カミキリムシは熱帯に一番多く、触角を除いた体長は17cmにもなる。カミキリムシ科にはおよそ2万5000種がふくまれる。成虫のえさは花や葉、くきなどで、幼虫は木の内部を食べる。

すべての昆虫は体が3つの部分に分かれ、6本のあし、外骨格、触角をもつ。ほとんどの昆虫には羽がある

ミツバチのデザイン

ミツバチは、小さなフックでつながった2組の羽をもつ。1秒間に200回以上も羽ばたいて、飛ぶためだけでなく、巣をすずしくしたり、ハチミツをかわかす扇風機としても使う。また、寒い日には飛しょう筋（羽ばたくために使う筋肉）を動かして巣を温める。

アドバイスしてくれた専門家：ディノ・J・マーティンズ　あわせて読んでみよう：生きものの分類、p.152～153；植物と菌類、p.156～157；動物、p.158～159；雨林、p.164～165；大量絶滅、p.368～369；気候変動の影響、p.372～373

触角はアンテナとも呼ばれ、体より長いものが多い。触角を使って、つがいになりそうな相手の化学物質のにおい（フェロモン）を探り当てる

複眼は、ずらりと並んだテレビカメラのような仕組みで、物がモザイク画のように見える。目はそれぞれ小さな個眼が集まってできていて、個眼は脳にメッセージを送る

甲虫の前ばねは飛ぶための道具ではない。前ばねは羽をしまうかたいケースになっていて、さやばねと呼ばれる。飛んでいないときはこわれやすい後ろしをさやばねの下にしまって守る

大あごはかたく、かむために使う。メスは木の枝に卵を産む場所をつくるときにも使う

他の節足動物と同じように、甲虫も関節肢をもつ。あしの先端のふ節には物をつかむためのするどいかぎづめがついている

161

生態系

生きものは、孤立しては生きられない。他の生きものや、水、土、気候などの生きもの以外のものとも関わり合って生きている。生きものは普通、植物や動物、その他の生命体からなるコミュニティー（共同体）の中で、特定の場所に暮らしている。このようなコミュニティーとその環境を合わせて生態系とよぶ。生きものと環境との関係を研究する学問を生態学という。

捕食者と獲物

捕食者は獲物をつかまえる方法を進化させ、獲物はカモフラージュなど、捕食者を出し抜く戦略や特徴を進化させた。必ず捕食者よりも多くの獲物がいる。もしその反対なら、捕食者の食べ物が足りなくなってしまうはずだ。

食物連鎖

食物連鎖で生態系のエネルギーの流れがわかる。海の食物連鎖の頂点では、サメなどの捕食者が大きな魚を食べ、大きな魚は小さな魚を食べる。小さな魚はオキアミというエビのような動物を食べる。オキアミのえさは植物プランクトンと呼ばれる小さな藻類で、太陽エネルギーを使って自分の栄養をつくる。植物プランクトンは海の食物連鎖の土台だ。

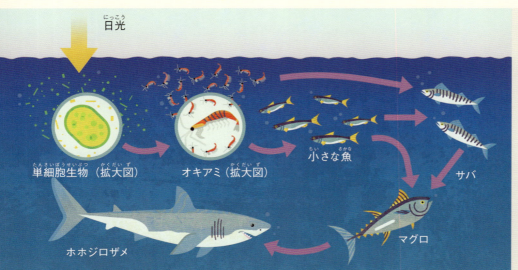

日光／単細胞生物（拡大図）／オキアミ（拡大図）／小さな魚／サバ／マグロ／ホホジロザメ

地球の生物群系

生物がすむ地域は、気候や土壌のちがいでいろいろな種類に分けられる。これを生物群系という。生物群系には、砂漠、森林、雨林、草原、高山、極地などがある。生命体は非常に長い時間をかけて特定の地域に適応しているから、それ以外の場所にはすめないかもしれない。だから気候変動によって生物群系が変化すると問題が起こる。

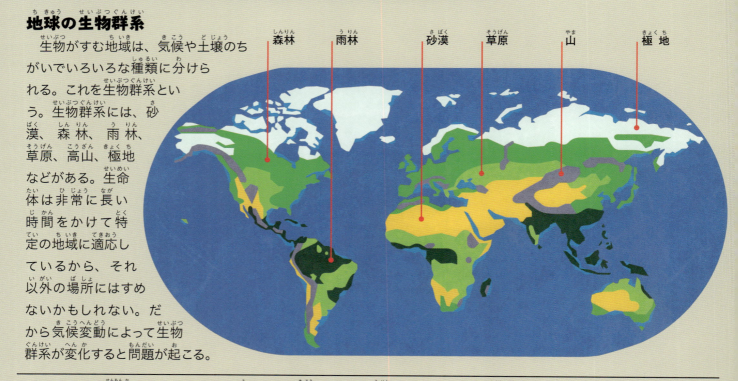

森林／雨林／砂漠／草原／山／極地

アドバイスしてくれた専門家：タル・アヴガー　あわせて読んでみよう：気候、p.92〜93；雨林、p.164〜165；タイガと温帯林、p.166〜167；草原、p.168〜169；エベレスト、p.170〜171；砂漠、p.172〜173；海岸、p.176〜177；地球の両端、p.184〜185；小さくなる氷、p.186〜187

キーストーン種（中枢種）

生態系には普通、生態系内の他の種を支えるキーストーン種と呼ばれる生物がいる。ビーバーもその1つだ。ビーバーがダムを作ると池や湿地ができ、カエルやカモ類、水生植物など他の生物がすむようになる。

特別な場所

野生のジャイアントパンダは中国の竹林以外では暮らせない。その竹林はえさの竹がたっぷりあり、競争相手がおらず、捕食者がほとんどいないから、パンダにとって最高のすみかだ。このように特別な生息場所や食べ物を生態的地位（ニッチ）という。

竹にふくまれるたんぱく質は少ないが、竹自体はたっぷりある。パンダは春にはタケノコを食べ、他の季節には葉やくきを食べる

ジャイアントパンダは1日約12kgの竹を食べ、14時間ほどを食べて過ごす

オドロキの事実！

オーストラリアのクイーンズランド州では、ウサギをペットにすることは禁止されている。ペットがにげ出して、他のウサギと混ざり合って繁殖する心配があるからだ。オーストラリアではウサギは侵略的外来種（他の場所から持ちこまれた生物）で、数がどっと増えたせいで、もともとすんでいた種が減ってしまった。

63

雨林

雨林は雨がよく降る地域にできる。雨林は大気中の二酸化炭素を吸収し、酸素をつくりだすことによって、気候を安定させるので重要だ。アマゾンなどの熱帯雨林は暑く湿度が高いが、温帯雨林はもっとすずしく、その多くは海岸近くにある。世界の動植物の種の半分以上は食べ物の豊富な雨林に生息する。

層に分かれた生態系

熱帯雨林は、植物が利用できる日光と水分の量によって、別々の層に分かれている。一番高い木は、ぎっしりしげる林冠（林の一番上の部分）の層からつき出して、高さ60m以上に成長する。林冠の層では、水滴が地面に落ちやすいように、木の葉の先がとがっている。だから藻類ができにくい。下の層は暗いため、林冠から差しこむわずかな日光が当たるように、植物は大きな葉をつける。

- 一番高い木々は突出木と呼ばれる
- 林冠の厚いしげみが日光をさえぎる
- しめごろしの木はできるだけ多くの資源（日光）を利用できるように上方に向かって木に巻きつく
- 下の層には小さな木やしげみが育つ
- 地面に届く日光は1%くらいしかないので、ここにはほとんど植物がない
- 板根は木を支えている

ニシローランドゴリラ

ニシローランドゴリラは、コンゴ盆地にある世界で2番目に大きな熱帯雨林にすんでいる。オスをリーダーとする小さな家族のグループで暮らし、主に植物を食べる。体が大きいのに木登りが上手だ。生息地の森が失われたり、密猟が行われたりするせいで、絶滅の危機にある。

アドバイスしてくれた専門家：グレゴリー・ノワッキ　あわせて読んでみよう：植物と菌類、p.156～157；虫、p.160～161；生態系、p.162～163；タイガと温帯林、p.166～167；気候変動の影響、p.372～373；気候変動の防止、p.374～375

ブロメリアの真ん中に雨水がたまる

かえらない卵はオタマジャクシのえさになる

ヤドクガエル

ヤドクガエルは、主にアマゾンの熱帯雨林で暮らしている。体の色があざやかなのは、猛毒をもつことを鳥やサルなどに警告するためだ。ヤドクガエルの両親は子どもの世話をよくする。メスは陸上に卵を生む。卵がかえると、オスはオタマジャクシを背中に乗せて高い林冠まで運ぶ。そしてブロメリアという植物の上にできた小さな水たまりにオタマジャクシを入れて、成長するまで見守る。

オドロキの事実！

モウドクフキヤゴニルは、体長はたった5cmなのに、世界一の猛毒をもつ動物の1つだ。1匹のカエルの皮膚から出てくる毒に、人間を10人殺せるほどの猛毒だ。飼われているカエルには毒がないものが多い。カエルは自分で毒をつくるのではなく、小さな甲虫やアリなど、自然のえさから毒を取り入れるからだと考えられている。

高く巨大な木

世界最大の木は、アメリカ西岸の雨林に生育するセコイアとセコイアデンドロンだ。高さは一番で、幹の太さも最大級だ。今生きている世界一高い木は、レッドウッド国立公園のハイペリオン（ギリシア語で「高天を行く者」の意味）と名づけられたセコイアで、高さは116mもある。

ハイペリオン　116m

木の下のほうには枝がない。光が少ないせいで枝が落ちるからだ

キリンの体高は平均5.2mなので、ハイペリオンはキリン22頭分の高さがある

しっぽ
しっぽを左右に動かしたり、すばやく振るのは敵だと思っている印だ

後ろあし
長い後ろあしは、ジャンプするときに踏切板の役目を果たす

タイガのタイガー

タイガで最大の捕食者はアムールトラだ。昔は大型ネコ科動物で最大の体つきだったが、イノシシなどトラの獲物を人間がかり、えさが減ったせいで、今では他の種類のトラと同じくらいの大きさになった。今、野生には500頭くらいしかいないが、保護活動家は数が増えることに希望をもっている。

目
トラの目には光る層があって、光を網膜（目の内側にある、光を受けとる細胞の集まり）上に反射する。だからトラの夜の視力は人間の6倍も優れている

ひげ
ひげは空気の変化を感じとるので、特に暗闇を歩き回るときに便利だ

しま模様
指紋と同じで、同じしま模様をもつトラはいない

毛皮
2層になっているから暖かい

タイガと温帯林

タイガは、ユーラシア大陸と北アメリカ大陸の北部に帯のように広がる森で、北方林とも呼ばれる。針のようなかたい葉をもち、秋に葉を落とさない針葉樹が多く生えている。温帯林はやや暖かい気候に見られ、広葉樹が多い。広葉樹は秋に葉を落として、冬の間、蒸発する水分を減らしたり、エネルギーを節約する。春になると新しい葉が育つ。

冬はのんびり

森にすむ動物には、写真のヤマネのように冬眠するものがいる。冬眠は、ほとんど死んでいるような状態だ。エネルギーをほんの少ししか使わないし、体温と心拍数が下がる。アラスカにすむアメリカアカガエルは、冬になるとカチカチにこおっているように見えるが、細胞の内部に不凍液をつくるから死なないのだ。天気が暖かくなると復活する。

アドバイスしてくれた専門家：マシュー・P・ネルセン　あわせて読んでみよう：気候、p.92〜93；自然による気候変動、p.94〜95；進行中の進化、p.150〜151；植物と菌類、p.156〜157；動物、p.158〜159；雨林、p.164〜165；感覚、p.206〜207；大量絶滅、p.368〜369；気候変動の影響、p.372〜373

変装の達人

ヤマキチョウの羽は、幼虫の食草であるクロツバラの葉に擬態している。森の動物の多くは、カモフラージュを使って捕食者から身をかくす。タイガにすむカンジキウサギは、夏の間は茶色だが、冬になると真っ白い毛を生やし、雪の上で見えにくくなる。

一番うつな木

モミやトウヒなどの針葉樹は、寒い気候で生きのびる仕組みを備えている。針のような葉は水をたくわえ、たれ下がった枝は雪が落ちやすい。水や栄養分を運ぶ樹液は、こおらないように化学物質が変化している。じょうぶなりん片がぎっしりつまった松ぼっくりは、種を守っている。

針葉
針葉とは、針のようにじょうぶで細い葉という意味だ

閉じた松ぼっくり
閉じた松ぼっくりのりん片に種が入っている

開いた松ぼっくり
種が成熟すると、松ぼっくりが開いて種を出す

年輪から何がわかるだろう？

木の幹は、毎年新しい「輪」をつくりながら、中心から外側に向かって成長する。雨がたくさん降り、日光にたっぷり照らされた年には輪は厚くなり、乾燥した年にはうすくなる。年輪を数えると、かれた木や切りたおされた木の樹齢（年）がわかる。

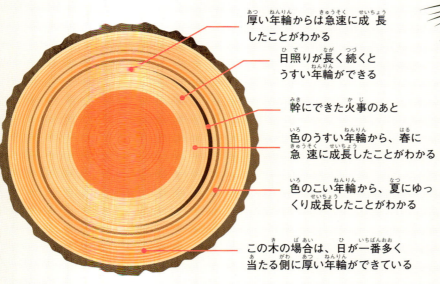

- 厚い年輪からは急速に成長したことがわかる
- 日照りが長く続くとうすい年輪ができる
- 幹にできた火事のあと
- 色のうすい年輪から、春に急速に成長したことがわかる
- 色のこい年輪から、夏にゆっくり成長したことがわかる
- この木の場合は、日が一番多く当たる側に厚い年輪ができている

オドロキの事実！

アメリカのロッキー山脈に生育するマツの一種グレート・ベイスン・ブリッスルコーン・パインは、地球で一番長生きの生物だ。樹齢5000年くらいで、最後のケナガマンモスと同じ時代から生きている。

おしゃべりする木

昆虫に攻撃された木は、葉からにおいを出して、虫を防ぐタンニンなどの化学物質をもっとつくるように近くの木に伝える。木の根に生息する菌類のネットワークも、化学物質を使って警告信号を伝える。

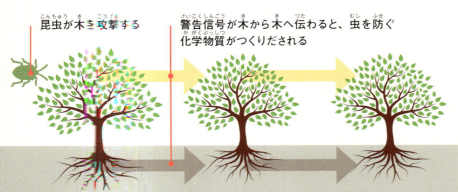

- 昆虫が木を攻撃する
- 警告信号が木から木へ伝わると、虫を防ぐ化学物質がつくりだされる

草原

草原は地球の陸地の広い面積をしめていて、地域によって名前がちがう。北アメリカではプレーリー、ユーラシア大陸ではステップ、南アメリカではパンパ、アフリカではサバンナとも呼ばれている。草はとてもじょうぶだ。先端ではなく根本から成長するので、草食動物が地面ギリギリまで食べても平気で、ふみつけられても生きのびられる。

東西を結ぶ道

ユーラシア大陸のステップは、東アジアとヨーロッパを結ぶ草原の通路だ。昔は、貿易にも、軍事侵略にも使われた。山を越えるよりも、なだらかな草原を馬で移動するほうが楽だったのだ。

群れをつくる動物

草原の動物には群れで暮らすものが多く、アフリカのサバンナでは下の写真のように、ヌーやシマウマ、ガゼルなど、ちがう種類の動物が一緒に群れをつくることもある。捕食者も群れの全部は食べられないので、数が多いと安全だ。生まれたばかりの子は特におそわれやすいが、ラッキーなことに生まれて数分で走れるようになる。

オドロキの事実！

南アメリカのパンパにすむオオアリクイは、1日3万匹以上のシロアリやアリをすくい取る。とがった鼻でアリづかをほってから、長さが60cmもある舌でアリをなめ取る。ネバネバした唾液とトゲトゲの舌があるからアリをつかみやすい。

アフリカハゲコウは、群れに追い立てられた昆虫を探す

群れの真ん中が一番安全だ

アドバイスしてくれた専門家：タル・アヴガー　あわせて読んでみよう：生きものの分類、p.152～153；植物と菌類、p.156～157；動物、p.158～159；生態系、p.162～163；自然の利用、p.190～191；環境問題、p.366～367

危険を早く知らせる仕組み

北アメリカのプレーリードッグはトンネルや巣穴をほり、それがフクロウやコヨーテ、イタチなどのかくれ場所にもなる。ほる、トンネルをつくる、鳴き声を上げて警告するなどのプレーリードッグの行動は、他の136種の動物にも役立っている。

プレーリードッグは巣穴の入り口に土を盛り見張り台をつくる

プレーリードッグは危険を察知するために後ろあしで立つ。捕食者の種類によって、ちがう警告の鳴き声を使い分ける

コヨーテは、プレーリードッグやその巣穴やトンネルを利用する他の動物を獲物にする

アナホリフクロウは、プレーリードッグのトンネルをよく巣穴に使う

巣穴は、眠ったり、生まれたばかりの子どもを育てたり、トイレに使ったりする場所に分かれている

ヌーはシマウマと一緒に草を食べることが多い。ちがう種類の動物と一緒に大きな群れをつくれば、より多くの目でライオンやブチハイエナなどの捕食者を見はれる

シマウマとガゼルは、同じ生息地をなかよく使う。シマウマは長くてかたい草が好きで、ガゼルは短くてやわらかい草が好きだ

専門家から一言！

タル・アヴガー
生態学者

タル・アヴガーは、動物の行動や地形の利用方法を研究すると、しこが環境が大きく変わったときに、種がどこにいて、どこに移動するかを予測するのに役立つと考えている。大型の草食動物の場合に特に、小さなかみつく昆虫が、移動のきっかけとなる重要な役割を果たしているのではないかと考えている。

「私の仕事は、自然という世界一楽しい遊園地で探偵をしているみたいです！」

169

8850m

5480m

エベレスト

高さ8850mのエベレストは世界一高い山だ。ヒマラヤ山脈の一部で、ネパールとチベットにまたがっている。エベレストとその周辺には多くの植物や動物が暮らしている。でも、一年中岩と氷ばかりの山頂近くでは、生きられる種はほとんどいない。冬の間、エベレスト山頂では、カテゴリー5のハリケーン並の時速280kmの風が吹くことがある。

山の下にある岩石層が動いているために、エベレストは毎年約5mm高くなる

7925m以上は、登山家からデスゾーン（死の領域）と呼ばれている。標高0m地点の3分の1しか酸素がない

高く飛ぶ鳥

北アジアと南アジアの間で渡りをするインドガンは、前代未聞の最大高度7000mで7時間かけてヒマラヤ山脈を飛び越える。インドガンは肺が大きく、心臓が速く動くので、体に酸素が行きわたりやすい。

ハエトリグモ

ヒマラヤハエトリグモは6700m地点で発見された世界一高い場所に1年中すむ動物だ。このクモは、下から風で飛ばされてきた小さな昆虫を食べる。

恒雪帯

約5480mより上は恒雪帯になる。植物は寒さに強い。ここに生育する植物はどのためだけに、氷がとけると、アザミやヒナギク、アブラナの仲間などの低い植物が移動してくる。約6700mより上では植物は育たない、空気中の酸素がとても少ないので、生きられる動物もほとんどいない。

軽々と山登り

ヒマラヤタールは草や木を食べる。夏は標高約5000mで暮らすが、冬になると低い場所に移動する。ひづめの底がゴムのようなのでぬれた岩をつかめる。

3780m **3000m** **900m**

オドロキの事実！

エベレスト山頂付近の石灰岩に化石化した貝殻がふくまれている。これは、ヒマラヤ山脈が海の底に少しずつ堆積してできた石灰岩が、もとは海だったという証拠だ。

頂点のネコ科動物

ユキヒョウは、高山帯と亜高山帯の捕食者のトップに立つ。タールとバーラルが主な獲物だが、野生のヤギや、ナキウサギやハタネズミの仲間といった小さな哺乳類、ヤマウズラなどの鳥類も食べる。

高地にすむキジ

冬の間、ニジキジは雪をほって植物の根や昆虫を探す。夏になると、ジムシハイモムシ、野生のイチゴやキノコなどを食べる。

山のサル

ネパールラングールは、主に木の芽や果物、葉を食べる。普通は温帯や亜熱帯の森で見られるが、標高約1000m～4000mに生息する。

レッサーパンダ

レッサーパンダは夜に活動することが多い。高木のツンドの仲間、竹などが育つ。そういう植物にかくれて、レッサーパンダやサル、キエリテン、ジャコウジカがすんでいる。エリテンは、アジア最大のテン（イタチに似た哺乳類）でシカ力をもつ。

高山帯

約3780～5480mには、水をたくわえ、乾燥した風にたえられる草やクッション植物などが見られる。約4000mより上には木が生えない。この地点を森林限界という。

亜高山帯

約3000～3780mでは、モミ、ヒマラヤシュニパーなどの木が山あいの谷に生育する。冬の間は標高の低い斜面に移動する。

温帯林帯

約900～3000mには、ヒマラヤカンバ、高木のツツジの仲間、竹などが育つ。そういう植物にかくれて、レッサーパンダやサル、キエリテン、ジャコウジカがすんでいる。エリテンは、アジア最大のテン（イタチに似た哺乳類）でシカ力をもつ。

砂漠

砂漠は地球上で最も乾燥した場所だ。北アフリカのサハラ砂漠のように暑い砂漠や、中央アジアのゴビ砂漠のように寒い砂漠がある。砂丘のない砂漠もある。砂漠の多くは岩だらけで、北極地方や南極地方は氷でおおわれていても、砂漠に分類されることがある。砂漠には水が少ないが、ありったけの水を見つけてたくわえる能力を持つ植物や動物が元気に暮らしている。

ベンケイチュウ

アメリカとメキシコのソノラ砂漠に生育するベンケイチュウ（左）は、巨大なろうそく立てのようなサボテンだ。幅広い根系から水と栄養分を吸い上げて、ゆっくりだがこつこつと成長する。花をつけはじめるまでに30〜65年、高さが最大になるまでに200年もかかる。とても高く育つものもある。高さ24mという記録破りのサボテンもあった。

- ツヤツヤした白い花のそれぞれに、花粉をつけるおしべが何百本もある
- サボテンフクロウは、他の鳥がつくった古い巣穴に暮らす
- マシコやキツツキ、ハトなどの鳥が実を食べる
- サバクシマセゲラは、くきの半分くらいの高さに巣穴を開ける
- 1株のベンケイチュウは40本以上の「うで」に枝分かれできる
- とげは長さ約5〜8cmになるまで、1日0.9cmのびる
- 太いくきは水をたくわえる
- ベンケイチュウは幅広い根系を15〜30m広げられる。真ん中の主根は深さ約1mまでのばせる

花粉の運び役

4月の終わりから6月の初めにかけて、ベンケイチュウは夜になると花がさき、コウモリが花のみつを食べにやって来る。レッサーハナナガコウモリが花の中に鼻先をおしこむと花粉がつき、花粉は他のベンケイチュウの花に運ばれる。

アドバイスしてくれた専門家：タル・アヴガー　あわせて読んでみよう：水の世界、p.82〜83；進行中の進化、p.150〜151；植物と菌類、p.156〜157；生態系、p.162〜163；地球の両端、p.184〜185

逆立ちする甲虫

アフリカのナミブ砂漠にすむキリアツメゴミムシダマシは、砂丘のてっぺんで逆立ちして朝のきりを待つ。きりがただよってくると、体の表面に水滴が集まって、背中やあしを流れ落ちて口に入る。こうやって、この甲虫はとても乾燥した環境で生きのびる。

1 海上できりが発生し、砂漠までただよってくる

2 甲虫の背中についたきりは水にかわり、体を流れ落ちる

3 甲虫が水滴を飲む

アラビアオリックス

アラビアのユニコーンとも呼ばれるアラビアオリックスは、暑い生息地に完璧に適応している。うすい色の毛皮は日光を反射し、水なしで何カ月も生きられる。脳は動物の器官の中で一番熱に敏感なので、オリックスの鼻の中にある特別な血管が脳に流れる血液を冷やす。野生では一度絶滅したが、保護活動によって数は回復に向かっている。

オドロキの事実！

サハラギンアリは、1秒間に86cm走る。人間に当てはめると、1秒間で200mをダッシュすることと同じことだ。このアリは、捕食者がいない真昼に砂の上をダッシュして、暑さで死んだ昆虫の死がいを探す。すぐに巣にもどらないと、アリも死んでしまう。

未解決のナゾ

なぜサソリは月明かりに照らされると光るのだろう？

確かなことはだれも知らないが、サソリの皮膚にふくまれる化学物質が、星からのかすかな紫外線を青緑色の光に変えると考えられている。体全体が光を集めて捕食者を混乱させるのかもしれない。岩などがサソリの皮膚にこげをつくると発光が弱まる。これは、岩を安全なかくれ場所だととらえている印かもしれない。

専門家から一言！

クリスティン・H・ベリー
生態学者

クリスティン・H・ベリーは、アメリカのカリフォルニア州のモハーベ砂漠で育った。初めてトカゲをつかまえたのは8〜9歳のころだ。大人になってから、は虫両生類学者（は虫類と両生類を研究する人）と個体群生態学者になった。今はサバクゴファーガメを研究している。

「は虫類に夢中になる気持ちはずっと変わらずに持ち続けています」

173

淡水の生きもの

世界の水のほとんどは、大洋や、陸地に囲まれた海、塩湖にある塩水（しお水）だ。淡水（真水）はほんの一部でしかないが、人間やほとんどの動物は淡水がないと生きていけない。小川や川、池、湖、湿地など淡水の生息地も、多くの植物や動物が暮らす豊かな生態系だ。水中で生活できるように特別に適応した生きものや、水と空気の境目をうまく使えるように進化した種もいる。

ヨツメウオ

南アメリカとメキシコにすむヨツメウオは、実際は目は2つだが、それぞれの目が2つの部分に分かれている。上半分で水面から上を、下半分で水中を見る。水中にいる動物を見張りながら、水面まで飛んできた昆虫をつかまえられる。

ねらいを定めて、発射！

アジアとオーストラリアにすむテッポウウオは、つき出た枝に止まっている昆虫に水をはいて、うち落とす。テッポウウオが、口の中のみぞに舌をおしつけて細長い管を作ってからえらを閉じると、水鉄砲のように口から水がおし出される。2mはなれた獲物に命中するほど、ねらいは非常に正確だ。

水の上を歩くクモ

ハシリグモは、池のふちに立って前あしを水面にのせ、近づいてくる獲物の振動を感じるまでじっと待つ。そして、水の表面張力を利用して体重を支えながら水面を走って渡り、水をゆらした昆虫や小魚をつかまえる。

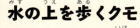

アドバイスしてくれた専門家：アレクサンダー・D・ヒューリン　**あわせて読んでみよう**：水の世界、p.82～83；進行中の進化、p.150～151；生きものの分類、p.152～153；動物、p.158～159；虫、p.160～161；海岸、p.176～177；外洋、p.180～181；深海、p.182～183

おこぼれをもらう魚

南アメリカのピラプタンガという魚は、オマキザルが川の上にはり出した木の実を食べるときに、ついて回る習性がある。オマキザルがこぼした食べかすを魚が丸のみする。サルが行ってしまうと、ピラプタンガはジャンプして、低い枝についている実を自分で取る。

ピラプタンガは体重約3kg。主な食べ物は果物だ

ピラプタンガにオマキザルと木の実がよく見えるには、水はすき通っていなければならない

オドロキの事実！

体長2.5mmもないチビミズムシの一種 *Micronecta scholtzi* のオスは、体長に対して世界一大きな音を立てる動物だ。メスの気を引きたいときは、体の一部でかみの毛ほどの管がある部分を腹部の溝にこすり合わせる。その音は、岸を歩いている人に聞こえるほど大きい。

得意の魚取り

夏のアラスカでは、上流の産卵場所まで川を上っていくサケをヒグマがつかまえる。サケは急流やたきを上るときに水面近くを泳ぐ。そこでお腹を空かせたヒグマが川に飛びこみ、口でサケをつかまえる。ヒグマ同士の競争は激しく、大きなオスのヒグマたちは最高の「つり場」をめぐって戦う。

海岸

海岸とは陸地と海が交わる場所のことで、砂浜、いそ、泥地の干潟、川の河口、塩性湿地、マングローブ湿地などがふくまれる。月と太陽の引力に引っぱられて潮が満ち引きし、それと一緒に海岸の世界は大きく変化する。海岸の生きものは、暑さと寒さ、塩水と淡水、水分と乾燥といった正反対の条件や、打ちつける波にも適応している。

オドロキの事実！

ヒトデは小さな吸盤のついた管のようなあしを使って、ムール貝やハマグリなどのからをこじ開ける。できた隙間から胃袋をおしこんで、からの中のやわらかい部分を消化する。ある種のヒトデは、攻撃されてうでを失うと新しいうでが生えてくる。少数だが、1本のうでから新しいうでを4本も再生できる種もいる！

カモメ
カモメは砂浜のゴミ収集係だ。上空から海岸を見わたし、まい降りてきて食べられる物は何でも食べる。いつか、きみが持っているアイスをうばおうとするかもしれない！

ミヤコドリ
ミヤコドリはピーピーとかん高い声で鳴く。じょうぶな平たいくちばしで、ハマグリやムール貝などの二枚貝をこじ開けて食べる。

砂浜

砂浜は、波や海流によって運ばれた砂つぶが浜に積もってできる。砂つぶには、火山岩がけずりとられるなどして陸地から来るものや、粉になったサンゴや貝殻など海から来るものがある。砂浜の砂や水、空気はたえず動いている。

オオハマガヤなどの植物は、砂丘を安定させる

スナガニ
このカニは潮間帯（潮が満ちたときの海岸線と引いたときの海岸線の間にあるエリア）に巣穴をほって暮らす。くさった肉を食べるスカベンジャーでもあり、獲物をつかまえる捕食者でもある。

マテ貝
かたいからは多くの動物を危険から守る。マテ貝にはパワフルな「あし」もあり、このあしで砂に穴をほって捕食者からにげる。

アドバイスしてくれた専門家：ギル・リロヴ　**あわせて読んでみよう**：衛星、p.32〜33；宇宙の中の地球、p.54〜55；プレートテクトニクス、p.62〜63；山、p.68〜69；氷の世界、p.82〜83；重力、p.134〜135；淡水の生きもの、p.174〜175；サンゴ礁の危機、p.178〜179；外洋、p.180〜181

未解決のナゾ

地球温暖化が進むとウミガメはどうなるだろう？

ウミガメは卵を砂にうめる。もし砂の温度が31℃よりも高ければ、生まれてくる子どもはメスになり、27.7℃より低ければオスになる。どうしてこうなるのかも、将来、地球温暖化がウミガメの数にどんな影響をあたえるのかもわかっていない。

いそ

いその植物や動物は、1日の半分を水の外で過ごすため、乾燥しないように適応している。たとえば、海藻はぬるぬるしたゼリー状の物質でおおわれている。潮だまりにはたくさんの動物が暮らし、潮が引くとかくれ場所から出てくるが、潮が満ちるとすぐにかくれてしまう。

マングローブ湿地の動物

ミナミトビハゼは、マングローブの根の間にすんでいる。マングローブは海水で育つただ1つの木だ。ミナミトビハゼの目は陸上でよく見え、1日の時間の90％ほどをどろの上で過ごす。ほとんどの魚はえらで呼吸するが、ミナミトビハゼは皮膚や口の中の膜を通しても酸素を吸収できる。

サギ

サギは水の中を歩きやすい長いあしを持ち、頭部をすばやく動かして、長くするどいくちばしで魚や貝をつかまえる。

海草は花をつける植物の仲間で、温かく浅い水中で育つ。多くの海の動物にとって、食べ物にもかくれ場所にもなる

専門家から一言！

ギル・リロヴ
海洋生物学者

ギル・リロヴは、気候変動が海辺の生きものの生息地にあたえる影響を研究している。博士が住む地中海沿岸では、多くの在来種が姿を消し、新しい種が入ってきている。その結果、生態系のバランスがくずれている。

「私たちが生きる世界は急速に変化し、自然の一部は変化に追いつけないのではないかと心配です」

カブトガニ

大潮になると、何百万匹ものカブトガニが産卵のために浜辺に上陸する。同じ時期に渡りの途中のシギ・チドリ類がやって来て、うめられた卵を食べる。

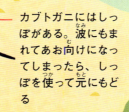

カブトガニにはしっぽがある。波にもまれてあお向けになってしまったら、しっぽを使って元にもどる

177

サンゴ礁の危機

熱帯のサンゴ礁は雨林と同じくらい活気に満ち、あらゆる種類の生きものであふれている。褐虫藻という藻類はサンゴの中で暮らし、サンゴに栄養をあたえ、サンゴに色をつけている。サンゴは23〜29℃の海水を好む。それより温かくなると、褐虫藻が出ていってしまうため、サンゴの色がぬける。この現象は白化といい、サンゴのストレスの表れだ。地球の気候変動が原因で海が温かくなり、一部のサンゴ礁は幽霊のように真っ白に変わってしまった。

このニジハギをはじめ、多くの魚やカメ、巻貝、二枚貝、海綿などが、健康なサンゴ礁で育つ藻類をえさとし、サンゴ礁に頼って暮らしている

このサンゴは褐虫藻を失い、白い骨格だけが見えている。サンゴの白化現象は、昔よりもひんぱんに起こっている。科学者は、海水温度が急速に上がりすぎて、サンゴが温かい海水に適応できないのではないかと心配している

アドバイスしてくれた専門家：ジャニス・ロフ　**あわせて読んでみよう**：進行中の進化、p.150〜151；動物、p.158〜159；生態系、p.162〜163；海岸、p.176〜177；外洋、p.180〜181；気候変動の影響、p.372〜373；気候変動の防止、p.374〜375

えさちょうだい！

サンゴは植物ではなく動物だ。夜にえさをとり、水中をただよう動物プランクトンという小さな生物を触手を使ってつかまえる。また、刺胞と呼ばれる特別な細胞で獲物をさす。サンゴの中にすむ植物のような藻類は、太陽エネルギーを利用して栄養をつくりだす光合成を行い、この栄養もサンゴのえさになる。サンゴはお返しにすみかをあたえる。

サンゴと褐虫藻は、おたがいに頼り合って両方が得をする関係にある。こんな特別な共生という。

- 刺胞（さす細胞）
- 口
- 褐虫藻（藻類の一種）
- 触手
- 咽頭（のど）
- 骨格

サンゴが成長するとき、サンゴの骨格からつくられたサンゴ礁と呼ばれる土台ができる。世界最大のサンゴ礁はオーストラリアの沖合にあるグレートバリアリーフだ。長さは2000㎞以上ある

179

外洋

海面から深さ約200mまでのエリアはサンライトゾーン、または表層と呼ばれる。この層には、植物プランクトンという、顕微鏡がないと見えない小さな生物が光合成（太陽エネルギーを利用して水と空気中の二酸化炭素を栄養に変えること）を行うのに十分な量の日光が届く。植物プランクトンは栄養のつくり手として海の食物連鎖の土台になり、数えきれないほど多くの種類の魚や海生ほ乳類の命を支えている。

ふん
ふんはやりのようにつくのではなく、刀のように左右に振って使う

獲物
イワシは巨大な群れで暮らし、群れの大きさは最大で長さ7km、幅1.6km、深さ20m以上にもなる

背びれ
長いふんを左右に振って獲物を攻撃するときに、この大きな背びれを広げる。それ以外のときは、体にピッタリつけて折りたたんでいる

皮膚
皮膚の模様は、攻撃するときにはこくなりもっと目立つ

えら
魚はえらを使って水から酸素を取り入れる

尾びれ
尾びれの筋肉が強いので素早く泳げる

うろこ
うろこが重なり合っているので、水中をなめらかに進める

バショウカジキ

大西洋や日本近海などの太平洋にすむバショウカジキは、全長3mに成長する。海面近くを泳ぐことが多いが、ときには深さ100mまでもぐってえさを探す。世界最速の魚の1つで、えさをとっているときは時速36kmで泳ぐ。捕食者からかくれる場所がない外洋には、泳ぎの速い魚が多い。

アドバイスしてくれた専門家：リンダ・J・ウォルターズ　あわせて読んでみよう：地球、p.60〜61；気候、p.92〜93；生命の始まり、p.148〜149；動物、p.158〜159；生態系、p.162〜163；淡水の生きもの、p.174〜175；サンゴ礁の危機、p.178〜179；深海、p.182〜183；環境問題、p.366〜367；絶滅危惧種、p.370〜371

シロナガスクジラ

地球の歴史上で一番大きな動物、シロナガスクジラは最大で体長30mに成長する。これはバスケットボールコートとほぼ同じ長さだ。エサは、体長わずか6cmの小さなオキアミ。クジラ漁によって、シロナガスクジラの数は20世紀までに大きく減ったが、今は増えている。

海流に乗ってただよう

キタユウレイクラゲは、体の直径が最大2m、触手の長さがシロナガスクジラの体長と同じ30mある。ウミガメのように、クラゲも海流に乗って移動する。海流は、海を流れる巨大な川のようなものだ。海流は赤道近くの温かい水を北と南へ移動させることによって、地球全体に熱を運び、気候を安定させるのに役立っている。

オドロキの事実！

ホホジロザメは決して止まらない。酸素をたっぷりふくんだ海水が口から入ってえらへ運ばれるように、泳ぎ続けなければならない。もし泳ぐのをやめたら、おぼれてしまう。

プラスチック汚染

海のプラスチック汚染はとても大きな問題だ。プラスチックのかけらによる被害の他に、洗濯機の排水には、ごく小さなプラスチック繊維がふくまれている。海に流れこんだプラスチック繊維を小さな生物が食べ、食物連鎖を通じて蓄積されていく。

還流と呼ばれる海流によってプラスチックが集まり、とてつもなく大きなゴミ置き場ができている。一番ひどい2カ所をふくむ太平洋ゴミベルトは、アメリカのテキサス州の2倍の広さがある。

西部太平洋ゴミベルト　東部太平洋ゴミベルト　テキサス州

アジア　北アメリカ　太平洋

深海

海はさまざまな生きものの地球最大の生育地で、その大部分は深海だが、科学者が今までに調べたのは深海の底のほんの一部でしかない。実は、一番深い海よりも、月の表面のほうがわかっていることが多いぐらいだ。潜水艇と呼ばれる、新しい水中の乗り物が発明されてから、奇妙なおもしろい動物が何種類も見つかっていて、深海のことがだんだんわかってきた。

海の層

科学者は深さや水圧、日光の届く量によって海を層に分ける。一番深い層では、海の底に2.5cm角のマス目をかいたとして、その1個ずつにゾウが1頭のっているのと同じくらいの、ものすごい水圧がかかっている。

サンライトゾーン（表層）0～200m
水圧　海面の0～20倍

トワイライトゾーン（中深層）200～1000m
水圧　海面の20～100倍

ミッドナイトゾーン（漸深層）
1000～4000m
水圧　海面の100～400倍

アビサルゾーン（深海層）
4000～6000m
水圧　海面の400～600倍

ヘイダルゾーン（超深海層）
6000～1万m
水圧　海面の600～1100倍

タコのダンボ

ジュウモンジダコは、タコの中で一番深い場所に暮らしている。体高20～30cmで、ディズニー映画のダンボの耳に似たひれがあるから、英語ではダンボ・オクトパスと呼ばれている。

三脚魚

オオイトヒキイワシは体長30～40cmで、長くのびた腹びれと尾びれを支えにして立つ。こうすると海流に乗って泳いでくる獲物をつかまえるのにちょうどいい高さになる。

シンカイクサウオ

シンカイクサウオは体長15～30cm。2017年に日本の科学者が、太平洋のマリアナ海溝という、地球上で一番深い場所の深さ8178m地点で、シンカイクサウオの仲間を撮影した。

アドバイスしてくれた専門家：モニカ・ブライト　あわせて読んでみよう：地球の内部、p.58～59；プレートテクトニクス、p.62～63；地震と津波、p.66～67；圧力、p.136～137；外洋、p.180～181

暗闇で光る魚

深海の多くの魚は生物発光を行い、暗闇で光る。発光できるのは、体の中で化学反応が起きたり、発光細菌が寄生しているからだ。トワイライトゾーンとミッドナイトゾーンにすむチョウチンアンコウのメスは、つりざおのような長いひれの先端に、発光細菌がぎっしり入ったルアー（擬似餌）をつけている。獲物は光にさそわれて、歯がずらりと並んだ口のほうへ引きよせられる。

光るルアーをもっているのはメスだけだ

大きな口には長くするどい歯が並んでいるため、チョウチンアンコウはどうもうだとされている。他の深海魚やエビを食べる

チョウチンアンコウは胃袋を信じられないほど大きくふくらませられる。だから自分よりかなり大きな獲物も食べられる

メスにくらべて、オスはだいぶ小さい

多くの深海魚と同じく、チョウチンアンコウ類の体はやわらかい。一部の種では、オスがメスの体にかみついてくっつき、2匹は一生くっついたままでいる

専門家から一言！

モニカ・ブライト
海洋生物学者

モニカ・ブライトが初めて行った海は、子どものころに家族で旅行した地中海だ。海の動物の多様性に興味があったため、大学に進んで動物学と海洋生物学を勉強した。

「潜水艇に乗って海の底まで降りて初めて、この生育地がどれほど広大かがわかりはじめます」

深海の調査

潜水艇と呼ばれる水中の乗り物は、とても深い場所の高い水圧にたえられるように、強く作られている。科学者は潜水艇に乗って深海の動物を観察できる。研究室で研究できるように、水温を下げて水圧を加えた水槽に動物を入れて持ち帰ることもある。

この科学者たちは、360度見わたせる球形のカプセルの中に座っている

183

地球の両端

極地方は氷におおわれている。北の北極海は1年のうち9カ月間もこおっていて、その周りには、植物がほとんど育たないこおったツンドラがある。南の南極大陸は山が多く、厚さが1.9kmを超える氷床という氷のかたまりにおおわれている。地球で一番寒い東南極高原では、氷点下98℃という観測史上一番低い気温が、真冬に人工衛星を使った調査で記録された。

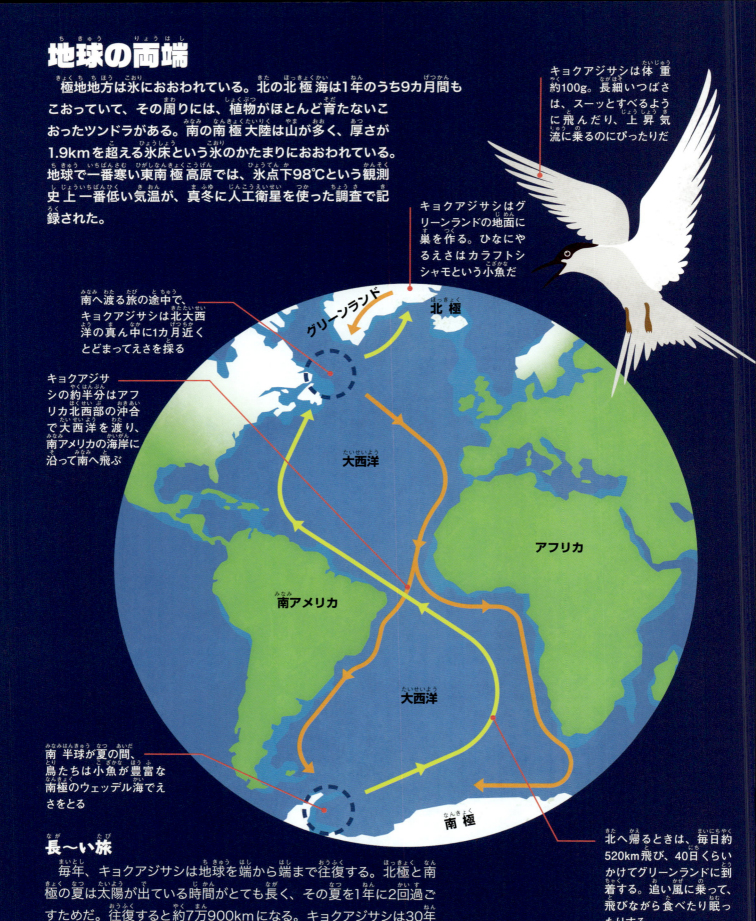

キョクアジサシは体重約100g。長細いつばさは、スーッとすべるように飛んだり、上昇気流に乗るのにぴったりだ

キョクアジサシはグリーンランドの地面に巣を作る。ひなにやるえさはカラフトシシャモという小魚だ

南へ渡る旅の途中で、キョクアジサシは北大西洋の真ん中に1カ月近くとどまってえさを採る

キョクアジサシの約半分はアフリカ北西部の沖合で大西洋を渡り、南アメリカの海岸に沿って南へ飛ぶ

南半球が夏の間、鳥たちは小魚が豊富な南極のウェッデル海でえさをとる

北へ帰るときは、毎日約520km飛び、40日くらいかけてグリーンランドに到着する。追い風に乗って、飛びながら食べたり眠ったりする

長〜い旅

毎年、キョクアジサシは地球を端から端まで往復する。北極と南極の夏は太陽が出ている時間がとても長く、その夏を1年に2回過ごすためだ。往復すると約7万900kmになる。キョクアジサシは30年の一生のうちに、月と地球を3往復できるくらいの距離を旅する。

アドバイスしてくれた専門家：タル・アヴガー、ジョン・P・ラファーティ　**あわせて読んでみよう**：気候、p.92〜93；進行中の進化、p.150〜151；生きものの分類、p.152〜153；動物、p.158〜159；生態系、p.162〜163；エベレスト、p.170〜171；小さくなる氷、p.186〜187；気候変動の影響、p.372〜373

未解決のナゾ

南極のウミグモはどうしてこんなに大きいのだろう？

南極にはディナー皿くらい大きくて、海氷の下にすむウミグモがいる。こんなに大きいのは不思議だが、酸素をたっぷりふくむ冷たい水と、クモの体の中で代謝がゆっくり行われることに関係があると考えられている。

空気を吸うために

氷でおおわれた海で、海のほ乳類はどうやって息をするのだろう？　南極のウェッデルアザラシは、歯で氷に穴を開ける。北極のシロイルカやイッカク、ホッキョククジラは、氷に割れ目が入ってできた水路を見つけ出す。

厳しい自然との戦い

南極に暮らすコウテイペンギンのメスは卵を1個産み、その後の世話はオスが引き受ける。オスは卵や生まれたひなを足の上に乗せてメスを待っている。メスはえさをとるために110kmもはなれた海まで歩き、深さ530mまでもぐって魚やイカをつかまえる。もどってくると、えさをはきもどしてひなに食べさせる。

オスはひなを居心地のよい抱卵のうというおなかの皮膚のたるみに入れて守る

ペンギンたちは、時速144kmの冷たい強風から身を守るために、ドーム形の群れをつくる

専門家から一言！

ジョン・P・ラファーティ
地球・生命科学編集者

ジョン・ラファーティはブリタニカ社の編集者で、専門は地球とその成り立ちだ。地球とそこにすむ生きものたちがたえず影響し合い、おたがいに変えていることにおどろかされている。

「私たちの知る限り、地球は生きものがすむただ1つの惑星ですが、地球の生きものはものすごく暑い場所にも、ものすごく寒い場所にも、ものすごく圧力が高い場所にも、その間のあらゆる場所でも生きています」

気候にぴったりの体

ジャコウウシは、毛皮が層になり、あしの周りに中が空洞の毛がぎっしり生えているおかげで、北極の冬を生きのびられる。この毛がなかったら、あしがこおって地面にはりついてしまうかもしれない。また、ホッキョクグマのように大きな体のわりにあしが短い。これは、体の熱をにがす部分が少ないということだ。

185

小さくなる氷

気候の温暖化が原因で、毎年北極海の氷が減っている。ホッキョクグマは、氷の上を移動してワモンアザラシをつかまえるので、氷が減ると影響を受ける。お腹を空かせたクマのほとんどは陸地に向かい、鳥の卵やベリー類、海藻を食べて生きのびる。カナダのハドソン湾のホッキョクグマは、岩の上に立ち、満ち潮に乗って湾に入ってくるシロイルカをつかまえるようになった。

ホッキョクグマは最大級のクマだ。海氷の上で過ごしたり、海で泳いでいる時間が多いため、海生ほ乳類に分類される

他のイルカと同じように、シロイルカは水生ほ乳類の中のハクジラというグループに分類される。他のイルカとちがって、シロイルカには背びれ（一番上のひれ）がない。背びれは氷の下を泳ぐときに引っかかりやすいからだ

アドバイスしてくれた専門家：ジョン・P・ラファーティ　　あわせて読んでみよう：地球の氷、p.84 ～ 85；自然による気候変動、p.94 ～ 95；進行中の進化、p.150 ～ 151；生態系、p.162 ～ 163；外洋、p.180 ～ 181；地球の両端、p.184 ～ 185；気候変動の影響、p.372 ～ 373；気候変動の防止、p.374 ～ 375

ホッキョクグマの子どもたち

メスのホッキョクグマは、雪をほって作った巣穴で冬に子どもを産む。子どもの数はだいたい1〜3頭だ。生まれたばかりの赤ちゃんグマは目が見えず、砂糖1ふくろよりも軽いが、栄養たっぷりのおっぱいを飲んですぐに体重が増える。春になり、生まれてから3〜4カ月たったころに子グマたちは巣穴から出てくる。

子グマたちは約3年間、お母さんと一緒に過ごし、泳ぎやアザラシのかりなど、厳しい環境で生きのびる方法を習う

夏の訪問客

毎年夏になると、カナダのハドソン湾のシール川河口をシロイルカたちが訪れ、脱皮し（皮膚の外側の層がぬけること）、子どもを産む。河口の水は湾よりも温かいので、赤ちゃんイルカを育てるのにちょうどいい。

シロイルカの赤ちゃんはお母さんのそばをはなれない。シロイルカは鳥のように鳴き声で会話するので、「海のカナリア」とも呼ばれる

昼の都市

カモメや猛きん類は、高層ビルの出っぱりに巣を作る。自然の生息地で巣作りに使っている断崖に似ているからだ。カモメはゴミ捨て場でえさをとり、ハヤブサは高層ビルの「谷間」でハトを獲物にする。

ハトを害鳥だと考える人が多いので、ハトをつかまえるためにハヤブサは都市につれて来られた

都市のビルに作られた巣は、キツネなどの捕食者が近づけないので、たいてい野生の巣よりも安全だ

リスはだいたい昼間に活動するが、都市は暖かく明るいため、夜もえさを探す

都市の野生動物

野生動物は食べ物を探すために、都市を昼も夜もパトロールする。人間が食べ物を無駄にする一方で、野生動物はゴミ箱や鳥のえさ台から食べ物をありがたく失敬する。北アメリカではアライグマやコヨーテが、ヨーロッパではキツネやアナグマが庭にやって来る。世界の他の地域では、都市の野生動物はサルや有袋類（コアラやカンガルーなど）からは虫類までさまざまだ。

自然界のソプラノ歌手

都市の鳥は、田舎の鳥よりも短く速く、高い音でさえずる。都市の鳥のさえずりは、田舎の鳥には聞き分けられないほど、音の高さが異なる。

都会のトカゲ

カリブ海地域では、都市にすむアノールトカゲの足が、ガラスやコンクリートを登りやすい、長く粘着力の強いものに進化した。これがあれば、森だけでなく、都市の環境も利用できる。

このトカゲはのどのたるんだ皮膚をふくらませる。おそらく、他のトカゲがなわばりに入ってこないように警告するためだろう

アドバイスしてくれた専門家：マイケル・D・ベイ　あわせて読んでみよう：進行中の進化、p.150〜151；生きものの分類、p.152〜153；動物、p.158〜159；生態系、p.162〜163；自然の利用、p.190〜191

夜の都市

人間が眠りにつくと、シロアシマウスやアメリカヌズミなどの動物たちが活動しはじめる。都市にすむネズミには田舎のネズミより脳が大きいものがいる。科学者は、都市の暮らしの複雑さがその原因かを調べている。

アメリカフクロウは都市でうまく暮らしている。公園や庭園にすみ、ネズミやリスをつかまえる

ゴキブリは屋内で暮らす。暖かく安全で、食べ物がたっぷりある環境を利用する

アライグマはゴミ箱を荒らしたり、ネコ用の出入り口から人家に侵入してえさを探すこともある。実際にはトラッシュパンダ（ゴミのパンダ）というあだ名もある

大都会のおサル様

南アジアでは、何種類かのサルが都市で暮らしている。食べ物をぬすんだり、人をこわがってかみついたり、森で木登りをするように建物や頭上の電線をよじ登ったりする。サルの数をコントロールしたいと考える人たちもいるが、ヒンドゥー教では、サルはハヌマーンという神の化身だと信じられていて、火曜日と土曜日にサルにえさをやる習わしがある。

オドロキの事実！

アメリカのロサンゼルスのおかで、ピューマが目撃されている。このピューマはP-22と呼ばれ、ハリウッドヒルズやグリフィスパークにいる姿が撮影された。グリフィスパークは自然が豊かな公園で、周りを交通量の多い道路に囲まれている。科学者はP-22の居場所をつき止めたが、有名人や年間1000万人の観光客でこのピューマを見た人はほとんどいない。

189

自然の利用

私たちの祖先は、かりをしたり植物を集めたりしながら移動して暮らしていたが、1万5000年くらい前に、村をつくって住み始める人たちが現れた。1カ所に住んでも十分な食べ物が手に入るように、野生の動物と植物の中から、特別な性質をもつものだけを繁殖させた。次の世代でもそれより後の世代でも同じことを何度もくりかえした。やがて、それぞれの動物や植物が人間の望む性質をもつようになった。これを家畜化と栽培化という。

野生の馬

馬を家畜化する前は、人間は野生の馬を獲物にしていた。この馬の絵は、3万年以上前にフランスのショーヴェ洞窟のかべにえがかれたものだ。肉を食べるために、野生の馬の他にも、バイソンやシカ、オーロックス（野生の牛の一種）をつかまえた。

品種改良

約6000年前に、人間は馬を家畜化した。最初は馬に乗ったり戦争で戦うためだったが、やがて、重い荷物を引かせるなどの仕事をさせたり、もっと最近では、レースのために馬を飼っている。農作業にはじょうぶな馬が選ばれ、競馬の馬主は、速く走れる長く強いあしをもつ馬を繁殖させる。

荷車を引く馬は、じょうぶで、しかも性格がおだやかでないといけない

農作業に使う馬は、すきや荷車、丸太を引けるように、背が高く力が強いものを繁殖させた

アドバイスしてくれた専門家：マイケル・D・ベイ　あわせて読んでみよう：生きものの分類、p.152〜153；草原、p.168〜169；都市の野生動物、p.188〜189；芸術の始まり、p.220〜221；肥沃な三日月地帯、p.246〜247；中国の唐王朝、p.282〜283；食料問題、p.346〜347

みんな同じ

ここに挙げた植物は見かけも味もちがうが、みんなBrassica rapaという同じ種だ。どれも元々は、南ヨーロッパから中央アジアに生育する野生のアブラナだった。大きなつぼみをつけるものを選んで何世代もかけて繁殖させた結果、ブロッコリーとカリフラワーがつくられた。また、大きな根をもつものを選んで繁殖させたらカブが、多くの葉をつけるものを選んで繁殖させたらケールができた。

ブロッコリー つぼみを改良
ケール 葉を改良
カリフラワー つぼみを改良
キャベツ 葉の芽を改良
カブ 根を改良
コールラビ くきを改良
ブラッシカ・ラパ 元になった野生のアブラナ

だんだん大きく

ニワトリは世界中に200億羽以上いて、他のどの鳥よりも数が多い。品種改良と、えさに添加物を足して強化するなどの集約農業を組み合わせた結果、成長が速くなったが、ニワトリの健康と飼育環境が問題になっている。今のニワトリは60年前の4倍も大きい。

北極の家畜

サーミ人はスカンジナビア半島北部からロシア北部にかけての地域で暮らし、トナカイの群れを飼っている。トナカイから肉や毛皮、ミルクを手に入れ、乗り物に使う。

オドロキの事実！

数百種もある犬の品種は、古代のオオカミの1種を共通の祖先として進化した。こんなにたくさん種類があるのは、かりのため、家畜の群れを世話するため、あるいはかわいいからなど、さまざまな目的で選んで繁殖させたからだ。最新の「デザイナードッグ」には、コッカースパニエルとプードルをかけ合わせたコッカプーなどがある。

チワワ / ダックスフント / キャバリア・キング・チャールズ・スパニエル / フレンチブルドッグ / ミニチュアピンシャー / イングリッシュブルドッグ / ボーダーコリー / ラブラドールレトリバー / ビズラ / ジャーマンシェパード / バーニーズ・マウンテン・ドッグ / オオカミ / ボーダーテリア

191

生きもの
専門家に質問しよう！

ケヴィン・フォスター
進化生物学者

どんな疑問を解決しようとしていますか？
私たちの体の中には、細菌などの微生物がたくさんすんでいて、多様な種がぎっしり集まってコミュニティーをつくっています。私たちの健康にありとあらゆる影響をあたえるのに、こうした微生物についてほとんど何もわかっていません。「どのように微生物は進化したのだろう？」「なぜ微生物は人間の健康を害することがあるのだろう？」という疑問の答えを探しています。

あなたの専門分野でびっくりすることは何ですか？
細菌は戦い好きです！ 数え切れないほどの兵器をもっていて、同じ種の株や、別種の細菌を攻撃するために使います。また、環境に毒素を放出したり、さまざまな残酷な道具を使ったりもします。たとえば、毒を仕込んだ分子サイズのやりをライバルの細胞に打ちこんで殺してしまうんです。

あなたの研究で楽しいことは何ですか？
私たち1人ひとりが、まるで小さな雨林のように、体の表面と内部に何百種もの微生物をすまわせているなんて、すごいことだと思います。健康と病気のちがいに関係する、こういうミニチュアの世界を理解することは、私たちにとって大切なことなんです。

ジャニス・ロフ
気候学者

あなたの研究で楽しいことは何ですか？
科学者って楽しいですよ！ 自分の周りの世界について疑問を持つのはワクワクします。私の仕事の1つは、大きなサンゴからコア（サンプル）を採取することです。コアをうす切りにしてX線を当てると、木の年輪のように、毎年の成長を示す帯が見えます。昔はどんな環境だったのか、サンゴがどのくらいの速さで成長したのかを教えてくれます。サンゴの骨格は、自然がつくった、サンゴ礁の歴史の本なのです！

びっくりするような事実を教えてください。
サンゴは動物なんですよ！ 熱帯のサンゴ礁が特別なのは、宿主であるサンゴと、サンゴの細胞組織にすむ小さな植物（藻類）との関係があるからです。この特別な関係によって、サンゴと藻類の両方が得をします。サンゴは炭酸カルシウムの骨格をつくるためのエネルギーを手に入れ、藻類はサンゴのおかげで安全な場所を得ます。

ディノ・J・マーティンズ
昆虫学者

あなたの研究で楽しいことは何ですか？
私は、昆虫と植物が力を合わせて地球に必要な仕事をこなしている仕組みを研究しています。昆虫と植物が交流する様子を観察したり、その複雑な暮らしに関する多くのなぞやミステリーの一部を明らかにするのが大好きです。昆虫の世界を分かち合ったり発見をすることは、とてもほこらしく、すごく楽しいです。

びっくりするような事実を教えてください。
あなたが食べる物の3つに1つは、花粉を運んでくれる動物のおかげで育つんですよ。

一番発見したいことは何ですか？
今の世界には多くの問題があります。地球でともに生きる多くの動物と私たち自身との関係を理解することは、問題を解決する方法を見つけたり、新しい問題を増やさないことに役立つはずです。

生きもの
クイズ

1 地球の歴史で最初の20億年間にほとんどなかったものは何？
a 水
b 酸素
c 陸地
d 生きもの

2 生きものをグループに分けることを科学用語で何という？
a 分類
b 分離
c 分担
d 分割

3 太陽エネルギーを利用して、水と二酸化炭素から糖分をつくりだすことを何という？
a 発酵
b 燃焼
c 光合成
d 呼吸

4 人間の細胞は何個ぐらい虫ピンの頭に乗せられる？
a 10個
b 100個
c 1000個
d 1万個

5 生きている木で世界一高いのは、ハイペリオンというセコイアだ。何mある？
a 76m
b 91m
c 116m
d 152m

6 極寒帯はどこにある？
a 深い海の下
b 高い山の上
c 砂漠の一番暑い場所
d 氷床の上

7 エベレストの山頂近くの石灰岩には何がふくまれている？
a 金
b 貝殻
c 軽石
d ゾウムシ

8 砂漠にすむキリアツメゴミムシダマシはどうやって水を手に入れる？
a 地面をほる
b オアシスを探す
c ラクダのおしっこを飲む
d きりから水滴を集める

9 テッポウウオは、つき出た枝に止まっている獲物の昆虫をどうやって落とす？
a 小枝を投げる
b 歌を歌う
c 水をはき出す
d 空中にとび上がる

10 ハシリグモの得意技は？
a 金のあみをつくれる
b とても高くとべる
c ネズミを殺せる
d 水の上を走れる

11 ミナミトビハゼってどんな魚？
a 皮膚から酸素を取り入れる
b 海の底でねる
c 地下にトンネルをほる
d かた方のひれではねる

12 太平洋にある太平洋ゴミベルトは、どれくらいの大きさだと考えられている？
a アメリカのテキサス州の大きさ
b テキサス州の2倍の大きさ
c テキサス州の3倍の大きさ
d テキサス州の10倍の大きさ

13 一部のチョウチンアンコウのメスにできることは何？
a 光を発する
b 海の底を歩く
c 陸上で呼吸する
d 自分の食べ物を育てる

14 オーロックスは野生の何？
a ブタ
b 馬
c 牛
d ダチョウ

193

答え：1) b、2) a、3) c、4) d、5) c、6) b、7) b、8) d、9) c、10) d、11) d、12) a、13) a、14) c

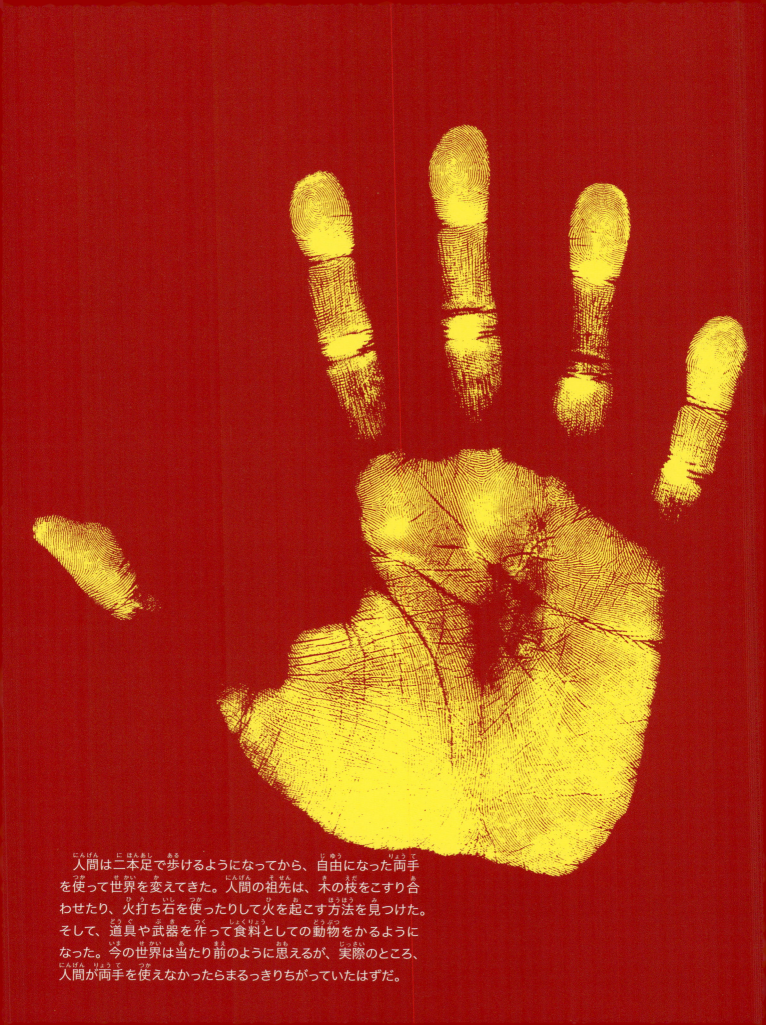

　人間は二本足で歩けるようになってから、自由になった両手を使って世界を変えてきた。人間の祖先は、木の枝をこすり合わせたり、火打ち石を使ったりして火を起こす方法を見つけた。そして、道具や武器を作って食料としての動物をかるようになった。今の世界は当たり前のように思えるが、実際のところ、人間が両手を使えなかったらまるっきりちがっていたはずだ。

第5章
人間

　人間って何だろう？　数百万年前、私たちの遠い祖先が二本足で歩きはじめたときに人間の物語が始まった。その動物は、ヒト属という階級に分類され、環境に適応する能力をもっていた。両手を使って火を起こしたり、武器を作ったり、道具を考えだしたりした。ヒト属のうち地球上でただ1つ生き残っているホモ・サピエンスという種は、おそくとも1万年前には、穀物とアクセサリー、羊毛とつぼなど、物と物とを交換するようになっていた。まもなく、お金を使ってもっと簡単に交換できるようになった。

　人間は独特な文化を発達させ、それが少しずつ世界を形づくったり、つくり変えたりしている。文章や絵画、彫刻、音楽、ダンス、動画、インターネットを通じて考えを分かちあう。戦争で殺しあうこともあるが、一緒にスポーツやゲームをしたり、発見や探検、ファッションを通じて平和に交流することもある。ルールに従って行動するために政府をつくったり、うれしいことを祝うために祭りを行ったりする。死者をいろいろなやり方でとむらう。ただ直立して歩くだけでなく、こういう複雑な文化をもっているので、人間は他の動物と区別されるのだ。

人類の誕生

人類は最初から今のような姿だったわけではない。現在の人類は数百万年をかけて進化し、大昔には、数種の人類が存在した。このグループのメンバーのほとんどは、「ホモ」が名前についている。人間の体はそれぞれの環境に合わせて変化し、ゆっくり時間をかけて適応した。人間の脳は、人間に似た一番古い祖先の脳より3倍も大きくなった。

オドロキの事実！

鳥肌は人間の祖先が体を冷やさないために役立った。皮膚は寒さに反応して毛を逆立てる。こうすると毛の間に空気が入って皮膚の熱がにげなくなる。今の人間は体毛がほとんどなくなってしまったから、鳥肌は役に立たない。でも人間の祖先はとても毛深かったのだ！

人間の親戚

ヒト属の中で今生きているのは1種だけで、それがホモ・サピエンスと呼ばれる現生人類だ。どの種がどの種の直接の祖先だったのか、科学者の意見は分かれている。でも、ヒト属のメンバーはみんな近い親戚だ。その一部をここに紹介しよう。地球に現れたと考えられている順に、右から左に並んでいる。

- ホモ・ネアンデルターレンシスは現生人類よりも背は低いが、脳の大きさは同じだ
- 現生人類だけ、おでこが平べったく広い
- 「直立する人間」という意味のホモ・エレクトスは、アフリカとアジアにすんでいた

ホモ・ネアンデルターレンシス
20万年前に現れた種で、絶滅した親戚の中で現生人類に一番近い。服を作り、道具を使った。

ホモ・サピエンス
31万5000年前にアフリカに現れた種で、人間は全員この種にふくまれる。「ホモ・サピエンス」とは「かしこい人間」という意味だ。

ホモ・エレクトス
この種は190万年くらい前に現れた。人間の近い親戚の中で、最初に火を起こし、使いこなせるようになった種かもしれない。

ホモ・ハビリス
この種は、およそ240万年前から150万年前にアフリカにすんでいた。他の種類の初期の人類と同じ時代に生きていたのかもしれない。

アウストラロピテクス・アファレンシス
この種の化石は400個以上あり、ほとんどがエチオピアで見つかっている。化石は380万年前から290万年前のものだ。

アドバイスしてくれた専門家：ジョン・P・ラファーティ　あわせて読んでみよう：化石、p.76～77；燃焼、p.108～109；生命の始まり、p.148～149；進行中の進化、p.150～151；生きものの分類、p.152～153；人体、p.198～199；脳、p.202～203；絶滅危惧種、p.370～371

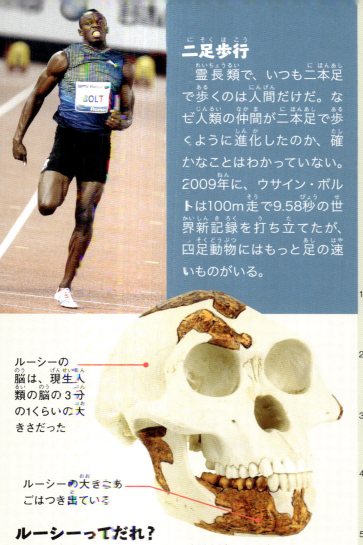

二足歩行

霊長類で、いつも二本足で歩くのは人間だけだ。なぜ人類の仲間が二本足で歩くように進化したのか、確かなことはわかっていない。2009年に、ウサイン・ボルトは100m走で9.58秒の世界新記録を打ち立てたが、四足動物にはもっと足の速いものがいる。

ルーシーの脳は、現生人類の脳の3分の1くらいの大きさだった

ルーシーの大きなあごはつき出ている

ルーシーってだれ？

1974年にエチオピアで320万年前の骨格が見つかり、ルーシーと名づけられた。人類の初期の祖先アウストラロピテクス・アファレンシスという種だった。類人猿のようにうでが長く足が短かったが、人類のような骨盤ももっていた。ルーシーは現生人類のように二本足で歩いた。

未解決のナゾ

共通の祖先はだれ？

ヒトとチンパンジーは同じ祖先から分かれたが、その祖先がだれなのかはよくわかっていない。わかっているのは、ヒトと他の類人猿と別の方向に進化したことだけだ。これはおそくとも600万年前に起こった。

人類はどれくらい昔に現れた？

地球は46億才だ。ホモ・サピエンスは約31万5000年前にアフリカで生まれたが、二足歩行する祖先が現れたのはもっと昔で、600万年前より後のことだ。複雑な言語や芸術、技術が発達したのは、最近のたった10万年間のことでしかない。

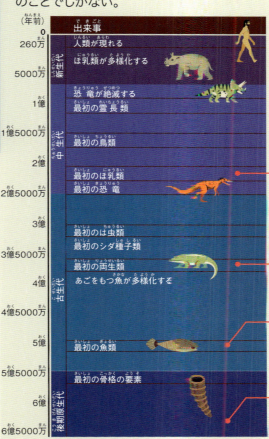

年前	出来事	
0		
260万	人類が現れる	
5000万	ほ乳類が多様化する	新生代
1億	恐竜が絶滅する 最初の霊長類	
1億5000万	最初の鳥類	中生代
2億	最初のほ乳類 最初の恐竜	
2億5000万		
3億	最初のは虫類 最初のシダ種子類	
3億5000万	最初の両生類 あごをもつ魚が多様化する	古生代
4億		
4億5000万		
5億	最初の魚類	
5億5000万	最初の骨格の要素	
6億		後期原生代
6億5000万		

ほ乳類には虫類から、ほ乳類が進化した

魚類から両生類に進化した

初期の魚類は小さくあごがなかった

最初の多細胞生物が現れた

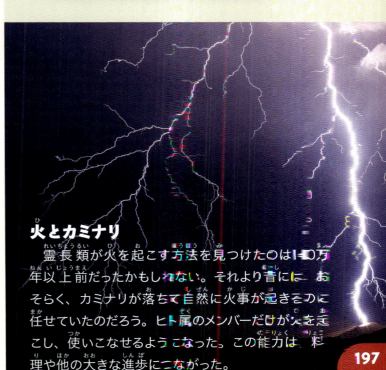

火とカミナリ

霊長類が火を起こす方法を見つけたのは100万年以上前だったかもしれない。それより昔には、おそらく、カミナリが落ちて自然に火事が起きるのに任せていたのだろう。ヒト属のメンバーだけが火を起こし、使いこなせるようになった。この能力は料理や他の大きな進歩につながった。

197

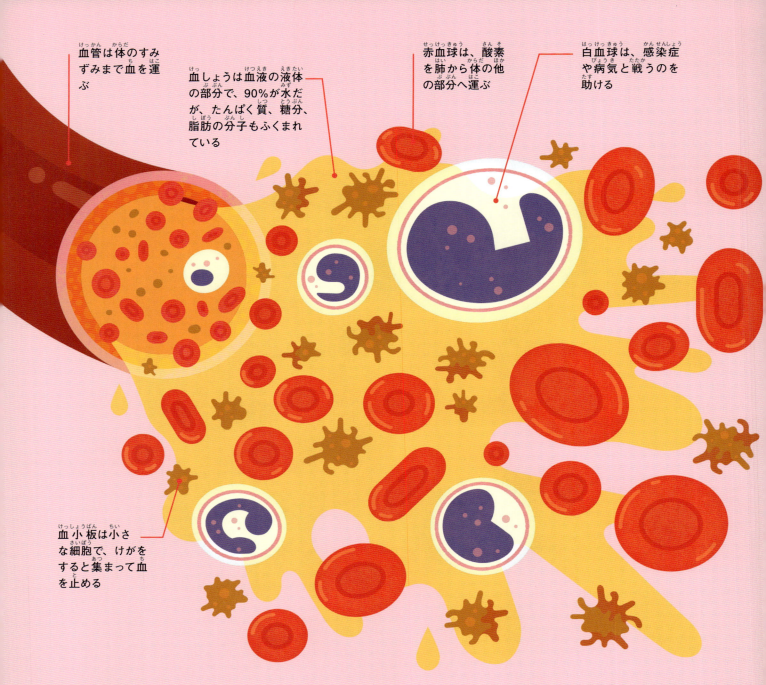

血管は体のすみずみまで血を運ぶ

血しょうは血液の液体の部分で、90％が水だが、たんぱく質、糖分、脂肪の分子もふくまれている

赤血球は、酸素を肺から体の他の部分へ運ぶ

白血球は、感染症や病気と戦うのを助ける

血小板は小さな細胞で、けがをすると集まって血を止める

人体

人体は30兆個以上の細胞でできたすばらしい生命体だ。約60％は水だが、たんぱく質や炭水化物などの有機化合物もふくまれている。動くために使われる筋肉組織など、4種類の主な組織は細胞でつくられていて、体の多くの器官は組織でつくられている。人間が考えたり、動いたり、食べ物を消化したりできるように、いろいろな器官が大きな仕組みの中で一緒に仕事をしている。

血液と細胞

すべての生きものは細胞でできている。細胞はいろいろな形や大きさで、成長して分裂する。細胞の種類ごとに目的がある。血液細胞は、骨髄（ほとんどの骨の中にある組織）でつくられる。骨髄は赤血球と白血球、血小板をつくる。体の中で酸素やたんぱく質、栄養分を細胞に運ぶ仕事は血液に任されていて、血液は二酸化炭素などのいらないものも片付けてくれる。

アドバイスしてくれた専門家：カーラ・ロジャーズ　あわせて読んでみよう：DNAと遺伝、p.200～201；脳、p.202～203；感覚、p.206～207；医学の歩み、p.312～313

人体の器官系
豆知識リスト

人体には、器官のグループが決まった仕事を一緒に行う、器官系と呼ばれる仕組みがたくさんある。

1. **骨格系** 骨と軟骨は体の構造をつくる。体を動かすのを助けたり、重要な臓器を守ったりする。骨には、血液細胞をつくる骨髄がふくまれている。

2. **筋肉系** 骨や器官にくっついた筋肉は、体を支えたり、動かしたりする。健康な体温を保つためにも役立っている。

3. **呼吸器系** 息を吸うとき、空気が鼻や口から入って肺へ運ばれる。血液は肺から酸素を受け取って、体のすべての細胞に届ける。肺と鼻と口は、二酸化炭素を不要なものとしてはき出す。

4. **循環器系** 血液は止まることなく体中を移動する。心臓は1分間に約72回動いて血液を動脈へ送り出す。血液は毛細血管から静脈に入り心臓にもどる。

5. **消化器系** 腸や胃は食べ物を栄養分に分解して、体はそれを使って健康を保つ。

6. **神経系** 脳、脊髄、神経、感覚器官は、体中に信号を伝える。

未解決のナゾ

きみの体には骨が何個ある?

おとなには平均206個の骨があるが、骨の数はだれでも同じというわけではない。赤ちゃんにはまだつながっていない骨があるので、平均270個ほどになる。ただし、この数には種子骨と呼ばれる小さな骨は入っていない。種子骨は人によって大きさや数がちごう。

歴史を変えた人物

サレルノのトロタ
医者 12世紀 イタリア

トロタは、女性のために医学と治療の本を書いた。彼女はフランスとイギリスで有名になった。イタリアのサレルノで作られた3冊の女性の医学の教科書はトロトゥーラと呼ばれ、その一部にトロタの本が使われた。19世紀の終わりから20世紀の初めになるまで、3冊の教科書はすべて男性が書いたと思われていたが、トロトゥーラの一部はトロタの書いた本が元になっていることを歴史家が明らかにした。

体を動かす仕組み

人間の骨格は、体を支え、臓器を守る骨でできている。また、筋肉と一緒に体を動かす役目もある。骨はミネラルと水、たんぱく質繊維でできている。骨格系の中で2個以上の骨がとなり合う場所を関節という。人体には主に5種類の関節がある。

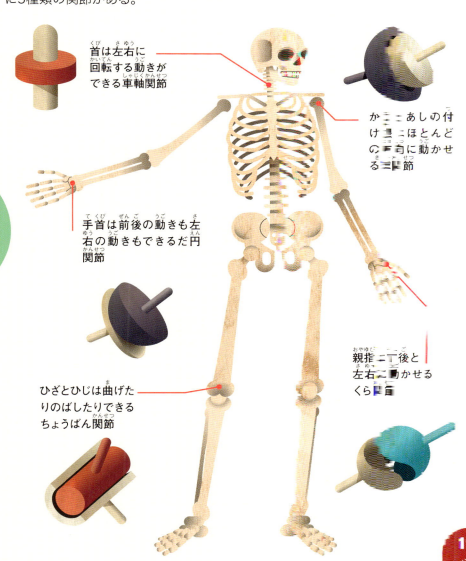

- 首は左右に回転する動きができる車軸関節
- 手やあしの付け根はほとんどの方向に動かせる関節
- 手首は前後の動きも左右の動きもできるだ円関節
- ひざとひじは曲げたりのばしたりできるちょうばん関節
- 親指は前後と左右に動かせるくら関節

199

DNAと遺伝

人間が1人ひとりちがうのはなぜだろう？　家族が似ているのはなぜだろう？　その答えはすべて遺伝子にある。遺伝子とは、DNA（デオキシリボ核酸）と呼ばれるひものような化学物質に入っている指示書のことだ。DNAには人間の見た目や体の働きを決めるすべての情報が入っている。DNAの中身は、1人ひとり少しちがっている。遺伝学は遺伝子を研究する学問だ。1つの世代から次の世代へ遺伝子がどのように渡されるか、そして、きみをきみらしくするために遺伝子がどのように協力し合っているかを研究する。

DNAの形は二重らせんと呼ばれている

DNAは「横木」でつながった2本のひもでできている

DNAのひもの間にある横木は、塩基という化合物でできている。全部で4種類あり、A、T、C、Gと呼ばれている

塩基はパズルのピースみたいにぴったり組み合うペアになっているので、必ずAとT、CとGがペアになる

人間のDNAのひも

人体の細胞には核と呼ばれるふくろのようなものが入っている。核の中には、染色体と呼ばれる小さな糸のようなものが入っている。細胞には普通23対の染色体がふくまれていて、父親からもらった1組と、母親からもらった1組がペアになっている。染色体は、DNAと呼ばれる化学物質でできたとても長いひもで、顕微鏡がないと見えないほど細い。DNAは遺伝子でできている。遺伝子とは、体の材料になるたんぱく質をつくるために必要な情報のことだ。人体には2万〜2万5000個の遺伝子がある。

アドバイスしてくれた専門家：アビゲイル・H・フェレステン　あわせて読んでみよう：人類の誕生、p.196〜197；人体、p.198〜199；犯罪と法律、p.228〜229；医学の歩み、p.312〜313；医療技術、p.362〜363；未来の人類、p.382〜383

家族の特徴

子どもは親から特徴を受けつぐが、完全にそっくりというわけではない。どんな特徴になるかは、遺伝子が体の中でどんなふうに作用するか、そして特徴の種類によって決まる。鼻の形や、少なくとも鼻のてっぺんとそのすぐ下のエリアは、顔の他の部分よりも受けつがれやすい。

オドロキの事実！

木の樹脂のガムの中から5700年前のDNAが発見された。科学者はDNAを分析してわかったことをもとに、ガムをかんでいた人の絵をアーティストにかいてもらった。ガムが見つかったデンマークのロラン島にちなんで、この女性はローラと名づけられた。ガムのDNAは、骨と歯以外の物から完全なDNAを取り出された初めての例だ。

変異と目の色

すべての人間のDNAは、99.9%まったく同じだ。それなのにみんな見かけがちがう。こういうちがいのほとんどは、変異と呼ばれる小さな変化が遺伝子の重要な部分に起こることが原因だ。新しい変異によって生まれた新しいバージョンの遺伝子を対立遺伝子という。対立遺伝子の約半分を母親から、もう半分を父親からもらう。こうしてきみだけが持つ対立遺伝子の組み合わせによって、きみの見かけが決まる。目の色は2つの遺伝子で決まる。1つは黄色みを強くし、もう1つは赤みを強くする遺伝子だ。

専門家から一言！

アビゲイル・H・フェレステン
遺伝学者

アビゲイル・H・フェレステンは、顕微鏡がなければ見えない線形動物の脳の発達を研究している。脳の発達をコントロールする遺伝子は、線形動物にも人間でも同じことをする！ あらゆる種の脳の発達についてわかればわかるほど、人間の脳の病気をもっとよく治療できるようになる。

「私たち1人ひとりがちがうのも、私たちみんなが人間なのも、遺伝コードの働きなんです」

犯罪の解決

指紋は1人ひとりちがうから、犯人かどうかを調べるのにとても便利だ。また、犯人は「タッチDNA」と呼ばれる皮膚細胞を残すこともある。科学捜査官はこの組織を事件現場から採取できる。遺伝子のコピーをつくる技術を使って、1つの指紋から、犯人の完全な遺伝子をかき出して、それを容疑者のDNAと比べることができるのだ。

201

脳

脳は体のコントロールセンターだ。呼吸したり、動いたり、話したり、学んだりできるように、メッセージを送ったり受け取ったりする。重さはおよそ1.5kgで、2つの半球に分かれている。右半球は、体の左側にある筋肉をコントロールする。左半球は体の右側にある筋肉をコントロールする。人間はいつでも、眠っているときでさえ、脳のすべての部分を使っている。

ニューロン

ニューロンとは神経細胞のことで、長い電線のようなものを通して電流を送り、電線の先には他のニューロンがある。電流は電線の終わりまで来ると、点灯中の光みたいな信号を放出する。他のニューロンは、この信号に反応する。ニューロンは脳の内部や、脳と体の他の部分との間で情報を伝達する。

前頭葉は、運動・記憶・行動・知性をコントロールする

頭頂葉は、温度や触覚（物をさわる感覚）、味覚などの感覚を認識する

後頭葉は視覚（目で物を見る感覚）を担当する

大脳

小脳はバランス・運動・筋肉の共同作業を担当する

小脳

脳幹

側頭葉は、記憶・行動・感情をコントロールしたり、言葉を理解できるようにする

脳幹は、呼吸など自動的に行われる仕事を調節する

背骨は脊髄を守る

脳の主なエリア

脳は、大脳、小脳、脳幹という3つの大きなエリアに分かれている。大脳は前頭葉、側頭葉、頭頂葉、後頭葉という4つの葉に分けられ、それぞれの葉がちがう体の働きを担当する。脳のニューロン（メッセージを送ったり受け取ったりする細胞）は、感覚器官や体の他の部分と連絡し合う。ニューロンは脊髄（背骨の中の長い神経の束）を通って移動する。

アドバイスしてくれた専門家：アビゲイル・H・フェレステン　あわせて読んでみよう：人類の誕生、p.196〜197；人体、p.198〜199；感情、p.204〜205；感覚、p.206〜207；スマート技術とAI、p.364〜365；未来の人類、p.382〜383

脳波
豆知識リスト

ニューロンが発生させる電気信号を装置を使ってとらえると、脳波を測定できる。脳波を見れば、細胞がどれくらい活発に活動しているかがわかる。何をしているか、どんな気持ちかによって脳波のパターンが変わる。

1. **デルタ波** 眠っているときの、一番ゆっくりな脳波だ。

2. **シータ波** 眠ろうとしているときなど、脳がものすごくリラックスしているときに発生する。とてもゆっくりな脳波だ。

3. **アルファ波** リラックスして落ち着いているときに、脳は大きくゆっくりなアルファ波を発する。

4. **ベータ波** 小さくて速い脳波。しゃべっているときなど、脳が活発に働いているときに出る。

5. **ガンマ波** 難しい問題を解いているときなど、活発に考えているときに、脳に一番速い脳波を発する。

反射

反射とは、頭で考えずに体が動くことだ。たとえば、熱いほのおから自動的に手を遠ざけるなど、反射は体を危険から守る。脳に苦痛を知らせるために、手から脊髄に送られた信号が脳に届くより早く、反射が手を火から遠ざける。

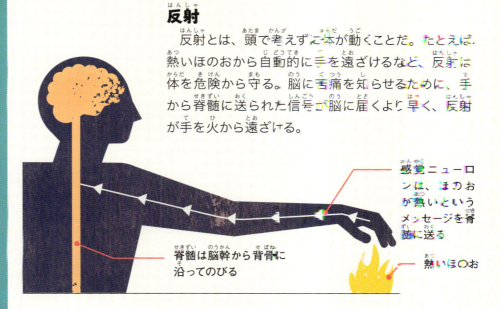

- 感覚ニューロンは、ほのおが熱いというメッセージを脊髄に送る
- 脊髄は脳幹から背骨に沿ってのびる
- 熱いほのお

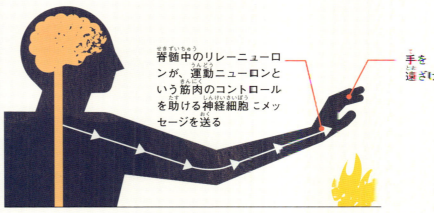

- 脊髄中のリレーニューロンが、運動ニューロンという筋肉のコントロールを助ける神経細胞にメッセージを送る
- 手を遠ざける

脳をだます

マジシャンは、見ている人の感覚に錯覚を起こして脳をだます。視覚、嗅覚、触覚、聴覚のすべてが関係する。たとえば、一つの物だけを見ることに脳を集中させて、ある物から注意をそらすと、消えたように見える。逆に、最初に見た物がその場からなくなった後も、脳には見え続けることもある。こういう手品は、神経科学者が脳の働きを明らかにするために役に立つ。

未解決のナゾ

なぜ夢を見るのだろう？

科学者は、なぜ人は夢を見るのかを明らかにしようと今もがんばっている。夢を研究するためには、眠って夢を見ているときの脳内の電気活動を調べる機械を使う。大脳辺縁系という、大脳の奥にあり、感情をつかさどる部分が、夢を見ている間とても活発になることがわかっている。大脳の外側の層の一部が、何の夢を見るかを決める。

203

感情

よろこび、悲しみ、おそれ。これらは感情と呼ばれるもので、ありとあらゆる種類がある。感情は、周りの世界に反応して生じる。脳の中に、大脳辺縁系と呼ばれる感情のコントロールセンターがある。大脳辺縁系はいろいろな部分に分かれている。1つは海馬といい、記憶や学習を助ける部分だ。へん桃体はアーモンド形で、怒りなどの感情の調節を助ける。小さな視床下部は、こわいときに鳥肌を立たせるというように、感情に対する反応の仕方をコントロールする。

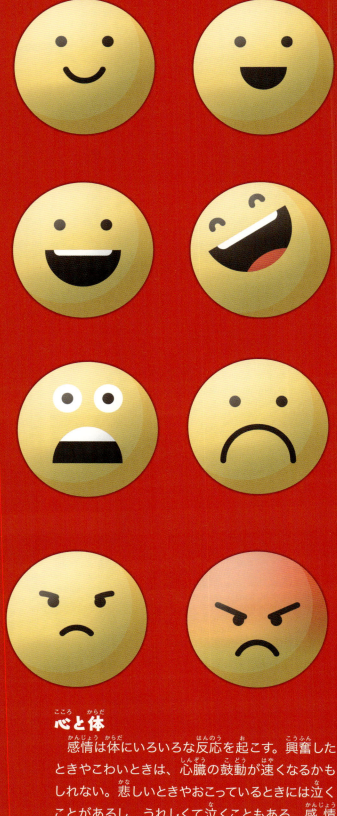

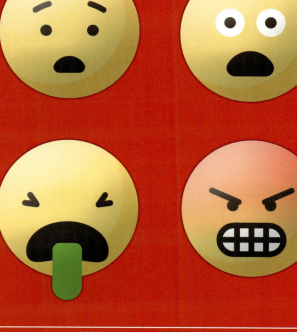

心と体

感情は体にいろいろな反応を起こす。興奮したときやこわいときは、心臓の鼓動が速くなるかもしれない。悲しいときやおこっているときには泣くことがあるし、うれしくて泣くこともある。感情は表情にも表れる。だれもがもち、あらゆる文化で同じような表情をつくる7つの感情を科学者が明らかにした。それは、うれしい、悲しい、きらい、怒り、こわい、おどろき、軽蔑だ。

アドバイスしてくれた専門家：カーラ・ロジャーズ　あわせて読んでみよう：人体、p.198〜199；脳、p.202〜203；感覚、p.206〜207

戦うかにげるか

脳には自動安全システムが備わっている。もし、きみがこわいと感じると、へん桃体は警告信号を視床下部に送る。視床下部は、腎臓のすぐ上にある副腎に、アドレナリンという物質を放出するように知らせる。アドレナリンは心臓の動きを速め、肺は酸素でいっぱいになる。これが「戦うかにげるか」反応だ。その場に止まって立ちむかおそろしいものをやっつけるか、にげるかすための準備が整ったということだ。

化学物質の作用

運動したり、家族や友だちと過ごすとき、いい気持ちになることが多い。その理由は、こういう活動をするとき、神経伝達物質という特定の感情や行動を生み出す化学物質を脳が送り出すからだ。たとえばセロトニンは、楽しい気分になりやすくする。ドーパミンは、何かよいことが起こったことを脳に知らせる。ノルエピネフリンは、ストレスをやり過ごしやすくする。

ほほえんでいないほほえみとは？

レオナルド・ダ・ヴィンチがかいた《モナ・リザ》という絵の女の人は、ほほえんでいるのか？ この疑問について数百年にわたり意見が対立している。笑顔には18種類ほどあるが、本物のよろこびを表すのに1つだけだ。本物の笑顔はデュシェンヌ・スマイルと呼ばれていて、うその笑顔よりも多くの筋肉を使い、目尻にしわができる。こうなるのは心からほほえんでいるときだけだ。

オドロキの事実！

人間になんと1万個以上の表情をつくれる！ その多くは、うれしいときににっこり笑ったり、何かいやなことに顔をしかめたりするなど、いろいろな感情に対する反応だ。多くの表情は、1秒も続かないくらいの、ほんのちょっとの動きだ。研究によると、人間は顔の筋肉を43個も使って表情をつくる。

205

硝子体はゼリーみたいな液体で、目玉の形を保つ役目を果たす。光を曲げて網膜に送る

目の動きをコントロールする4つの直筋の1つ

網膜は目の裏側にある膜で、光を受け取る

色がついている部分は虹彩といい、瞳孔に入る光を調節する

瞳孔は、虹彩の真ん中の穴だ

網膜の中心窩と呼ばれる部分には、視界をくっきり見せる働きがある

目の前方にあるすき通った部分は、角膜と呼ばれる。光を通したり、ピントを調節する役目を果たす

視神経は、視覚のメッセージを網膜から脳へ送る

水晶体は透明な円盤で、見たものが網膜にキレイに写るようにピントを合わせる働きをする

毛様筋は水晶体の形とピント合わせを調節する

目玉を守っている白い部分は、強膜と呼ばれる

脈絡膜は、網膜に栄養分と酸素を送るのを助ける

網膜のこの部分には光受容体がなく、盲点と呼ばれる

感覚

　視覚、味覚、聴覚、触覚、嗅覚は、きみが周りの世界や他の人たちを理解したり、交流したりするのに役立つ。目や耳、皮膚などの体の器官には、信号を受け取る感覚細胞がある。感覚細胞は、受け取った情報を脳にリレーする。脳はきみが見たり、聞いたり、感じたり、経験したりしているものが何なのか、きみにわかるように情報を変換する。おおもとになる5つの感覚の他に、ほとんどすべての動物は、動き、暑さ・熱さ、寒さ・冷たさ、圧力、痛み、バランスを感じる。

目

　人間の目は物を見分けられ、1000万色まで色が見える強力な器官だ。きみが物を見るとき、物から反射された光が目の中に入る。この光は目の裏側にある網膜に届く。すると、かん体とすい体と呼ばれる、何百万個もの神経細胞が光を電気信号に変換する。電気信号が脳に届くと、脳はきみが見ている物の画像を処理する。

アドバイスしてくれた専門家：カーラ・ロジャーズ　**あわせて読んでみよう**：音、p.124〜125；光、p.128〜129；人体、p.198〜199；DNAと遺伝、p.200〜201；脳、p.202〜203；感情、p.204〜205；未来の人類、p.382〜383

舌と味覚

舌には2000個から3000個の味らいがあり、その1つひとつに50個から75個の味細胞が入っている。味細胞は甘味、塩味、酸味、苦味、うま味を受け取り、この情報を脳へ送る。同時に鼻はにおいを受け取り、感覚に追加する。だから風邪をひいて鼻がつまっていると、食べ物の味がいつもとちがって感じられる。

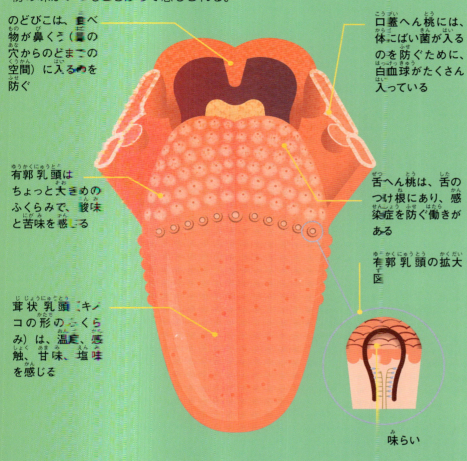

のどびこは、食べ物が鼻くう（鼻の穴からのどまでの空間）に入るのを防ぐ

口蓋へん桃には、体にばい菌が入るのを防ぐために、白血球がたくさん入っている

有郭乳頭はちょっと大きめのふくらみで、酸味と苦味を感じる

舌へん桃は、舌のつけ根にあり、感染症を防ぐ働きがある

有郭乳頭の拡大図

茸状乳頭（キノコの形のふくらみ）は、温度、感触、甘味、塩味を感じる

味らい

一番敏感な触覚

指先の指紋の盛り上がった線の部分は、皮膚の表面のすぐ下に、何千もの触覚細胞をふくんでいる。この線のおかげで、指先は、さわった感じや温度などのほんの小さなちがいを感じ取ることができる。他の感覚細胞と同じように、触覚細胞も脳に信号を送る。脳はすぐに、それがどんな感触で、すべすべなのかざらざらなのか、熱いのか冷たいのか、ぬれているのかかわいているのかなどを判断する。

聴覚

耳は空気の振動を受け取って、それを中耳へ、さらに内耳へと送る。内耳のか牛と呼ばれる器官が信号を受け取る。聴覚神経は、その情報をか牛から脳へ送る。音の強さはデシベル（dB）という単位で表す。

どれくらいうるさい？

打ち上げ花火 140〜150dB　150dB

飛行機の離着 120dB

125dB

ロックコンサート 105〜115dB　100dB

サイレン 115〜125dB

75dB　交通量の多い道路 85dB

普通の話し声 55〜65dB　50dB

冷蔵庫 35〜45dB

25dB

オドロキの事実！

人間の鼻は、少なくとも1兆種類ものにおいをかぎ分けられる。鼻だにおい物質（におい分子）の入った空気を吸いこむと、鼻の中の上のほうで、約400種類の嗅覚受容体がにおい物質を受け取る。嗅覚受容体は情報を脳の嗅球に送る。人間の鼻は、スカンクが出す、くさった卵のようなにおいを1kmもはなれた所からかぎ分けられる。

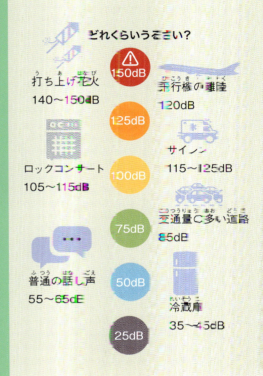

207

食べ物と地理

　人々の食べ物は、どの時代にどこに暮らしているかによって決まる。大昔から、人々は近くでとれる動物や植物を食べていた。北極圏のイヌイットは、食べ物を魚や貝類にたよっていた。ペルーのインカの人々は、ジャガイモを育てた。昔のメキシコ人は、トマトを育てて食べた。ヨーロッパの探検家たちは、ジャガイモやトマトなどの食べ物を自分の国に持ち帰った。今では、世界中から食べ物を輸入するが、文化がちがえば、料理の仕方もちがう。

イヌイットのハンターは、もり（長いやり）を使って食料のアザラシをかる

アザラシが氷の穴から空気を吸いに来るときにつかまえる

北極圏では、イヌイットは、かりの獲物のすべての部分を使う。トナカイの皮で作ったコートは暖かい

食べ物と料理

　人間をはじめあらゆる動物は、食べ物がないと生きることも成長することもできない。食べ物は、体を働かせるために必要なエネルギーになる。大昔の人々は野生の動物をかり、野生の植物を集めて食べた。農業が始まると、村の人たちは育てている作物を主食とするようになり、食べる習慣が変わった。北アメリカの初期の農民は、豆やトウモロコシ、カボチャをたくさん食べた。やがて、世界中の文化で、それぞれちがう食材と味つけの料理が発達した。

オドロキの事実！

ゼリービーンズのつやつやしたコーティングは、昆虫がつくっている。コーティングはシェラックという物質で、インドやタイで木にすむラックカイガラムシのメスがつくる。シェラックを熱してろかすると、うすいかけらに変わり、それをエタノールという化学物質にとかす。それが冷めると固まってコーティングになる。

アドバイスしてくれた専門家：スージー・ガーバー　あわせて読んでみよう：燃焼、p.108〜109；人類の誕生、p.196〜197；人体、p.198〜199；なんでも、どこでも、p.342〜343；食料問題、p.346〜347；都市、p.354〜355；環境問題、p.366〜367；未来の都市、p.380〜381

未解決のナゾ

人間はいつから料理するようになったのだろう？

人間がいつから料理を始めたのか、だれも正確には知らない。他の動物はみんな食べ物を生で食べる。食べ物を料理すると、かみやすく消化しやすくなる。初期の人類の一種、ホモ・エレクトスは火を使えたが、料理した証拠はまったく残っていない。でも、ネアンデルタール人と初期のホモ・サピエンスは、こげた動物の骨を残しているから、この2種の祖先は料理をしたかもしれない。

どんな食べ物が体に必要なのだろう？

下の図は、栄養のバランスがよい食事をとるために必要な果物、野菜、未精白の穀類、たんぱく質の割合を表している。人間は肉も植物も食べられる。ヴィーガンと呼ばれる人たちは、植物だけを食べることにしている。だれでも健康のために、未精白の穀類などの繊維を食べたほうがいい。

果物を食べると、いろいろなビタミンがとれる

未精白の穀類には、繊維やビタミン、ミネラルがふくまれている

野菜には、多くのビタミンや鉄などのミネラルもふくまれている

魚、豆、鶏肉、卵などのたんぱく質は、成長するために大切だ

無駄になる食べ物

農家はときどき、だれも買わない不格好な野菜を捨てることがある。世界中で生産されたすべての食べ物の約3分の1が捨てられている。それなのに、お腹を空かせている人たちは8億2000万人以上もいる。完璧でない食べ物を買うことは、食べ物の無駄を減らす方法の1つだ。

主食

毎日の食事の中心になる食べ物を主食という。トウモロコシ、米、小麦などのことだ。食べられる植物はおよそ5万種類もあるのに、この3つの穀物が世界の食物エネルギーの半分以上をしめている。世界中で35億人以上の人たちが米を主食にしている。アフリカとアジアの一部では、インゲン豆、レンズ豆、ヒヨコ豆も主食だ。ジャガイモも主食になる。

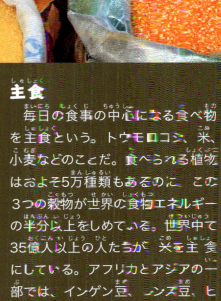

服装とかざり

　人間はいつも服やかざりを身につけてきた。先史時代の人たちがアクセサリーをつけたり、絵の具で体に模様をえがいたり、入れ墨を入れたりしたことがわかっている。服装やかざりは、美しさや財産、身分、宗教のシンボルになったり、その人が何かのグループのメンバーだと知らせたりすることもある。最新のファッションをただまねしたいときもあれば、自分だけのスタイルを表現したいときもある。

オドロキの事実！

　古代ローマでは、海に住む巻貝とおしっこから作った紫色の染料が、真珠と同じくらいの値段だった！ 貝紫色に染めた服を買えたのは王家の人や身分の高い人だけだった。たった30gの染料を作るのに、25万個の巻貝から粘液をしぼり出し、それを10日間おしっこにひたしたのだ。

見て見て！

　みんなを感動させたくて着る服もある。2019年にニューヨークで開かれたファッションの祭典メットガラに、アメリカのラッパー、カーディ・Bは、ものすごく大きな赤いドレスを着ていった（下）。メットガラのようなイベントは、有名人にとって自分の魅力を見せつけるチャンスだ。パーティーや結婚式では、だれもがおめかしした自分を見てもらえる。

アドバイスしてくれた専門家：プラヴィナ・シュクラ　あわせて読んでみよう：地球の資源、p.74〜75；脳、p.202〜203；感情、p.204〜205；舞台芸術、p.222〜223；祭り、p.236〜237

最高の名誉
かつらは有史時代の初期から使われてきた。古代エジプト人は、かみの毛をそって、かつらをつけた。1500年代から1700年代まで、ヨーロッパのお金持ちの男性は、高価なかつらをつけた。上の絵は、そのファッションをからかったものだ。ご主人様のかつらが高すぎて、めし使いは棒を使わないと調節できない。

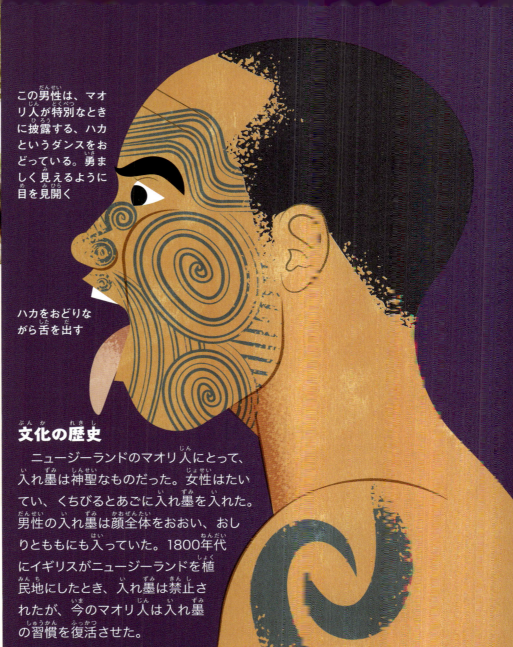

この男性は、マオリ人が特別なときに披露する、ハカというダンスをおどっている。勇ましく見えるように目を見開く

ハカをおどりながら舌を出す

文化の歴史
ニュージーランドのマオリ人にとって、入れ墨は神聖なものだった。女性はたいてい、くちびるとあごに入れ墨を入れた。男性の入れ墨は顔全体をおおい、おしりとももにも入っていた。1800年代にイギリスがニュージーランドを植民地にしたとき、入れ墨は禁止されたが、今のマオリ人は入れ墨の習慣を復活させた。

宝石
インドでは、サンスクリット語で「9つの宝石」を意味するナヴァラトナは、特別な意味をもっている。9つの宝石は、幸運と健康をもたらすと考えられているのだ。宝石は決まった位置に並んでいる。真ん中には太陽を表すルビー、その周りをダイヤモンド、真珠、オレンジのサンゴ、ガーネット、ブルーサファイア、キャッツアイ、イエローサファイアまたはトパーズ、そしてエメラルドが囲む。

勇気の色
ケニアとタンザニアの民族マサイが身につけるカラフルな布やアクセサリーは、それぞれの色に意味がある。マサイの伝統の服装のシュカは赤が多い。赤は血の色で、勇気を表す。ブレスレットや首かざり、イヤリングは、身につける人の身分や一族を表す。昔は鉄や骨などを使ったが、今はガラスのビーズや布を使っている。

青は空を表す。空は牛や作物にとって大切な雨を降らせる

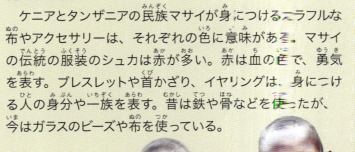

マサイの文化では、赤は勇気を表す。ライオンがこわがってにげると言う人もいる

宗教

人々はどんな宗教を信じているだろう？ 統計によると、キリスト教とイスラム教は合わせて44億人の信者をもつ、世界の2大宗教だ。それぞれ、多くの宗派がある。たとえば、カトリックはキリスト教の宗派で、スンニはイスラム教の宗派だ。ちがう宗教としきたりが混ざり合った宗教もある。宗教を信仰しない人もたくさんいる。

24.3%

キリスト教
25億人
キリストまたはナザレのイエスと呼ばれる人の教えに基づいて、紀元1世紀に始まった宗教。かれは神の息子であり、神はただ1つだと信じられている。聖書はキリスト教の教えが書かれた本だ

イスラム教
19億人
紀元7世紀のアラビアで、預言者ムハンマドが始めた。イスラムという言葉は、「すべてを委ねる」という意味だ。信者はただ1つの神、アラーに絶対に従う。イスラム教の神聖な本は、アラビア語で書かれたコーランだ

ヒンドゥー教
10億人
ヒンドゥー教は3000年以上前にインドで始まった。信者は多くの神々を信じ、ブラフマーが宇宙をつくった神だと考えている。サンスクリット語で書かれたヴェーダは、ヒンドゥー教の一番古い神聖な本だ

仏教
5億5000万人
仏教は、紀元前500年ごろのインドのゴータマ・シッダールタまたはブッダと呼ばれる人の教えに基づいている。教えの中心は、ねはんという、さとり（完璧な理解）と安らぎの状態に到達するための生き方にある

シク教
2800万人
インドの宗教指導者ナーナク（1400年代の終わりごろ）の信者は、ただ1つの神を信じている。『グル・グラント・サーヒブ』という神聖な本にナーナクの教えが書かれている

ユダヤ教
1500万人
ユダヤ教はおそくとも3000年前に今のイスラエルで始まった。信者はただ1つの神を信じ、タナハ（ヘブライ語の聖書）、ミドラシュ、タルムードに書かれた教えを守っている

32.3%

アドバイスしてくれた専門家：ジーナ・A・ズルロ　**あわせて読んでみよう**：中国の最初の王朝、p.252〜253；古代の神々、p.256〜257；ビザンツの世界、p.278〜279；中国の唐王朝、p.282〜283；イスラム黄金時代、p.284〜285；中世ヨーロッパ、p.286〜287；アフリカの帝国、p.292〜293；ムガル帝国、p.300〜301

 その他の宗教
8億5000万人。その一部を紹介しよう。

1. **法輪功（1000万人）**：めいそう手法と型通りの運動を組み合わせる。1992年に中国で始まった

2. **バハイ教（500～700万人）**：すべての人は、ただ1つの神をもつ1つの宗教に属すると信じる。1863年にイランで始まった

3. **儒教（500～600万人）**：中国の優れた思想家、孔子の教えを信じる古代からの宗教

4. **ジャイナ教（400万人）**：人間のたましいは永遠だと信じる教えで、紀元前6世紀にインドで始まった

5. **神道（300～400万人）**：信者は神々（自然万物に宿る神々）を信じ、神社にお参りする。古代の日本で始まった

6. **ウィッカ（100～300万人）**：自然を敬い、魔術を中心とする宗教。1950年代にイギリスから広まった

7. **カオダイ教（250万人）**：道教、仏教、儒教、カトリック教、イスラム教から教えを取り入れた宗教。1926年にベトナムで始まった

8. **ラスタファリ運動（100万人）**：1930年代にジャマイカで始まった宗教であり、政治運動でもある

9. **天理教（100万人）**：神道を土台にした宗教で、天理王命と呼ばれる1つの神だけを信じる。1800年代に日本で始まった

10. **ゾロアスター教（15万人くらい）**：最高神アフラ・マズダを敬う。イランで紀元前6世紀に始まった

道教
900万人
2000年以上前に始まった中国の宗教。信者はタオ（道）と調和して行動し、物事の自然ななり行きをじゃまにしないようこころする

無宗教
8億8000万人
無宗教には、無神論者（神はいないと考える人）や不可知論者（神はいるともいないとも言えないと考える人）、どの宗教にも入っていない人がふくまれる。その多くは神や超越した存在を信じないが、いのりやめいそうなど、精神的な活動に参加する人もいる

争いと戦争

なぜ人間はたがいに戦ったり、戦争をしたりするのだろう？　それについては多くの理論がある。攻撃される不安や、お金や宗教、食料資源、領土をめぐる争いが原因で戦争が起こることがある。内戦（1つの国の中で対立するグループの戦争）は、たいてい、だれが国を運営するかを争う。争いは人間の性質の一部だと主張する科学者もいれば、それに反論する人もいる。今、実際にたくさんの争いが起こっているが、世界の大半は平和だ。

リトルビッグホーンの戦い

アメリカの先住民族のオグララ・ラコタのアーティスト、エイモス・バッド・ハート・ブルは、リトルビッグホーンの戦いをえがいた（上）。これは1876年6月25日にラコタとシャイアンの戦士がアメリカ陸軍に勝った戦いだ。その後、陸軍がかれらを追いはらって白人の入植者の場所とし、戦争は終わった。

平和な抗議

平和な抗議が政治を変えることもある。アフリカのスーダンの人びとは、国の厳しいルールに反対して、2018年の終わりからデモを行った。大統領は裁判にかけられ、ろう屋に入れられた。新しい政府が政権に就いたが、まだたくさんの問題がある。

アドバイスしてくれた専門家：マイケル・レイ　あわせて読んでみよう：DNAと遺伝、p.200～201；宗教、p.212～213；犯罪と法律、p.228～229；革命の時代、p.310～311；第1次世界大戦、p.316～317；第2次世界大戦、p.324～325；冷戦、p.326～327；脱植民地化、p.328～329；現代の戦争、p.350～351

国際連合

1945年に第2次世界大戦が終わると、5の国が集まって国際連合（国連）を作った。その使命は、世界の平和を守り、人権などの問題を監督することにある。今では国連のメンバーは193カ国になった。

戦争の影響

戦争は学校や病院、都市全体を破壊する。多くの人はむりやり移住させられ、難民になる。アレッポ東部をふくむシリアの一部は、2011年に始まった内戦で破壊され、何百万人もの人が安全な場所を求めて自分の家からにげなければならなかった。今、560万人のシリア人難民がシリアの外で暮らしている。数百万人は、シリアの内部で移住させられた。

死者の身元を調べる

世界の戦争で、何千万人もの兵士や市民が亡くなったが、その多くは身元を記録しないですぐにうめられた。1990年代以来、DNA鑑定によって、骨など体の一部と行方不明の人の情報が適合するか調べられるようになった。犠牲者がだれかわかると、殺した人を裁判にかけられるかもしれない。

殺人兵器

より優れた武器があれば、戦争に勝ちやすくなる。最初に完成した機関銃はガトリング砲といって、1862年に南北戦争中のアメリカで発明された。この兵器は、陸軍の戦い方を変えた。ライフルとはちがって、弾丸を入れ直さずに連続して発射できた。マキシム機関銃（写真）は、1884年ごろに発明された。世界初の全自動式機関銃で、植民地の人々に対する戦いや、第1次世界大戦で使われた。

専門家から一言！

マイケル・レイ

ヨーロッパの歴史・軍事編集者

マイケル・レイは、ブリタニカ百科事典のために歴史と争いについて書いている。過去の戦争について調べば、きっと未来の戦争をさけられると考えているのだ。

「もし、歴史はくり返されるというのなら、争いをくり返さないように努力するべきです」

215

言語と物語

言語とは、人間がおたがいの考えや気持ちを伝え合うために使うシステムのことだ。言語を通じて、考えや感情、アイデアを表現したり、過去や未来のことについて話したりできる。言語は、話すこともできるし、手話のように、手や表情、身ぶりを使って表すこともできる。言語は物語となることで芸術の一形式になり、常に変化している。

物語を語る

文字が発達するずっと前から、言葉を使って物語を語ったり、歌を歌ったりして、人間は歴史や知識を世代から世代へと伝えてきた。この伝統は世界中の文化を特徴づけている。モロッコの伝統的な物語から、現代のラップの歌詞までさまざまなものがある。

言語を習う

生まれたときから、赤ちゃんの脳は言語を習えるようになっている。赤ちゃんは周りの人を観察したりふれ合ったりして、言語を学んでいく。口から発する言葉でも手話でも、最初は片言だったのが、単語になり、やがて完全な文になる。5才までに、ほとんどの子どもは自分の母語をすらすら話せるようになる。

アドバイスしてくれた専門家：ローラ・ケイリン　あわせて読んでみよう：脳、p.202〜203；読み書き、p.218〜219；芸術の始まり、p.220〜221；教育、p.230〜231；古代エジプト、p.254〜255；インターネット、p.356〜357；メディア、p.358〜359

手話

人間は、手を使って言語を伝えることがある。それが手話だ。話している人が手を使うのはジェスチャーで、手話とはちがう（手話を使う人もジェスチャーを使う）。手話は、多くの点で話し言葉とよく似ている。アメリカ手話言語（ASL）など、世界中で何百種類もの手話が使われている。

世界の言語

このグラフに、第一言語または第二言語として最もよく話されている10の言語を表している。中国語は、第一言語にしている人が一番多く、英語は第二言語として最も広く使われている。現在、世界で6000以上の言語が話されている。ただし、その40％は消滅の危機にあり、すでに多くの言語が消滅してしまった。平均すると14日間で1つの言語が消滅している。

英語（13億人）
中国語（11億人）
ヒンディー語（6億3700万人）
スペイン語（5億3700万人）
フランス語（2億8000万人）
アラビア語（2億7400万人）
ベンガル語（2億6500万人）
ロシア語（2億5800万人）
ポルトガル語（2億5200万人）
インドネシア語（1億9900万人）

オドロキの事実！

パプアニューギニアでは、約840の言語が話されている。 太平洋にあるこの小さな国は、人口約1000万人でも、これほど多くの言語があるので、そのほとんどは話す人が3000人もいない。ちがうグループの人が話せるように、英語とトク・ピシン語が共通語になっている。トク・ピシン語は、ピジン言語から発達したクレオール言語の一種だ。ピジン言語とは、ちがう言語を話す人たちが話すために自然にでき上がる単純な言語のことで、それが定着するとクレオール言語となる。

専門家から一言！

ローラ・ケイリン
言語学者

イランのミナヤ語からマダガスカルのマダガスカル語、ブラジルのヒシュカリヤナ語まで、まるっきりちがうように見える言葉でも、共通する性質がたくさんある。ケイリンは、こうした性質は何か、そしてなぜ存在するのかを明らかにしようとしている。

「人間がいる所には必ず言語があります」

217

読み書き

言葉を書くことは、話すことと、どうちがうだろう？ 自分の考えを書き表すと、話すときとはちがって、それをより詳しく説明でき、限りなく長い間とっておける。最初のころの人類は文字をもたなかったが、石に印をつけて絵をかいた。ここから文字が進化して、記録をつけたり、やがては物語を書き記す手段になった。そして、他の人が読んでわかる記号を使って、考えを書き表すために使われた。私たちは、話し言葉と同じように、読み書きを通じても、おたがいにコミュニケーションをとったり、知識を伝えたりできる。

未解決のナゾ

数字と文字、最初にできたのはどっち？
数字を表す記号ができるずっと前から、人間は指を使って数えていた。そして、石や粘土にひっかき傷をつけた。5400年以上前、エジプト人は小さな数を表す直線の印と、10を表す記号を作った。こういう記号が文字になったのだろうか？ 確かなことはだれも知らない。

印をつける

5000年以上前、シュメール人は、くさび形文字と呼ばれる世界初の文字を発明した。古代マヤ人は、ヒエログリフ（単語や物、または音を表す記号）を使った。マヤ人は、写真のように石に文字を書いただけでなく、イチジクの木の皮に文字を書いて本も作った。

アルファベット

紀元前1500年ごろにフェニキア人がアルファベットを発明し、それをギリシア人が使って文字を追加した。このアルファベットからエトルリア文字（左）など他のアルファベットができて、現在のローマ字の元になった。英語やヨーロッパのほとんどの言語は今もローマ字を使っている。

暗号の解読

古代の文字を読むのは、暗号を解読するのに似ている。ロゼッタストーンは、エジプトのヒエログリフを解読するかぎになった。石に刻まれたメッセージは、ちがう種類の文字で3回書かれている。3種類とも、王プトレマイオス5世の記念日を祝っている。

- ヒエログリフには、プトレマイオスという名前を囲むわくが見られる
- ヒエログリフから発達した民衆文字は、古代ローマ時代まで使われた
- 古代ギリシア語がわかる学者が、それを使って他の文字を解読した

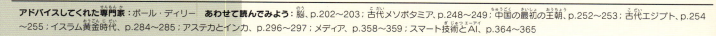

アドバイスしてくれた専門家：ポール・ディリー　あわせて読んでみよう：脳、p.202～203；古代メソポタミア、p.248～249；中国の最初の王朝、p.252～253；古代エジプト、p.254～255；イスラム黄金時代、p.284～285；アステカとインカ、p.296～297；メディア、p.358～359；スマート技術とAI、p.364～365

印刷機

本はもとは手書きで作られていたから、お金と時間がかかった。1440年ごろ、ドイツ人のヨハネス・グーテンベルクが、ヨーロッパで最初の印刷機を開発し、短い時間で多くの本を作れるようになり、お金持ちでなくても本を買えるようになった。

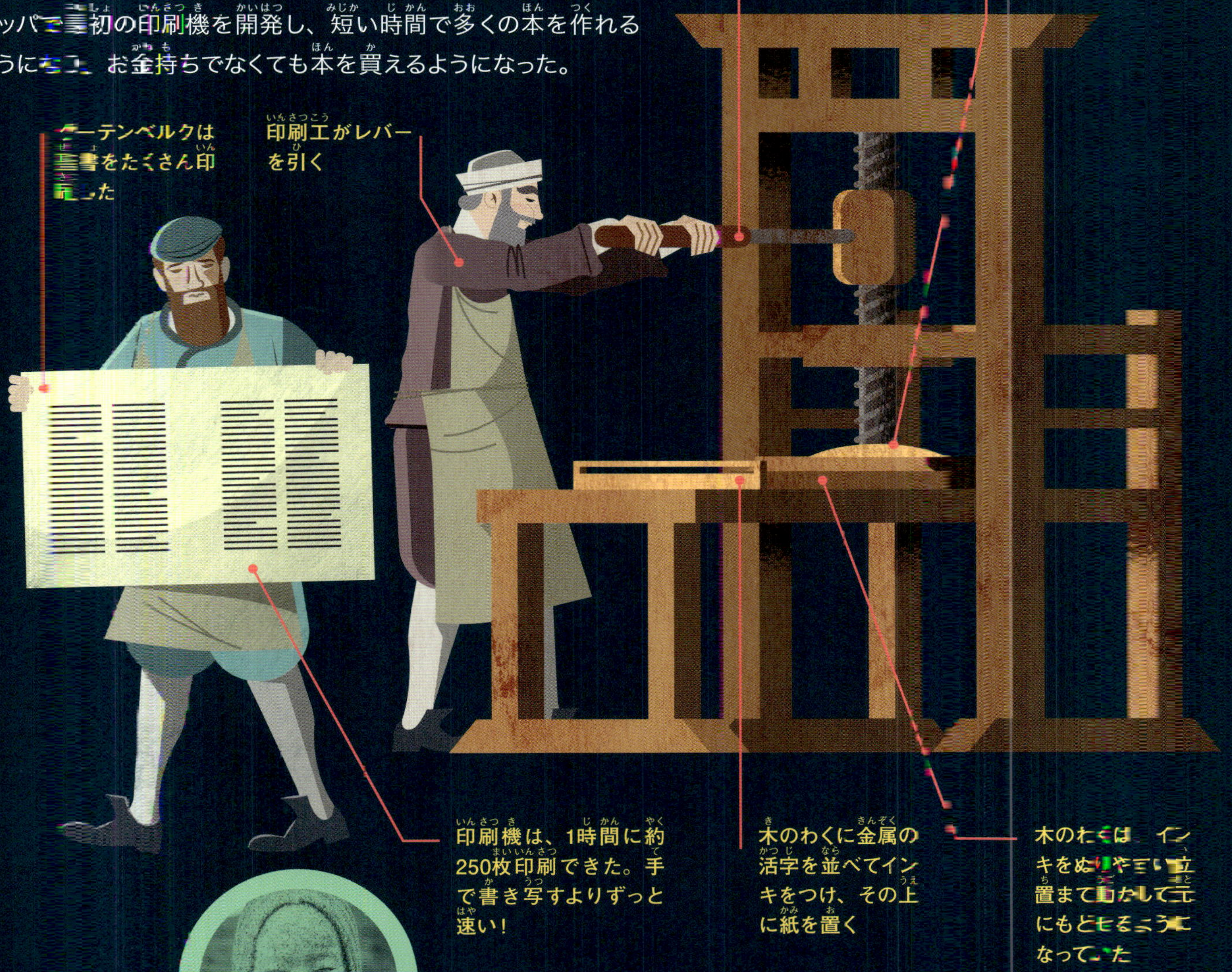

- グーテンベルクは聖書をたくさん印刷した
- 印刷工がレバーを引く
- レバーで木のねじを回すと、圧盤という平らな板が下がる
- 圧盤が下がると、木のわくにすべてインキをつけた活字の上に紙がおしつけられる
- 印刷機は、1時間に約250枚印刷できた。手で書き写すよりずっと速い！
- 木のわくに金属の活字を並べてインキをつけ、その上に紙を置く
- 木のわくは、インキをぬりやすい位置まで動かして元にもどせるようになっていた

歴史を変えた人物

紫式部
作家　970年ごろ〜1014年ごろ　日本の京都

1000年以上前に、紫式部は、世界で初めて長編小説『源氏物語』を書いた。宮廷に仕えた女官だ。この小説は54帖あり、400字づめ原稿用紙で約2400枚になる。式部の手書きの原稿は失われてしまったが、1200年代に藤原定家という歌人が写本（コピー）を作った。この写本は5帖分しか見つかっていない。5帖目は2019年に東京で見つかった。

漢字

4000年くらい前に中国人が漢字を発明した。一部の漢字は象形文字だから、たとえば「人」を表す漢字は人が立っているように見える。時間とともに少し変化したが、漢字は今でも使われている。教育を受けた中国人は3000〜8000個の漢字を知っている。

芸術の始まり

　一番古い芸術作品として知られているものに、4万年以上前にかかれた洞窟壁画がある。大昔の人類は、人の姿はほとんどえがかなかった。その代わり、動物を彫刻したり、絵にかいたりした。こういう作品を作った目的はわかっていない。宗教的な理由だったかもしれないし、他の人に教えるためだったかもしれない。古代の壁画は、インドネシアやフランス、ブルガリアなどの洞窟で見つかっている。

コバシエーリャ洞窟のバイソンの絵は、暗いかげがついているため立体的に見える

動物の絵

　スペイン北部には、バイソンやウマ、シカの絵でかざられた洞窟がいくつかある。その一部は3万6000年前にえがかれたものかもしれない。数万年ものあいだ、洞窟がふさがれていたおかげで、光と空気から絵が守られていた。人の息にふくまれる湿気が壁画にダメージをあたえるため、今では洞窟は閉鎖されていて、訪れる人たちのためにレプリカ（複製）が作られている。スペインのコバシエーリャ洞窟の壁画は、約1万4000年前にかかれた。この写真はレプリカの洞窟で撮影されたものだ。

アルゼンチンのラス・マノス洞窟のステンシルは、1万3000年前から9500年前に作られた

手形の作り方

　手形やステンシルは、世界中の洞窟や岩陰遺跡のかべに見られる。アルゼンチンのラス・マノス洞窟（手の洞窟）もその1つだ。手形を作るには、洞窟のかべに片手をつき、口やパイプを使って手の上から絵の具をふきつける。

アドバイスしてくれた専門家：マーク・サプウェル　**あわせて読んでみよう**：岩石と鉱物、p.70〜71；地球の資源、p.74〜75；言語と物語、p.216〜217；最初のオーストラリア人、p.244〜245；ミノア人、ミケーネ人、フェニキア人、p.262〜263

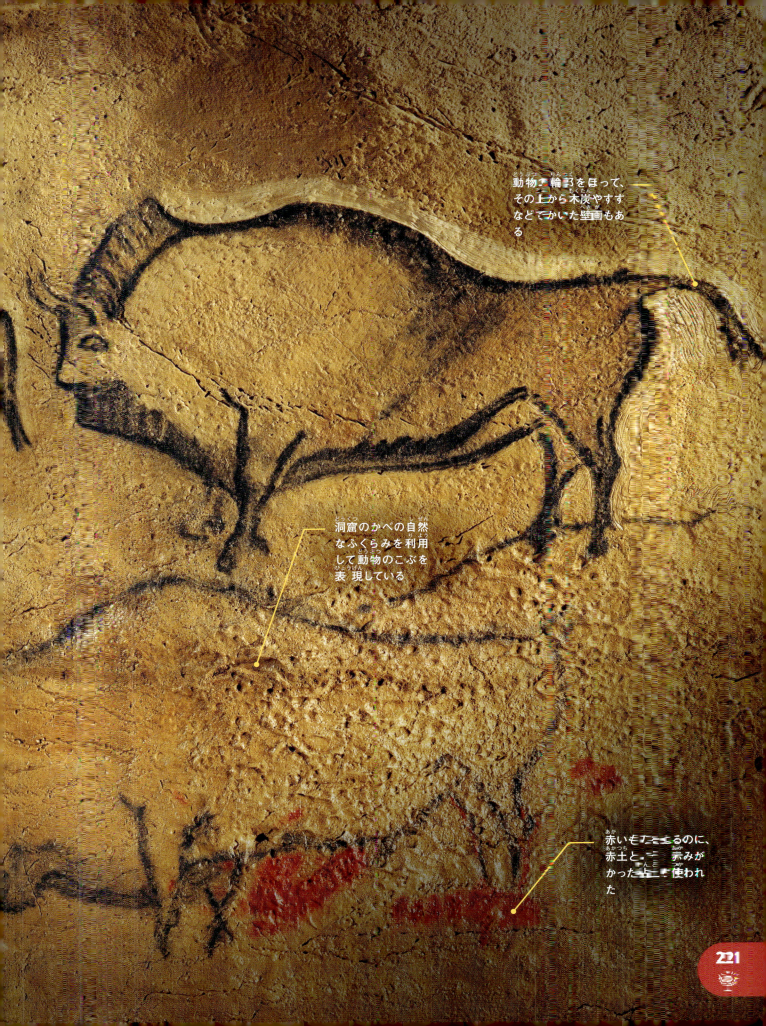

舞台芸術

役者やダンサー、ミュージシャンは、観客の前で作品を披露する。体や声、楽器を使って自分自身を表現し、ときには伝統を守り、ときには新しい音や表現形式を試してみる。芝居やダンス、音楽には、どれもいろいろなジャンルがある。ポップは音楽のジャンルで、タンゴはダンスのジャンルだ。いろいろなスタイルやジャンルを取り入れた、とびきりワクワクするような作品もある。たとえば、ジャズやバレエ、ヒップホップを取り入れたダンスがある。

エンターテイナー

観客を楽しませたり、ゾクゾクさせることが舞台芸術の目的だ。シルク・ドゥ・ソレイユ（右）は、人間の体を使ってびっくりするようなはなれ業を披露する。軽業師や曲芸師、ダンサーは、並外れたやり方で体を曲げたりねじったりする。古代ローマの時代の最初のサーカスでは、動物の戦いや剣闘士の試合、戦車のレースなどが行われた。

芝居の始まり

芝居や劇場という意味のシアター（theater）という言葉は、「見る」を意味する古代ギリシア語（theasthai）が元になった。古代のアテネ人は、芝居とワインの神ディオニューソスのためにディオニューソス劇場（左）で祭りを開いた。ギリシア人は、野外劇場で喜劇や悲劇、風刺劇を見た。

アドバイスしてくれた専門家：アビゲイル・H・フェレステン、アリシャ・ゼラズコ　あわせて読んでみよう：脳、p.202〜203；感情、p.204〜205；感覚、p.206〜207；言語と物語、p.216〜217；芸術の始まり、p.220〜221；祭り、p.236〜237；古代ギリシア、p.268〜269；古代ローマ、p.276〜277

京劇

1700年代終わりに、京劇という音楽劇が中国で生まれた。今では、中国の伝説を元にした作品が1000種類以上ある。この音楽劇に軽業やチャンバラが見どころで、カラフルな衣装やセットが使われる。キャラクターの化粧は、赤は勇気、白は裏切りなど、特別な意味を表す。20世紀の後半になるまで、すべてのキャラクターを男性が演じていた。

歴史を変えた人物

ウィリアム・シェイクスピア
劇作家 1564〜1616年 イギリス

世界一有名な劇作家は、400年以上前に生きたウィリアム・シェイクスピアだ。王様から労働者階級まで、社会のすべての人たちがシェイクスピアの芝居を楽しんだ。復しゅうをテーマにした『ハムレット』から、悲劇の愛をえがいた『ロミオとジュリエット』まで、さまざまなテーマでだれもが共感した。シェイクスピアは37本の芝居を書き、100カ国語以上に翻訳されている。

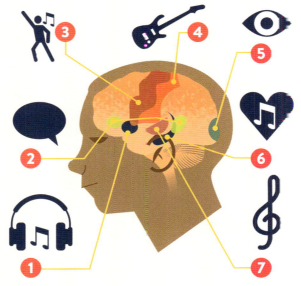

脳を刺激する

音楽を聞いているとき、脳の多くの領域のスイッチが入ることが明らかになっている。音楽の種類によって、脳の化学物質にあたえる影響がちがう。おだやかな音楽を聞くと、コルチゾールというストレスの原因になるホルモンのレベルが下がる。認知症の患者に音楽療法が使われている。

1. **側坐核**
音楽を聞いているとき、この領域でドーパミンというホルモンが増えて、ワクワクした気分になる

2. **ブローカ野とウェルニッケ野**
書き言葉や話し言葉を理解するために使われる。話し言葉を作る役目を果たす

3. **運動野**
楽器を演奏したり、おどったり、音楽に合わせて体を動かすと活発になる

4. **感覚野**
楽器にさわったり、おどったり、足でリズムを取ったりすると活発になる

5. **視覚野**
楽譜を読んだり、ダンスの動きをまねたり、動画を見たりするときに使われる

6. **海馬**
音楽が記憶と感情を刺激する場所

7. **聴覚野**
脳のこの部分が音楽などの音を処理する

オドロキの事実！

2013年、宇宙飛行士クリス・ハドフィールドは、宇宙でアルバムを録音した。当時、かれは国際宇宙ステーションで働いていた。このアルバムを『スペース・セッション』と名づけ、2015年に発表した。アルバムに12曲入りで、デヴィッド・ボウイの「スペース・オディティ」のカバー曲も入っている。

ストリートダンス

独創的なダンスが、若者のグループから生まれることがある。ブレイクダンスは、ストリートギャングが格闘技の動きを取り入れて発展させたダンスで、1960年代の終わりから1970年代の初めにアメリカのニューヨークで初めて披露された。ヒップホップ音楽が発達すると、ブレイクダンスはヒップホップ文化の一部になった。カリフォルニア州では、サム・ソロモンがブーガルーとポッピングという動きを紹介した。

暦

　古代の人びとは、空の太陽と星と月の位置を観察して、時間の経過を表した。大昔の暦は、こうした観察を元に作られた。1日は、地球が地軸を中心にして1回転するのにかかる時間。太陰月はだいたい29.5日で、満月から次の満月まで、月の満ち欠けが1周するのにかかる時間だ。地球が太陽の周りを1周するには、約365.25日かかる。その期間を太陽年と呼ぶ。日と月と年はそれぞれちがう現象を元にしているから、ぴったり合わせるのは難しい。いろいろな文化はそれぞれちがう暦を作って、この問題を解決した。

紀元前2600年
バビロニアの暦には、29日か30日からなる太陰月が12カ月ある。1日は12等分されている

紀元前1400年
中国の太陰暦には、29日か30日からなる太陰月が12カ月ある。2～3年に1度うるう月を追加する。この暦は12年で1周するように1年ごとに動物の名前がつけられている

紀元前543年
仏教の暦は、月と太陽の動きを元にした12カ月からなり、29日の月と30日の月が交互に来る。こうすると合計354日になるので、約3年に1度、うるう月が追加される

紀元前57年
ネパールとインドの一部では、太陰月と恒星年からなるビクラム暦を使う。10月か11月に行われるディーワーリーという祭りの後に新年が来る

紀元78年
バリ島とインドの一部の人々は、サカという太陰暦を使う。太陽年とそろうように、30カ月ごとに1カ月追加される

紀元前2500年 ── 紀元前350年 ── 紀元100年

紀元前2500年
古代エジプトの暦は1年が365日、1日が24時間で、洪水、種まき、収穫の3つの季節がある。紀元前238年に、4年に1度のうるう日を加え、1年が365.25日の最初の暦になった

紀元前600年
ユダヤ暦は1年が354日で、12カ月に分かれている。19年周期の間にうるう年が7回ある。うるう年には、アダル・シェーニーという13番目の月が加えられる

紀元前500年
マヤ人はカレンダー・ラウンドと呼ばれる複雑な暦を使っていた。日数のちがう3つの暦があり、52年周期でそろった

紀元前46年
ユリウス暦は、ユリウス・カエサルにちなんで名づけられ、4年に1度うるう年がある。7月（July）はユリウス（Julius）の名前からつけられた

紀元79年
シャカ暦は、太陽年に従う。太陽年とは、地球が太陽の周りを1周し、星との位置関係がまったく同じ位置にもどるまでにかかる時間のことである

アドバイスしてくれた専門家：ダリン・ルホー　　**あわせて読んでみよう**：宇宙の中の地球、p.54～55；気候、p.92～93；読み書き、p.218～219；祭り、p.236～237；古代ギリシア、p.268～269

春の訪れ

多くの文化は作物の種まきを記念する祭りで春を祝う。右の画像は、ルネサンス期のイタリア人画家サンドロ・ボッティチェッリの『春（プリマヴェーラ）』にえがかれた春と花の女神フローラだ。クローリスというニンフが、西風の神ゼピュロスにキスされてフローラに変身したというローマ神話を題材にしている。

紀元350年
エチオピアの暦には、30日の月が12カ月と、5日の月が1カ月ある。4年に1度、最後の月が6日になる。この暦にはキリスト教の祝日と聖人の日が組み合わさっている

1079年
ペルシアでは、天文学者（星や惑星を研究する科学者）のグループが、ペルシアの古い太陽暦を元にして、そこにうるう年を加えたジャラーリー暦を作った

1300年
南アメリカのインカでに太陽と月と星を観察して暦を計算した。種まきや収穫にとって大切な時期と組み合わされた太陰月が12カ月ある

1400年
アステカ人は、マヤ人の暦を変更して、1年を365日とした。マヤ人と同じく、アステカ人も年末の5日間は縁起が悪いと信じていた

1000年 —— 1500年

紀元622年
イスラム教の太陰暦は1年が12カ月、1カ月が29日か30日で、うるう年はない。祝日の日づけは、グレゴリオ暦で比べると毎年10〜11日早くなる

1084年
古代アルメニアの太陽暦は、アルメニア人科学者ホヴハンネス・サーカヴァグが4年に1度のうるう年を加えて調整した

1350年
バリ島ではパウコン暦が、ほとんどの祭りや祝日の日にちを決める。1年は210日だ。35日の月が6カ月ある

1582年
グレゴリオ暦は、ユリウス暦の1年が1分長すぎたのを修正する。1923年までに、エチオピアとネパール、そして一部イスラム教国を除くすべての国の正式な暦になった

225

お金

4000年以上前から、人間は物の代金をはらうためにお金を使っている。古代エジプト人は金のかたまりを作り、その価値は重さによって決まった。紀元806年ごろ、中国人が紙幣（紙のお金）を発明した。ほとんどの国は、アメリカのドルのように独自のお金をもっているか、ヨーロッパの一部で使われるユーロのように通貨を共有している。現在、アメリカの製版印刷局は、1日2600万枚、約9億7400万ドル（約1500億円）分の紙幣を印刷している。

四角い硬貨

最初のころの硬貨は丸ではなく四角だった。古代中国のこの金貨には、価値または重さが刻まれている。硬貨の形をした金属のお金を使う習慣は、紀元前600年ごろに今のトルコで始まった。このときの硬貨は豆の形をしていて、金と銀がまじったエレクトラムという材料でできていた。

お金の発達

一番古いお金は、貝殻など、自然に見つかるものだった。最初の硬貨は銅や銀、金で作られていた。今では銀行アプリを使って支払いができる。

物物交換は、穀物や家畜、つぼなどの品物を交換する取引システムだった

金属のお金は品物の価値を表した。貴金属にはより大きな価値があった

紙幣は政府による約束のようなもの。金と交換できた

クレジットカードや小切手、電子送金のようなお金は、銀行に預けてあるお金とリンクしている

ビットコインなどの暗号通貨には、銀行や政府の後ろだてがない

お金の材料
豆知識リスト

お金ができてから品物を売り買いしやすくなった。お金は決められた価値をもち、持ち運びが楽だからだ。

1. 金や銀などの金属は何千年も前から使われてきた。オーストラリアの1トン・カンガルー金貨は、6000万オーストラリアドル（約60億円）以上の世界一価値の高い硬貨だ。

2. 紙幣が初めて使われたのは、1000年以上前の中国だ。現在では、ほとんどの紙幣はセルロースかポリマー（プラスチック）で作られている。

3. 太平洋のヤップ島では石がお金として使われている。一番大きいもので3992kgもある。

4. 貝殻は一番古いお金の形式だ。アフリカでは紀元前1200年ごろからタカラガイの貝殻が使われた。

アドバイスしてくれた専門家：シルヴァーナ・テンレイロ　あわせて読んでみよう：地球の資源, p.74～75；服装とかざり, p.210～211；仕事, p.232～233；にわか景気と不況, p.322～323；大富豪, p.352～353

利子って何だろう？

銀行の口座に預けてあるお金は増える。これが利子だ。預けた金額の何％かが、利子として支払われる。銀行は、預けられたお金を使わせてもらう代わりに、利子を支払う。銀行が個人や会社にお金を貸すと、その相手に利子をつけて返さなければならない。複利（下）は、最初に預けたお金の他に、時間とともに増えた利子に対しても利子がつく。

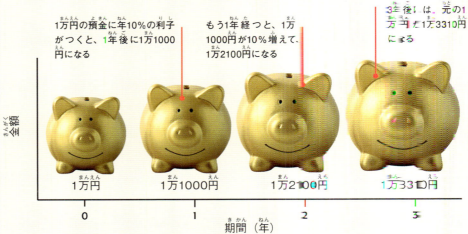

暗号通貨

他の形のお金とはちがい、ビットコイン、イーサリアムなどの暗号通貨は、政府や銀行とは関係がない。これらに価値があるのは、価値があるものとしてあつかうことにみんなが賛成しているからだ。すでに2万以上の暗号通貨があり、いつも新しいものがつくりだされている。

株式

会社の株式は買うことができる。株式を買った人は、会社の所有者の一員になるから、会社がかせいだお金の分け前をもらえる。また、社債の形で会社にお金を貸すこともでき、会社はこのお金に利子をつけて返すことを約束する。株式は証券市場で売買される。アメリカのニューヨーク証券取引所（左）は、世界最大の証券市場だ。

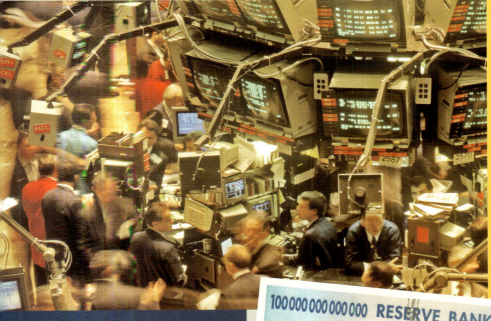

オドロキの事実！

2009年につくられたジンバブエの100兆ドル紙幣は、歴史上一番ゼロの多い紙幣だ。ジンバブエはひどいインフレーション（物価上昇）が原因で、こんなお金を印刷しなければならなかった。ものの値段が急激に上がって、それまでのお金は価値がなくなってしまったのだ。もしトイレットペーパー1個が3000万円だったら、1000円札は役立たない。

227

犯罪と法律

政府は、国民がなかよく暮らせるように、ルールをまとめた法律を定めている。犯罪とは、法律に反する行いのことだ。法律は国によって異なるので、犯罪はどの国でも同じものを指すというわけではない。ほとんどの国は、殺人などの重大な犯罪を取りしまる。軽犯罪は、それほど価値の高くないものをぬすむなどの小さな犯罪だ。組織犯罪には、一緒に悪事を働く犯罪者のネットワークが関係している。

初期の法律と立法者

この金貨にえがかれた東ローマ皇帝ユスティニアヌス1世は、紀元6世紀に新しい法典を作った。この法典は、ヨーロッパ大陸と南アメリカ、アジアとアフリカの一部で今も使われている法典の元になった。もう1つの大きな法律制度がコモン・ローだ。これは中世にイギリスの裁判所で発達し、アメリカをはじめとするイギリスの旧植民地に広まった。

マグナ・カルタ

英語を使う国は、マグナ・カルタ（大憲章）に起源を持つコモン・ローの法律制度に従っている。マグナ・カルタは、王でさえ、だれもが法律に従うという原則を確立した。自由な人々の権利という考えが初めて書かれた書類で、陪審員による裁判を受ける権利もふくまれていた。

マグナ・カルタは羊皮紙という、羊の皮をのばしてかわかしたものに書かれた

1215年にイギリスの貴族と司教は、マグナ・カルタにはんこをおすようにジョン王にせまった

アドバイスしてくれた専門家：ジャック・スナイダー　　**あわせて読んでみよう**：古代メソポタミア、p.248〜249；古代ローマ、p.276〜277；中世ヨーロッパ、p.286〜287；イギリスとフランスの北アメリカ植民地、p.306〜307；アメリカの奴隷制度、p.308〜309；革命の時代、p.310〜311；女性参政権、p.318〜319；公民権、p.330〜331

魔女裁判

1300年代から1700年代の終わりにかけて、ヨーロッパの裁判で、4万人から6万人が魔術を使ったとして処刑された。被疑者のほとんどは女性で、悪魔に代わって行動したとうったえられた。1692年にアメリカのマサチューセッツ州セイラムで行われた魔女裁判では、19人が死刑になった。

水責め椅子に座らされた被疑者は、本当は無罪でも自白することがよくあった

オドロキの事実！

ニワトリは道路を渡ってはいけない！　アメリカのジョージア州クイットマンという町の条例は、ニワトリ、アヒル、ガチョウが町の道路に出ることを禁止している。ニワトリは他の条例にも出てくる。運転手は、頭にニワトリを乗せてミネソタ州からウィスコンシン州まで運転してはいけない。

裁判

裁判は、法律に基づいて判定を下す。ぬすみや殺人などの犯罪をあつかう刑事裁判や、人々や会社同士での争いをあつかう民事裁判など、裁判にはいろいろな種類がある。国際刑事裁判所は、戦争犯罪などを裁く。すべての裁判には裁判官が少なくとも1人いる。陪審員を使う裁判もある。

これはごく普通の法廷だ。裁判官は判決を下し、法律のルールがきちんと守られるようにする

証人は犯罪について証言したり、専門的な意見を述べる

法律家は裁判の当事者の代理を務める。弁護士とは言う

陪審員は、うったえたほうとうったえられたほうの両方の言い分を聞き、結論を決める

犯罪と刑罰
豆知識リスト

ばつは何の役に立つのだろう？　犯罪者にばつをあたえる理由は、次の5つの理論にまとめられる。

1. **犯罪を予防する**　ばつを受けた犯罪者は、他の犯罪を犯しにくくなる。また、他の人が同じ犯罪を犯さないように、見せしめになる。

2. **守る**　犯罪者を刑務所に入れて社会の外へ移すと、市民をさらなる犯罪の被害から守れる。

3. **報いをあたえる**　犯した罪にふさわしいばつを犯罪者にあたえる。これは、ばつと犯した罪とを同じ程度にすることが目的だ。

4. **つぐなう**　犯罪者から被害者や社会へ何かを返すことが目的だ。罰金もつぐないの1つだ。

5. **更生させる**　犯罪者を教育して、法律を守る市民にすることが目的だ。

専門家から一言！

ジャック・スナイダー
政治学者

ジャック・スナイダーは国際刑事裁判所を研究している。この裁判所では、国の指導者をふくめ、人権に対する罪を犯した人を裁くことができる。世界の多くの場所で、法律が不公平だったり、しっかり守られていなかったりするため、コミュニティーが力を合わせて、法律や警察、裁判所をよりよいものにしなければならないと考えている。

「みんなが平等に暮らすためは、よい法律が公正なやり方で守られていることが必要です」

229

教育

古代エジプトには、世界で最初の学校がいくつかあった。生徒のほとんどは男子で、読むこと、数学、科学などの教科を習った。それ以来、教育はあらゆる文明の重要な部分になっている。教育を通じて、人々は世界について知識を得てよく理解する。教育はとても大事なので、1948年につくられた世界人権宣言の一部になっている。人権宣言は、すべての人は教育を受ける権利をもち、少なくとも初等教育は無料でなければならないと述べている。

高等教育

今の総合大学は、何世紀も前に創立された学校から発展した。メキシコ国立自治大学（右）は見かけは現代的だが、創立は1551年だ。高等教育機関には、単科大学や専門学校もふくまれる。学生は音楽やビジネス、教育、医学、法律などの分野の授業を受けられる。

教育の平等

6〜17才の女子のうち、学校に通っていない子は世界中に1億3000万人もいる。ただし、同じ場所に住む男子は学校に通っている。家族を手伝うために学校を辞める女子もいる。一度も学校に行ったことがなく、読み書きができない子もいる。世界中の組織が、この状況を変えるために行動している。女子が学校に通えれば、より健康な人生を送り、より高いスキルが必要な仕事をして、社会のためにもっと役に立てるようになる。

教育の力
豆知識リスト

教育は多くの点で本人と社会のためになる。理由の一部を紹介しよう。

1. 貧しい人が減る 研究によると、ごく簡単な読み書きができるだけで、数百万人が貧しい生活からぬけ出せるという。給料がより高い仕事に就いて、政府に税金を納められる。政府は税金を使って、社会全体のためになることを行える。

2. 景気がよくなる 教育は、発明や起業家精神、訓練につながり、さらにそこから新しい仕事やよりよい仕事が生まれる。

3. 社会的スキルが高まる 子どもたちは他の人と協力したり、他のものの見方ができるようになり、社会ともっと関わるようになる。

4. 自制心が養われる 特に高等教育では、時間の使い方や、自分に責任を持つことを学ぶ。それによってコミュニティーや社会でもっと成功しやすくなる。

5. より平等な社会になる 教育は、お金持ちにも貧しい人にも、どんな経歴をもつ人にも、自分の目標を実現するチャンスをあたえてくれる。

6. 視野が広がる 教育は、世界についてより多くのことや、いろいろな見方を教え、他の人をより理解するのに役立つ。

7. 力をあたえる 教育は、考え、質問し、行動を起こす力を養う。自分の人生を自分で選び、コントロールできるようになる。

アドバイスしてくれた専門家：ミランダ・リン　あわせて読んでみよう：脳、p.202〜203；言語と物語、p.216〜217；読み書き、p.218〜219；仕事、p.232〜233；古代エジプト、p.254〜255；イスラム黄金時代、p.284〜285；ルネサンス、p.294〜295；新たな緊張、新たな希望、p.332〜333；不平等、p.344〜345

水にうかぶ学校

バングラデシュでは、モンスーンの季節に洪水が起こり、子どもたちは学校に行けなくなる。この問題を解決するために、ムハンマド・レズワンという建築家が、あっとおどろくようなアイデアを考え出した。それがボートの上の学校だ！ 水にうかぶ学校（写真）は、毎朝子どもたちをむかえに行って、学校が終わると家に送り届ける。

世界の識字率

識字とは、読み書きができるという意味で、この能力は教育を受けられるかどうかに大きく左右される。この地図は、いろいろな国の読み書きができる人の割合を表している。

データなし 0% 20% 40% 60% 80% 95% 100%

変化する労働市場
溶接はスキルが必要な仕事だが、体はよごれ、大きな音も発生する。おそらくそうした理由で、最近では溶接工の訓練を受ける人が減っている。すると、スキルをもつ人が足りなくなる。みんながどんな種類の仕事をやりたがるのかには、給料や条件をはじめ、多くの理由が影響する。

仕事
人間は、食べ物や住まいなど、必要なものに支払うお金をかせぐために仕事をする。ただし、好きなことを仕事にすることもある。コンピューターから高層ビルまで、物を作ったり建てたりする仕事がある。医療などのサービスを提供する仕事や、料理や掃除をしたり、お店で働く仕事もある。科学者は物を発明したり、世界を理解しやすくする。アーティストは人生がもっと楽しくなるような作品を作る。

子どもの労働
世界中で1億5000万人以上の子どもが、家族の収入を増やすために働いている。その多くは工場や鉱山で危険な仕事をしていて、たいていは学校にも通えない。豊かな国々は、子どもの労働を法律で禁止している。ユニセフなどの国際組織は、世界中で子どもの労働をなくすために取り組んでいる。

アドバイスしてくれた専門家：シルヴァーナ・テンレイロ　あわせて読んでみよう：地球の資源、p.74〜75；お金、p.226〜227；教育、p.230〜231；アメリカの奴隷制度、p.308〜309；産業革命、p.314〜315；なんでも、どこでも、p.342〜343；不平等、p.344〜345；未来の人類、p.382〜383

ただで働く

仕事には、お金がはらわれないものもあり、ボランティアと呼ばれる。地元のスポーツチームのコーチをしたり、慈善事業のために働くなど、たいていは他の人を助ける仕事だ。写真の女の人は、コンゴ民主共和国の動物保護施設で働いている。ボランティアによって、スキルを分かち合い人々がつながる。やりたい仕事があり、その経験を積むためにボランティアをすることもある。

未解決のナゾ

未来にはどんな職業があるだろう？

工場で荷物をトラックに積む仕事など、今では完全に機械でできる仕事がある。歴史を通じ、新しい技術によって、新しい職業とスキルが必要になり、古いものがいらなくなってきた。人工知能（AI）が発達すると、今はかなり高いスキルが必要な職業でも、未来ではいらなくなるかもしれない。ロボットはすでに何種類かの外科手術を手伝っている。

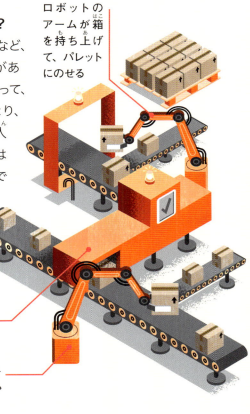

- ロボットのアームが箱を持ち上げて、パレットにのせる
- コンピューターはバーコードをスキャンし、荷物のサイズを測り、数を数え、重さを量る
- ロボットは同じ仕事を何度くり返してもつかれない

ドッグフードの味見係になろう！

飼い主は、ペットに最高のえさをあげたがる。だからペットフード会社の多くは、おいしくて栄養のある商品を作るために、人間の味見係を使っている。ただし、ほとんどの味見係はペットフードを飲みこまないで、はき出す。経験を積めば、新しいペットフードのレシピを作るのを手伝って、お金をもっとかせげるようになる。

実地学習

仕事がうまくできるようになるには、実地学習が必要だ。シェフになるには、料理学校で勉強することが多い。その後、経験のあるシェフの見習いになることもある。見習いでは、専門家と一緒に働いて、高度なスキルを必要とする仕事を学ぶ。

ゲームとスポーツ

ゲームやスポーツを楽しむ習慣は、少なくとも5000年前までさかのぼれる。最初はかりや戦いの訓練をするために行われていたものが、やがて他の人たちが見る特別なイベントに変わった。スポーツやゲームは、人間のいろいろな欲求を満たす。みんなが交流して楽しめるし、体と心のスキルを試したり高めたりでき、個人または団体としてたがいに競い合える。

最初のサッカー

2000年以上前の中国で、サッカーに似たスポーツが行われていた。「まりをける」という意味の「蹴鞠」と呼ばれ、中国語では「ツウジュウ」と発音する。2つのチームに分かれ、男性も女性もプレーした。選手はボールをけってゴールに入れ、得点する。中国の軍隊は、兵士が体をきたえるための訓練に蹴鞠を使った。このスポーツはとても人気があった。現代のサッカーは、蹴鞠とは別に1300年代にヨーロッパで生まれた。

オドロキの事実！

サッカーのワールドカップの選手は、1試合で15kmも走る。これは、オリンピックサイズの陸上競技場を約38周走るのとほぼ同じだ。一般的に、サッカー選手は1試合で平均11km走る。こんなに走る球技は他にない。

最初のころは、革に動物の毛や羽根をつめたボールが使われた

選手とチームキャプテンは、試合が公正に行われるように審判を選んだ

アドバイスしてくれた専門家：マーティン・ポーリー　あわせて読んでみよう：エネルギー、p.122〜123；人類の誕生、p.196〜197；人体、p.198〜199；脳、p.202〜203；食べ物と料理、p.208〜209；古代エジプト、p.254〜255；オルメカとマヤ、p.264〜265

王様のゲーム

古代エジプトのセネトというゲームは5000年以上前に生まれた。ツタンカーメン王や他のファラオも楽しんだ。小さなボードのマス目上で、5個から7個のコマを動かして遊ぶ。ゲームが進むと、ヒエログリフ（絵や記号を使った文字）で指示が書かれたマスがある。古代エジプト人は死後の人生を信じていたので、いくつかのマスには来世についてのアドバイスが書かれていた。ツタンカーメン王は、少なくとも5個のセネトと一緒に墓に埋葬された。セネトは、バックギャモンというゲームの元になった。

レスリング

下の写真は、レスリングをする古代ギリシア人の像だ。古代ギリシアのスポーツ選手ははだかだった。レスリングは世界一古く、最も広まっているスポーツの1つだ。紀元前708年にオリンピック種目になった。

ブレード、義肢、生体工学

ランニングブレードなどの発明を使えば、体に障害をもつスポーツ選手が高いレベルで競争できる。ブレードは1970年代に初めて開発され、約80層の強くて軽い炭素繊維でできている。その中には、人間のかみの毛より細いものもある。他にも、義足と呼ばれる人工の手足をつけて、水泳や登山などをするスポーツ選手がいる。未来には、選手は生体工学を利用した義肢を使えるようになるかもしれない。これは、脳の信号を使って電子的に動く手足だ。

ブレードは義肢につながっている。J字形のブレードは、足の前方を地に着けて走るときのように、全力疾走しやすい

ブレードはばねのようなものだ。ランナーの体重を受け止めて、地面をはなれるときにそのエネルギーをはね返す

若いオリンピック選手 豆知識リスト

若いオリンピック選手がおとなと戦い、メダルを勝ち取ったり記録を破ったりすることがある。一番若いメダリスト5人を紹介しよう。

1. ディミトリオス・ロウンドラス、10才
ギリシア人の体操選手。1896年に平行棒団体で銅メダルを獲得した。

2. インゲ・セーレンセン、12才
デンマークの水泳選手。1936年に200m平泳ぎで銅メダルを獲得した。

3. キム・ユンミ、13才
韓国のスピードスケート選手。1994年に3000mリレーで金メダルを獲得した。

4. マージョリー・ゲストリング、13才
アメリカの選手。1936年に3m飛び板飛び込みで金メダルを獲得した。

5. ナディア・コマネチ、14才
ルーマニアの体操選手。1976年にオリンピック選手として初めて10点満点を記録した。金メダル3個、銀メダル1個、銅メダル1個を獲得した。

235

中国の新年

中国の新年は15日間の祭りで始まる。花火が上がり、灯をともした灯ろうがかざられ、人々が行列をなして町を練り歩く。幸運のシンボルの巨大な龍が、棒で支えられ、行列の真ん中を運ばれていく。祭りは1月21日から2月20日の間の新月に始まり、満月まで続く。

龍は、いろいろな動物を組み合わせているので角やかぎづめがある

一番大きな龍は、長さ100mになることもある！

アドバイスしてくれた専門家：ミシェル・ダフィー　あわせて読んでみよう：衛星、p.32～33；ロケット、p.38～39；燃焼、p.108～109；暦、p.224～225；古代メソポタミア、p.248～249；中国の最初の王朝、p.252～253；古代エジプト、p.254～255；ペルシア帝国、p.266～267

祭り

世界各地の祭りには、ダンスと音楽とごちそうがつきものだ。家族やコミュニティー、あるいはもっと大きなグループが集まって、文化や風習、宗教の大事な日や季節を祝う。祭りによっては、その前か後にいのりや断食の期間があるが、ほとんどの祭りは単純に人生を祝う。アメリカのニューオリンズのマルディグラのように、何万もの人が参加する大きな祭りもある。

この龍のヒゲのように、赤い色は幸運のシンボルで、魔除けになるといわれている

新年の祭り
豆知識リスト

元日は新しい出発だ。暦がちがえば1年が始まる日もちがう。新年が必ず1月1日に始まるわけではない。

1. **ディーワーリー**は、ヒンドゥー教の新年を祝う5日間の光の祭りで、10月の終わりか11月に行われる。

2. **ローシュ・ハッシャーナー**は、ユダヤ教の新年の始まりとなる祭りで、9月5日から10月5日にあたるユダヤ暦のティシュリーの月の初めに行われる。

3. **ムハッラム**はイスラム教信者にとって神聖な期間だ。イスラムの暦で、最初の月に当たる。イスラムの暦では、1年の月と季節が毎年ずれていく。

4. **ソンクラーン**はタイの仏教徒の新年に当たり、4月13日〜15日が祝日で、水かけ祭りで祝う。

5. **日本の正月**は1月1日から始まり、新年を祝うおめでたい行事は1週間ほど続く。

6. **ホグマネイ**はスコットランドの新年のお祭りで、12月31日から2〜3日の間祝う。

7. **ノウルーズ**はペルシア文化の新年で、3月21日に当たり、イラン、インドなどの国で祝う。

8. **エンクタタシュ**はエチオピアの新年で、9月の雨季の終わりに、賛美歌やいのり、カラフルな行事で祝う。

9. **ガージ**は、栽培の季節の終わりを意味するアメリカ先住民族ナバホの新年で10月に当たる。他の先住民族と同じように、ナバホも新年を季節で区切る。

10. **ソルラル**は韓国の伝統的な新年の祭りで、中国の新年と同じように、1月か2月に祝う。

237

死者を思い出す祭り

メキシコでは、11月1日と2日の死者の日を祝う。ごちそうを用意したりパレードをして、家族は亡くなった大切な人を思い出す。だれもが食べ物や骸骨のおもちゃを供えて、死者のたましいを歓迎する。

死の儀式

世界中の文化には、人生の終わりに敬意をはらうための特別なやり方がある。葬式などの死の儀式は、人の死を悲しむとともに、その人物をほめたたえる機会でもある。ほとんどの儀式は、宗教の伝統や精神的な習わしから始まった。ヒンドゥー教では、たましいが解放されて生まれ変われるように死者を火葬する（燃やす）。ユダヤ人の家族は死を悲しみ、いのり、思い出をなつかしみながら、シヴァと呼ばれる7日間を過ごす。

古代の墓地

ドルメンと呼ばれる岩の墓は、約6000年前の新石器時代の初めにつくられた。右の写真はイギリスのウェールズ地方のものだ。世界中で見つかっているが、特にヨーロッパに多い。イスラエルのカフゼー洞窟は、9万年以上前にさかのぼる世界一古い墓地かもしれない。

アドバイスしてくれた専門家：ニコラ・ラネリ　あわせて読んでみよう：生命の始まり、p.148〜149；宗教、p.212〜213；ストーンヘンジ、p.250〜251；古代エジプト、p.254〜255；古代の神々、p.256〜257；古代アフリカの王国、p.280〜281；中世ヨーロッパ、p.286〜287；アステカとインカ、p.296〜297；新たな帝国、p.304〜305

オドロキの事実！

ルーマニアには陽気な墓地がある。ここにはカラフルな木の十字架が80こ以上もある。サプンツァ村に住むスタン・パトラシュという人が、14才のときに十字架をほり始めた。埋葬された人の人生についての絵とユーモアのある詩がかかれている。

死者へのおくりもの

一部の文化では、墓にごちそうやおくりものを供える。中国では、花や死者が来世で使うための偽物の紙幣（冥幣）を燃やす習慣がある。ネパールでは、死者のたましいに、ろうそくやお米、花を供える。

- コブラとハゲワシは、ツタンカーメンを守る女神を表す

- 曲がったつえは、羊の群れを導く羊飼いのように、ツタンカーメンが支配する権利を表す

- 胸の前でうでを交差し、手には必ず王の力を表すからざおが、つえと一緒ににぎられている。両方ともオシリス神のシンボルだ

- 入れ子になったかんおけの中に王の体が入っている。右の写真は真ん中のかんおけで、これには豪華なかざりがほどこされ、ヒエログリフと呼ばれる文字がかかれている

来世

古代エジプトのファラオ、ツタンカーメン王は三重の入れ子式のかんおけに入っていた。王は来世で永遠に生きると信じられていたため、かんおけはそれぞれ来世で王を守るための記号でおおわれていた。歴史を通じて多くの宗教は、人間の一部（れいやたましい）が永遠に生きるという信仰を取り入れてきた。古代エジプトの来世や、一部のキリスト教の天国のように、別の場所にれいやたましいが存在するかもしれないし、ヒンドゥー教のように、この世の新しい体に生まれ変わるかもしれない。

239

人間
専門家に質問しよう！

プラヴィナ・シュクラ
民俗学者

一番発見したいことは何ですか？
人間が美しいと思うものは何か、普段の生活で行っている芸術的な活動にはどんな種類があるのかを知りたいです。私たちはみんな人生に楽しみを見つけますが、それはガーデニングや料理、裁縫であったり、木工や歌や冗談を言うことかもしれません。芸術とは何かという考えを広げれば、だれもが芸術の才能をもっているんですよ。

あなたの研究で楽しいことは何ですか？
世界のほとんどの民族は、書き残すことをしませんが、どの民族も歴史感覚をもっていて、自分たちの歴史についてしっかりと語ることができます。家族や敬うもの、仕事など、毎日の物事を書き表すと、民族の歴史や起源を感じ取ることができます。

ジーナ・A・ズルロ
歴史家

何を研究していますか？
世界の宗教を研究しています。なぜある人々が特定の宗教を信じるのかについて考えるのはとてもおもしろいですよ。どんな祝日を祝い、どんな特別な儀式を行い、宗教を通じてどんなふうにコミュニティーの役に立つかなど、いろいろなちがいを知るのがとても楽しいです。

あなたの専門分野のおどろくべき事実を教えてください。
多くの人は気づいていませんが、世界は毎日どんどん信心深くなっています。イスラム教、仏教、バハイ教、キリスト教、ヒンドゥー教はみな、縮小するのではなく、信者が増えています。世界のほとんどの人は、宗教の祝日や儀式、信仰、習慣を中心にして生活しています。だから私の仕事はやりがいがあるんです。

マーティン・ポーリー
スポーツ史学者

スポーツ史に興味をもったきっかけは何ですか？
小さいころからスポーツが大好きで、いつもスポーツの歴史に夢中でした。多くのスポーツに長い伝統があるところがすごく好きなんです。スポーツ史の教授になってから、昔のスポーツについて、それが行われていた場所や時代、コミュニティーやプレーした人たちとどんな関係があったのか、くわしく調べて多くのことを明らかにできるようになりました。

あなたの専門分野で解明されていない問題は何ですか？
1つのスポーツが一体どうやって発明されたのかをみんな知りたがりますが、ほとんどの場合、そういう魔法の瞬間はありません。つまり、スポーツは時間をかけて少しずつ進化するものなんです。さまざまなスポーツやゲームの起源は、多くのスポーツ史学者が研究している大きなテーマです。

あなたの専門分野のおどろくべき事実を教えてください。
昔のスポーツ選手がチャレンジした話をくわしく知るのが大好きです。1809年にキャプテン・バークリーというイギリスの兵士は、1000時間で1609km歩きました。41日間も歩き続けたんですよ！　そのころはこんなはなれ業をする人がたくさんいたんです。

クイズ

1 1974年にエチオピアで見つかった320万年前の骨格につけられた名前は？
a ルーシー
b ラッキー
c ルーラ
d ルドー

2 次のうち、人類の種ではないものは？
a ホモ・ネアンデルターレンシス
b ホモ・ハビリス
c ホモ・ボノ
d ホモ・エレクトス

3 次のうち、脳の感情のコントロールセンターではないものは？
a 海馬
b へん桃体
c 視床下部
d 甲状腺

4 人間はちがう表情をおよそ何個つくれる？
a 10
b 1000
c 1万
d 10万

5 ゼリービーンズのコーティングの材料は何に由来する？
a 魚
b 昆虫
c ヘビ
d スライム

6 世界で生産される食べ物のうち、どれくらいが捨てられている？
a 3分の1
b 5分の1
c 4分の1
d 3分の2

7 かつて古代ローマで使われていた、貝を紫色に染める高価な染料の材料は？
a 巻貝とおしっこ
b ハトのふんとテントウムシ
c 貝殻とチョコレート
d ジョオウマダラ（チョウ）とバター

8 国際連合のメンバーは何カ国？
a 185
b 193
c 198
d 210

9 赤土という赤みがかった粘土は、1万年に上昔に何のために使われた？
a つぼを作る
b 洞窟の壁画をえがく
c 料理をする
d 家を建てる

10 2009年にジンバブエというアフリカの国は、ジンバブエドルでいくらになる紙幣を印刷した？
a 100万
b 10億
c 1兆
d 100兆

11 6世紀に新しい法典を作った東ローマ皇帝は？
a アウグストゥス
b ユスティニアヌス1世
c コンスタンティヌス1世
d ネロ

12 2000年以上前に、現代のサッカーに似たスポーツが行われていた国は？
a イギリス
b ドイツ
c 中国
d イタリア

13 セネトという、古代エジプトのボードゲームは、現代のどのゲームの元になった？
a バックギャモン
b モノポリー
c チェス
d ティドリーウィンクス

14 ローシュ・ハッシャーナー、ソンクラーン、ソルラルは、どんな祝日？
a 新年のお祝い
b 有名人の誕生日
c 歴史的な記念日
d 収穫の祭り

答え: 1) a, 2) c, 3) d, 4) c, 5) b, 6) d, 7) a, 8) b, 9) b, 10) d, 11) b, 12) c, 13) a, 14) a

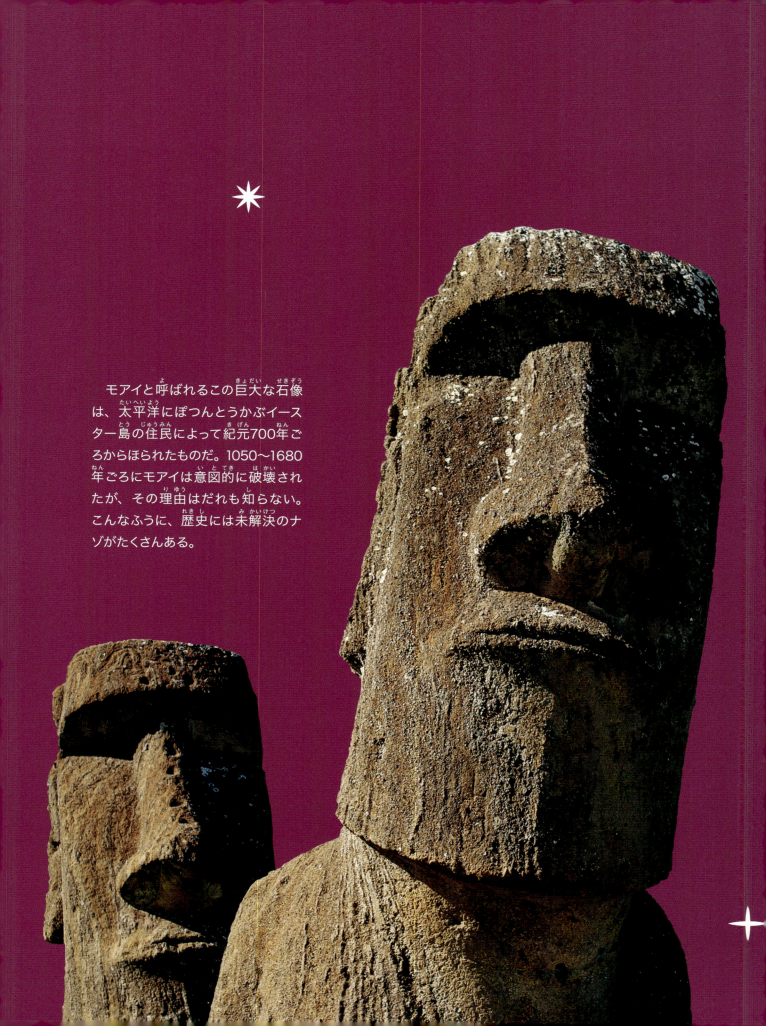

モアイと呼ばれるこの巨大な石像は、太平洋にぽつんとうかぶイースター島の住民によって紀元700年ごろからほられたものだ。1050〜1680年ごろにモアイは意図的に破壊されたが、その理由はだれも知らない。こんなふうに、歴史には未解決のナゾがたくさんある。

第 6 章
古代と中世

　古代の歴史は「初めて」だらけ。世界で初めての町や都市が見られるのもこの時代だ。車輪などの新しい技術が発達し、初めての荷車や戦車ができると、取引や輸送、戦争が様変わりする。また、文字の発明によって、商人はどのくらい売り買いしたのかを記録できるようになった。

　世界で初めての王や女王、皇帝やファラオが権力の座に就くのもこの時代だ。中国のある皇帝は、来世で自分を守らせるために、8000人の兵士からなる無敵の軍隊を粘土で作らせた。しかし、太陽がのぼってはしずむように、どんな帝国もやがては滅びる。地中海の周りでは、シリア人がペルシア人に敗れ、ペルシア人はギリシア人に、ギリシア人はローマ人に敗れる。南北アメリカでは、マヤ帝国が栄えておとろえる。中世のヨーロッパでは、黒死病などの伝染病が人々をおそった。また、芸術家が王の宮廷で活躍し、急速に変化する世界を理解するために起こった新しい宗教をたたえる作品を作る。ユダヤ教、キリスト教、イスラム教、ゾロアスター教は中東で、仏教とヒンドゥー教はアジアで始まった。宗教の競合する世界観（世界に対する見方）が、利益と損害を生み、戦争と平和を招きながら、1つになったり衝突したりする様子を見ていこう。

最初のオーストラリア人

アボリジナルオーストラリア人は、数万年前から続く文化をもっている。人間がオーストラリアに定住したのは5万年以上前で、おそらく東南アジアから来た人々が大陸の北部に到着したのが始まりだと考えられている。かれらは3万5000年前までにオーストラリア各地に住み着いていた。トレス海峡諸島民という、もう1つのグループとともに、アボリジナルオーストラリア人はオーストラリア大陸の最初の住民として知られている。

聖地

アボリジナルオーストラリア人の信仰によると、ドリームタイムと呼ばれる時代に、神話上の存在がすべての場所や動物、人間をつくった。このため、多くの場所は神聖だと考えられている。カタ・ジュタ（下）は、アボリジナルの民族アナングのたましいが休息する神聖な場所だ。

古代の証拠

ニューサウスウェールズ州のマンゴ湖は、今では完全に干上がり、石や骨でできた道具や化石が見つかっている。これらはオーストラリアに人間が住んでいた一番古い証拠の1つだ。

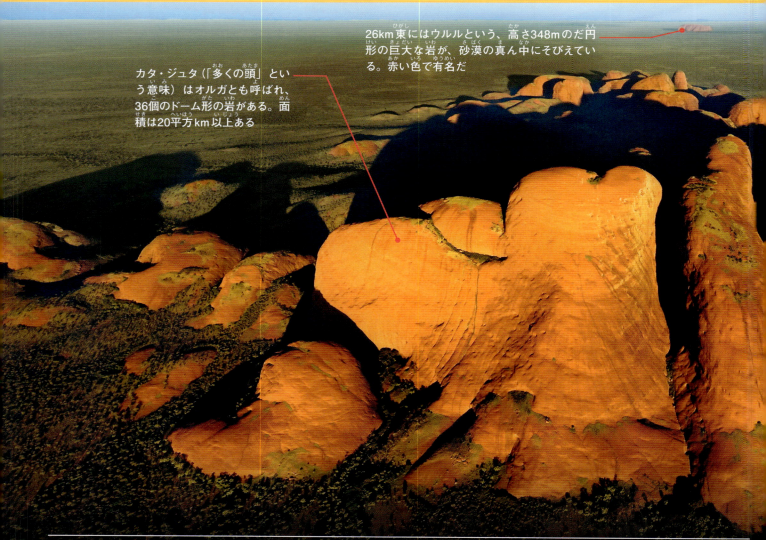

カタ・ジュタ（「多くの頭」という意味）はオルガとも呼ばれ、36個のドーム形の岩がある。面積は20平方km以上ある

26km東にはウルルという、高さ348mのだ円形の巨大な岩が、砂漠の真ん中にそびえている。赤い色で有名だ

サッとひとふり

　オーストラリアの先住民は、ブーメランを作ったことが知られている。ブーメランは曲がった木製の棒で、投げる道具だ。かりや戦争、儀式で使われた。ブーメランには2つのタイプがある。1つは大きく曲がったもので、正しく投げると円をえがいて飛び、投げた人にもどってくる。もう1つはもどってこないタイプで、もどってくるものよりも長くて重い。

もどってくるブーメランは、かたの上後方から投げる。うでをすばやく前に出すと同時に手首をサッとふる

アボリジナルの芸術

　最初のアボリジナルオーストラリア人の芸術は、さまざまなスタイルを持っていた。いくつかのグループは、石や木に模様をつけて貴重な物を作った。宗教の儀式で使ったり、記念碑としたのだろう。他のグループは、黄土で木の皮にかきこんだり、岩の表面に絵や彫刻をほどこした。下の岩絵は、ノーザンテリトリー州のカカドゥ国立公園にある

専門家から一言！

デイヴ・エラ
文化教育者

　デイヴ・ニラは、アボリジナルの子どもたちによりよい教育の芸をつくり、すべての子どもたちに、言語や武器、食べ物、薬用植物など、アボリジナルの伝統的な文化について教えている。やりや、かりこん棒、ブーメランなどの道具を木材から作るやり方を生徒に紹介する。

「この仕事にすばらしいてこの生徒がさらに上の学校や仕事に進めるように手伝いたいんです」

245

肥沃な三日月地帯

約1万年前、中東の「肥沃な三日月地帯」として知られる地域で、人類は農業を始めた。そのため、食べ物を見つけるために移動する必要がなくなった。この生活スタイルによって、新しい問題が生まれた。文字や車輪などの新しい発明によって、その問題を乗りこえたコミュニティーもある。

2つの川にはさまれた地帯

チグリス川とユーフラテス川の水のおかげで、メソポタミア（「川のあいだ」という意味）は土地が肥え、作物がよくできる土地になった。紀元前5000年ごろまでには、エジプトのナイル川流域でも農業が行われるようになった。肥沃な地帯全体は、三日月のように曲がった形をしていた。

最初の農業

肥沃な三日月地帯の農民は、運河をつくって近くの川から水を引いて作物を育てた。また、近くにいる動物を育てて食料にしたり、農作業に使った。オーロックスという牛の祖先にすきを引かせた。すきはブレードのついた単純な道具で、種が育ちやすくなるように土をほぐすために使われる。

一番大切な穀物はオオムギとエンマーコムギだった

紀元前4500〜前4200年までに、農民は自分で食べる食料だけでなく、権力をもつ人たちの分も作るようになっていたらしい

アドバイスしてくれた専門家：マーク・サプウェル　**あわせて読んでみよう**：自然の利用、p.190〜191；食べ物と料理、p.208〜209；読み書き、p.218〜219；古代メソポタミア、p.248〜249；古代エジプト、p.254〜255

車輪の革命

紀元前4500年までに、メソポタミアの人々はつぼを作るために使う車輪を発明した。メソポタミア南部のシュメール人は、重い荷物を丸太に乗せて転がすのをヒントに、紀元前3500年ごろに車輪付きの乗り物を作った。最初は板状の車輪をつけた単純なそりだった。500年後には荷車や戦車が作られた。スポークのある軽い車輪は、紀元前2000年ごろに中東に現れた。

丸太を下に置くと物を動かせた

そりを下に置くと物を引きずりやすくなった

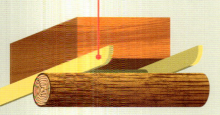

丸太とそりを組み合わせた

みぞをほると、2本目の丸太が必要になる前に、より遠くまで動かせた

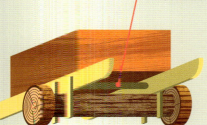

ひと続きの車輪と軸（中心軸）が発明された

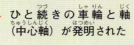

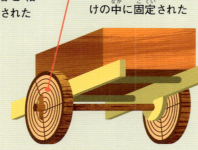

じくは回転する軸受けの中に固定された

オドロキの事実！

ブリーダーは、家畜の祖先を生き返らせようとしている。オーロックスはすべての家畜牛の元になった野生の牛で、乱獲によって、紀元1627年に絶滅した。オーロックスの近縁のDNA（遺伝の足跡）は、その牛の種に受けつがれているので、一番近い現存の種からオーロックスを繁殖させようとするタウロス計画が行われている。

最初の文字

最初の文字は、メソポタミアで見つかった。紀元前3300年ごろから、メソポタミア南部に住むシュメール人が、育てた作物の量や支払った税金などを記録するために、くさび形文字という記号体系を使い始めた。こうして、数字や言葉を書き表す仕組みが発達した。アシという植物を使って塗った粘土に印をつけてから焼くと、記録が長持ちした。

栽培化された野生の植物
豆知識リスト

野生の植物を育て、改良して役に立つ品種をつくりだした最初の人たちの中に、肥沃な三日月地帯の農民もふくまれる。一番大事だった植物を紹介しよう。

1. オオムギは、粉にしてパンを作ったり、おかゆのように料理したり、ビールの素としても使われた。

2. エンマーコムギは、パンを作るために一番よく使われた穀物だ。支払いにも使われた。

3. アマからは食べられる種もとれるが、一番の目的は、麻という布を作ることだった。

4. デーツはナツメヤシの実で、自然な甘味のために重宝された。

5. プラム、リンゴ、ブドウは、肥沃な三日月地帯の農民が栽培化して、果樹園やブドウ畑で栽培した多くの果物の一部だ。

6. 豆類（ヒヨコ豆、インゲン豆、レンズ豆など）は、栄養があり、乾燥させて保存するのが簡単だから、重要だった。

247

古代メソポタミア

中東のチグリス川とユーフラテス川にはさまれたメソポタミアには、歴史上最も古い都市の1つが生まれた。最初の都市ウルクは、紀元前3300年ごろにメソポタミアのシュメールという地域に建設された。最も古い帝国にも、メソポタミアに都を置いていたものがいくつかあった。紀元前2334年ごろにアッカド帝国がメソポタミアで権力の座に就いた。その後、バビロニア帝国とアッシリア帝国が支配権をめぐって戦った。

女神イナンナ

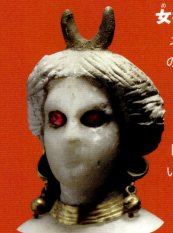

メソポタミア人は多くの神々をあがめた。イナンナは戦争と豊じょうの女神で、左の写真のイナンナは目がルビーで作られている。アッカド帝国のみこがイナンナにささげる詩と讃美歌を書いた。

戦争の記録

これはハゲワシの碑のかけらだ。「碑」とは、何かの記念として石に文字や絵を刻んで建てたもののことだ。ハゲワシの碑は紀元前2600年から紀元前2350年の間に作られた。シュメール人の2つの都市の間の争いと、ラガシュ王エアンナトゥムが、ライバルのウンマ王エンアカルレに対して勝利したことを記録している。

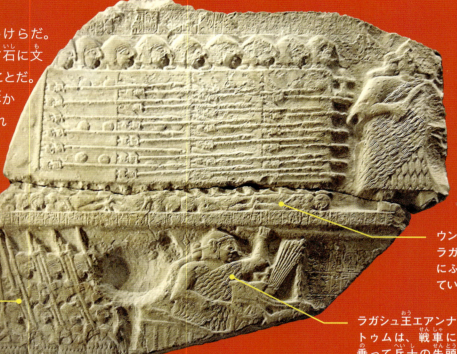

- やりを持ったラガシュの兵士が王に続いて行進する
- ウンマの兵士は、ラガシュの軍隊にふみつけられている
- ラガシュ王エアンナトゥムは、戦車に乗って兵士の先頭に立つ

ジッグラト

メソポタミア人はジッグラトと呼ばれる神殿を建てた。上で神官が儀式をとり行うため、傾斜路がついていた。どろで造られていたためくずれやすく、100年ごとに建てかえた。

権力の移り変わり

年表

紀元前3300〜前1900年ごろ 最初のシュメール人の都市が発達した。初めは権力をもつ人たちのグループが都市を支配していたが、紀元前3000年ごろからは、王が支配した。

紀元前2334〜前2154年ごろ サルゴン大王がメソポタミアの他の都市を征服し、アッカド帝国をつくった。アッカド帝国がほろびると、再び多くの強力な都市国家に分かれた。

紀元前1850〜前1595年ごろ バビロンはハンムラビ王の時代に周りの地域を征服し始めた。紀元前1595年ごろまでにメソポタミアのほとんどを支配下においた。

紀元前1900〜前612年ごろ 最初、アッシリア人はメソポタミア北部のごく一部だけを支配していた。アッシリア帝国の勢いが一番盛んだったのは紀元前900年ごろだ。紀元前612年、とうとうバビロニア人や他の民族に負けた。

アドバイスしてくれた専門家：マーク・サプウェル　あわせて読んでみよう：祭り、p.236〜237；肥沃な三日月地帯、p.246〜247；古代エジプト、p.254〜255；古代の神々、p.256〜257；ペルシア帝国、p.266〜267；イスラム黄金時代、p.284〜285

アッシリア帝国

アッシュルバニパル（この絵の赤い服を着た人物）は、アッシリア帝国最後の偉大な王だった。紀元前668年から前627年まで王位に就き、首都ニネヴェに世界で初めての図書館の1つを建てた。敵をくさりでつなぎ、犬小屋にすまわせたといううわさがあった。

アッシリア王は神々へささげる儀式でライオンを殺した

武装した兵士が王を守った

王の動物園でライオンを飼い、繁殖させていた

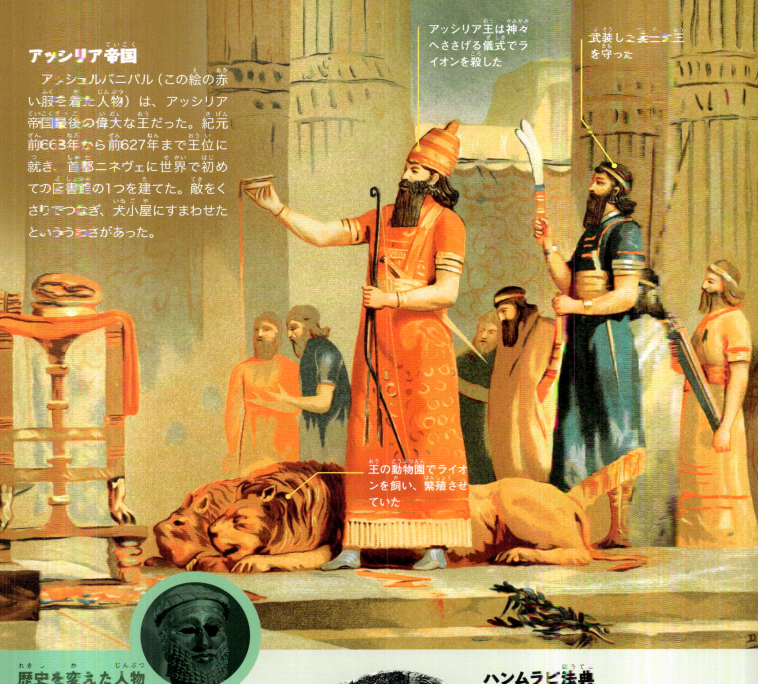

歴史を変えた人物

サルゴン大王
王　紀元前2334～前2279年（治めた年）　アッカド帝国

世界で最初の大きな帝国をつくったサルゴンは、バビロンやキシュのあたりに生まれた。伝説によると、サルゴンは庭師の養子になった。キシュ王の家来として働いていたが、王をたおして自分が権力をにぎった。そして、紀元前2334年ごろからメソポタミアを征服し始め、アッカドと呼ばれる新しい都市を建設すると、それがアッカド帝国の首都になった。

ハンムラビ法典

バビロニアの王ハンムラビは、世界で最初の法典の1つをつくった。王はバビロニア帝国の臣民に法律を知り、守るようにさせたいと考えた。紀元前1754年ごろ、王は石柱に法律を刻ませ、帝国のあちこちに建てさせた。この石柱には取引から結婚まで、さまざまなテーマの282条の法律が記録された。石柱の一番上には、ハンムラビ王が太陽神シャマシュから法律を受け取る場面がほられている。

249

ストーンヘンジ

　先史時代のイギリスとアイルランドの人々はストーンサークルを建てた。その中で一番有名なのがストーンヘンジで、毎年100万人以上の人々が訪れる。紀元前3000年から紀元前1600年の間に、イギリスのソールズベリーに近いチョーク質の平野にいくつかの段階に分けて建てられた。重く巨大な石は24kmはなれた場所から（おそらく木のそりにのせて）運ばれてきた。2つのサークルをつくる小さめのブルーストーンは、さらに遠く、最長で240kmもはなれた所から運ばれた。

なぜストーンヘンジを建てたのだろう？

　ストーンヘンジの本当の目的はだれも知らない。以前は、古代の神殿だったとか、太陽と月の動きを予測するために使われたなどと考えられていた。最近では、多くの民族にとっての季節ごとに集まる場所や、祖先への記念碑だったのではないかと専門家が議論している。

一番上の石
（まぐさ石）は
重さが約7トンある

大きな直立する
石（大砂岩）の
ほとんどは、重さ
約23トンだ

アドバイスしてくれた専門家：マイク・パーカー・ピアソン　　**あわせて読んでみよう**：岩石と鉱物、p.70〜71；宗教、p.212〜213；死の儀式、p.238〜239；古代エジプト、p.254〜255；オルメカとマヤ、p.264〜265；古代ギリシア、p.268〜269

地球の古代の記念碑
年表

この年表で紹介するものは今もまだ建っている。

紀元前3200年　ニューグレンジ（アイルランド） 古代人は、高さ12mの土の塚の内部に埋葬室をつくった。三つの通路の先に埋葬室があり、かべで囲まれている。

紀元前3000～前1600年　ストーンヘンジ（イギリス） 古代ブリトン人が巨大な石のサークルを建てた。

紀元前2500年　ギザの大スフィンクス（エジプト） 古代エジプト人が、人間の頭とライオンの体をもつ巨大な石像をほった。長さが73mもある。

紀元前515年　神殿のおか（イスラエル） ユダヤ人の王たちは、「契約の箱」（「十戒」が刻まれた石板を入れた箱）を収めるために第2神殿を完成させた。

紀元前432年　パルテノン（ギリシア） 女神アテナにささげる巨大な神殿が完成した。これはアテネを見渡すおかの上につくられた、いくつもの建物からなるアクロポリスの一部だった。

紀元前600～紀元900年　ティカル（グアテマラ） 古代マヤの中心地ティカルに、宮殿やピラミッドの神殿をふくむ3000の建物をもつ大都市に発展した。

紀元前1世紀　エル・カズネ（ヨルダン・ペトラ遺跡） ナバテア人が建てた神殿または埋葬場所。高さ約40mの正面は装飾され、3つの部屋がある。エル・カズネはアラビア語で「宝物殿」という意味。

小さめのブルーストーンは、最大のものが重さ約4トンで、サウスウェールズ地方から運ばれた

直立する石のそれぞれに「ほぞ」（出っぱり）がほられ、まぐさ石の「ほぞ穴」にはまるようになっている

最後の段階で、ストーンヘンジの石の多くはとりのぞかれ、外側のサークルに隙間ができている

251

中国の最初の王朝

1つの王家が国を支配する時期を王朝といい、古代の中国ではさまざまな王朝による支配が続いた。最初の王朝は、紀元前2070〜前1600年の夏王朝だったかもしれないが、夏の王たちは伝説に出てくるだけだから、確かなことはわからない。殷王朝と周王朝の下で、陶器や青銅器などの芸術や工芸が盛んになった。知られている一番古い漢字は、殷王朝の時代に現れた。

未解決のナゾ

中国の大洪水は本当に起こったのか？

黄河の近くに中国の古い文明の1つがあった。伝説によると、かつて黄河で大きな洪水があったが、大禹という人物が洪水を収めた。人びとは大禹を王にして、夏王朝が始まった。最近の研究から、紀元前1920年ごろに、非常に大きな洪水があった証拠が見つかっている。

殷王朝

初めて文字で記録を残した中国の王朝は殷王朝で、500年以上続いた。最初は地方の小さな国だったが、紀元前1600年ごろに夏王朝をたおして中国を支配したといわれている。そのころ、中国は今よりもだいぶ小さな地域だった。紀元前1300年ごろ、殷王朝は新しい首都の殷を建設した。その場所から、殷王朝の重要な墓がたくさん見つかっている。一番元の状態に近いものは、武丁王と結婚した女性将軍、婦好の墓だ。

今の中国の国境

黄河

中国

長江

殷

殷王朝

古代中国の王 豆知識リスト

古代中国の王の多くは、優れた行いをして国民に愛されていたようだ。一方、残酷で厳しい支配者として、にくまれていた王もいる。

1. 夏王朝の桀王 夏王朝最後の王で、酒で満たした特別な池を造らせたといわれている。

2. 殷王朝の天乙王 優しくよい王だったといわれている。税金を減らし、国民の暮らしをよくするために働いた。

3. 殷王朝の武丁王 紀元前1250年に王になった。王子のとき、普通の人たちと暮らし、かれらの生活を学んだ。

4. 殷王朝の帝辛王（紂王） 残酷な王だったといわれる。税金を増やし、紀元前1046年に殷はほろぼされた。

5. 周王朝の武王 4万5000人の兵士と300台の戦車からなる軍隊で帝辛王（紂王）を破ったといわれている。周王朝を始めた。

6. 周王朝の成王 紀元前1042年ごろから前1006年まで治めた、周王朝の2番目の王だ。

7. 周王朝の幽王 西周最後の王の時代に、地震や日食、かんばつなど、悪い前兆と見なされることばかりが起こった。

アドバイスしてくれた専門家：マン・シュー　あわせて読んでみよう：読み書き、p.218〜219；舞台芸術、p.222〜223；祭り、p.236〜237；中国の唐王朝、p.282〜283；共産主義の台頭、p.320〜321

周王朝の職人は、このバクのように、青銅ですばらしい作品を作った

中国の最初の文字

殷王朝の時代に、中国の最初の文字がいくつか作られた。「甲骨」と呼ばれる、動物の骨や貝殻、または写真のようなカメのこうらに文字が刻まれた。王の祖先に教えを求めるうらないの儀式では、うらない師が熱い金属の火かき棒で骨を熱するとひびが入る。そして王がひびの意味を読み取った。うらないの質問と読み取った内容は骨に記録された。

周王朝

紀元前1046年に、周王朝は殷王朝をほろぼした。歴史家は、周王朝を2つの時期に分ける。最初が西周だ。地方の領主が反乱を起こした後の紀元前770年に、周の首都を東の洛陽に移した。ここから東周として知られるようになり、紀元前256年まで続いた。周の時代に技術が進歩し、職人は、工夫をこらした作品を青銅で作った。紀元前600年ごろからは、鉄で作った道具や武器が広く使われるようになった。

中国の暦

中国では今は西洋の暦が使われているが、紀元前770年から紀元476年の間に作られた伝統的な暦は12年で1周する。1年ずつ順番に、12種類の動物のうちの何の年かが決まっていて、その動物が、その年に生まれた人の性格を決めるといわれている。たとえば、ネズミ年（2008年など）に生まれた人は、働き者で人づき合いが上手だと考えられている。

ネズミ：2008、2020年

ウシ：2009、2021年

トラ：2010、2022年

ウサギ：2011、2023年

タツ：2000、2012年

ヘビ：2001、2013年

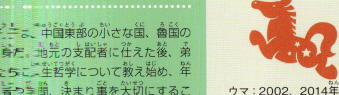
ウマ：2002、2014年　　ヒツジ：2003、2015年

サル：2004、2016年

歴史を変えた人物

孔子
哲学者　紀元前551～前479年　中国

孔子は、中国東部の小さな国、魯国の出身だ。地元の支配者に仕えた後、弟子たちに哲学について教え始め、年長者を敬い、決まり事を大切にすることを基本にして社会をつくるべきだと教えた。孔子が生きている間は、かれの考えはあまり評価されなかったが、死後に中国とアジア各地でとても重要とされた。

ニワトリ：2005、2017年　　イヌ：2006、2018年

ブタ：2007、2019年
（日本ではイノシシ）

253

古代エジプト

紀元前3530年までにナイル川に沿って農業が発達し、そのおかげで文明が栄えた。伝説によると、紀元前2925年ごろにメネスという支配者が上エジプト（南）と下エジプト（北）を統一し、最初の王となった。のちにファラオと呼ばれた王たちは、神のようなものだと考えられていた。死後はミイラにされてピラミッドまたは墓に持ち物と一緒に埋葬された。

ギザの大ピラミッド

歴史上最大のピラミッドは、紀元前2550年ごろにクフ王のためにエジプトのギザに建てられた。元の高さは146.6mで、230万個の石灰石のブロックで作られ、約20年かかって完成した。中にはいくつかの部屋と通路がある。考古学者は最近、それまで知られていなかった空間をピラミッド内部に発見した。放射線で建物を透視する装置を使って、その大きさと目的を確認しているところだ。

生命の川

ナイル川はエジプトの主な水源で、土手のどろはブロックの材料になった。7月になると洪水が起き、水が引いた後にはよく肥えた土地になった。ナイル川は大切な水路でもあった。帆かけ船は流れに乗って川を下り、風に乗って帰ってきた。

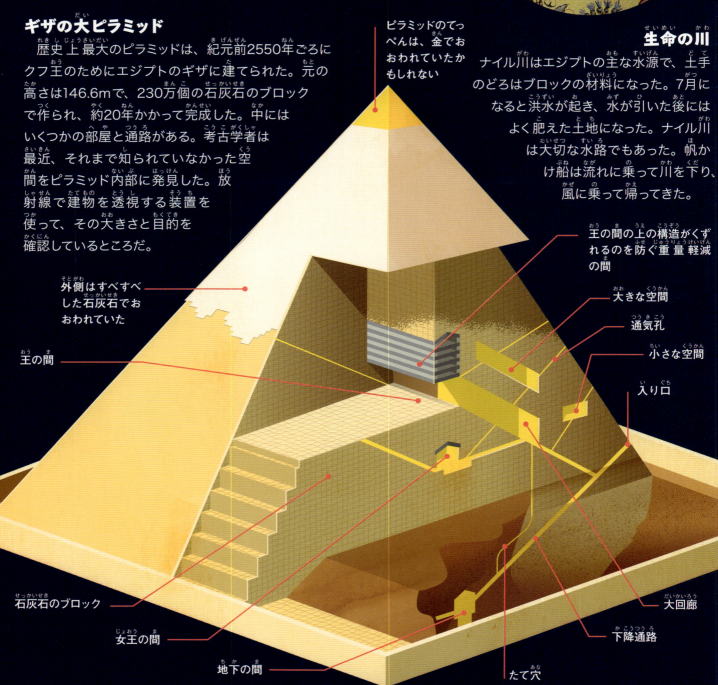

- ピラミッドのてっぺんは、金でおおわれていたかもしれない
- 外側はすべすべした石灰石でおおわれていた
- 王の間
- 王の間の上の構造がくずれるのを防ぐ重量軽減の間
- 大きな空間
- 通気孔
- 小さな空間
- 入り口
- 石灰石のブロック
- 女王の間
- 地下の間
- たて穴
- 下降通路
- 大回廊

アドバイスしてくれた専門家：サリマ・イクラム　あわせて読んでみよう：読み書き、p.218〜219；死の儀式、p.238〜239；肥沃な三日月地帯、p.246〜247；ストーンヘンジ、p.250〜251；古代の神々、p.256〜257；古代アフリカの王国、p.280〜281

ミイラ作り

古代エジプト人は死者の体を保存すれば、たましいが永遠に生きると信じていた。そのために遺体に処理をほどこしたものがミイラだ。ツタンカーメン王の時代には、作るのに70日かかった。知性が宿ると考えられていた心臓以外の内臓を神官がすべて取り出した。古代エジプト人は、ミイラ作りの神アヌビスが製作を見守っていると信じていた。

ミイラ作りの神アヌビス

1 内臓を取り出す
腸はタカの頭の形をしたつぼに、肝臓は人間の頭の形をしたつぼに、肺はヒヒの頭の形をしたつぼに、胃袋はジャッカルの頭の形をしたつぼに入れた

2 体を塩でおおう
体の外側と、内臓が入っていた空間をナトロンという特別な塩でおおった。ナトロンは湿気を吸収し、40日くらい経つと、体は完全に乾燥した

3 体に包帯を巻く
体に香料をつめて、樹脂をぬり、麻布で包んだ。そしてかんおけに入れ、内臓の入ったつぼや、来世で必要な家具などと一緒に墓に納めた

ヒエログリフ

紀元前3200年ごろから、古代エジプト人はヒエログリフという文字を使い始めた。さまざまな言語や音を表す700個以上の記号があった。ヒエログリフは石に刻まれたり、パピルスという植物で作った布に書かれた。

A	A	B	C/K
D	F/V	G	H
H̱	I/Y/E	J	L
M	M	N	P
Q	R	S	SH
T	TH	U/W/O	
Y/E/I	Z		

歴史を変えた人物

ハトシェプスト女王
ファラオ　紀元前1473〜前1458年
（治めた年）　エジプト

紀元前1473年ごろから15年間エジプトを治めた。戦争よりも貿易に基づいた、おおむね平和な時代をつくった。大きな神殿を建て、紅海のプント国に海上貿易の使節を派遣した。ハトシェプスト女王の像は、王のシンボルであるつけひげをつけた男性のファラオとして表現されている。紀元前1458年に女王が死ぬと、ルクソール近くの王家の谷に埋葬された。

オドロキの事実！

ミイラを作るとき、脳は鼻から取り出した。かつては、脳を棒でつきさして、鼻の穴からひっぱり出したと考えられていた。今ではほとんどの科学者が、頭蓋骨の中に棒をさしこんで脳をかきまぜたと考えている。そうすると、ぐにゃぐにゃの脳は液体になって、鼻からポタポタ落ちるのだ。

液体になった脳は鼻から出てくる

255

古代の神々

この世には人間の理解をこえるような力がたくさんあり、世界とその創造に関わっている、と古代の文化では信じられていた。ほとんどの文化はいくつもの神々をあがめたが、主だった1つの神を信じる文化も少しだけあった。神々は天気や夜の空など、自然の現象をコントロールしたり、戦争や病気、農業の結果を決めると考えられていた。多くの古代の神々が、芸術や文章の中で、さまざまな形で表現されている。

エジプトの神々

古代エジプトでは2000以上の神があがめられた。古代エジプト人は、神々が現世と来世で助けてくれると信じていたので、下の写真の巻物にえがかれているように、神々をたたえる儀式を行った。ファラオ（王）は宗教の儀式が行われる神殿の責任者だった。また、自分は神々の後継であり、この世で神々を代表していると言った。

1 **神官**
神殿の儀式は神官とみこが行った

2 **ファラオ**
ファラオは「すべての神殿の最高司祭」という肩書も持っていた

3 **プタハ**
創造神プタハは、職人と建築家の守護神でもあった

4 **セクメト**
戦いと治療、医術の女神で、めすライオンの頭を持つ

5 **セト**
邪悪な神とされ、混乱と嵐の神だった

6 **ハトル**
空と女性、多産の女神で、雌牛の耳を持つ姿でえがかれることがある

7 **イシス**
この女神は病気の人を治したり、死者を生き返らせることができると信じられていた

8 **オシリス**
復活と死者の神で、豊じょうと農業の神でもあった

アドバイスしてくれた専門家：ポール・ディリー　あわせて読んでみよう：宗教, p.212～213；最初のオーストラリア人, p.244～245；古代メソポタミア, p.248～249；ストーンヘンジ, p.250～251；古代エジプト, p.254～255；アンデス文明, p.258～259；オルメカとマヤ, p.264～265；マウリヤ朝, p.272～273；古代ローマ, p.276～277

古代の神々
豆知識リスト

古代では何千もの神々が信じられていた。有名な神を紹介しよう。

1. **ホルス** イシスとオシリスの息子で、古代エジプトの守護神だった。ハヤブサの姿またはハヤブサの頭をもつ人間の姿をしている。

2. **ヤヌス** 時間と移り変わりを司るローマの神で、2つの顔を持つ姿でえがかれることが多い。ヤヌス神殿の扉は戦争中には開き、平和なときには閉じられた。

3. **マルドゥク** バビロニアで最も大切な神で、「主人」を意味するベールという名前でも知られていた。

4. **ミスラ** イランに起源をもつ、契約（条約や協定）の神で、イギリスからインドまで、広い地域にわたってあがめられていた。

5. **ケツァルコアトル** メソアメリカの金星の神で、羽毛の生えたヘビの姿をしている。

6. **トール** ハンマーを武器として持つカミナリの神で、バイキングなど、ゲルマン人があがめた。

7. **三清** 道教の最高神である三神で、宇宙をつくったと信じられている。

8. **三神一体** ヒンドゥー教の最高神である、ブラフマー、ヴィシュヌ、シヴァの三神のグループ。

9. **ゼウス** 古代ギリシアの天空とカミナリの神で、すべてのギリシアの神々の王として支配した。

10. **ヤハウェ** ヘブライ語の聖書でのただ1つの神の呼び名。もともとは古代イスラエル人の神だったが、今ではユダヤ教、キリスト教、イスラム教であがめられている。

アンデス文明

南アメリカの西海岸には、ノルテ・チコ（紀元前3000～前1800年）、チャビン（紀元前900～前200年）、ナスカ（紀元前200～紀元600年）など、アンデス山脈の多くの民族が暮らしていた。かれらは神殿などの儀式用の建物や、水を引くためのかんがい設備を建設した。植物を栽培化したり、動物を飼育して毛から布を作ったりし、そうした品物や、金属や貴重な貝殻などを取引した。

オドロキの事実！
うんこの研究は役立つ！

化石化したうんこから、ノルテ・チコ文明の人々はトウモロコシやカタクチイワシなどの魚介類を食べたことがわかった。ジャガイモやサツマイモ、グアバの実も大切だった。トウモロコシの花粉がついている道具が見つかっているため、トウモロコシを栽培していたことがわかる。綿も育てていた。

神聖な都市

ペルー北部のカラルは、南アメリカで最初の都市の1つで、紀元前3000年から紀元前1800年の間にノルテ・チコの人々が建設した。考古学者はこの地域で古代の集落を30以上発見した。カラルもその1つだ。カラルの中心地には、儀式のための施設、くぼんだ広場や家など、32以上の建物がある。この神聖な都市は、宗教の儀式にとって重要な中心地だった。

カラルの円形劇場のあと

4つのブローチをつけた女性

カラルに近いアスペロで4500年前のミイラが発見された。コンピュータ技術によると、生きていたときはこんな顔だったようだ。骨で作られた4つのブローチは、ジャングルのサルや砂漠の鳥のような形で、残っていたチュニックの一部をとめていた。身分の高い女性だったのかもしれない。

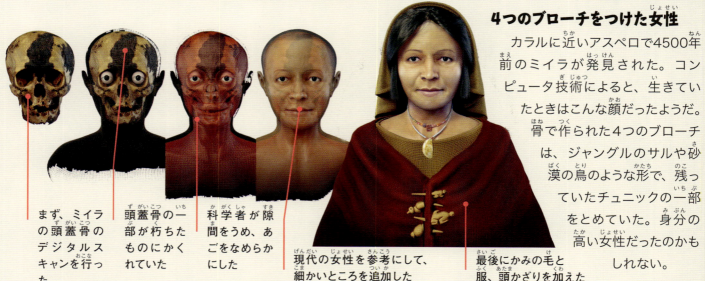

- まず、ミイラの頭蓋骨のデジタルスキャンを行った
- 頭蓋骨の一部が朽ちたものにかくれていた
- 科学者が隙間をうめ、あごをなめらかにした
- 現代の女性を参考にして、細かいところを追加した
- 最後にかみの毛と服、頭かざりを加えた

アドバイスしてくれた専門家：アリシア・ボズウェル　**あわせて読んでみよう**：服装とかざり, p.210～211；古代の神々, p.256～257；オルメカとマヤ, p.264～265；アステカとインカ, p.296～297；新たな帝国, p.304～305；アメリカの奴隷制度, p.308～309；世界の政治地図, p.334～335

最高神

ビラコチャ神は、アンデス文明の重要な神で、強力な力をもち、世界をつくったと信じられている。体の半分が人間の姿でえがかれ、そこにはきばがある。手に持つ2本のつえまたは長い棒は、ヘビのようなものもある。今までに見つかっている、この最高神をえがいた一番古い絵は、紀元前2250年くらいまでさかのぼれる。

チャビン文化

ペルー北部のチャビン・デ・ワンタルは、政治と宗教の一大中心地だった古代都市の遺跡だ。神殿は、彫刻や彫像で豪華にかざられていた。ここに住んでいた人々の宗教は、中央アンデス各地の人たちにとってとても大切だった。人々はチャビンまで巡礼の旅をしたり、この都市のために宗教的な芸術作品を作ったりした。チャビンの石の彫刻は、人間や空想上の動物を表している。

専門家から一言！

アリシア・ボズウェル
考古学者

ほとんどの社会は、文字を使ってその社会のことを伝える記録を残した。古代アンデスには文字による記録はなく、その代わりに、結び目とひもを使って情報を記録した。学者がこの仕組みを解読できれば、アンデス社会についてもっと多くのことを理解できるようになるはずだ。

「ゴミは考古学者にとって宝の山です！捨てられた物を見ると、捨てた人たちについてとても多くのことがわかるんです！」

ナスカの地上絵

ペルーのナスカの地上絵は、2000年以上前に、ナスカ人か、さらに古い時代のパラカス人かが描き始めたものだ。表面の石を取り除き、明るい色の地面が見えるようにして作られた。動物や人間のような絵もある。巨大な形は空からでないと見えない。この絵をかいた人たちは、完成した形を見られなかったはずなのだが、完璧にえがかれている。学者は、儀式のために作られたと考えている。

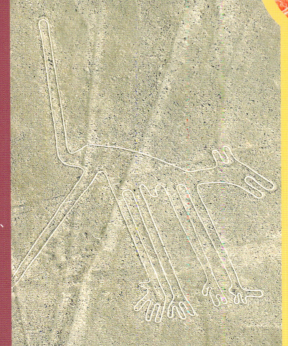

259

太平洋に移り住む

太平洋の先住民族は、優れた船乗りだった。今のニューギニアに住んでいる人たちの祖先は、およそ4万年前にメラネシア西部に移り住んだ。ミクロネシアとポリネシアの島々には、おそらく台湾から来たオーストロネシア語を話す人々が移住した。かれらははるばる海を渡って勇敢に探検し、太平洋の多くの島々に定住した。紀元前1500年ごろから1500年間をかけて、オセアニア（オーストラリア大陸、メラネシア、ミクロネシア、ポリネシア）に移り住んだ。

カヌーの旅

ポリネシア人は大きな木のカヌーで発見の旅をした。カヌーには、片側にうきをつけたアウトリガーと呼ばれるタイプがあった。または、この絵のように船体が2つのタイプもあった。ポリネシア人は、星と海に関する知識を使って航路を見つけた。1970年代に、ポリネシア航海協会が伝統的なポリネシアのカヌーを作り、何千kmも海を渡った。こうして、ポリネシア人に長距離の航海ができたことが証明された。

- 三角形の帆があると、オールだけで動かすカヌーよりも、はるかに遠くまで旅ができた
- カヌーの木の部品は、ココナツの繊維で作ったロープでしばりつけてあった
- 長い距離を旅するとき、カヌーには乗組員と荷物のための屋根つきの小屋が備わっていた
- 木製の2つの船体をもつため、あれた海でもカヌーが安定した。島に定住するために必要な植物や動物をすべて運べるほど大きかった

アドバイスしてくれた専門家：パトリック・V・キルヒ　**あわせて読んでみよう**：星座、p.14～15；服装とかざり、p.210～211；最初のオーストラリア人、p.244～245；古代の神

オセアニアの探検

オーストロネシア人はメラネシア、ミクロネシア、ポリネシアのすみずみまで、遠くはなれた島を探検して定住した。もしかしたら、人口の増加が原因で旅をしたのかもしれない。あるいは、風でカヌーの航路が大きくそれて、偶然に旅したこともあったかもしれない。でもたいていは、定住するための新しい土地を求めて旅立った探検家であり、その過程で高度な新しい航海術を発達させた。

ラピタ文化

紀元前1300年から紀元前800年に、東アジアから来たラピタ人がメラネシアとポリネシア西部の島々に定住した。ラピタ人は土器を複雑なデザインでかざった。ラピタ土器はニューギニア島からサモア諸島の間で見つかっている。ラピタ文化は、最初の大きな太平洋文化だ。

おどろきのマウイ

マウイは多くのポリネシア社会のさまざまな神話に登場する、いたずら者のヒーローだ。神話は口承で（話し伝えることによって）受けつがれ、今もまだ語りつがれている。こうした神話の中で、マウイはすさまじいはなれ業をやってのける。地下の世界から火をぬすんで人間にあたえたり、つり針で海の底から島を引き上げたといわれている。

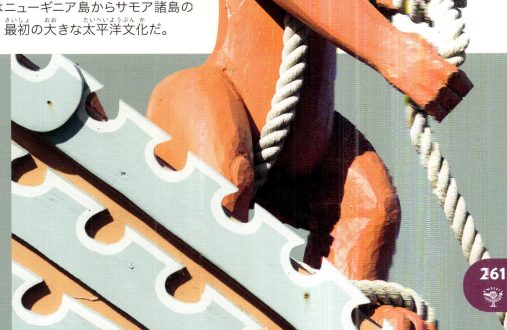

この彫刻は、マウイ神が巨大な魚をつり上げ、それがニュージーランドの北島になったというポリネシア神話を表している

261

逆立ちした若い男は、雄牛の背中で宙返りをしている途中だ

クノッソス

ミノア人が建設した最大の宮殿都市クノッソスから、牛飛びをえがいた壁画が発見された。牛飛びは、突進する雄牛の上で宙返りをする、儀式のようなスポーツだ。ミノア人は、立派な宮殿を中心とする都市をクレタ島のあちこちに建設した。紀元前1350年ごろにクノッソスは火事で壊滅した。

雄牛はミノア人にとって大事な動物で、絵やうきぼり彫刻によくえがかれている

この人物ははだの色がうすいので女性だとわかる。男も女もこのスポーツに参加した

ミノア人、ミケーネ人、フェニキア人

ヨーロッパの一番古い文明のうち2つは、紀元前3000年から紀元前1000年のあいだにエーゲ海とその周りで発達した。ミノアという呼び名は、伝説上の最初の王ミノスから名づけられた。ミノア人はクレタ島に住み、首都はクノッソスだった。その後のミケーネ文明は、紀元前1500年から紀元前1200年までギリシアを支配した。紀元前1400年ごろにミケーネ人はクレタ島を征服したが、ミケーネ文明は紀元前1200年ごろになぜかほろびてしまった。一方、地中海東部のフェニキア人は、地中海に沿って連なるように貿易港を造った。

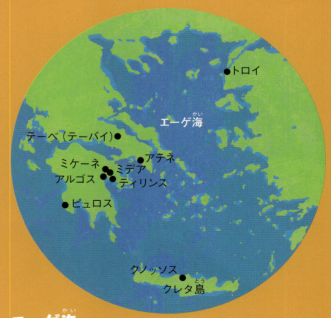

エーゲ海

エーゲ海は、地中海の東の部分だ。エーゲ海の西にはミケーネ人が住んだギリシアがあり、南にはミノア人が住んだクレタ島がある。東側は現在のトルコで、紀元前1700年から紀元前1200年までヒッタイト人がここに帝国を築いた。

アドバイスしてくれた専門家：ジョン・ベネット　あわせて読んでみよう：争いと戦争、p.214～215；言語と物語、p.216～217；読み書き、p.218～219；死の儀式、p.238～239；古代ギリシア、p.268～269；アレクサンドロス大王、p.270～271

ミノタウロス

ギリシア神話によると、クレタのミノス王は、怪物ミノタウロスを迷宮に閉じこめた。アテネの人々がミノス王の息子の1人を殺したとき、ミノス王はアテネに、9年ごとに7人の少年と7人の少女をミノタウロスへのいけにえとして差し出すように命令した。アテネのテセウスがミノタウロスを殺して迷宮から脱出した。ミノス王のむすめアリアドネが手伝ってくれたおかげだ。

神話によると、ミノタウロスはミノス王のきさきと白い雄牛の間にできた息子だ

ヒーローのテセウスは、けんをミノタウロスにつきさして殺した

ミケーネの都市

アガメムノン王のデスマスクといわれる金のマスクは、ギリシア文明の中心地だったミケーネで、墓の中から見つかった。ミケーネ人はギリシア本土全体に拡散して、要塞化された宮殿の複合施設を建設し、ミケーネやピュロス、ティリンスなどの大都市を築いた。

フェニキア人

紀元前2000年から紀元前1年にかけて、地中海東岸（今のレバノン内）に母国をもつフェニキア人は、貿易帝国を築き上げた。商人と入植者は、優れた造船技術をもっていた。

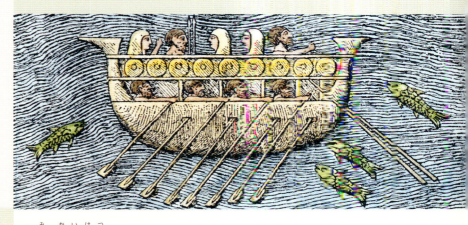

現実のトロイア戦争

伝説によると、ギリシアの部隊は、木馬の中にかくれ、トロイア人が木馬を市内に運び入れると、暗くなってから攻撃した。この伝説の裏には2つの真実がある。1つは、兵器を火事から守るためにぬれた馬の皮でおおったこと。もう1つは、ミケーネ人が紀元前1200年ごろにトロイアの近くで戦争を行ったことだ。

未解決のナゾ

ミノア人の文字はいつか解読されるのだろうか？

ミノア人は2つの文字体系をもっていた。1つは線文字Aとして知られるもので、記号を使って牛、ブタ、穀物といったいくつかの物や音を表した。学者は線文字Aを完全に解読することはできないが、もう1つの線文字Bは読める。線文字Bは、ミノアの線文字Aを改造して、ギリシア語を書くために使われた。

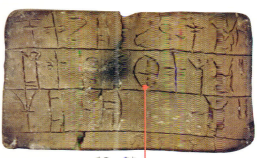

ミケーネで発見されたこの粘土板は、線文字Bで書かれている

263

オルメカとマヤ

メキシコから中央アメリカまで広がるメソアメリカという地域の熱帯雨林に、2つの大きな文明が発達した。オルメカ人は紀元前1500年までに農業を行い、村や町に住んでいた。やがて村や町のいくつかは都市の中心地になった。オルメカ文化は、メキシコ南東部からグアテマラ、ベリーズのマヤ人に影響をあたえた。マヤ文明は紀元前1200年ごろにさかのぼる。

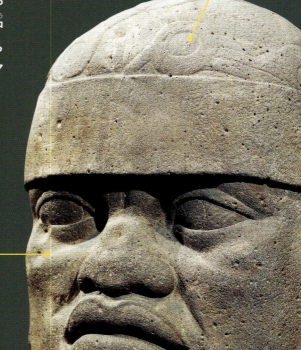

オルメカの選手はメソアメリカの球技でこんなヘルメットをかぶった

巨石人頭像

オルメカ人は大きな岩から巨大な人の頭を彫刻した。これまでに17体の人頭像が発見されていて、一番大きなものはゾウよりも大きい。ヘルメットをかぶった人頭像は高さ1.5mから3.4mで、重さは数トンある。オルメカの支配者または球技の選手の像かもしれない。

オルメカの職人は石の道具を使って石を少しずつけずり、顔立ちを彫刻した

巨大な岩は玄武岩といって、ぽつぽつと穴のあいた火山岩だ

交易と文化

オルメカの職人は、遠くはなれた所で採れる材料を使って、この石像のような装飾品をほった。オルメカ人はメソアメリカ全体に広がる交易をコントロールし、宝石や貝殻を、羽毛や色つきの石、黒曜石などの材料と交換した。黒曜石はガラス質の火山岩で、ナイフや矢じりの材料として使われた。

マヤの成果 豆知識リスト

マヤ文明は高度に発達し、数学と天文学の優れた知識をもっていた。

1. **数学** マヤの記数法ではたった3つの記号を使って数字を表した。1本の線は5を、1個の点は1を、貝殻の形は0を表した。この3つの記号を使って、どんな数字でも書くことができた。

2. **暦** 惑星や恒星、太陽、月の動きを観察することによって、マヤ人は時間の流れを正確に記録する仕組みを発達させた。月に分かれた暦をもち、1カ月は20日間で、それぞれの日に名前がついていた。

3. **建築** マヤ人は紀元前600年ごろから大都市を建設した。広場を中心にして、段状になった高い土台の上に神殿や宮殿、市の建築物を建てた。

4. **芸術** マヤ人はカラフルなうきぼりや壁画で建物をかざった。その多くは神話の場面をえがいたものだ。

5. **文字** マヤ文字には象形文字と呼ばれる800個以上の文字がある。絵のように見えるが、音や単語を表す記号を組み合わせている。また、マヤ人は木の皮から紙を作った。

アドバイスしてくれた専門家：エリザベス・グラハム　あわせて読んでみよう：争いと戦争、p.214～215；ゲームとスポーツ、p.234～235；ストーンヘンジ、p.250～251；古代の神々、p.256～257；アンデス文明、p.258～259；アステカとインカ、p.296～297；環境問題、p.366～367；未来の都市、p.380～381

メソアメリカの球技

オルメカ人とマヤ人をはじめ、メソアメリカの人々はゴムのボールでゲームをした。これは、バレーボールとスカッシュを組み合わせたようなスポーツで、主にコートで行われた。2組のチームに分かれるか、1対1で試合をした。選手はボールをセンターラインの向こう側の相手コートに送り、相手はボールを動かし返さないと得点を失う。ひじ、ひざ、おしりを使ってボールを動かした。

かたいゴムのボールが使われた

マヤ人は手のこんだ頭かざりをつけることが多く、オルメカ人はヘルメットをかぶった

ボールの重さは3kgもあったため、選手はけがをしないようにコットンのパッドを身につけた

未解決のナゾ

どうしてマヤの都市はほろびたのだろう？

紀元800年から950年ごろにかけてマヤの都市はおとろえていき、グアテマラとメキシコの一部の都市は放置された。一方、ユカタン半島とベリーズの沿岸地域の都市や町は栄えた。いったんおとろえた後、特に海上交易がとても重要になったのだ。なぜこのように変化したのかはまだよくわかっていない。かんばつや土地の侵食を指摘する学者もいるし、戦争が原因だと考える人もいる。

専門家から一言！

エリザベス・グラハム
考古学者

マヤ人はすばらしい都市を建設し、牛や羊を育てなくても、何万もの人々の食べ物を作ることができた。食べ物は植物が中心だったが、シチメンチョウやアヒル、魚、カメを食べたり、シカのかりもした。都市にはたくさんの木や植物、庭があり、緑豊かだった。

「マヤの都市をまねすれば、現代の都市もより豊かになるかもしれません」

265

ペルシア帝国

中央アジアから西へ拡散したイラン系民族の中から、メディア人とペルシア人が現れた。ペルシア帝国を築いたキュロス大王が紀元前550年にメディア王国をほろぼし、その後バビロニア人の王国を征服。ダレイオス大王の下で各地を征服し、帝国は拡大した。息子のクセルクセス1世はギリシア征服に失敗したが、帝国はその後150年間にわたって強大な力をもち続けた。紀元前330年にペルシア帝国はついにアレクサンドロス大王に敗れた。

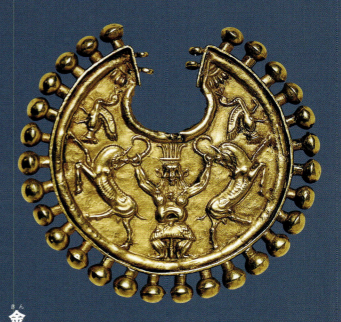

金

身分の高い人々は、ラピスラズリやトルコ石などをちりばめた金のアクセサリーを身につけた。写真の手のこんだ細工の金のイヤリングには、エジプトのベス神がえがかれている。ベス神を敬う習慣はペルシア帝国全体に広まった。ペルシア人と、ペルシア人に支配された他の民族グループは、文化や宗教に関する考え方をたがいに取り入れることがよくあった。

ペルシアの兵士

イランのシューシュ(古代のスーサ)にあったダレイオス大王の宮殿のかべに、ペルシアの兵士の服装と武器(やりと弓)を身につけた人物像(左)がえがかれていた。ペルシア軍には歩兵と騎兵(馬に乗った兵士)がいた。いつも宮殿や要塞を守る兵士もいれば、一時的にやとわれたり召集されたりする兵士もいた。

アドバイスしてくれた専門家：ジョン・O・ハイランド　あわせて読んでみよう：服装とかざり、p.210～211；争いと戦争、p.214～215；お金、p.226～227；古代メソポタミア、p.248～249；古代ギリシア、p.268～269；アレクサンドロス大王、p.270～271

ペルシアの成果
豆知識リスト

優れた支配者の下で、ペルシア帝国は高度に発達した。

1. **キュロス・シリンダー** 紀元前539年ごろに、キュロス大王による宣言を粘土の丸いつつに刻んだもの。バビロン征服を祝うとともに、キュロス大王はバビロンを支配し、市民を救うためにバビロンの主神によって招かれたと書かれている。

2. **州** 帝国は20の州に分けられ、それぞれがサトラップ（太守）によって支配された。サトラップは秩序を保ち、軍隊を召集し、税金を集めなければならなかった。

3. **郵便制度** ペルシアの王は初期の郵便制度をつくった。馬に乗ったメッセンジャーが駅伝式に帝国各地にこれを運んだ。

4. **お金** ダレイオス大王の下で金貨や銀貨が使われ始め、物物交換だけに基づく仕組みよりも、自由に交易を行えるようになった。

王の道
帝国各地を軍隊やメッセンジャーが速く移動できるように、ペルシア帝国の王たちは「王の道」と呼ばれる幹線道路を整えた。枝分かれした道路によって、スーサやパルサなどのペルシア人の都が、サルディス（今のトルコ）やバビロン（今のイラク）などの都市と結ばれた。

1本の道の長さは2400kmあった

ダレイオス大王の時代のペルシア帝国

ヨーロッパ　黒海　カスピ海
サルディス　アジア
地中海　バビロン　スーサ
アフリカ

アトッサ女王
ペルシア帝国の女王たちは、王からのおくり物として、大きな領地と労働者を所有した。王とはなれて帝国を旅することもあった。有名なアトッサ女王はキュロス大王のむすめで、ダレイオス大王の6人のきさきの1人だった。アトッサの計らいにより、紀元前486年に息子のクセルクセス1世がダレイオス大王の後をついだ。

歴史を変えた人物

ダレイオス大王
王位 紀元前522年〜前486年（治めた年）
ペルシア帝国

ダレイオス1世は紀元前522年にペルシア帝国の王座に就いた。インドとトラキア（現代のブルガリア）を征服したおかげで、帝国は最大の大きさに達し、インダス渓谷からバルカン半島まで500万km以上に広がった。ペルセポリスで発見された粘土板には、帝国の中心地でダレイオス大王の役人が労働者を組織したり、税を取り立てたりした記録が残されている。

壮大な都市
ペルシア帝国にはバビロンやメンフィスなど、すばらしい都がいくつかあったが、一番重要な王宮があったのはスーサとパルサ（ギリシア語のペルセポリスの名前でも知られる）だ。両方とも紀元前520年ごろからダレイオス大王によりイラン南西部に建設された。パルサには、1万人を収容できる謁見のための大広間アパダーナなど、多くの公の建物があった。

267

古代ギリシア

古代のギリシアは1人のリーダーが支配する国家ではなかった。独立した都市とその周りの地域からなる都市国家に分かれていた。1000をこえる都市国家のそれぞれは、独自の軍隊、市場、習わし、法律をもっていた。ライバルの都市国家同士は領土や支配力をめぐってたびたび戦った。また、地中海各地やその向こうに海外植民市を建設し、自国の文化を広めた都市国家もある。一番豊かな都市国家はアテネで、強力な海軍をもっていた。

交易と学習の中心地

学校がえがかれたこのさかずきは、アテネで作られたものだ。アテネは学問の一大中心地で、プラトンやソクラテス、アリストテレスなど優れた哲学者を生んだ。学校の風景はギリシアのさかずきやアンフォラ（オリーブオイルやワインを保存するためのつぼ）、花瓶などに人気の題材で、こうした品物はすべて地中海各地で取引された。

スパルタの女性

勇敢な戦士で有名な都市国家のスパルタでは、女性を運動選手として訓練した。スパルタの女の子の小さな彫像（左）は、紀元前6世紀に作られた。女性はオリンピックに選手として参加できなかったが、スパルタの王女で乗馬に優れたキュニスカは、自分が訓練した戦車チームが紀元前396年のオリンピックで優勝したため、女性として初めてオリンピック優勝者になった。

スパルタの女性はランニング、レスリング、やり投げなどのスポーツに参加した

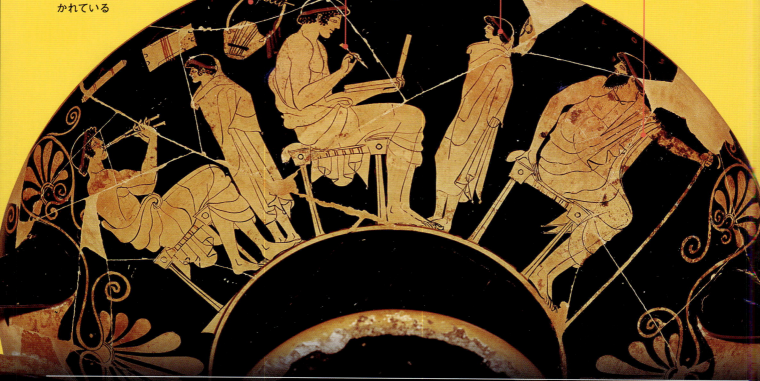

紀元前500年ごろのさかずき。学生と先生の姿がえがかれている

先生は尖筆と呼ばれるペンを持ち、ろうでおおわれた板の上に文字を書いた

学生は音楽や読書、詩の他、説得力のある議論のやり方を学んだ

先生は厳しく、学生に長い詩を暗記させた

アドバイスしてくれた専門家：ビル・パーキンソン　あわせて読んでみよう：宗教、p.212～213；争いと戦争、p.214～215；読み書き、p.218～219；犯罪と法律、p.228～229；教育、p.230～231；ゲームとスポーツ、p.234～235；死の儀式、p.238～239；ペルシア帝国、p.266～267；古代ローマ、p.276～277

影響をうけてまねる

古代ギリシアはとても大きな影響力をもっていたため、他の国々はギリシアの芸術や建築をまねた。写真の重装歩兵（ギリシア都市国家の市民兵）の彫刻は、古代リュキアの都市クサントスの支配者アルビナスの墓をかざっている。クサントスは今のトルコ南西部で、当時はペルシア帝国の一部だった。墓の上部はネレイド記念堂として知られ、アテネの神殿のデザインを使っている。

ギリシアの政庁
豆知識リスト

ギリシアの都市国家には、主に4種類の政治形態があった。

1. **君主制** 紀元前9世紀ごろより前は、王が都市国家を支配し、王の家族（普通は息子）が王の称号を引きついだ。スパルタでは同じ力を持つ2人の王が一緒に国を治めた。

2. **寡頭制**「少数による支配」という意味で、市民（たいてい裕福な家や、貴族の家の出身者）の小さなグループが一緒に都市を治めた。

3. **独裁制** 古代ギリシアでは「独裁者」は必ずしも悪人ではなかった。単に権力を手に入れた人物（君主のように相続したのではない）のことで、自分1人で支配した。

4. **民主制** 紀元前400年までに、いくつかの都市国家は「人々による支配」という意味の民主制になっていた。成人男性市民（女性や奴隷はふくまれない）は主人を投票で選ぶことができた。

ゼウス
神々の王

ヘルメス
神々の使者

ポセイドン
海の神

アフロディーテ
愛の女神

アポロン
太陽神

ヘラ
結婚の女神

アルテミス
かりの女神

アテナ
知恵の女神

デメテル
収穫の女神

ディオニュソス
ワインの神

ヘーパイストス
火の神

アレス
戦争の神

神と女神

古代ギリシア人は、力や性格がさまざまな多くの神々をあがめた。12の主な神々は、ギリシア北部のオリュンポス山に住むと信じられていたため、オリュンポス十二神と呼ばれ、それぞれが人生の異なる部分を司る。神々の王はゼウスで、女王ヘラは結婚の女神だ。

ビル・パーキンソン
考古学者

考古学者は、人間の文化が時間とともにどのように変化したかを理解しようとする。たとえば、なぜ人は大きな農村に一緒に住み始め、それが都市になったのかを知ろうとする。考古学は記録に残る歴史よりずっと昔までさかのぼり、過去についての証拠を示する。

「考古学者は人を研究します。古代のうんこから莫大な情報が得られるんですよ！」

アレクサンドロス大王

　歴史上最強の支配者で将軍の1人、アレクサンドロス3世は、歴史書ではアレクサンドロス大王として知られている。紀元前334年からアジアと北アフリカでの長年にわたる遠征を始め、母国マケドニアから南はエジプト、東はインドまで広がる広大な帝国をつくりあげた。旅と戦に費やした10年間、アレクサンドロス大王とかれのおそろしい軍隊は負けたことがなかった。紀元前323年にアレクサンドロス大王は32才で死んだが、原因はわかっていない。

5 紀元前333年のイッソス（今のトルコ南部）の戦いで、アレクサンドロスは大活躍した。ときには歩いて、ときには馬に乗って戦い、ペルシア帝国の王ダレイオス3世の軍隊を破ると、ダレイオスはにげた

黒海

トラキア

1 アレクサンドロスは紀元前356年にマケドニアの首都ペラで生まれた

アレクサンドロス3世

ペラ

マケドニア

グラニコス

トロイ

3 紀元前338年、アレクサンドロスはギリシアのカイロネイアで戦った。かれの勝利により、スパルタを除くギリシアのすべての都市国家が、父ピリッポス2世の支配下に入った。4年後、アレクサンドロスは父の後をついで王になった

カイロネイア

アテネ

ゴルディウム

チグリス川

ピリッポス2世

エーゲ海

イッソス

ガウガメラ

アルベラ

地中海

メソポタミア

アッシリア

4 紀元前334年、アレクサンドロスはヘレスポントス（今はダーダネルス海峡という、ヨーロッパとアジアの間の海のせまい部分）を船で渡った。3万の歩兵と5000の騎兵を率いた目的は、強大なペルシア帝国を征服することだった

ティルス

バビロン

バビロニア

ユーフラテス川

2 紀元前343年か前342年に、アレクサンドロスの父であるマケドニア王のピリッポス2世は、優れた哲学者のアリストテレスを息子の家庭教師としてやとった

アレクサンドリア

ガザ

7 紀元前331年のガウガメラの戦いでアレクサンドロスが大勝利を収めると、ペルシア帝国はほろび、アレクサンドロスの領土は広大なものになった

メンフィス

アモン

エジプト

ナイル川

紅海

アラビア

6 紀元前332年にアレクサンドロスはエジプトを征服し、アレクサンドリアを建設した。この都市に建てられ、古代の硬貨にえがかれた巨大な灯台は、のちに古代世界の七不思議の1つになった

アレクサンドリアの大灯台

アドバイスしてくれた専門家：ダンカン・キーナン＝ジョーンズ　**あわせて読んでみよう**：争いと戦争、p.214〜215；古代メソポタミア、p.248〜249；古代エジプト、p.254〜255；ペルシア帝国、p.266〜267；古代ギリシア、p.268〜269；マウリヤ朝、p.272〜273

塔門の彫刻は、ブッダの人生の出来事を表しているが、ブッダ自身はえがかれていない

ドームは地球を包む天を表すといわれている。直径36.6mだ

マウリヤ朝

紀元前317年頃にチャンドラグプタ・マウリヤが建国したマウリヤ朝は、インド亜大陸で初めてにして最大の帝国だった。チャンドラグプタの孫のアショーカ王は、紀元前268年から紀元前232年まで支配し、かれの下で、仏教は国の主な宗教として保護され、帝国の面積は500万平方kmに広がった。アショーカ王の死後、帝国の力はおとろえ、紀元前185年にほろんだ。

神聖な仏塔

インド中部のサーンチーにあるドーム形の仏塔（ストゥーパ）へ続く塔門は、ブッダに関係する記号や場面を表した、手のこんだ彫刻でかざられている。紀元前3世紀にアショーカ王により建設され、仏塔にはブッダの遺骨が納められていると信じられている。元々は質素なつくりだったが、紀元前2世紀に大きくなった。

アドバイスしてくれた専門家：ドミニク・ウジャスティク　あわせて読んでみよう：宗教, p.212〜213；争いと戦争, p.214〜215；ストーンヘンジ, p.250〜251；アレクサンドロス大王, p.270〜271；ムガル帝国, p.300〜301

マウリヤ朝 年表

紀元前317年 インド北部のマガダ国の支配者、チャンドラグプタがマウリヤ朝を建国する。

紀元前305年 チャンドラグプタが、アレクサンドロス大王の部下セレウコス一世を破り、セレウコス朝がインド北西部に広がるのを防ぐ。

紀元前297年 チャンドラグプタが死に、息子のビンドゥサーラが皇帝として後をつぐ。

紀元前273年ごろ ビンドゥサーラの死後、アショーカが王位を主張する。伝説によると、アショーカの多くの兄弟が反対した。皇帝としての地位が完全に安定するには、紀元前268年ごろまでかかった。

紀元前261年 10年続いたカリンガ戦争にアショーカ王が勝利する。

紀元前249年 アショーカ王がブッダの生まれたルンビニ（今のネパール）に巡礼の旅をし、神聖な教えを刻んだ石柱を建てる。

紀元前185年 マウリヤ朝最後の皇帝ブリハドラタが司令官プシャミトラに暗殺される。プシャミトラによるシュンガ朝はインド北部を約1世紀支配する。

紀元前100〜紀元100年 カウティリヤが政治思想と効果的に支配する方法についての書物『アルタシャーストラ（実利論）』を書く。

紀元320年 チャンドラグプタ一世がグプタ朝を建国。インド亜大陸を支配する次の国となり、紀元3世紀半ばまで大きな力をもち続ける。

歴史を変えた人物

アショーカ王
皇帝　紀元前268ごろ〜前232年（治めた国　インド）

アショーカ王は思いやりがあり、親切で、広い考えをもつ支配者として知られている。紀元前261年にカリンガ国を征服し、8年におよぶ血みどろの戦争を終わらせた。多くの血が流されたことに心を痛めたアショーカ王は、平和に国を治めることをちかい、のちに仏教の信者になった。王が死んだとき、帝国はインド亜大陸のほぼ全土に広がっていた。

オドロキの事実！

チャンドラグプタは毎晩ちがうベッドでねた。 伝説によると、マウリヤ朝を建国したチャンドラグプタは、眠っている間に敵がおし入ってきて殺されるのではないかとおそれていた。王はまた、食べ物は最初に召し使いに毒味させ、たくらみを知らせるようにスパイを使った。

仏教

右は、めいそうしているブッダの像だ。アショーカ王はブッダの教えを信仰するようになってから、家来にも仏教を信仰するようにすすめた。王は自分の財産を使って国民を助けた。菜食主義者になり、巡礼の旅をしたり、寺院を建てたり、アジア各地に僧侶を派遣したりして、仏教の教えを広めた。

アショーカ王碑文

アショーカ王は、すべすべにみがかれた砂岩の柱を帝国の各地に数多く建てさせた。ライオンが乗っている右の柱もその1つだ。うでのいい職人が、仏教の記号や動物、教えを柱に刻んだ。アショーカ王のくわしい人生や、宗教と政治についての王の考えも書かれている。このような碑文はアショーカ王碑文として知られ、30基以上が残っている。

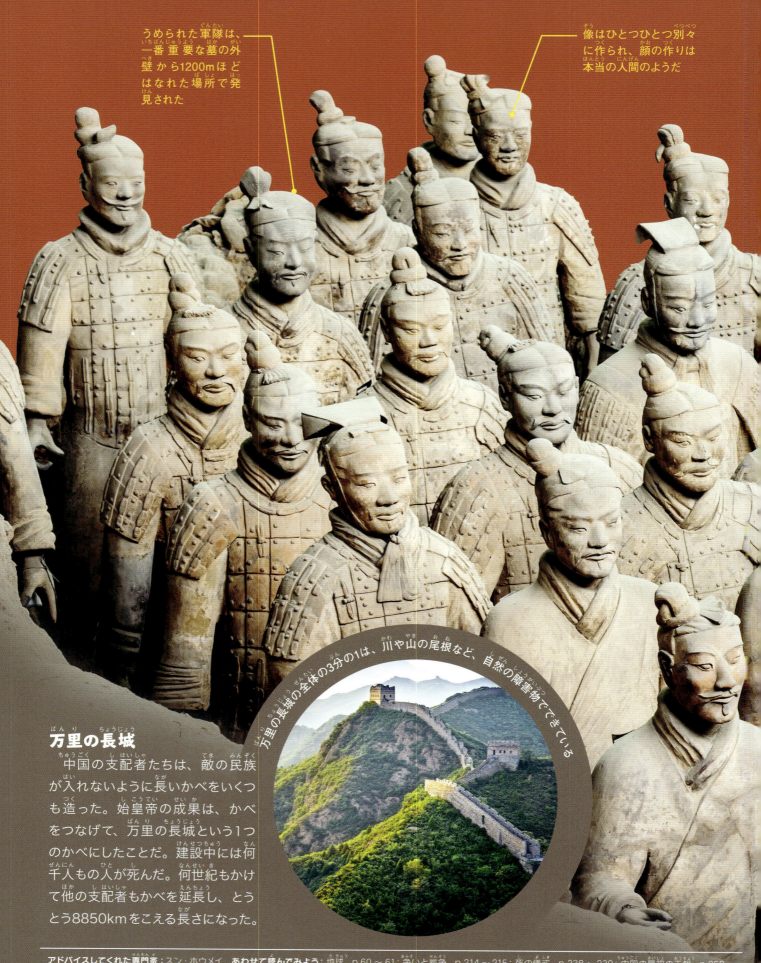

うめられた軍隊は、一番重要な墓の外壁から1200mほどはなれた場所で発見された

像はひとつひとつ別々に作られ、顔の作りは本当の人間のようだ

万里の長城の全体の3分の1は、川や山の尾根など、自然の障害物でできている

万里の長城

中国の支配者たちは、敵の民族が入れないように長いかべをいくつも造った。始皇帝の成果は、かべをつなげて、万里の長城という1つのかべにしたことだ。建設中には何千人もの人が死んだ。何世紀もかけて他の支配者もかべを延長し、とうとう8850kmをこえる長さになった。

アドバイスしてくれた専門家：スン・ホウメイ　あわせて読んでみよう：地球、p.60～61；争いと戦争、p.214～215；死の儀式、p.238～239；中国の最初の王朝、p.252～253；古代エジプト、p.254～255；中国の唐王朝、p.282～283

兵馬俑

1970年代に、古代中国の最強の支配者、嬴政の墓の外側に、数多くの等身大の素焼き（粘土に薬をかけずに焼いたもの）の像が発見された。考古学者が調査し、その数は8000体ほどあるとみられている。嬴政は紀元前221年に中国を統一し、始皇帝の称号を使った。素焼きの像は来世で始皇帝を守るための軍隊だったのだ。

軍隊の行進

始皇帝は死ぬ前に、自身の巨大な墓を作るように命令した。墓はおよそ50平方kmの広さだ。軍隊は、地中深くにいくつかの穴から素焼きの馬や青銅製の戦車と一緒に見つかった。すぐに戦えるように、始皇帝のかつての敵のいた東を向いている。

ちがう顔の形が少なくとも10個見つかっているので、少なくとも10個の基本の型が使われたようだ

像はちがう色にぬられていた。ほとんどの像は今では色を失っている

275

古代ローマ

　古代ローマは、今のイタリアで都市として始まり、イギリスから北アフリカと中東まで広がる広大な帝国に成長した。帝国は紀元前500年ごろから紀元476年ごろまで1000年間続き、北から侵入した民族によってほろぼされた。ローマ人は自分たちを古代ギリシアの伝統を受けつぐ者だと考えていた。ローマの神々とギリシアの神々を合体させ、ギリシア式の民主制をこころみた。

ロムルスとレムス

　伝説によると、ローマはある王女の息子ロムルスによって建国された。ロムルスと双子の兄弟のレムスは、おじによって川に捨てられた後、キツツキやめすオオカミ、羊飼いに育てられた。大人になった2人は一緒に都市をつくったが、けんかになった。そしてロムルスがレムスを殺し、都市をローマと名づけ、最初の王となった。

ポエニ戦争

　ローマと戦ったハンニバルは、北アフリカのカルタゴ出身の屈強な将軍で、戦争でゾウを馬のように使ったことで有名だ。紀元前3世紀と紀元前2世紀に、ローマは3度のポエニ戦争（カルタゴとの戦争）を戦った。紀元前146年にローマ軍がカルタゴを破壊して戦争は終わった。

ユリウス・カエサル

　ローマの将軍カエサルは、北イタリアからフランスにわたる広大な地域ガリアを征服した後、ローマで独裁官になった。内戦が5年間続き、カエサルを支持するグループが勝ったが、一部の元老院議員はカエサルが王になることを心配し、60人のグループで殺害を計画。紀元前44年に実行した。

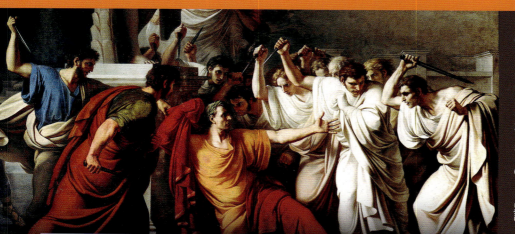

アドバイスしてくれた専門家：ダンカン・キーナン＝ジョーンズ　あわせて読んでみよう：火山、p.64～65；争いと戦争、p.214～215；言語と物語、p.216～217；犯罪と法律、p.228～229；ミノア人、ミケーネ人、フェニキア人、p.262～263；古代ギリシア、p.268～269；ビザンツの世界、p.278～279

ローマ帝国

紀元前3世紀から、ローマは帝国を大きく拡大した。ローマ軍は今のイタリアを征服した後、カルタゴを破り北アフリカとヒスパニアの土地を加えた。さらにギリシア、シリア、小アジアを手に入れ、ガリアを征服し、ブリタニアを侵略した。一番栄えたトラヤヌス皇帝の時代（紀元98〜117年）、帝国は南北3700km、東西4000kmに広がった。

- 紀元前218年にローマはヒスパニア（今のスペインとポルトガル）を侵略し始めた
- ローマ人がブリタニアを占領すると、ここが紀元43〜410年まで帝国の一番北になった
- 紀元前146年にローマはギリシアを征服した
- 紀元前64年にシリアがローマの領土になった

- ブリタニア
- ヨーロッパ
- ガリア
- ヒスパニア
- ローマ
- 小アジア
- ギリシア
- カルタゴ
- シリア
- エジプト
- 北アフリカ

- 紀元前50年までにユリウス・カエサルはガリア全土をローマの支配下に置いた
- 紀元前146年にカルタゴ帝国の首都カルタゴがローマに敗れた
- 紀元前31年に後の皇帝アウグストゥスがクレオパトラ女王を破り、エジプトはローマの属州になった

芸術とローマ人

上の絵はフレスコ画と呼ばれる壁画で、ギリシアの弦楽器キタラを演奏する女の人がえがかれている。このフレスコ画はイタリア南部の都市ポンペイで見つかった。紀元79年にベスビオ山が噴火したとき、ポンペイは火山灰にうまり、そのまま保存された。ポンペイに、ローマ人の普段の生活をくわしく伝える品物が発掘された。

歴史を変えた人物

アウグストゥス
皇帝　紀元前27〜紀元14年（治めた年）
ローマ帝国

アウグストゥスは、王になりたくないふりをしながら、支配力を強め、ローマの最初の皇帝になった。カエサルの死後、アウグストゥスはマルクス・アントニウスと手を組んでいたが、結局敵同士になり、アウグストゥスが紀元前31年にアントニウスとエジプトの女王クレオパトラを破った。アウグストゥスは芸術を盛んにし、都市を築き、道路を建設した。帝国は栄え、平和で豊かになった。

ローマの遺産
豆知識リスト

ローマ人は、支配したすべての場所で言語、文学、法律、政府、道路、建物に影響をあたえた。

1. **政治**　紀元前509年から紀元前27年の共和制ローマと呼ばれる時期に、ローマ人は君主制を民主制に変えた。ただし投票できるのは自由民（成人男性市民）だけだった。

2. **言語**　現代のフランス語、スペイン語、ポルトガル語、イタリア語、ルーマニア語は、古代ローマのラテン語が元になっている。

3. **建築**　ローマ人はすばらしい建物を設計して建設した。ローマのコロッセウムのように、今も残っているものがある。

4. **土木**　ローマ人は巨大な土木事業を行った。帝国各地を結ぶ数十万kmにおよぶ道路や、都市に新鮮な水を運ぶ水道を建設した。

5. **戦争**　ローマ軍は高度に訓練され、組織されていたため、とても強かった。のちの戦争に影響をあたえた。

6. **文学**　ウェルギリウスやホラティウス、オウィディウスなどの優れた詩人がローマで生まれ、その作品はシェイクスピアをふくめ、のちに多くの作家に影響をあたえた。

277

ビザンツの世界

紀元395年にローマ帝国が2つに分かれたとき、新しい強国ができた。ローマと西ローマ帝国は紀元476年ごろフン人とゲルマン民族にほろぼされたが、ビザンツ帝国として知られるローマ帝国の東の部分は繁栄し、1453年にオスマン帝国が首都コンスタンティノープルを征服するまで1000年近く続いたのだ。

初期のキリスト教

キリスト教は紀元380年にローマ帝国の正式な宗教になった。より多くの人が信者になるにつれ、キリスト教以外の宗教の寺院は破壊され、教会が建てられた。モザイクやイコン（神聖な人物の絵）で豪華にかざられた教会もあった。位の高いキリスト教徒が出席する会議が何回か開かれ、キリストについてのどの教えを広めるべきかを決めた信仰の宣言が発表された。

ハギア・ソフィア大聖堂

コンスタンティノープルのハギア・ソフィア大聖堂は、紀元537年にユスティニアヌス1世により建設され、約1000年間、世界最大の大聖堂だった。「神聖な知恵」という意味のこの教会は、1453年にオスマン帝国のスルターン（皇帝）のメフメト2世がコンスタンティノープルを征服した後、イスラム教のモスクになった。現代ではコンスタンティノープルはイスタンブールとして知られ、この建物は今もモスクとして存在している。

- 大聖堂は高さが56m以上ある
- 巨大なドームは558年の地震の後、一部がくずれたために建て直された
- ドームのすぐ下にアーチ形の窓がずらりと並んでいるため、建物にたっぷり光が入る

アドバイスしてくれた専門家：ユージェニア・ラッセル　あわせて読んでみよう：宗教、p.212〜213；争いと戦争、p.214〜215；犯罪と法律、p.228〜229；古代ローマ、p.276〜277；イスラム黄金時代、p.284〜285；中世ヨーロッパ、p.286〜287

黄金時代

ユスティニアヌス1世（大帝）は、法律を制定し、芸術を保護し、ビザンツ帝国は最大の大きさになった。バシレイオス2世（在位976〜1025年）は最強の国としての立場を守った。首都コンスタンティノープルは、ヨーロッパで最も大きく豊かな都市で、この時代の壁画やドーム形の建物は今も残っている。左の絵は夫を亡くした女性がテオフィロス皇帝（在位829〜842年）に助けを求める場面をえがいたものだ。

ビザンツの世界年表

395年 ローマ帝国が分裂する。東半分がビザンツ帝国になり、首都はコンスタンティノープルだった。

441〜452年 フン人のアッティラがビザンツ帝国を侵略し、のちにガリア（西ヨーロッパの地域）とイタリアも侵略する。453年にアッティラが死ぬ。

527〜565年 皇帝ユスティニアヌス1世がペルシア、北アフリカ、ヨーロッパで領土を勝ち取り、コンスタンティノープルを世界最大の都市の1つに発展させる。ビザンツ帝国は中東からスペインまで広がる。

963年 ギリシアのアトス山に大ラブラ修道院が建設され、ビザンツのキリスト教の重要な拠点になる。

1054年 キリスト教教会が東方正教会とローマ・カトリック教会に分裂する。東方正教会はビザンツ帝国の公式な宗教になる。

1071年 ビザンツ帝国はアナトリア（トルコ）のほとんどをセルジューク朝にうばわれる。

1204年 コンスタンティノープルが十字軍にうばわれる。1261年にミカエル8世がそれを取り返す。

1453年 55日間の包囲軍の後、コンスタンティノープルがオスマン帝国に征服され、ビザンツ帝国がほろびる。

歴史を変えた人物

テオドラ
皇后　紀元527〜548年（治めた年）
ビザンツ帝国

ビザンツ帝国の歴史上最も強力な女性は、クマ使いのむすめとして生まれた。テオドラはユスティニアヌス皇帝と結婚した後、皇帝が一番信頼する助言役になった。彼女は自分の影響力を使って宗教や社会政策をおし進め、女性の権利を認めた最初の支配者の1人になった。若い女性を守る法律や、離婚した女性にもっと権利をあたえる法律をつくるために力を貸した。

オドロキの事実！

ビザンツ人は敵に火を投げた。 いつも攻撃されていたビザンツ人は、秘密兵器を持っていた。それはギリシア火薬というガソリンのような混合物で、この火は水で消せなかった。ビザンツ人はこれを管を通して噴射したり、つぼに入れて投げたりした。673年に侵略しようとしたアラブの軍艦もこの兵器を使って破壊した。

古代アフリカの王国

紀元1000年ごろより前に、広大で多様なアフリカ大陸では、強力な国々が大きな地域を支配していた。その中には、ガーナ帝国のように、アフリカを横断する交易路（特にサハラ砂漠を横断する道）をコントロールすることによって、とても豊かになった国もあった。

カルタゴ

エジプト

サハラ砂漠

クシュ

ガーナ帝国

アクスム

アフリカ

大西洋

王国と帝国

古代アフリカの国々は、地中海沿岸のカルタゴからサハラ砂漠の南のガーナ帝国まで広がっていた。さらに南のアクスム王国は、今のエチオピアとエリトリアにあった。さまざまな王や支配者が強力な国々を築き、その中には今の国より大きなものもあった。

ピラミッドはメロエの王たちの墓だ。エジプトよりもたくさんある

ヒョウの皮のマント

ナイル川流域の王国

ナパタの王たち（紀元前800〜前400年）は、エジプトの南の地域、クシュ（今のスーダン共和国の一部）を支配した。かれらは紀元前750年ごろにエジプトを侵略し、紀元前656年にアッシリア人に追い出されるまで、エジプトを治めた。紀元前590年ごろにナパタに代わりメロエがクシュの都になった。

メロエのピラミッドは、エジプトのものよりも低く、傾斜が急で、幅がせまい

オリックスは砂漠にすむレイヨウの仲間だ

アドバイスしてくれた専門家：ジスレイン・ライドン　あわせて読んでみよう：砂漠、p.172〜173；肥沃な三日月地帯、p.246〜247；古代エジプト、p.254〜255；ミノア人、ミケーネ人、フェニキア人、p.262〜263；古代ローマ、p.276〜277

無敵のカルタゴ

北アフリカのカルタゴは今のチュニジアにあった都市で、優れたカルタゴ帝国の中心地だった。紀元前9世紀にフェニキア人により交易港として建設された後、最終的に北アフリカ沿岸、スペイン南部、地中海の島々のほとんどを支配下に置いた。紀元前264年から、カルタゴはローマと数回のポエニ戦争で対決した。そして紀元前146年、カルタゴはとうとうローマにほろぼされた。

この小さな像は女神タニトで、夫のバアル・ハモン神とともにカルタゴ人にあがめられた

アクスムの記念碑

エチオピア北部のアクスム王国は、紀元一世紀に交易の中心地から生まれた。重要な人々の埋葬地の印として、アクスム人はオベリスクと呼ばれる装飾された柱を建てた。一番大きなものは高さ約33mで、今はもう立っていない。写真は紀元330〜356年ごろに王を含めたエザナ王をしのぶオベリスクだ。アクスムの力は6世紀からおとろえた。アクスムがあった場所に、10世紀にアガウ人のザグウェ朝が興った。

オベリスクは墓石で、長岩という巨大なブロックで建てられた

表面はドアや窓を表す形に彫刻されている

オドロキの事実!

塩は金と同じくらい価値があった！塩で食べ物を保存するために使われ、主に北からラクダで運ばれ、今のセネガル、マリ西部、ギニアの金鉱で採れる金と交換された。また、紀元600年代から1200年代に栄えたガーナ帝国は、領土を通って運ばれる交易品にかかる税金を取り立てて豊かになった。

金はガーナ帝国を豊かにした

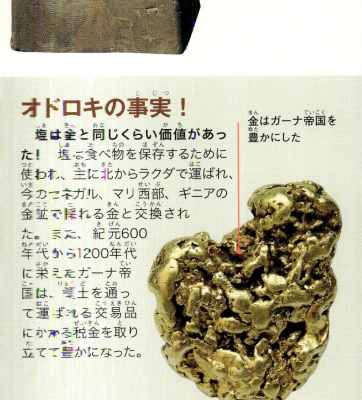

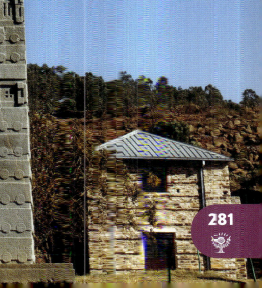

281

中国の唐王朝

唐王朝は、中国の歴史の黄金時代だと考えられている。618年に李淵皇帝が建国し、初期の皇帝たちは帝国を西へ拡大した。唐王朝は強力で豊かだったが、8世紀の反乱で弱くなり、907年についにいくつもの国に分裂した。

中央アジアの人は、カールしたふさふさのあごひげによって外国人らしく表されている。中国人のひげはうすくまっすぐだった

音楽家は、中央アジアからシルクロードを旅して中国へやって来た

唐王朝の像

唐の職人は粘土を材料にして小像を作った。小像は重要な人びとを来世で守るために墓の中に入れられた。馬、兵士、ラクダに乗った商人などの題材がよく用いられた。

商人はシルクロードを通って商品を運ぶときによくラクダを使った

唐王朝の陶器には、3色の上薬を使ったもの（三彩）があった

商人の国家

古代中国の硬貨は中心に穴があり、ひもでつなげられるようになっていた。この硬貨は唐の時代に作られたものだ。

アドバイスしてくれた専門家：マン・シュー　あわせて読んでみよう：宗教、p.212～213；中国の最初の王朝、p.252～253；兵馬俑、p.274～275；大航海時代、p.298～299；共産主義の台頭、p.320～321；冷戦、p.326～327、新たな緊張、新たな希望、p.332～333

シルクロード

唐王朝の拡大により、シルクロードとして知られる交易路が開かれた。中国と中央アジア、南アジアが結ばれ、外国のキャラバン（ラクダで旅した商人の集団）が首都の長安（今の西安）にやって来て、商品を取引したり、多様な文化を分かち合った。

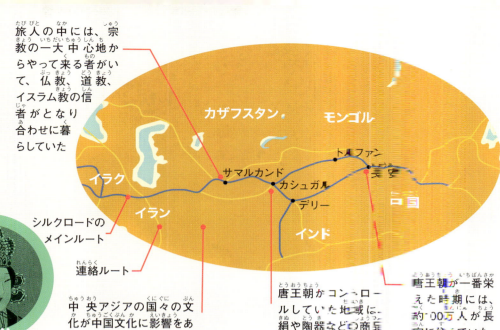

旅人の中には、宗教の一大中心地からやって来る者がいて、仏教、道教、イスラム教の信者がとなり合わせに暮らしていた

シルクロードのメインルート

連絡ルート

中央アジアの国々の文化が中国文化に影響をあたえた

唐王朝がコントロールしていた地域に、絹や陶器などの商品をたがいに取引した

唐王朝が一番栄えた時期には、約100万人が長安に住んでいた

歴史を変えた人物

武則天
女帝 690〜705年（治めた年）中国

武則天は中国の歴史でただ1人の女帝だ。夫の皇帝が病気になったときに権力をにぎり、少なくとも皇帝の最後の23年間は中国の事実上の支配者だった。皇帝の死後は、息子たちを通じて支配していたが、690年に息子たちから権力をうばった。そして自分が皇帝だと宣言し、短命の武周王朝を建国した。

オドロキの事実！

唐王朝の皇帝は、庶民が黄色い服を着ることを禁止する法律をつくった。黄色は幸運の色とされていたので、唐王朝の皇帝も、唐王朝の前の隋王朝（589〜618年）の皇帝も黄色い服を着た。唐王朝は、役人や庶民が黄色い服を着ることを法律で禁止した。

唐王朝の芸術
豆知識リスト

唐王朝の時代は芸術と文化が栄えたことで知られている。

1. **音楽** 大きな宮廷舞踊団と一緒に演奏する楽隊が復活した。
2. **詩** 5万首近くの作品が残っている。この時代は漢詩の黄金時代と考えられている。
3. **絵画** 宮廷生活や、特に宮廷の女性の姿を豊かな色使いでえがくスタイルが発達した。
4. **陶器** 白磁（白い陶器）、三彩、小像が作られた。

仏教の広まり

唐王朝の時代に仏教が広まった。これは、インドから仏教の経典を持ち帰った玄奘などの巡礼僧のおかげである。皇帝の家族や貴族、庶民をふくめ、あらゆる職業や身分の人たちが、仏教のプロジェクトに積極的にお金を出した。楽山に世界一高い大仏が建てられたのもこの時期だ。

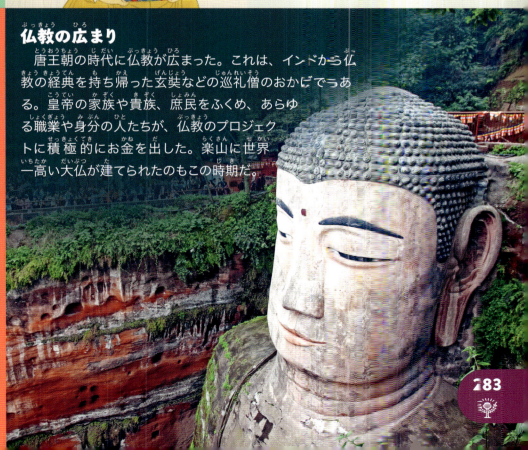

イスラム黄金時代

600年代の初めごろから、預言者ムハンマドがアラビアでイスラム教という新しい教えを広め始めた。632年のムハンマドの死後、イスラム教はインドからスペインまで東西に広まり、信者の数が大きく増えた。最も重要なイスラム王朝は、750年から1258年まで続いたアッバース朝だ。イスラム黄金時代として知られるこの時代に、数学、哲学、科学、医学、文学が大きく進歩し、多くの発明が生まれた。

イスラム世界

750年にはイスラム世界はスペインからペルシアまで広がった。アッバース朝の首都、新しい大都市バグダッドは学問の中心地になった。宗教や言語、経歴のさまざまな人たちがバグダッドに集まり新しい文化をつくった。1258年にモンゴル人に破壊されるまで、バグダッドはイスラム文化の中心地だった。

高度な機械

1200年代にイスラムの発明家アル=ジャザリーは『巧妙な機械装置に関する知識の書』を書いた。かれは空想的な機械を作ったことで知られている。一番複雑な発明品の1つはゾウ時計だ。筆記者と龍とタカ使いが入った塔を背中に乗せたゾウに、ゾウ使いが乗っている。30分ごとにゾウの内部の仕掛けが（水の力で動いて）さまざまな部分を動かす。

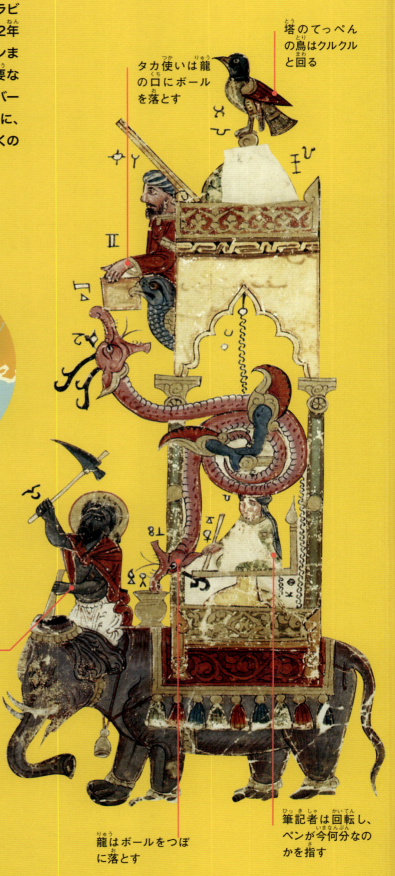

- 塔のてっぺんの鳥はクルクルと回る
- タカ使いは龍の口にボールを落とす
- ゾウ使いはゾウを木づちまたはおので打つ
- 龍はボールをつぼに落とす
- 筆記者は回転し、ペンが今何分なのかを指す

アドバイスしてくれた専門家：デヴィッド・J・ワッサースタイン　あわせて読んでみよう：宗教、p.212〜213；肥沃な三日月地帯、p.246〜247；ペルシア帝国、p.266〜267；ルネサンス、p.294〜295

イスラム教の本

コーランはイスラム教の神聖な本だ。上の写真は800年代のコーランだ。この時代、アッバース朝がバグダッドで「知恵の館」を保護したため、ギリシア語、ペルシア語などの多くの本がアラビア語に翻訳され、イスラム世界の科学の発達につながった。アラビア語は西はスペインから東はイラクまでの公用語になった。

美しい模様

イスラム芸術では、生きものの顔を表すことが禁じられているので、人間の形を表現することもさける。このため、モスクなどの建物は、複雑な模様でかざられている。植物や花をえがいたものや、黄金時代の数学的発見からアイデアを得た幾何学図形のデザインがある。

イスラム黄金時代の発明家 豆知識リスト

イスラム黄金時代の最も優れた学者の多くは、今では、それぞれの研究分野全体の創始者と考えられている。

1. ジャービル・イブン・ハイヤーン（721年ごろ～815年ごろ）　多くの科学、特に化学の本がこの人物のものとされている。

2. アル＝フワーリズミー（780年ごろ～850年ごろ）　バグダッドの天文学者、数学者。代数学を発明した。英語で代数学を表すalgebraは、かれの本の名前が語源になった。

3. アル＝キンディー（800年ごろ～870年ごろ）　「アラブの哲学者」と呼ばれ、約250冊の本を書いた。また、インド数字を中東に紹介し、それがアラビア数字としてヨーロッパに広まった。

4. アル＝スーフィー（903～986年）　アンドロメダ銀河の観測を初めて記録した。964年ごろに『星座の書』という重要な天文学書を出版した。

5. イブン・アル＝ハイサム（965年ごろ～1040年ごろ）　西洋ではアルハゼンという名前で知られ、100冊以上の科学書、数学書、哲学書を書いた。『光学の書』で光を利用してものを見る仕組みを説明した。

6. イブン・スィーナー（980～1037年）　西洋ではアビセンナという名前で知られ、最も影響力の大きなイスラムの科学者・哲学者だった。かれが書いた医学の教科書はラテン語に翻訳され、何世紀にもわたって使われた。

アル＝スーフィーの『星座の書』のさし絵で、アルゴ船座と呼ばれた星座をえがいたもの

コルドバの大モスク

711年から1200年代まで、スペインのほとんどはイスラムの支配下にあった。756年にイスラムの支配者アブド・アッラフマーン1世は、コルドバを首都にした。コルドバは、強力な国の中心地として有名になった。コルドバの大モスクは、世界最大のイスラム建築物の1つだった。その後、キリスト教の大聖堂に改装された。今ではミナレット（イスラム教信者に礼拝を呼びかけるための塔）は鐘を収める塔（写真）として使われている。

中世ヨーロッパ

英語で中世を意味するmedievalという単語は、ラテン語のmedium aevum（中間の時代）が元になり、紀元500〜1500年ごろの期間を表すために使われる。これはヨーロッパで大きな変化が起こった時代だ。たとえば、一生を征服の戦いに費やしたカール大帝が、多くの王国を1つの帝国に統一した。また、キリスト教がヨーロッパ大陸全体とブリテン諸島（今のイギリスとアイルランド）に広がり、死に至る伝染病がヨーロッパ各地で多くの人々の命をうばった。

中世の城

中世の支配者は、封建制度を通じて王国を支配した。これは王が領主に土地をあたえる代わりに、領主は王に忠誠をちかい、兵役に服する仕組みだ。領主は小さな土地を農民に分けあたえた。農民はその代わりに領主の土地と自分の土地で働いた。王も貴族も敵から身を守るために城を建てた。

城の人たちはキープ（天守）と呼ばれる塔に住んだ。ここは城の中で一番よく要塞化された（守られた）部分だ

厚い石のかべが城と城の住民を敵の攻撃から守った

イギリスでは、領主が狭間付きの胸壁（矢を射るための隙間のあるかべ）を作るには王の許可が必要だった

野菜畑と家畜から採れた食べ物を台所で使った

料理人、庭師、掃除人、職人その他の多くの人たちが城のかべの内側に住み、働いていた

多くの城にほり（城の周りをほって水を入れたもの）が造られた。人を中に入れるときは、ほりにかかるはね橋を下げた

領主や王は、城の大広間で食事をしたり、客をもてなしたり、公務を行ったりした

城は貴族や王族の自宅だった。騎士をやとって守らせた

アドバイスしてくれた専門家: マイケル・レイ　**あわせて読んでみよう:** 自然による気候変動、p.94〜95; 宗教、p.212〜213; 争いと戦争、p.214〜215; イスラム黄金時代、p.284〜285; 気候変動の影響、p.372〜373

バイキング

バイキングは、英語で「海賊」を表す古い言葉で、9世紀から11世紀のスカンジナビアの海の戦士を指す。かれらはヨーロッパ沿岸で交易をしたり、襲撃や侵略も行った。フランスでは、地元の人と一緒に定住してノルマン人になった。ロシアでも同じように定住し、赤いかみの毛のためにルーシ（rusは赤毛を意味する古い言葉）と呼ばれていた。ロシア（Russia）の名前はルーシが元になった。

バイキングのロングシップは帆が1枚だった。風がないときにはオールで船をこげるようになっていた

船首像は龍、クマ、オオカミなどおそろしい動物を表したものが多かった

バイキングはロングシップを作った。じょうぶな構造のため、川も外洋も航行できた

未解決のナゾ

黒死病で何人亡くなったのだろう？

黒死病（ペスト）は1347年から1351年にヨーロッパ各地に広まった伝染病だ。元々は、感染したノミがネズミから人間にとび移って広まった。黒死病による死者数について歴史家の意見は分かれている。当時のヨーロッパの人口の約三分の1に当たる2500万人と言う人もいれば、5000万人もいたと考える人もいる。

中世の温暖期

紀元900年から1300年にかけて、ヨーロッパの一部で気候が少し暖かくなった。これは、特にヨーロッパ北部に農業の変化をもたらした。ノルウェーで穀物が豊かに実り、ワイン用のブドウが今よりはるか北のイギリスでも栽培された。暖かくなって北極海の氷の一部がとけたため、バイキングがグリーンランドに定住したのもこの時期だ。

十字軍

多くのヨーロッパ人はキリスト教の信仰によって1つになった。1095年から、西ヨーロッパの軍隊は十字軍として戦った。これはイスラム教徒に征服されたかつてのキリスト教徒の領土をうばい返し、キリスト教徒ではない者の領土を支配することが目的だった。最初の3回の十字軍は、ある程度成功し中東にキリスト教徒の国が建国された。しかし、中東でのその後の十字軍はおしもどされ、ヨーロッパは領土をもち続けることができなかった。

古代と中世
専門家に質問しよう！

サリマ・イクラム
考古学者

一番発見したいことは何ですか？
なぜ古代エジプト人が、ナイルワニとニシアフリカワニという2種類のワニをミイラにしたのかを明らかにしたいです。また、ニシアフリカワニは普通エジプトのナイル川では見られないので、どこで手に入れたのかも気になります。私はワニが大好きなので、よりおだやかなニシアフリカワニがエジプトで埋葬されるようになったいきさつが知りたいのです。

あなたの専門分野で解明されていない問題は何ですか？
多くの研究者は、ミイラ作りの手順を明らかにすることに取り組んでいます。何百万人もの古代エジプト人がミイラになりましたが、ミイラ作りについてくわしいことはまだよくわかっていないのです。

あなたの専門分野のおどろくべき事実を教えてください。
古代エジプトでネコを表す言葉は「ミウ」だったんですよ！

ジョン・O・ハイランド
歴史学者

一番発見したいことは何ですか？
ペルシアをはじめとする古代の帝国が拡大し、広大な領土を支配し続けた仕組みに興味があります。ペルシア帝国はアメリカ本土と同じくらいの広さの領土を支配し、帝国の中心から3000km以上もはなれた場所で戦争をしました。どうしたらあれほど昔にこんなことができたのでしょうか？

あなたの専門分野で難しい問題は何ですか？
古代ペルシア人は、帝国を自分たちの言葉で書き表した歴史記述を残しませんでした。そのため、ペルシアが行ったギリシアとの戦争と外交については、ギリシアの情報源しかなく、歴史学者は、どのように解釈するべきか議論を続けています。よい面では、ペルシア帝国の仕組みについて多くのことを伝えてくれる一次資料や考古学的な遺跡がたくさんあります。

パトリック・V・キルヒ
考古学者

一番発見したいことは何ですか？
太平洋のはなれ小島に住む人々が、どのようにして島の世界に適応したのかを明らかにしたいです。こうした島人の多くは、持続可能な生活スタイルを発達させました。かれらの伝統的な文化から、全地球的変化に適応するヒントを学べるのではないでしょうか。

あなたの研究で楽しいことは何ですか？
考古学はいつも思わぬ発見があるので、やりがいがあります。あるとき、南太平洋西部のムサウ島の古代遺跡で「ラピタ人の神」という、小さな骨の彫刻を発掘しました。この彫刻は3000年くらい前のものでした。ネズミイルカの骨で作られていて、神話の海の神を表したものかもしれません。

古代と中世

クイズ

1 人類が初めて農業を始めた中東の地域は何という名前で知られている？

a 肥沃な地域
b 肥沃な三日月地帯
c 肥沃な平野
d 肥沃な農場

2 アッカド帝国を建国した支配者はだれ？

a サルゴン大王
b キュロス大王
c ハンムラビ
d クレオパトラ

3 ストーンヘンジは世界一有名な先史時代のストーンサークルだ。イギリスのどの都市の近くにある？

a シャフツベリー
b シッティングボーン
c ソールズベリー
d ナントウィッチ

4 次の動物のうち、12年で1周する中国の暦にふくまれないのはどれ？

a ヘビ
b ウナギ
c ハリネズミ
d ニワトリ

5 ノルテ・チコの人々はどの大陸にあった古代文明の一部だった？

a 南アメリカ
b 北アメリカ
c アフリカ
d アジア

6 ポリネシアのマウイ神はニュージーランドの北島をどうやってつくったといわれている？

a 空から雲を引っぱり下ろした
b 海から巨大な魚をつり上げた
c いん石が地面に落ちる前につかまえた
d 巨大な火山をかきまぜた

7 中央アメリカと南アメリカのオルメカ文明とマヤ文明で発達した球技で使われなかった体の一部は？

a ひじ
b おしり
c ひざ
d 足

8 ギリシア神話で、ゼウスに神々の王だった。その女王はだれ？

a アテナ
b ヘラ
c ディオニュソス
d ダフネ

9 マウリヤ朝はどこにあった？

a インド
b インドネシア
c マレーシア
d フィリピン

10 伝説によると、ローマを建国したロムルスとレムスは、めすオオカミ、羊飼いともう1つ何の動物に育てられた？

a ゾウ
b ハイエナ
c リクガメ
d キツツキ

11 ローマ帝国が一番栄えたのはどの皇帝の時代だった？

a ハドリアヌス
b トラヤヌス
c テイトウス
d アウグストゥス

12 1970年代に中国で発見された、墓の外側で見つかった等身大の素焼きの人間の像は何体あるとされている？

a 2000体
b 5000体
c 8000体
d 1万体

13 次のうち、ローマ人ではない詩人は？

a ウェルギリウス
b ホメーロス
c オウィディウス
d ホラティウス

14 コンスタンティノープル（今のトルコのイスタンブール）のハギア・ソフィア大聖堂は元々は何として建てられた？

a 教会
b モスク
c 美術館
d 市場

発明家のリチャード・トレビシックは、原始的な高圧蒸気機関を作ったとき、自分の純粋な好奇心がどれほどの革命をもたらすことになるか考えもしなかった。1830年以降、高圧蒸気の力は世界を一変させ、人々は蒸気機関車（下）などの乗り物で、はるか遠くまで旅することができるようになった。現代の原子力発電所でも、水を熱して高圧の蒸気に変え、それがタービンを回すことで電力が作られている。

第7章
近代

英語の「モダン」は面白い言葉だ。たった今起こっている出来事に対して使うこともあれば、この章のように、中世より後のあらゆる時代──500年以上もの期間を指すこともある。近代では新しい土地への探検が行われ、世界の各地で帝国が急速に勢力を広げていった。植民地主義によって生活を変えさせられたばかりか、めちゃくちゃにされた先住民の人々も大勢いる。

勝者がいれば、必ず敗者もいる。そんな状況が、革命や世界大戦、21世紀に起きたテロリズムの中でくり返されていった。しかし、近代は征服と苦しみだけの時代ではない。芸術や医学、科学技術が大きく発展した。この章ではルネサンス時代のイタリアの画家たちの技術を見てみよう。医学の進歩でどのように痛くない手術ができるようになったかを知ろう。新しい機械の登場で職人の時代は終りをむかえたが、多くの人々が暖かく過ごし、食べ物に困らず、電気を利用できるようにもなった。人類は先を争って宇宙を目指し、地球をとび出していった。そして少しずつではあるが、差別を受け、身分が低いとされていた人たちが、今まで認められてこなかった権利を勝ちとるようになってきている。

アフリカの帝国

アフリカでは多くの帝国や王国がつくられてきた。たとえばマリ帝国は、西アフリカの大西洋沿岸から東はサハラ砂漠まで領土を広げていた。エチオピア帝国は現在のエチオピアとエリトリアにあたる地域にあった。7世紀もの間にわたって存在したこの帝国は、世界の歴史の中でも特に長く続いた帝国だ。アシャンティ王国は西アフリカ沿岸の、現在のガーナ南部のあたりを支配していた。

マリ帝国のマンサ・ムーサ

歴史上最も裕福な人物の1人、マンサ・ムーサはマリ帝国の王だった。王になったのは1307年。交易と金の採掘によって、マリ帝国は大きな富を築いた。くわしくはわかっていないが、歴史家たちは、王が金と塩の交易で得た財産は、現在の価値にして4000億ドル(およそ60兆円)にのぼると考えている。

イスラム教の教育

マリ帝国にはガオやトンブクトゥなどの交易都市があった。ムーサはトンブクトゥに多くの建物を造らせ、イスラム教徒の礼拝の場であるモスクも3棟建設された。1327年に建てられたジンガレーベルモスク(上)は教育の場として使われた。

1324年、ムーサは巡礼と呼ばれる長い旅に出発し、現在のサウジアラビアにあるイスラム教の聖地メッカを目指した

ムーサは馬に乗って、すれちがう人々に金を配り歩いた

ムーサは6万人のお供に加えて80頭のラクダを引きつれており、その1頭1頭が135kgの金を運んでいた

アドバイスしてくれた専門家:エターナ・H・ディンカ あわせて読んでみよう:地球の資源、p.74〜75;金属、p.114〜115;宗教、p.212〜213;中世ヨーロッパ、p.286〜287;アメリカの奴隷制度、p.308〜309;世界の政治地図、p.334〜335

① **マリ帝国**
1200年代から1500年代にかけて西アフリカで栄えた

② **エチオピア帝国**
1270年から国を治めたソロモン朝の王たちのもとで最盛期をむかえた

③ **アシャンティ王国**
1600年代後半から1900年代初頭にかけてガーナに存在していた

帝国の領地

マリ帝国とエチオピア帝国は、その名前を受けついだ現在の国と同じものではない。アシャンティ王国は国としてはもう残っていない。アシャンティの人々はアフリカのガーナ、トーゴ、コートジボワールの3つの国に暮らしている。

未解決のナゾ

ラリベラの岩の教会はだれが建てた?

エチオピアは330年ごろからキリスト教国だ。その王族は聖書に登場するソロモン王の子孫とされている。ラリベラの町には11棟の岩をほって造られた教会がある。そのほとんどは12～13世紀のラリベラ王の時代に建てられたものだが、実際にだれが造ったかわかっていない。町の人々は、天使が岩をほって教会を造ったのだと信じている。

ケンテ

ガーナに住む民族アシャンティが作り出した、あざやかな色の織物。材料は綿が多く、現地で栽培したものが使われていた。織り手は色とりどりの糸で複雑な模様の10cm幅の布を織る。それから、この布をぬいあわせて服を作る。これがケンテと呼ばれるものだ。ケンテやそれに似せたプリントをした布の服は、今でも現地や世界中で着られている。金色がデザインのポイントになっていることが多い。金色は王権や富、地位の高さ、栄光、そしてたましいの純粋さを表している。

西アフリカの金

金はかつてアフリカの各地で採掘されていた。西アフリカも例外ではなく、黄金海岸という名前で呼ばれていた地域もある。西アフリカの民族フラニやアシャンティ、アフリカ南部の人々、そして古代エジプト人は、いずれも金で美しい工芸品を作っていた。写真のライオンはアシャンティの装飾品だ。アシャンティにとって、金は国家のたましいと富の象徴だ。

アドバイスしてくれた専門家：ジェーン・ロング　　**あわせて読んでみよう**：芸術の始まり、p.220〜221；古代ギリシア、p.268〜269；古代ローマ、p.276〜277；イスラム黄金時代、p.284〜285；大航海時代、p.298〜299

ルネサンス

　14世紀のイタリアで起こったルネサンスは"再生"という意味をもつ、ヨーロッパ人が古代ギリシアやローマの文化にあらためて注目するようになった動きだ。知識が重要なテーマになっており、自然の世界を理解して写実的な芸術作品を作ることに力が注がれた。ルネサンスの考え方は、印刷機が発明されたこともあって、ヨーロッパ中に広まった。その結果、芸術や文学、学問の分野でたくさんの偉業がなしとげられている。

アテナイの学堂（1509～1511年）

　ルネサンス期のイタリアの画家ラファエロが、ローマ市内のバチカン市国にある教皇ユリウス2世の書庫のためにかいたフレスコ画（左）。絵のなかに、ルネサンス期に起こった文化や芸術に対する重要な考え方がちりばめられている。絵の題材は自然界についての知識を交換する男性たちだ。女性がかかれていないのは、ルネサンス期のイタリアでは知識を身につけることを許された女性がほとんどいなかったからだ。

① ルネサンスの建築家は、古代ローマの建築に見られる対称性と壮大さを高く評価していた

② どのアーチも手前にあるものより小さくなっている。これにより、平らなかべの表面に奥行きができたように錯覚する（遠近法という）

③ まるで本当に生きているかのようにみえる人物たち。それぞれがちがった顔や体、服装で、自然な動きを見せている

④ 古代ギリシアで最も有名な2人の哲学者、プラトンとアリストテレスが作品の中央に立つ

⑤ ラファエロはイスラム教徒の哲学者アヴェロエスを作中にかくことで、イスラム黄金時代の影響をしめしている

⑥ 集団の中央にいる人物は、古代ギリシアの有力な思想家で数学者でもあったピタゴラスだ

⑦ ルネサンスの画家たちは、人間の体つきやポーズを正確に作品の中にかくことを追求した

⑧ ラファエロは肌や服の明るい部分をかくことで、右側から入ってくる自然光を印象づけている

⑨ 天体儀と地球儀は星や地球に関する学問を表している。科学者たちはこの時代に天文学を大きく進歩させた

⑩ ラファエロは自然界の知識をほこっており、それを示すために自画像をかき入れている（黒い帽子の人物）

⑪ 数学器具は、この時代の知識人の多くがもつ科学への強い関心を表している

⑫ このフレスコ画がかかれた教皇の書庫への出入り口

アステカとインカ

アメリカ大陸の文明の中でも特に強い勢力をもっていたのが、現在のメキシコに存在したアステカ文明と、南アメリカの太平洋沿岸を支配していたインカ文明だ。どちらの文明でも、神々に選ばれたという支配者が君臨していた。また、大都市をもち、広大な交易網も築いている。

① 現在のメキシコの場所にあったアステカ帝国は、1400年代から1500年代のはじめにかけて最盛期をむかえた

② インカ帝国は1100年に現在のペルーの場所に築かれたクスコを首都とし、1500年代のはじめに最も栄えた

湖の中の都市

アステカ帝国の首都テノチティトランは、現在のメキシコシティの場所にあった。テスココ湖にうかぶ、大部分が人工の島の上につくられた都市だった。1500年代はじめの人口はおよそ30万人。中心部には儀式に使われる荘厳な区域があり、その周りを貴族の宮殿が囲んでいた。皇帝モクテスマ2世の宮殿もその1つだ。

帝国の領土

インカ帝国の領土は現在のエクアドルとコロンビアから、チリのサンティアゴの80km南にまでおよんだ。人口は約1200万人だった。アステカ帝国は、東西はメキシコ湾から太平洋まで、南北は現在のグアテマラからメキシコ中部までを支配した。人口は500万〜600万人だ。

インカのキープ

インカ人は重要な情報や歴史的な出来事の記録にキープを使った。これは太いひもに色つきのリャマの毛の細いひもを取りつけ、結び目を作ったものだ。結び目を手でさわることでキープを読みとった。細いひものならび方、結び目の数と種類、間隔が、暗号になっている。

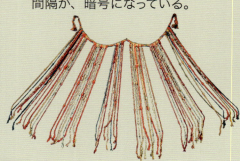

熟練の技術者

インカ人は優れた技術者だった。その最大の功績の1つが、3万8500kmにおよぶ交通路の整備だ。山地の深い谷にはロープでできたつり橋をわたした。インカ人は車輪のついた乗り物ではなく、リャマを使って商品を運んでいた。

高所の通路
ロープの橋が谷や川の上にかけられていた

編んだ草
インカ人はイチューという、たばねるととても丈夫になる草を編んで橋を作った

ケーブル
橋の強度を保つため、ケーブルは毎年取りかえなければならなかった

アドバイスしてくれた専門家：ハビエル・ウルシッド　あわせて読んでみよう：のばす、つぶす、p.140〜141；言語と物語、p.216〜217；暦、p.224〜225；オルメカとマヤ、p.264〜265；大航海時代、p.298〜299；新たな帝国、p.304〜305；革命の時代、p.310〜311；世界の政治地図、p.334〜335

かたい石
石は厚さ約91cm、直径は3.65mに近くもある

天空の神
天空の支配者である太陽神トナティウが中央に刻まれている

太陽神
トナティウの周りには四角い枠に囲まれた4つの像がある。これはこの世界における4つの時代を表したものだ

空
ふちの図からは、蒼穹を死後の世界と結びつけていたことがうかがえる

周期
内側の円はそれぞれ名前のついた20日間を示している。2つの暦は、どちらもこの20日間周期で進行していた

敵対者
火の神シウテクトリ（左）と風の神ケツァルコアトル（右）。2つの神の化身は、夜と昼のすさまじい戦いを表している

きのもと
二つの輪は神話に登場する火のへび（シウコアトル）と、その激しいほのおをついたものだ

アステカの暦石

考古学者たちがこの"太陽の石"を発見したのは1790年のことだ。アステカ人はこの石を一種のカレンダーとして使っていた。非常に複雑な構造で、2つの暦を表している。1つは365日からなる農事暦で、もう1つは260日の儀式暦だ。石にはもともと、あざやかな色がぬられていた。

大航海時代

1400年から1700年までは大航海時代と呼ばれることが多い。もちろん、探検したいという欲求はそれ以前にもあった。人々は何世紀も前から、新しい土地を探して長い距離を旅していた。しかし、歴史に残る探検の多くが行われたのがこの時代だったのだ。はるか遠くの地へのあこがれはその後も続き、18世紀や19世紀になっても探検は盛んに行われていた。

方位磁針

早くも1100年には、中国の探検家たちが方位磁針を使っていた。この道具には磁気をおびた針が入っており、これが地磁気と反応して常に北を指すようになっている。方位磁針は初期の探検家たちの大きな助けになり、この他にも星の動きや風向きをたよりに旅をしていた。

鄭和の航海

1400年代のはじめ、中国の皇帝は鄭和を7回にわたる航海に向かわせた（図）。鄭和はインド洋と南アジアの島々に到達した。その船団には全長122mの"宝船"がふくまれており、外国の支配者の興味を引くために、何千もの人や大砲、中国の品物を積んでいた。鄭和の航海によって、中国の影響はアジア中に広がることになる。皇帝には献上品を持ち帰り、新たな交易の機会が生まれた。

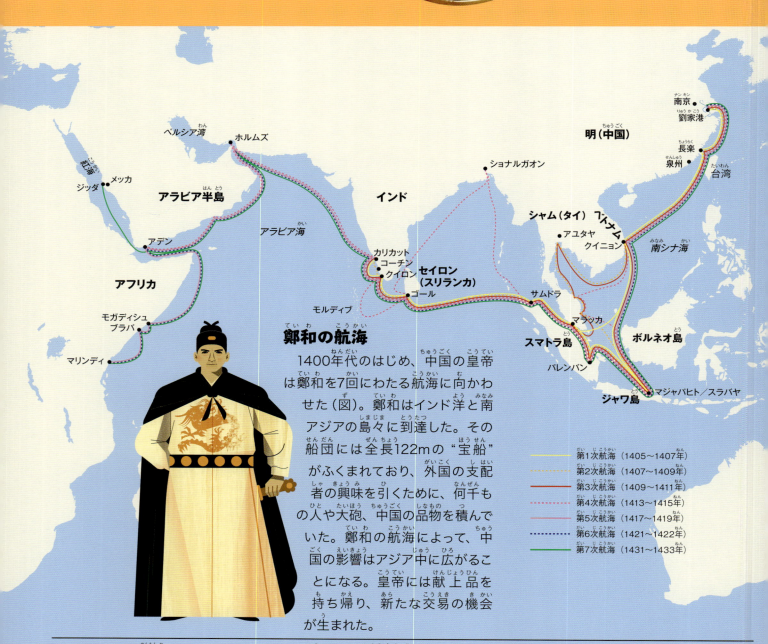

- 第1次航海（1405〜1407年）
- 第2次航海（1407〜1409年）
- 第3次航海（1409〜1411年）
- 第4次航海（1413〜1415年）
- 第5次航海（1417〜1419年）
- 第6次航海（1421〜1422年）
- 第7次航海（1431〜1433年）

アドバイスしてくれた専門家：ロレンツォ・ヴェラチーニ　あわせて読んでみよう：地球の内部、p.58〜59；アステカとインカ、p.296〜297；新たな帝国、p.304〜305；イギリスとフランスの北アメリカ植民地、p.306〜307；アメリカの奴隷制度、p.308〜309；革命の時代、p.310〜311；脱植民地化、p.328〜329

オドロキの事実！

マゼランと一緒に世界一周の航海に出た250人のうち、もどってきたのは13人だった。残りの乗組員は旅の途中で死んでしまったのだ。ポルトガルの探検家マゼランがスペインを出発したのは1519年のこと。1522年に5隻の船のうち1隻だけがヨーロッパに帰ってきたが、マゼランの姿はなかった。1521年にフィリピンの島で先住民と戦い、命を落としたのだ。

未解決のナゾ

フランクリン探検隊全滅の原因は物資だった？

1845年5月19日、サー・ジョン・フランクリン大佐率いるイギリスの探検隊が母国を出発し、北極の調査に向かった。エレバス号とテラー号という2隻の船による航海で、乗組員は将校もふくめて128名。探検隊が最後に目撃されたのは45年7月の終わりごろ、現在のカナダ・ヌナブト準州にあるバフィン島の北でのことだった。2隻の船は行方がわからなくなり、その後150年以上も経ってからようやく発見された。調査の結果、乗組員は食料の缶詰の中に入っていた鉛による中毒に苦しんでいた可能性が明らかになった。真相はだれにもわからないが、船が氷に閉じこめられて乗組員が生きのこれなかったのには、このことが関係しているのかもしれない。

大航海時代 年表

1417～1419年 中国の航海者である鄭和が東アフリカに到達。

1492年 イタリアの航海者コロンブスが西インド諸島に上陸。

1497年 イタリアの航海者ジョン・カボットが北アメリカ東海岸に上陸。

1498年 ポルトガルの探検家ヴァスコ・ダ・ガマが海路でインドに到達した最初のヨーロッパ人となる。

1500年 ポルトガルの軍司令官ペドロ・アルヴァレス・カブラルがヨーロッパからブラジルまで航海する。

1519年 スペインの探検家エルナン・コルテスがメキシコに到達。

1606年 オランダの航海者ウィレム・ヤンスゾーンがオーストラリアに上陸した最初のヨーロッパ人となる。

1642年 オランダの探検家アベル・タスマンがニュージーランドに到達した最初のヨーロッパ人となる。

ロレンツォ・ヴェラチーニ
歴史家

ロレンツォ・ヴェラチーニはさまざまな植民地の歴史を研究している。交易のため、外交のため、定住するため、名声のため、富のためなど、世界がどういった目的で探索されてきたかを調べるのが大事だそうだ。

「過去がどのように現在を形づくっているか、それを知るのが好きです」

ムガル帝国

皇帝バーブルがインドにムガル帝国を建国したのは1526年のこと。17世紀には、世界で最も勢力の強い国の1つになっていた。イスラム教徒であるムガル帝国の支配者たちは、ヒンドゥー教とイスラム教の文化をうまくまとめて、2世紀の間にわたって効率的に国を治めた。その富と栄光は世界に広く知られることになる。帝国は18世紀なかばにイギリスがインドを植民地にするまで栄えた。

コ・イ・ヌール

コ・イ・ヌールはムガル皇帝シャー・ジャハーンの座る、宝石がちりばめられた"孔雀の玉座"をかざるダイヤモンドとして知られていた。イギリス植民地時代にヴィクトリア女王のものとなり、現在もイギリスに保管される。

タージ・マハル

タージ・マハルはムガル帝国の最高の栄華の1つだ。皇帝シャー・ジャハーンが、1631年に亡くなった最愛の王妃ムムターズ・マハルのためにこの霊廟（墓）を建てた。皇帝は王妃とこの中に眠っている。左右対称に設計され、完成までに15年以上もの年月がかかった。

- 建築には完全さと調和に関わる数式が使われている
- ドームの上には青銅製の尖塔が立っており、その先には世界の支配の象徴である三日月が取りつけられている
- イスラム教のデザインは自然をモチーフにすることが多く、花は天国の庭園を表している
- タージ・マハルをおおう白く美しい大理石は純粋さの象徴だ
- タージ・マハルを囲むミナレット（細い塔）は、トルコのモスクの建築を手本にしたものだ
- チャハルバーグ（4つに分かれた庭園）の水は、ヤムナー川から直接引かれている

アドバイスしてくれた専門家：タイミーヤ・R・ザーマン　あわせて読んでみよう：宗教、p.212～213；脱植民地化、p.328～329

オドロキの事実！

1556～1605年に王位に就いたアクバル大帝は、101頭のゾウをかっていた。おそらくその多くは、軍隊の兵力として使われていたのだろう。ムガル人は武装したゾウで戦場に乗りこんでいたのだ。つっこんでくる巨大な動物に対して、敵の兵士が戦える距離まで近づこうとすればふみつぶされるおそれがあった。

ムガルの女性

女性は軍隊に加わって遠征をしたり、美しい記念碑を建てたり、交易や慈善事業に貢献したりしていた。芸術に関心のあった女性も多い。皇帝バーブルのむすめグルバダン・ベーグムは、帝国の最初期の歴史を書きのこしている。ヌール・ジャハーン（上）はイティマード・ウッダウラと呼ばれる貴族だった父のために、白い大理石の墓を建てている。

歴史を変えた人物

アクバル大帝
皇帝　1556～1605年（治めた年）
シンド（現在のパキスタン）出身

アクバル大帝はムガル帝国の第3代皇帝だ。その勢力はインド亜大陸の大部分におよぶほどだった。アクバルはさまざまな集団の人たちが権力をもつことのできる帝国をつくりあげた。特に芸術に興味をもっていたことでも知られている。

「君主たるもの、常に征服し続けなければならない。さもないと、周りの者たちが武器を取って向かってくるからだ」

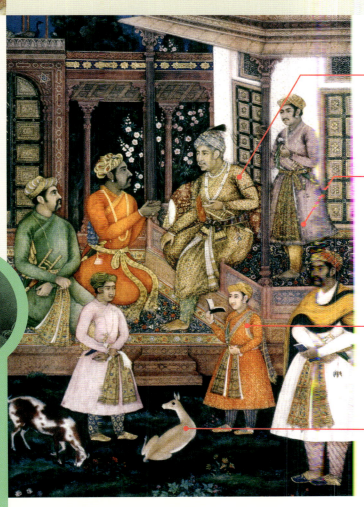

- 皇帝バーブルが宮廷のゆかに座り、アクバル大帝（オレンジ色の服の人物）と話している
- 多くの細密画が本の さし絵に使われている
- 画家はたくみな筆づかいで、小さな紙の上に複雑な模様をかいた
- ムガル絵画では自然や動物が題材になることが多かった

ムガルの細密画

ムガル絵画の多くは、宮廷での一場面や歴史、文学をかいた細密画の形をとっている。どの作品も、それぞれ別の段階を担当する画家たちのチームによって製作され、最後に細部を担当する画家が肖像をかき入れていたようだ。皇帝バーブルの個人的な日記でもこの方式がとられている。

日本の太平

1603年から1867年まで、江戸幕府が日本を治めていた。首都は江戸（現在の東京）だ。幕府の長である将軍は平和な国をつくることに力を注いでいた。鎖国と呼ばれる政策を始めてからは、中国、オランダ、朝鮮、琉球王国（現在の沖縄）といった限られた国とだけ関係をもち、貿易をしていた。これが江戸時代と呼ばれている時代だ。商人の町・大阪などもこの時代に発展した。

茶道

日本の茶の儀式である茶道は江戸時代よりも前に始まったが、庶民の間にも広まったのは江戸時代だ。茶道はあらたまったもよおしで、ときには4時間もかけて、特別な作法と道具が用いられた。人々にとっては友人や家族と過ごしながら毎日のせわしなさを忘れられるひとときだったのだ。

幕府の社会身分

江戸時代に権力をにぎっていたのは、幕府を治める将軍だ。支配者である武士をはじめ、農民、職人、商人などさまざまな身分の人々によって社会が構成されていた。

将軍
あらゆることを取り決める事実上の支配者

天皇
形だけのリーダーで権力はもたない

大名
決まった土地を管理して治める領主

武士
国に仕える兵士であり、政府の役人でもある

職人
自分の身につけた技術で物を作る人々

商人
社会の中でも特に裕福な人々だった

農民
国の経済の安定を支える農業に従事する人々

町　　　村

アドバイスしてくれた専門家：平野克弥　あわせて読んでみよう：舞台芸術、p.222〜223；第2次世界大戦、p.324〜325；世界の政治地図、p.334〜335

"西洋の窓口"

鎖国政策によって、日本の人々は国を出ることが許されていなかった。さらに、鎖国よりも前に外国に住んでいた人は、日本にもどることもできなかった。日本がオランダ以外のヨーロッパ人との貿易を禁じたのは1639年。オランダ人とはスパイスや織物、絹、磁器（左）などの品物を取引していた。1641年、オランダは長崎に交易所を置く。長崎の港だけが1854年まで西洋との貿易を許されていた、ただ1つの場所だった。このことから、長崎は西洋の窓口と呼ばれた。

オドロキの事実！

人口の7％が武士だった。武士は兵士であるだけでなく、算術や書道を学び、詩も作った。また江戸時代には、なぎなたの道場が各地に開かれた。なぎなたは、武家の娘が身に付ける教養の1つと見なされており、また女性の護身術としても浸透していた。

舞台の顔

歌舞伎は日本に古くから伝わる演劇の1つで、役者は色とりどりの厚化粧をして登場人物を演じる。江戸時代には有名な歌舞伎役者の似顔絵が人気になり、浮世絵と呼ばれる木版画でかかれることが多かった。こうした役者たちは今でいうファッションリーダーにもなったが、それは安い浮世絵が何千枚と作られたおかげでもある。

専門家から一言

平野克弥
歴史学者

平野克弥は日本の江戸時代の生活を調べるのが好きだという。この時代には幽霊が本当にいると強く信じられていた。電気がなく、ろうそくもとても高かったため、夜になれば暗闇が人々の想像力をかき立てたからだ。

「午前2時から2時半までの間が、一番幽霊に会いやすい時間と信じられていました」

303

新たな帝国

1494年、スペイン帝国はポルトガル帝国との間にトルデシリャス条約を結んだ。この条約によって、世界は2つの大国のそれぞれに分けられることになる。植民地開拓者たちは、アメリカ大陸に古くからある多くの文明を侵略していった。アメリカ大陸には金や銀がたくさんあり、先住民も多くいたため、この土地をうまく使ってひともうけしようとしたのだ。さらに開拓者たちは、先住民に自分たちと同じカトリック（キリスト教）の教えを信じさせることが使命だとも考えていた。

コンキスタドール

スペインによるアメリカ大陸征服の指揮者は、コンキスタドールとして知られている。かれらはばく大な富をもたらしてくれる貴重な資源をヨーロッパに持ち帰ろうとしていた。スペイン人は先住民にむりやりキリスト教を信じさせ、多くの宗教的なシンボルをこわした（上）。

今に残る美術品
この黄金のアステカ戦士の像は1345～1575年のあいだに作られたものだ

武器
戦士は矢を投げる道具、投げ矢、たてを持つ

オドロキの事実！

スペインの8レアル銀貨は、世界初の国際通貨となった。スペインは南アメリカの植民地、特に現在のボリビアにあるポトシでほり出された銀を使い、この硬貨を大量に作った。1497年に発行されてから25年で、アジア、ヨーロッパ、アフリカ、アメリカ大陸で流通するようになる。300年にもわたって交易の通貨として使われていた。

金を求めて

アメリカ大陸の探検をはじめたころのヨーロッパ人は、金への欲望につき動かされていた。アステカの皇帝モクテスマ2世は、金銀のおくり物をどっさり持たせた使いの者を、征服者エルナン・コルテスのもとへ送っている。スペイン人に町を乗っ取られたくなかったのだ。しかしコルテスはアステカの首都に入り、皇帝をろう屋に閉じこめた。その後すぐにモクテスマは殺されている。

おそろしい病気

スペインのコンキスタドールたちは、それまで存在しなかったヨーロッパの病気（天然痘やはしか）をアメリカ大陸に持ちこんだ。先住民はこうした病気にかかりやすく、大勢の人が命を落とした。歴史学者たちは、天然痘だけで先住民の人口の少なくとも3分の1が死んだと考えている。

アドバイスしてくれた専門家：イボン・デル・ヴァッレ　あわせて読んでみよう：宗教、p.212～213；お金、p.226～227；アステカとインカ、p.296～297；大航海時代、p.298～299；脱植民地化、p.328～329

スペインの伝道所

スペインとポルトガルの探検者たちは、カトリックの教えを広めるために新世界を植民地化しようと考えていた。この目的のために、どちらの国も現地に大聖堂や教会を建てた。やがてスペインは伝道所と呼ばれる、先住民をスペイン文化にむりやりなじませるための施設を造る。現在のカリフォルニア州に21の伝道所を造り、たがいを"エル・カミーノ・レアル（王の道）"として知られる全長965kmの道でつないだのだ。

この図はスペインのフランシスコの宣教師たちが1776年にカリフォルニアに造ったサン・フアン・カピストラーノ伝道所を元にしている

周りの広大な田園地帯には、住人の食べものや服をまかなうための果樹園、庭園、畑、牧場があった

先住民はキリスト教を信じ、教会でカトリックのミサに参加することを強いられた

伝道所には四角い中庭があるのが一般的だった

伝道所で暮らした先住民が最後にねむる場所となった墓地

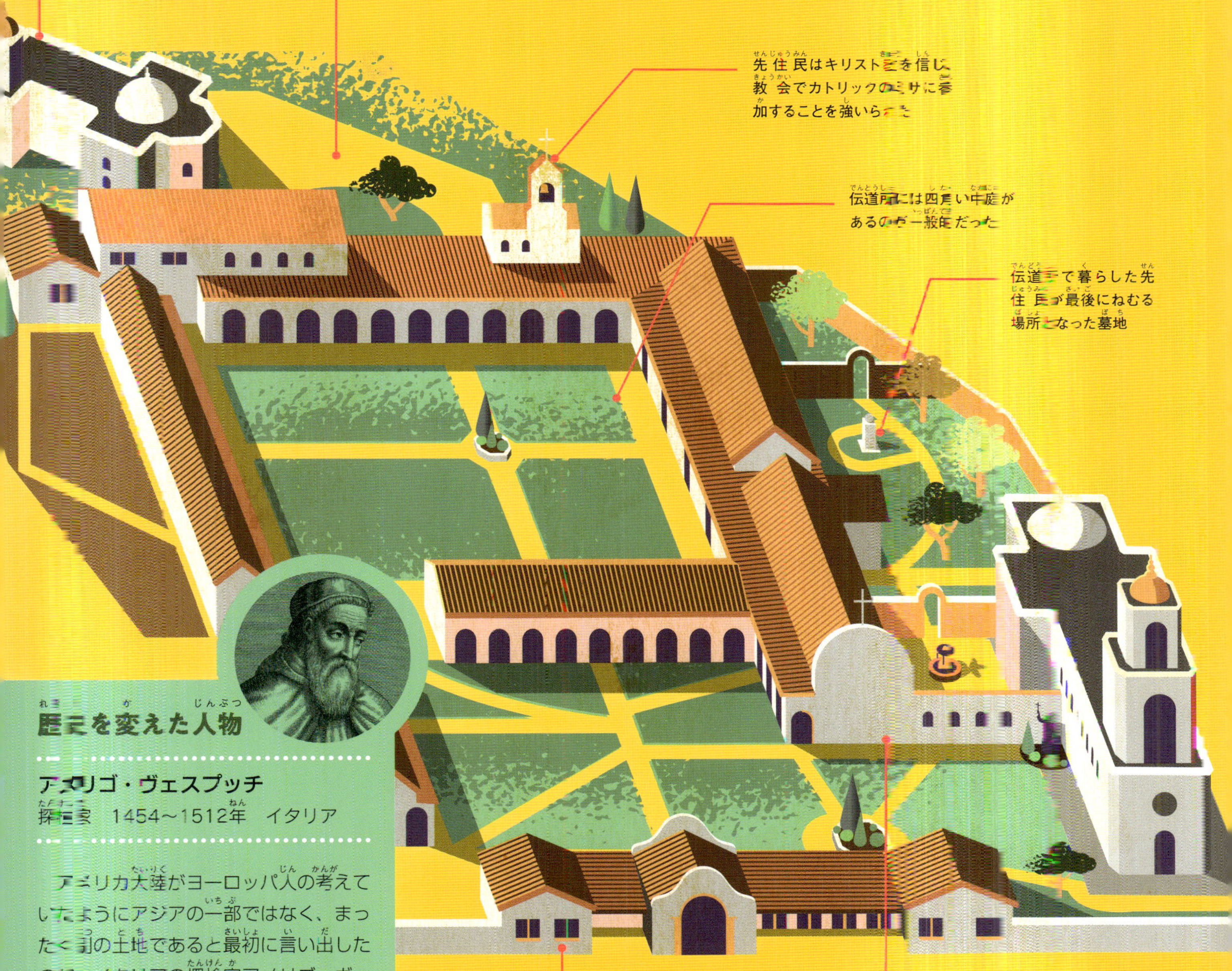

歴史を変えた人物

アメリゴ・ヴェスプッチ
探検家　1454～1512年　イタリア

アメリカ大陸がヨーロッパ人の考えていたようにアジアの一部ではなく、まったく別の土地であると最初に言い出したのが、イタリアの探検家アメリゴ・ヴェスプッチだ。ヨーロッパ人はこの新世界を現地での名前で呼ばずに、ヴェスプッチにちなんでアメリカと名づけた。

「この新しい土地は……まさに新世界とよこぶふさわしい」

伝道所の建物は日干しレンガとしっくいで造られており、屋根を支えるのに分厚いかべが必要なことが多かった

一般的な伝道所には、修道院、寄宿舎、作業場、貴重なことがあった

305

イギリスとフランスの北アメリカ植民地

1600年代のはじめ、ヨーロッパ人は大西洋を渡り北アメリカで暮らし始めるようになる。入植者の多くはイギリス人とフランス人だった。ある者は新しいチャンスを求めて、またある者は支配者が信仰の自由を認めようとしないため国を出た。イギリス人は最初に現在のアメリカのバージニア州に、続いてマサチューセッツ州に入植している。フランス人が最初に町をつくったのは、アメリカとカナダの現在の国境上にあるアカディアだ。

初期の入植者
メイフラワー号（写真はレプリカ）は1620年9月にイギリスを出発し、66日間の航海ののちに、ついに現在のマサチューセッツ州プリマスに到着した。乗客の中には信仰の自由を求めた人々がおり、ピルグリム（巡礼者）として知られるようになる。

見張り台
高い位置から見張る場所として使われた

文化の衝突
ヨーロッパ人たちは先住民の土地に入植した。歓迎する先住民もいたが、信用されない場合もあった。やがて土地をめぐる対立から、ほとんどの場所で暴力がふるわれるようになる。

上甲板
船員が作業と船の管理をする場所

主甲板
歴史学者によると、多くの乗客がこの甲板でねていたという

船倉
食べ物や道具、物資をたくわえておく場所。ここを寝床にする乗客もいた

アドバイスしてくれた専門家：ジェフ・ウォレンフェルト　あわせて読んでみよう：宗教, p.212～213；大航海時代, p.298～299；新たな帝国, p.304～305；アメリカの奴隷制度, p.308～309；革命の時代, p.310～311

ポカホンタスの真実

ポカホンタスは本名をマトアカといい、現在のバージニア州に住む有力な先住民族のリーダーのむすめだった。1613年、まだ10代だったポカホンタスはイギリスの入植者にとらえられ、やがてキリスト教を信じるようになると、タバコ農園の主であるイギリス人のジョン・ロルフと結婚した。ポカホンタスがつかまったのは身代金がねらいであり、多くの歴史学者は彼女がむりやりキリスト教徒にさせられたと考えている。

オドロキの事実！

伝説によると、悪名高い海賊黒ひげは火のついた導火線をかみにさしていた。かれの顔には火のついた導火線（船の大砲に点火するのに使う）がまきついてけむりを上げており、敵もおどろくようなおそろしい見た目をしていたという。黒ひげはバージニア植民地とカロライナ植民地の沿岸やカリブ海で活動した多くの海賊の1人で、イギリスとフランスの船をねらっては、つまれている交易品をうばっていた。

交易の発展

ヨーロッパ人と先住民族は土地や資源をめぐって争っていたが、交易もしていた。たとえばカナダでは、先住民が毛皮をフランス人の金属製品や服と交換し、それを伝統的なおくり物の儀式に使っていた。ヨーロッパ人もまた、下の写真のようなヤマアラシの針でししゅうをした箱などの現地の工芸品を求めた。

領土戦争

イギリスとフランスがヨーロッパで起きた七年戦争で戦う一方、北アメリカでも両国の部隊や入植者は争った。この対立は、フレンチ・インディアン戦争（1754～1763年）として知られている。両陣営とも、土地の権利を守ることを条件に先住民族を味方に引き入れたがのちにこの約束を破った。戦争はフランスがカナダや他の領土をイギリスに明けわたす形で決着がついた。

307

アメリカの奴隷制度

奴隷制度は16世紀にはすでに目新しいものではなかったが、ヨーロッパ人が大勢の西アフリカ人を奴隷として買い、アメリカ大陸に送るようになったのがこの時代だ。アフリカ人の奴隷は大西洋を横断する複雑な交易の中心となった。かれらが育てたり、ほり出したり、加工したりしたものはヨーロッパやアメリカの植民地で販売された。こうしてでき上がったのが、最もよく働いた者が最も悪くあつかわれ、しぼり取られる大西洋世界だった。

なぜ起こった？

アメリカ先住民の労働者は強制労働とヨーロッパからの病気で大勢が命を落とした。そのためヨーロッパ人はアフリカ人にその代わりをさせようと奴隷制度に至る。商人は1250万人のアフリカ人を船に乗せて大西洋をわたらせた。アフリカ人労働者に権利はなく、財産としてあつかわれ、死ぬまで働かされることさえあった。

- 綿とタバコがアメリカから西ヨーロッパに輸出された
- 食料品と使役動物が北アメリカからカリブ海諸島に運ばれた
- 奴隷が作ったラム酒などのカリブ海諸島の製品が西ヨーロッパに輸出された
- 銃器、金属、衣類、ワインがヨーロッパからアフリカの交易所に送られた
- 糖蜜と砂糖がカリブ海諸島から北アメリカに輸出された
- 奴隷を最も多く輸入していたのはポルトガル領ブラジルで、600万人近くのアフリカ人が労働者として送られた

凡例：商品／奴隷

中間航路

奴隷となった人々が大西洋をわたった道のりはミドル・パッセージ（中間航路）として知られ、最大で90日もかかった。食料不足と病気で命を落とした人は150万人にものぼる。農園での生活では、週に6日間、日の出から日没まで畑で働かされた。出された食事は量も栄養も少ないものだった。

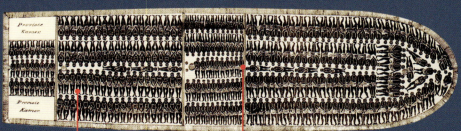

- 1隻の船に600人がつめこまれることもあった
- 男性の奴隷は航海中に船員におそいかからないよう、おたがいに鎖でつながれていた

アドバイスしてくれた専門家：ジョゼフ・E・イニコリ　あわせて読んでみよう：犯罪と法律、p.228〜229；大航海時代、p.298〜299；新たな帝国、p.304〜305；イギリスとフランスの北アメリカ植民地、p.306〜307；革命の時代、p.310〜311；脱植民地化、p.328〜329；公民権、p.330〜331

オドロキの事実！

ヘンリー・ブラウンは箱の中に入って送られることで奴隷生活からぬけ出した。かれは90×60×76cmの箱に入ってアメリカ・ペンシルベニア州ににげた。手助けしたのは"地下鉄道"のメンバーたちだ。自由黒人と白人によるこの組織は、ぬけ道やかくれ家のネットワークを管理していた。ヘンリー・"ボックス"・ブラウンの他にも3万〜10万人の奴隷を自由州やカナダににがす手伝いをしている。

奴隷制度廃止と南北戦争

奴隷制度を廃止（abolish）しようとする人々のことをアボリショニストという。アメリカの歴史の最初の1世紀には、南部よりも奴隷にたよることの少なかった北部で盛んなアボリショニスト運動が起きた。やがて南部は、独立して奴隷制度が合法のままである新しい国をつくろうとする。すると北部は南部を独立させないため、戦争を起こし、勝利を収めた。奴隷制度は廃止されたものの、すべての人種を平等にあつかうという課題は果たせておらず、現在でも差別は残っている。

大西洋奴隷貿易 年表

1502年 スペインの商人フアン・デ・コルドバが、アフリカ人奴隷たちを初めてアメリカ大陸に送る。

1619年 イギリスからアメリカに送られた最初のアフリカ人奴隷たちが、バージニア植民地のジェームズタウンに到着。

1804年 ハイチ革命によってフランスによる植民地支配と奴隷制度が終わりをむかえる。

1807年 イギリス議会で奴隷貿易廃止法が可決され、イギリス領内での奴隷の取引が違法となる。

1808年 アメリカでアフリカ人奴隷の輸入が禁止されるが、奴隷制度はその後も続いた。

1863年 リンカーン大統領の奴隷解放宣言により、アメリカは奴隷制度廃止への第一歩をふみ出す。

1888年 ブラジルで奴隷制度が廃止される。

専門家から一言

ジョゼフ・E・イニコリ
歴史学者

奴隷制度は、今日のこの世界がつくられるのに大きな役目を果たした。アメリカ大陸のアフリカ人奴隷のことを考えればそれがよくわかるだろう。しかし今では、奴隷制度はどの社会でも悪だと考えられている。

「歴史学者は、確証のない個人的な意見が歴史研究に影響をあたえないように気をつけています」

革命の時代

18世紀の終わりに、人々は自由と解放を求める考え方に後おしされ、支配者に対して反乱を起こした。こうした反乱の精神は世界中に広がっていき、1848年はヨーロッパで多くの反乱が起こったことから、革命の年と呼ばれている。

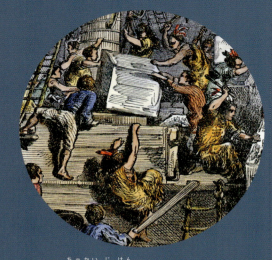

アメリカ独立戦争

18世紀の終わり、北アメリカにある13のイギリス植民地に住む人々（開拓者）が、先の戦争でかかった費用と植民地の防衛費をまかなうためにイギリスがかけた税金に対して抗議した。植民地の代表者たちはどう対応すべきか決めるために集まった。数カ月にわたる話し合いのすえ、かれらは13植民地を独立国として宣言することを選ぶ。しかし、この判断をよく思わない者もいた。それで戦争が起こり、植民地のいくつかの勢力（王党派）はイギリス側についた。下の絵は数ある戦闘のうちの1つ、プリンストンの戦いだ。ついに独立側の勢力（愛国派）が勝ち、13植民地はアメリカ合衆国となった。

ボストン茶会事件

戦争が始まる前、イギリスは植民地から税金を取る権利があることを強調するように、紅茶に税金をかけた。1773年12月16日、マサチューセッツ植民地のボストンの入植者たちは、抗議を起こす。入植者たちは港の3隻のイギリス船に乗りこみ、342箱の紅茶を投げ捨てた。イギリスがこれを処罰したため、さらに多くの入植者が反発した。

- 独立側の総司令官、ジョージ・ワシントンがアメリカ合衆国の初代大統領となる
- 兵士たちは発射までに時間がかかりあつかいにくいマスケット銃に、銃剣（ナイフのような部品）をつけて使っていた
- イギリスの部隊は、旗にイギリスの国旗をあしらっていることが多かった
- イギリス兵は、赤い上着を身につけていたことから、レッドコートと呼ばれるようになった
- 兵士は戦闘中に合図を送ったり、緊急治療を求めたりするときに太鼓を使った

啓蒙思想

17世紀の終わりから18世紀にかけて、啓蒙思想と呼ばれる運動によって多くの革命が引き起こされ、ヨーロッパとアメリカ大陸に広まっていった。この運動は、統治者自身は法律に従うことなくすべての国民を支配するのが正しいことかどうかを、人々に考えさせるきっかけになった。

理性主義
知識の源は信仰や感情ではなく、理性や論理であるという考え方

個人主義
人はだれもがたった1人しかいない存在であり、自分の責任は自分で取るという考え方

平等主義
すべての人は平等であり、同じ権利をもつべきだという考え方

世俗主義
人間は教会の教えをただ信じるのではなく、自分で考えることができるという考え方

民主主義
すべての人が自国の政治に関して意見を言う権利をもつべきだという考え方

フランス革命

1787年　フランスでは絶対君主制の政治に対する抵抗が起こりつつあった。新しく現れた富裕層が力を持とうとし、思想家たちは平等な権利を求め、農民たちは不公平な税に怒りをおぼえた。民衆は革命を起こし、君主制は一時的に廃止された。こうして共和制が成立したものの、次に訪れたのは"恐怖政治"だった。権力を持った者たちが、革命で敗れた多くの反対の者を、ギロチン（下）で処刑していったのだ。

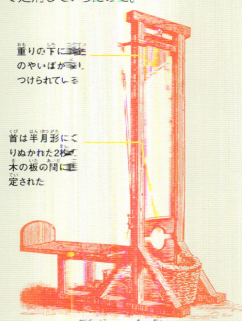

重りの下に首のやいばがとりつけられている

首は半月形にくりぬかれた2枚の木の板の間に固定された

仁を据える木の台

歴史を変えた人物

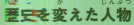

シモン・ボリバル
南アメリカの革命家　1783～1830年
ベネズエラ

シモン・ボリバルは南アメリカの独立の父だ。軍隊と政治の指導者であったボリバルは、スペインの支配下にあったいくつもの植民地を解放する手引きをした。こうして成立したのが、コロンビア、ボリビア、エクアドル、パナマ、ペルー、ベネズエラだ。ボリビアという国名もボリバルにちなんでいる。

「自由を愛する者が、最後には自由になる」

ハイチの革命

ハイチ革命（1791～1804年）はフランスの植民地サン＝ドマングで起こった。ここにはアフリカ人の子孫が50万人以上も暮らし、そのほとんどは奴隷だった。1791年、独立を求める戦いが始まった。指導者は元奴隷のトゥーサン・ルーヴェルチュール（右）だ。かれは1803年にフランスのろう屋で亡くなった。1804年にトゥーサンの副官ジャン＝ジャック・デサリーヌ率いる軍隊がフランスを破り、ハイチは世界初の黒人共和国として独立した。

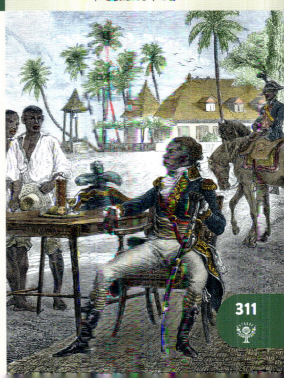

医学の歩み

中世以来、人体に関する発見のおかげで医者や外科医による患者の治療法は向上した。医学の節目となる主な出来事は、解剖学（人体の構造）や病気の原因の大きな理解につながってきた。新しい発明や処置によって、ますます多くの人々が長生きできるようになっている。医療技術は1800年代から急速に発展しているが、まだまだ解明されていないナゾも多い。

1543年
フランドルの医者アンドレアス・ヴェサリウスが、著書『ファブリカ』に人体のくわしい説明と解剖図を記す

1674年
オランダの科学者アントニ・ファン・レーウェンフックが、自ら発明した顕微鏡を使って赤血球を観察する。1676年、同じ方法で細菌を観察した

1796年
イギリスの外科医エドワード・ジェンナーが、牛痘にかかったことのある人は天然痘にはかからないことに気づき、天然痘ワクチンで患者の命を救う実験に成功する

1818年
イギリスの医者ジェームズ・ブランデルが、人から人へ血液を移す輸血に初めて成功する

1853年
皮下注射器（管状の針がついた注射器）の発明により、その後ワクチンやインスリンなどの薬を血液に直接注入できるようになる

16世紀 — **17世紀** — **18世紀** — **19世紀**

1628年
イギリスの医者ウィリアム・ハーヴェイが、心臓が血液を体中に送っていることを発見する

1714年
オランダの物理学者ダニエル・ガブリエル・ファーレンハイトの水銀温度計により、体温を正確に測ることができるようになる

1816年
フランスのルネ・ラエンネックが筒状に丸めた紙で患者の心臓の音を聞き、聴診器を発明する

1846年
世界初の全身麻酔（患者に気化したエーテルを吸いこませて意識を失わせる）を使った無痛（痛みのない）手術が公開される

1867年
イギリスの外科医ジョゼフ・リスターが、手術中に手や傷口、器具を洗うのにフェノールという化合物を使う。フェノールは消毒剤（細菌の繁殖をおさえる物質）の働きをするものだ

アドバイスしてくれた専門家：マイク・ジェイ　**あわせて読んでみよう**：生命の化学、p.120～121；人体、p.198～199；DNAと遺伝、p.200～201；医療技術、p.362～363；未来の人類、p.382～383

3D医療技術

2018年、3Dプリント技術が医者による腎臓腫瘍の除去手術を助けた。北アイルランドにあるベルファスト市民病院の医者たちは、腎臓に命にかかわる障害をもつ若い女性の治療にあたっていた。彼女の父親が腎臓を提供したが、嚢胞（異常にふくらんだもの）があることがわかる。そこで、ある医療プリント企業が父親の腎臓の正確な模型を作った。医者たちは模型を観察し、嚢胞を完全に取り除く計画を立てたのだ。その後、移植は無事に終わった。

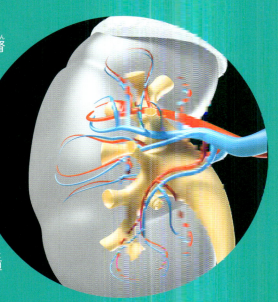

1895年
ドイツの物理学者ヴィルヘルム・コンラート・レントゲンがX線装置を発明し、医者は手術することなく体の内部を見られるようになる

1952年
アメリカの医者ヴァージニア・アプガーが、新生児に緊急の処置が必要かどうかを判断する"アプガー指数"を考えだす

1964年
スコットランド出身でウイルス画像化の第一人者であるジューン・アルメイダが、世界の人間に感染するコロナウイルスを発見する

1983年
科学者たちがAIDS（後天性免疫不全症候群）はHIV（ヒト免疫不全ウイルス）によって引き起こされることを発見し、治療法の研究が進む

20世紀　　　　　　　　　　21世紀

1870〜1880年代
ドイツのロベルト・コッホとフランスのルイ・パスツールが病原体説を証明し、病原体や病原菌によって病気にかかったり、他の人に病気をうつしたりする理由を解明する

1928年
スコットランドの科学者アレクサンダー・フレミングが、自然界に存在する世界初の抗生物質であるペニシリンを発見する

1952年
イギリスの物理化学者ロザリンド・フランクリンがX線写真を用い、DNAが二重らせん構造であることを解明する

1978年
世界初の"試験管ベビー"であるルイーズ・ブラウンがイギリスで生まれる。彼女の母親の卵子は実験室の中で受精した

2006年
女性を対象とした世界初のワクチン、HPVワクチンの使用が認可される。HPV（ヒトパピローマウイルス）は女性の生殖系にガンを引き起こすウイルスだ

313

産業の風景

産業化によって国の様子はがらりと変わった。織物などの工場や炭鉱、製鉄所があちこちに造られ、多くの人々が農業を捨ててそこで働いた。都市の人口は急速に増え、不動産業者は新しい産業を支える住宅や商店、運河、鉄道といったインフラを整えていった。

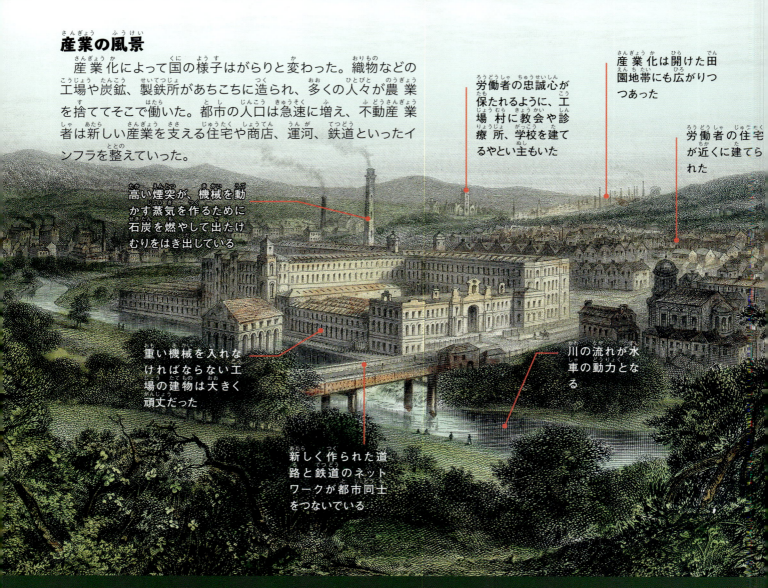

- 高い煙突が、機械を動かす蒸気を作るために石炭を燃やして出たけむりをはき出している
- 労働者の忠誠心が保たれるように、工場村に教会や診療所、学校を建てるやとい主もいた
- 産業化は開けた田園地帯にも広がりつつあった
- 労働者の住宅が近くに建てられた
- 重い機械を入れなければならない工場の建物は大きく頑丈だった
- 川の流れが水車の動力となる
- 新しく作られた道路と鉄道のネットワークが都市同士をつないでいる

産業革命

産業革命は18世紀も終わりをむかえるイギリスで始まった。そこから19世紀にはヨーロッパ本土、アメリカ、日本へと広がっていく。労働者は小さな工房で商品を手作業で作るのではなく、大規模な工場で大量に生産した。蒸気や水力で動く機械の登場により、より早く、効率よく仕事ができるようになった。人々は農業生活をやめて、仕事を探すため中心市街地に移り、都市はますます発展していくことになる。

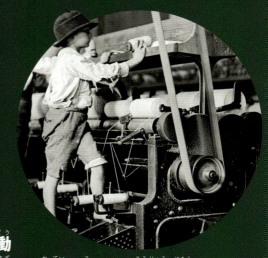

児童労働

多くの貧しい家庭が子どもを工場で働かせていた。調査によると、1870年のアメリカには15才未満の労働者が75万人以上もいたという。子どもたちは不衛生な環境の中で、12時間（またはそれ以上）も続くきつい肉体労働に精を出していた。

分業

労働者は紡績機を動かしたり、くつにヒールを取りつけたりといった決まった仕事だけをこなすことが多かった。それぞれが大きな製造工程の中の小さな作業の1つを、同じ動きをしながら何度も何度もくり返すのだ。やがてこの流れから生まれたのが、機械化されたシステムが製品を次の作業場へ運ぶ間に労働者がそれぞれの仕事をこなす移動組立方式だ。

特に低かった女性の賃金

大量生産のおかげで多くの商品の値段は下がった。ところが工員などの労働者たちが長時間くたくたになるまで働いても、支払われる賃金はごくわずかだった。イギリスでは女性の賃金が男性の3分の1から3分の2だったという。歴史学者たちは、これが性差別によるものなのか、それともあまり技術のいらない作業をしていたからなのかを議論している。

イギリスの男性。週に10～15シリング

イギリスの女性。週に5シリング

イギリスの児童。週に1シリング

オドロキの事実！

アンドリュー・カーネギーは3億5000万ドルという巨額の財産を手放した。
スコットランドの貧しい家庭に生まれたカーネギーは、アメリカで製鉄業の草分けとして成功する。1901年に引退するとき、かれは財産（現在の価値にして48億ドル、約7000億円）を手放すことを宣言した。10年後、カーネギーは財産の90％を主に学校や図書館に寄付している。

産業時代の発明

産業化は画期的な機械や輸送方式が開発されるきっかけになった。下のリストには主な発明を記している。こうした新技術はエネルギー源として石炭やガスなどの化石燃料にたよっていることが多い。化石燃料は環境汚染を拡大させ、やがて地球温暖化を引き起こした。現在の私たちは、その結果とともに生きているのだ。

紡績機
ジェニー紡績機（1764年）とミュール紡績機（1779年）によって質の高い織物が大量生産できるようになる

18世紀

蒸気機関（1765年ごろ）
ジェームズ・ワットの蒸気機関が列車や工業機械の動力となる

19世紀

発電機とモーター（1831年）
マイケル・ファラデーの発明が、将来のあらゆる電気利用の基礎を築いた

電信機（1837年）
サミュエル・モールスの電信機により、遠くまでより早くメッセージを伝えられるようになる

電話機（1876年）
アレクサンダー・グラハム・ベルが電話機を発明し、コミュニケーションに革命をもたらす

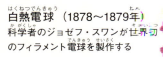
白熱電球（1878～1879年）
科学者のジョゼフ・スワンが世界初のフィラメント電球を製作する

内燃機関（1885年ごろ）
カール・ベンツが内燃機関を備えた世界初のガソリン車を開発する（1885年）

20世紀

世界初の航空機（1903年）
航空機産業の草分けであるウィルバーとオーヴィル・ライト兄弟が、世界初の動力飛行機の製作に成功した

第1次世界大戦

グレート・ウォーとも呼ばれる第1次世界大戦では、世界有数の大国が敵対することになった。一方はドイツ、オーストリア=ハンガリー帝国、オスマン帝国、そしてブルガリア（中央同盟国）。もう一方はイギリス、フランス、ロシア、アメリカとその同盟国（連合国）だ。これが本当の意味での初の世界大戦となり、ヨーロッパ、中東、アフリカ、アジア、太平洋の各地で戦闘が行われた。

塹壕戦

兵士たちは地面にみぞ（塹壕）をほり、あみの目のように張りめぐらせた。敵同士の塹壕の間にある土地は無人地帯と呼ばれた。前進するためには、兵士は塹壕から出て無人地帯に足をふみ入れなければならない。だが、そうすれば敵の集中砲火にさらされることになる。塹壕内にいれば少しは安全だが、よごれたドロにつかって歩くことも多く、すぐに病気が広まった。

毒ガス攻撃

ドイツ軍は第2次イーペルの戦い（1915年）で塩素ガスをまいた。ガスは風に乗って連合国側の塹壕まで運ばれ、数千人が命を落とした。当時は両陣営とも先を争って、より効率のよい化学兵器を開発していたのだ。たとえばホスゲンを吸うと肺に水がたまり、マスタードガスは皮膚に水ぶくれを引き起こす。およそ9万1000人の兵士が第1次世界大戦中に毒ガスで死亡している。

- 敵と向かい合う塹壕の前面は胸しょうと呼ばれる
- 兵士は潜望鏡を使って胸しょうの下から敵を見張ることができた
- 敵が無人地帯に入っていないかどうか、交代で24時間監視していた
- 兵士たちは塹壕のかべにほった穴の中で休んだり、悪天候をやり過ごしたりしていた
- 土のうが兵士たちを敵の攻撃や悪天候から守っていた
- 塹壕のかべにうめこまれた板が、無人地帯に向けて銃撃するときの足場になる
- 塹壕のゆかを安定して歩けるように木の踏板をしいていた

アドバイスしてくれた専門家：ローラ・フォークト　あわせて読んでみよう：争いと戦争、p.214～215；産業革命、p.314～315；女性参政権、p.318～319；共産主義の台頭、p.320～321；にわか景気と不況、p.322～323；第2次世界大戦、p.324～325

ベルタ砲

大戦で使われた大砲の中でも最大級のものが、ドイツのベルタ砲だ。ベルタ砲はりゅう弾砲という砲弾を空中高くへ発射するように設計された砲身の短い大砲だ。ドイツは大戦中に12門のベルタ砲を製造し、フランスやベルギーの要塞を攻撃した。

- 重さ810kgまでの砲弾を発射した
- 砲弾は12mものコンクリートと地面をつらぬく
- 重さおよそ47トンのベルタ砲はばらばらにしなければ運べなかった
- 1門につき240人のチームが操作と点検を担当する
- 砲弾には遅延信管が取りつけられているものもあり、着弾後に爆発した

オドロキの事実！

1914年のクリスマスの日、武器を置いてたがいに歩みよったドイツとイギリスの部隊がある。兵士たちはクリスマスプレゼントを交換し、歌を歌い、即席のボールを作ってサッカーまで楽しんだ。つかのまの平和を活かして塹壕を直したり、戦死者を埋葬したりする者もいた。

伝書バト

戦争中、伝書バトが足に着けたつつに伝言を入れて届けていた。ハトは、特に海上で役に立った。あるハトは22分で35km先まで伝言を届けたことで、取り残された水上機の2人のパイロットを救っている。シェール・アミという名のアメリカ陸軍の伝書バトは、フランスで最高級の軍事勲章であるクロワ・ド・ゲール勲章をあたえられた。

戦争中の世界 豆知識リスト

第1次世界大戦で、さまざまな世界初のものが現れた。

1. **鋼鉄のヘルメット** フランス軍は鋼鉄のヘルメットをかぶって戦った。
2. **X線の利用** 携帯装置のおかげで、フランス戦線での負傷者のX線写真をとることができた。
3. **潜水艦** ドイツがUボートを使う。Uはドイツ語で"海中の"を意味するunterseeの略だ。
4. **戦車戦** 1917年のコンブレーの戦いで、イギリス軍がはじめて戦車を効率的に運用する。
5. **航空戦** 両軍営は、敵の飛行機をうち落とすために機関銃を積んだ航空機を開発している。
6. **空母** イギリスのアーガスが世界初の空母だ。
7. **無線通信** この戦争は無線技術が広く使われた最初の戦争だった。

戦争の代償

第1次世界大戦は兵士だけでなく、社会のすべての人々に影響をあたえた。連合国側では500万人、中央同盟国側では350万人が戦死した。さらに1300万人以上の市民の命もうばわれてまう。その多くは戦火をさけるために家を捨てざるをえなかった人たちだった。

317

女性参政権

女性参政権運動は、女性が投票する権利を求めた世界的な闘争だ。最初に運動を起こしたのはイギリスとアメリカのグループだった。しかし初めて女性が参政権を勝ちとったのはニュージーランドで、1893年から女性も投票できるようになった。多くの国では、戦争中の女性の働きを認めて投票権をあたえていた。

女性参政権運動家は横断幕や旗、ポスターをかかげて行進することで自分たちの主張に注目させた

宣伝のためのたすきをつけた運動家。NUWSSのたすきの色は緑（green）、白（white）、赤（red）で、"女性に権利をあたえよ（give women rights）"という言葉を表している

アドバイスしてくれた専門家：ロリ・アン・テルジェセン　あわせて読んでみよう：教育、p.230〜231；産業革命、p.314〜315；第1次世界大戦、p.316〜317；にわか景気と不況、p.322〜323；公民権、p.330〜331

イギリスのNUWSSは数ある女性参政権運動団体の1つにすぎなかった。アメリカの女性を支持していたのは全米女性参政権協会（NAWSA）だ

女性の参政権獲得
年表

1893年	ニュージーランド	1944年	フランス
1902年	オーストラリア	1944年	ジャマイカ
1906年	フィンランド	1945年	リベリア
1913年	ノルウェー	1945年	日本
1915年	デンマーク	1947年	アルゼンチン
1917年	ロシア	1948年	韓国
1918年	カナダ	1949年	インド
1918年	ドイツ	1953年	メキシコ
1918年	イギリス	1955年	エチオピア
1919年	オランダ	1955年	ベトナム
1920年	アメリカ	1956年	パキスタン
1929年	エクアドル	1957年	ジンバブエ
1930年	南アフリカ共和国	1959年	モロッコ
1931年	スペイン	1971年	スイス
1931年	ポルトガル	1972年	バングラデシュ
1931年	スリランカ	1999年	カタール
1932年	タイ	2002年	バーレーン
1932年	ウルグアイ	2005年	クウェート
1934年	トルコ	2006年	アラブ首長国連邦
1935年	ミャンマー	2011年	サウジアラビア

女性参政権運動家の集会
この写真は、イギリスの運動家で教育改革者のミリセント・ファーセットがロンドンのハイドパークで開かれた集会で演説しているところだ。ファーセットは1897年から1919年まで女性参政権協会全国同盟（NUWSS）の会長を務めていた。

女性の参政権に反対する男性がいる一方、運動家を支持する男たちもイギリスの議員の中にいた。

共産主義の台頭

19世紀には、多くの人が工場で働くようになっていた。工場経営者は裕福だったが、労働者は貧しかった。労働者の数は経営者より多かったため、工場の利益は全員で分けあうべきだという社会主義の考え方を多くの労働者が支持していた。1848年、カール・マルクスは『共産党宣言』を出版し、労働者たちが資本家（工場経営者）から工場の所有権を取り上げ、労働者が管理する新しい政府の手にゆだねることを提案する。

革命だ！
「万国の労働者よ、団結せよ！
諸君は鉄のくさりの他に
失うものは何もない」

社会主義：
利益よりも人々の
幸福のほうが大事だ。

共産主義：
労働者が政治を動かし、
労働者階級の利益のために
役立てるべきだ。

資本論

DAS KAPITAL

マルクスの『資本論』では、かれが資本主義はうまくいかないと考えた理由が説明されている

カール・マルクス

カール・マルクスは政治経済学者で哲学者だった。その著書は20世紀の共産主義政権に影響をあたえている。マルクスは、社会は階級闘争のまっただ中にあると考えていた。労働者たちが立ち上がり、工場をもつ資本家たちに抵抗するべきだという共産主義の基本的な考え方をとなえている。

アドバイスしてくれた専門家：ベンジャミン・ソーヤー　あわせて読んでみよう：産業革命、p.314～315；第2次世界大戦、p.324～325；冷戦、p.326～327；大富豪、p.352～353

ソビエトのシンボル

初期の共産主義国は、国のために人々がともに働くことを重んじた。ハンマーとかまのシンボルは、工業労働者（ハンマー）と農業労働者（かま）の団結を表している。現在の共産主義国は、共産主義に資本主義の要素を取り入れている。個人の利益のために働くことがすすめられ、裕福な者も存在する。

共産主義国家 豆知識リスト

現在、5つの国で共産主義が続いているが、どの国にも資本主義的な面がある。共産主義国家の人口は全世界の20％をしめている。

1. **中国** 中国共産党は1921年に成立した。1949年には毛沢東の指導のもと、中華人民共和国を建国している。

2. **ベトナム** ホー・チ・ミンが1945年に北ベトナムのみの実権をにぎり、共産主義国として独立を宣言した。国全体が共産主義となったのは1976年だ。

3. **朝鮮民主主義人民共和国（北朝鮮）** 北朝鮮は第2次世界大戦後、ソビエト連邦の支配下にあった。その後1948年に共産主義国となる。

4. **キューバ** 1958年、フィデル・カストロの指導でキューバの軍事独裁者がたおされた。カストロはみずから共産主義国として独立したキューバの独裁者となった。

5. **ラオス** 1975年に共産主義の革命家たちが実権をにぎった。

歴史を変えた人物

ウラジーミル・イリイチ・ウリヤノフ（レーニン）
ソビエト連邦指導者　1870～1924年
ロシア・シンビルスク

ウラジーミル・レーニンは世界初のマルクス主義政党であるボリシェヴィキを率き、政権をねらった。1917年11月、レーニンと仲間たちはロシアの首都だったペトログラードで実権をにぎる。その後、ロシア内戦（1918～1921年）で勝利を収めた。レーニンは1922年にソビエト連邦になる国家の初代指導者となった。

キューバ革命

キューバ革命はキューバ人が自国を治める権利を取りもどそうとした運動だ。革命は1953年に始まり、1958年12月31日、独裁者フルヘンシオ・バティスタの打倒とともに終わりをむかえた。バティスタの人気がなかったうえに、革命の指導者であるフィデル・カストロ（右の座っている人物）が外国から土地を取り返し、キューバの富を学校教育と医療のために使うと約束したことで、革命は広くキューバ国民の支持を集めた。

毛沢東と中国

中国共産党（CPC）の指導者となった毛沢東は、何年もかけて国の地方で共産主義思想への支持を集めていた。国家が人民に最大に利益をもたらすように動いていると考える多くの人にとって、毛は英雄だった。かれは党員をひきいて政府に対する革命を起こす。戦争は共産主義者が勝ち、1949年に毛は中国の指導者となった。1976年に毛が死去した後、革命でともに戦った鄧小平が中国の新しい指導者となる。

ポスターにかかれた人々は、毛沢東の『毛沢東語録』や『毛沢東選集』を手にしている

にわか景気と不況

第1次世界大戦後、西洋の多くの国に"にわか景気"が訪れた。人々がみな裕福になったため、工場では製品がそれまで以上に大量に作られ、これがさらなる富を生み出していく。しかし、にわか景気は長くは続かなかった。1929年にアメリカで株価が大暴落したのだ。この不況はもともとあった経済の弱点をいっそう際立たせることになる。これが10年間におよぶ世界的な景気の落ちこみ、大恐慌のはじまりだった。

狂騒の20世紀

第1次世界大戦後の10年間は、西洋で急激な変化が起きた時期だ。多くの人がこれまでに見たこともないほどの富を手にした。また、社会的・文化的な新しい流行も生まれている。その1つが"フラッパー"と呼ばれる現代的な女性の登場だ。

禁酒法とジャズの時代

にわか景気の時代、人々はクラブで酒を飲んだり、おどったりした。こうした娯楽をよく思わない者もいた。1919年、アメリカ政府は禁酒法を制定しアルコールの売買を禁止する。犯罪組織はスピークイージーと呼ばれる酒場でアルコールをひそかに売った。

西洋の女性は第1次世界大戦中に男性と同じ役割を果たすようになってから、自立が大きく進んだ

メーカーは商品の広告を新聞や雑誌にのせていた。この絵はルノー社の自動車の広告のものだ

多くの人が商品を買うようになったことで、多くの産業がにわか景気を経験した

自動車のような製品は大量生産によって安く手に入るようになった

アドバイスしてくれた専門家：マーガレット・C・ラング　あわせて読んでみよう：産業革命、p.314〜315；第1次世界大戦、p.316〜317；女性参政権、p.318〜319；第2次世界大戦、p.324〜325；新たな緊張、新たな希望、p.332〜333；メディア、p.358〜359

オドロキの事実！

チャールズ・リンドバーグが世界で初めてたった1人で大西洋を飛行機で横断したとき、向かっている方向はほとんど見えていなかった。5800kmの旅を成功させるためには予備の燃料を積む必要があり、そのタンクはつばさの中と操縦席の目の前にあった。そのため進行方向を見るには潜望鏡を使わなければならなかったのだ。予備の燃料の分の重さをけずるために、余計なもの（無線機やパラシュート）はすべて取り除かれた。

このタイプの飛行機には普通5つの座席があったが、リンドバーグの飛行機には1つしかなかった

リンドバーグの乗機は、この飛行のために技術者が特に製作した

ハリウッドの黄金時代

1920年代は余暇の楽しみ方として映画が普及したことから、ハリウッドの"黄金時代"といわれている。無声映画の時代にはローレルとハーディ（上）などたくさんのスターが誕生した。音声つきの映画"トーキー"で初となる長編作品は、1927年に公開された『ジャズ・シンガー』だ。ディズニーのミッキーマウスは、1928年の映画『蒸気船ウィリー』で初登場した。

ファシズムの台頭

大恐慌はファシズムの指導者が権力をもつきっかけとなった。ファシズムは国家の強さを重んじる政治体制だ。ドイツではアドルフ・ヒトラー率いるナチ党（ナチス）が、経済を回復させ、第1次世界大戦に負けて失われた国家のほこりを取りもどすと約束する。イタリアでもナショナリズムと呼ばれる国家主義によって、ベニート・ムッソリーニが実権をにぎった。ヒトラーの政策は第2次世界大戦の原因の1つにもなっている。

大恐慌

大恐慌は世界経済がこれまでに直面した景気後退の中で最も長く、深刻なものだった。1929年にアメリカで起こった大恐慌は、急速に世界中に広がっていった。最初のわずか数年間で、アメリカはかつてないほどの経済低迷と収入の下落を経験している。世界中で失業率が上がり、人々は貧しさと飢えに苦しむことになった。

生産率
1929年から1933年までに、アメリカの工場、炭鉱、公益事業の生産率はほぼ半分にまで落ちこんだ

購買力
平均的なアメリカ人の生活費以外の支出（出費）は50％減った

市場価格
アメリカの株価は恐慌前のおよそ9分の1まで下落

職
1929年には140万人だったアメリカの失業者数は1933年には1283万人にまで増えた

貧困
国中で無料食堂が開かれ、食べるものがない人々にパンやスープを配った

323

第2次世界大戦

第2次世界大戦は人類史上最も大規模で、血なまぐさい戦争だった。戦ったのはドイツ、イタリア、日本の枢軸国と、フランス、イギリス、アメリカ、ソビエト連邦、中国の連合国だ。ヨーロッパから太平洋、北アフリカの各地で、地上、空中、海上での激しい戦闘が行われた。連合国の目的は、アドルフ・ヒトラー率いるナチスによるヨーロッパ支配を止めることだった。太平洋地域では日本が中国に侵攻し、続いて東アジアと南西海域を手中に収めようとしていた。

ホロコースト

ナチスに占領された土地では、秘密警察がユダヤ人を集めていた。かれらはユダヤ人であることを示すバッジを着けられ、強制労働所や"死の収容所"に送られた。ナチスは少なくとも600万人のユダヤ人に加えて、障害者、同性愛者、東ヨーロッパ人やその他のおとっていると考えた人々を大勢殺害した。

安全な場所へ

特にロンドンのような標的になりやすい都市では、爆撃により子どもたちの命がおびやかされていた。ヨーロッパ中の子どもたちは、安全を求めて郊外に避難した。

フィンランドは1939年から1944年まで、となりのソビエト連邦（ソ連）と戦っている。ソ連に侵攻されるおそれのあったこの時期には、8万人のフィンランド人がスウェーデンやデンマークへのがれた。この戦争により2100万人が家を失っているが、そのほとんどは、爆撃や敵による占領が原因だ。

中国での戦争

日本は1937年に中国との戦争に入り、国土の大部分に侵攻した。戦争は1945年まで続いた。中国では愛国映画やポスターで、市民の士気を高め抵抗をうながした。

急襲戦術

戦争に参加した国々は新たな戦法をあみ出した。ドイツ軍が採用したのがブリッツクリークだ。"電撃戦"を意味するこの戦術は、爆撃機の空中からの攻撃と、戦車の地上での突撃を組み合わせたものだった。日本軍の特攻隊のパイロットは、連合国の軍艦に戦闘機ごと体当たりし、命と引きかえに大打撃をあたえた。その他の戦術に、潜水艦から魚雷をうつ（右）というものがある。

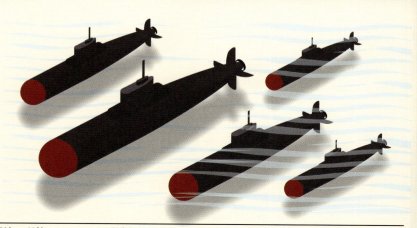

アドバイスしてくれた専門家：キース・ハクセン　あわせて読んでみよう：争いと戦争、p.214～215；産業革命、p.314～315；第1次世界大戦、p.316～317；共産主義の台頭、p.320～321；にわか景気と不況、p.322～323；冷戦、p.326～327

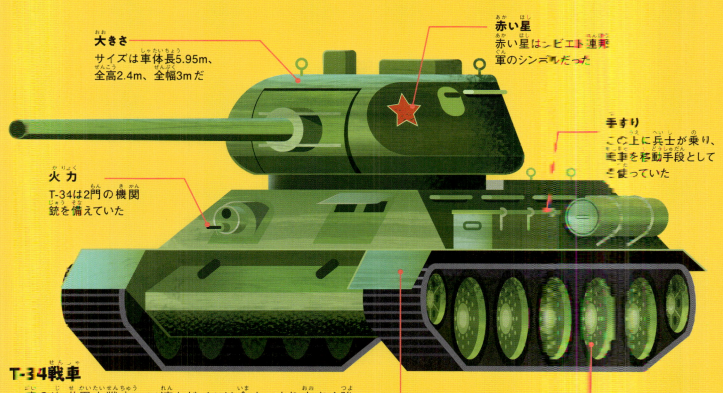

大きさ
サイズは車体長5.95m、全高2.4m、全幅3mだ

赤い星
赤い星はソビエト連邦軍のシンボルだった

手すり
この上に兵士が乗り、戦車を移動手段として使っていた

火力
T-34は2門の機関銃を備えていた

傾斜装甲
ななめの装甲には敵の砲弾をそらしやすくする効果がある

巨大で高速
24トンという重さながら、時速54kmで走ることができた

T-34戦車

第2次世界大戦中、ソ連とドイツは今までより大きく強い戦車の開発を進めていた。その最大の成果の1つが、ソ連が1939年に開発したT-34戦車だ。これはドイツの戦車（パンツァー）より優れており、あるドイツの陸軍元帥が"世界最高の戦車"と言い切るほどだった。4万〜6万台という大きな規模で生産されたT-34は、ソ連へのドイツの侵攻をおくらせ、ついには完全に食い止めることになる。

原子爆弾

この戦争で使われた最も強力な兵器が原子爆弾だ。帝国を拡大すべく戦争に加わっていた日本は、1941年、ハワイの真珠湾にあるアメリカ軍の基地を攻撃する。これによりアメリカと日本が戦うことになる。1945年、アメリカは日本を降伏させるため、広島市と長崎市に航空機から原子爆弾を投下。20万人以上が死亡した。

第2次世界大戦の死者数

死者数は推定でしかなく、全体では5000万〜8000万人の間とみられており、その3分の2は市民だった。多くの人が地上戦や空爆にまきこまれた結果だ。また、宗教や人種を理由とする処刑、戦争で引き起こした病気やききん、船の沈没により命を落とした者もいる。

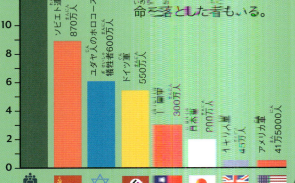

単位：100万人
各国の市民 4000万人
ソビエト連邦軍 870万人
ユダヤ人のホロコースト犠牲者 600万人
ドイツ軍 550万人
中国軍 300万人
日本人軍 200万人
イギリス軍 45万人
アメリカ軍 41万5000人

325

冷戦

第2次世界大戦が終わると、アメリカと西ヨーロッパの国々は、ソビエト連邦（ソ連）と中国から共産主義の考え方が広まるのをおそれた。両陣営とも核兵器を開発し、これがさらに緊張を高めた。この対立はどちらの側も一切の兵器を使わなかったことから、"冷たい"戦争（冷戦）と呼ばれるようになる。もし一方が攻撃すれば、もう一方が反撃して共倒れになる"相互確証破壊"が起こるおそれがあったからだ。

核シェルター

核爆発が起こると、その後しばらく地上の空気は有害な放射能をもつちりで満たされる。そこで企業はシェルターとなる地下壕の宣伝をした。現在では、こうしたシェルターに放射能汚染から住人を守る性能はなかったことがわかっている。

核のフットボール

アメリカの大統領は緊急用の手さげカバンを持ち歩いている。冷戦時代に誕生したこのカバンは、通称を核のフットボールという。この中には、核攻撃を許可するのに必要なものがすべて入っている。敵国がアメリカに核兵器を発射しても、大統領はただちに反撃できるのだ。

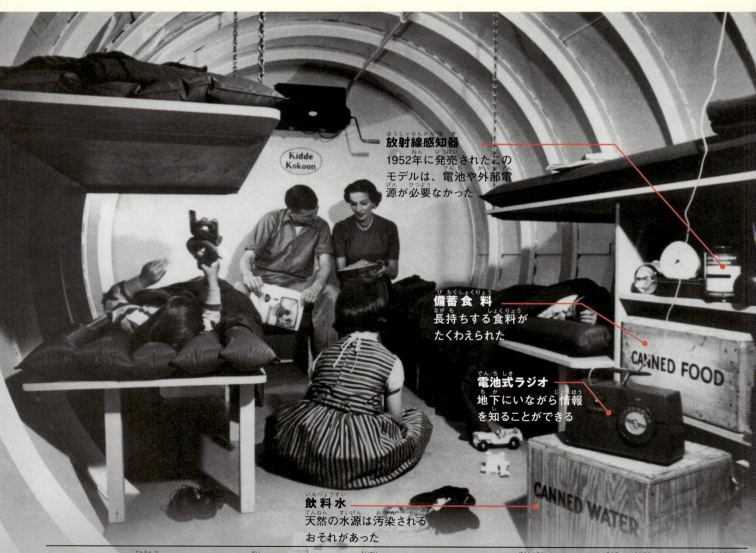

放射線感知器
1952年に発売されたこのモデルは、電池や外部電源が必要なかった

備蓄食料
長持ちする食料がたくわえられた

電池式ラジオ
地下にいながら情報を知ることができる

飲料水
天然の水源は汚染されるおそれがあった

アドバイスしてくれた専門家：ヘンリー・R・マール3世　あわせて読んでみよう：衛星、p.32～33；ロケット、p.38～39；放射線、p.104～105；争いと戦争、p.214～215；共産主義の台頭、p.320～321；第2次世界大戦、p.324～325

豆知識リスト

"熱い"戦争

冷戦で緊張が高まった結果、世界各地で武力衝突が起きた。

1. **朝鮮戦争（1950～1953年）** ソ連が後ろについた共産主義国の北朝鮮とアメリカの支援を受けた資本主義国の韓国の間で戦争が起き、250万人が死亡した。

2. **ベトナム戦争（1954～1975年）** 共産主義国の北ベトナム（主にソ連と中国が支援）が資本主義国の南ベトナム（主にアメリカが支援）を支配しようとして争う。

3. **ハンガリー動乱（1956年）** ハンガリーはソ連の支配に対して反乱を起こし、ソ連の同盟国で構成されるワルシャワ条約機構から脱退しようとした。ソ連は軍隊を送り、反乱をしずめた。

4. **チェコスロバキア侵攻（1968年）** ワルシャワ条約機構の加盟国が、旧チェコスロバキア侵略にむけ20万人を派遣する。チェコスロバキア政府は、国民のさらなる自由を認めて、改革を行おうとしていたところだった。

宇宙開発競争

ソ連とアメリカは宇宙開発をめぐり争った。ソ連は1957年に初の人工衛星を打ち上げ、さらに世界で初めて男性（ユーリ・ガガーリン、1961年）、女性（ワレンチナ・テレシコワ、1963年）、動物（犬のライカ、1957年）を宇宙に送った。1969年、アメリカのニール・アームストロングが人類で初めて月面に立った。

オドロキの事実！

中国は、同盟を結ぶ手段としてパンダを使っている。1950年代、中国は共産主義の同盟国であるソ連と北朝鮮にパンダをおくった。しかし冷戦中に中国とソ連は対立してしまう。1972年、中国が西側諸国と資本主義を受け入れたあかしとして、2頭のパンダがアメリカに到着した。

歴史を変えた人物

ミハイル・ゴルバチョフ
ソビエト連邦指導者　1931～2022年
ロシア・プリヴォルノエ

ミハイル・ゴルバチョフはウラジーミル・レーニンのもとで1922年に誕生したソビエト連邦の最後の指導者だ。ゴルバチョフはグラスノスチ（情報公開）やペレストロイカ（改革）といった政策を立てて、ソ連の共産主義を終わらせるきっかけをつくった。アメリカと交渉して冷戦を終結にも導いている。

ドイツ再統一

第2次世界大戦後に共産主義の東側と資本主義の西側に分かれたドイツは、冷戦の緊張のまっただ中にあった。ベルリンでは共産主義者と資本主義者の地区が巨大なかべで分けられていた。1989年にソ連の崩壊が始まると、人々はかべをこわし、1年後に再統一を果たした。

脱植民地化

　第2次世界大戦後、イギリス、フランス、オランダなどの植民地支配下にあった世界中の国が民族自決を求めた。つまり、帝国の支配から独立し、自分たちで国を治めようとしたのだ。1945年から1970年にかけて、南アジア、アフリカのほとんどの地域、東南アジア、カリブ海諸国が独立していった。各地域での独立運動の成功率はさまざまで、ある場所では平和に行われ、ある場所では革命や戦争も起きた。

1946年に発行されたこの紙幣にはインドネシアの初代大統領、スカルノの肖像がえがかれている

新通貨

　新たに独立した国は、まずは自国のアイデンティティーを確立しようとした。その方法の1つが、独自の通貨を制定することだ。たとえば、かつてオランダの支配下にあったインドネシアでは、通貨としてオランダ領東インドギルダーが使われていた。1949年にはギルダーを完全に廃止し、ルピアを採用している。

ガンディーとインド・パキスタン分離独立

　マハトマ・ガンディーはインドのイギリスによる帝国支配からの独立運動を指導した人物だ。ガンディーとその仲間はイギリスの合意を得るため、外国製品を買わないなどの暴力にたよらない手段を使った。インドは1947年に独立を果たす。その後、宗教間の争いが増えたため、人口の大部分がヒンドゥー教徒であるインドと、イスラム教徒であるパキスタンの2つの国に分けられた。

ノッティングヒルカーニバル

　現在のイギリスには、旧植民地にルーツをもつ国民が多く暮らしている。中には祖国の文化を記念するイベントを開く者もいる。毎年8月、カリブ海諸国出身者は着かざってロンドンのノッティングヒルカーニバルに参加する。1966年から続くイベントだ。

アドバイスしてくれた専門家：ロプテル・ニージェイ・ベイリー　　**あわせて読んでみよう**：アフリカの帝国、p.292～293；ムガル帝国、p.300～301；新たな帝国、p.304～305；第1次世界大戦、p.316～317；共産主義の台頭、p.320～321；第2次世界大戦、p.324～325；冷戦、p.326～327；公民権、p.330～331；世界の政治地図、p.334～335

1960年のアフリカ

アフリカの植民地化が盛んになったのは1880年からだ。ほとんどのアフリカの国が、この時期に植民地化されている。20世紀になると、アフリカは脱植民地化を果たし、独立した国がつくられるようになった。1960年だけで17カ国が独立している。

凡例:
- 1960年よりも前に独立した国
- 1960年に独立した国
- 1960年時点でまだ独立していない国
- 植民地化されなかった国

自由への戦い

アルジェリアは1962年に独立を勝ちとったが、その戦いは苦しいものだった。自治権を手にするまで、少なくとも30万人以上のアルジェリア人がフランスによって殺されている。自由のために戦った国には、他にオランダから独立したインドネシアや、フランスから独立したベトナムなどがある。

専門家から一言！

ロブテル・ニージェイ・ペイリー
国際開発専門家

ロブテル・ニージェイ・ペイリーは移民や人種、公正について研究している。有色人種が経験する世界は、白人が経験する世界とはちがっており、特に白人が大多数を占める国に行ったり、住んだりするとより強く実感する、というのが彼女の考えだ。

「植民地化の影響は今でも続いており、人種によって住む場所や行ける場所が決められています」

329

アメリカ公民権運動

アメリカ独立戦争で奴隷制度は終わったが、アフリカ系アメリカ人に白人と同じ権利や機会があたえられることはなかった。南部では人種差別が合法で、黒人が白人と一緒に住んだり、働いたり、遊んだり、買い物をしたり、学校に行くことが禁じられていた。州や地域ごとの法律のせいで、アフリカ系アメリカ人が投票することは難しかった。北部の州でも、アフリカ系アメリカ人が白人と同じ機会を得ることはめったになかった。1950年代から、アフリカ系アメリカ人たちが公民権運動を組織し、平等にあつかうようにうったえた。かれらと支持者の白人たちは、国中で暴力によらない抗議を起こしていった（写真の1963年のワシントン大行進など）。かれらは裁判所でも権利を求めて戦い、大きな変化を勝ちとった。アメリカ最高裁判所は人種差別が違法だと認め、議会でも投票権を保護する一連の法律が可決されたが、現在でもアフリカ系アメリカ人は困難に直面している。

指導者としての人生
ジョン・ルイスは熟練の抗議活動指導者で、行進のときには学生非暴力調整委員会の会長を務めていた。その後もジョージア州の下院議員を務めるなどして、平等権の主張に人生をついやしている

キング牧師の夢
マーティン・ルーサー・キング・ジュニア牧師は1963年のワシントン大行進を指導し、このときに有名な「私には夢がある」という演説を行った。その夢とは、自分の子どもたちがいつの日か「はだの色ではなく中身で判断される」世界に暮らすというものだった

聖職者の支持
公民権運動には多くの宗教団体が加わっている。たとえばユージン・カーソン・ブレイクはアメリカ合同長老教会の理事を務めていた。ヨアヒム・プリンツ（ブレイクの2つ右にいるサングラスの人物）はアメリカユダヤ人議会の会長だった

公民権

公民権には投票をする権利といった政治的権利だけでなく、社会的自由や平等などもふくまれる。多くの社会ではさまざまな集団が差別を受け、他の者と同じ権利をあたえられていない。その理由は性別、人種、宗教などだ。ここ数十年のうちに、そうした集団は今まで認められてこなかった、あるいは今でも認められていない公民権を求める活動に参加するようになっている。

かたひざをついて
2016年8月以来、アメリカのスポーツ選手の中には人種差別と警察の暴力への抗議のために試合前の国歌演奏中にかたひざをつく者が現れた。この暴力にたよらない抗議を最初にしたのは、アメリカンフットボールのスター、コリン・キャパニックだ。

アドバイスしてくれた専門家：ジェフ・ウォレンフェルト　あわせて読んでみよう：宗教、p.212～213；最初のオーストラリア人、p.244～245；アメリカの奴隷制度、p.308～309；女性参政権、p.318～319；第2次世界大戦、p.324～325

先住民の権利

アメリカ大陸、オーストラリア、アフリカ、アジア、ヨーロッパの先住民たちは、故郷で平等にあつかわれ、聖地に敬意がはらわれるように戦いを続けている。オーストラリア先住民族のアナングは2019年に勝利を手にした。聖なる岩ウルル（エアーズロック）に観光客を立ち入らせないことを政府が認めたのだ。

オドロキの事実！

第2次世界大戦がアメリカ公民権運動をうながした。戦争中、約120万人のアフリカ系アメリカ人が人種隔離部隊として従軍し、戦った。タスキーギ航空隊は1578の任務に出撃して261の敵機を撃墜、850個以上の勲章を獲得した。ナチスによる人種差別を終わらせるために戦ってきたアフリカ系アメリカ人は、市民を人種差別の標的にするのは残酷なことだと感じていた。

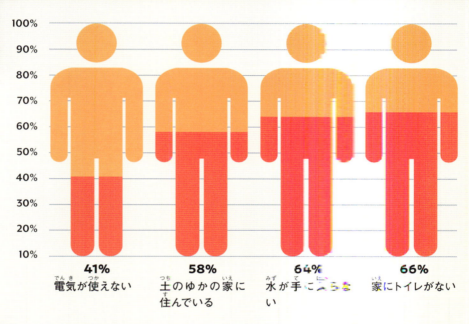

41% 電気が使えない
58% 土のゆかの家に住んでいる
64% 水が手に入らない
66% 家にトイレがない

インドの指定カースト

インドのヒンドゥー教で定められたカースト制度は、社会を5つのグループに分けるものだ。最下級のグループであるダリットは長い間おとっている者としてあつかわれ、だれもやりたくないような仕事にしか就くことを許されてこなかった。1949年に差別は違法となったが、今でもかれらの多くは貧困に苦しんでいる。

歴史を変えた人物

ネルソン・マンデラ
大統領 任期1994～1999年
南アフリカ連邦東ケープ州・ムベゾ

ネルソン・マンデラは南アフリカ共和国で黒人を差別するアパルトヘイトという政策を廃止する活動に加わっていた。活動を行ってろう屋に入れられたマンデラは、戦いのシンボルと見なされるようになる。かれはアパルトヘイトの廃止とともに釈放され、南アフリカ共和国で初の黒人大統領となった。

「必要ならば、私はその理想のため死ぬ覚悟はできている」

LGBTQ＋の権利

LGBTQ＋（性的少数者）の権利を求める大規模な運動は1970年代に起こった。その後、特に西洋では進展があった。恋愛や結婚、養子縁組の権利の合法化などだ。毎年、多くの都市ではプライド・パレードが開かれ、LGBTQ＋の自由を祝うとともに、いまだに勝ちとっていない権利を求める場になっている。

331

新たな緊張、新たな希望

これまでの1000年は、世界中の人類がこれまで以上にうまく結びつく形で終わった。しかしいまだに対立する人々も多く、民族や宗教のちがいから領土や資源をめぐって争いを続けている。21世紀のはじめ、人々は苦しい経済と増え続ける環境への負担からくる不安に直面した。こうした困難にも負けず、新たな道を切り開いて未来への希望を示そうとする者が現れている。

9・11事件とテロリズムの台頭

2001年9月11日、アメリカへの4回にわたる攻撃により2977人が命を落とした。しかけたのはイスラム教の過激派アルカイダの一味であるテロリストだ。この攻撃のうち2回はニューヨーク市をおそい、ワールドトレードセンターの2つのタワーに旅客機が激突した。これを受け、ジョージ・W・ブッシュ大統領は世界的な"テロに対する戦争"を呼びかけた。21世紀には他にもこうした攻撃が行われているが、これほどの規模のものはなかった。

アドバイスしてくれた専門家：ジェフ・ウォレンフェルト　あわせて読んでみよう：宗教、p.212〜213；教育、p.230〜231；女性参政権、p.318〜319；公民権、p.330〜331；都市、p.354〜355；環境問題、p.366〜367；気候変動の影響、p.372〜373；気候変動の防止、p.374〜375；未来の都市、p.380〜381

巨大ＩＴ企業Apple

2018年、Apple社は世界で初めて時価総額が1兆ドルをこえる上場企業（だれでも株式をもつことができる企業）となった。Amazon.com、マイクロソフト、Alphabet（Googleの親会社）もそれに続いた。この出来事は少数の大企業がもたらす影響が大きくなりつつあることを意味しており、これらの企業の中には今やいくつかの国よりも力をもつものもある。そのため、活動家（社会や政治を変えようとする人々）はこうした企業に人権やプライバシーなどの問題に取り組むよう呼びかけている。

オドロキの事実！

2050年には世界の人口の3分の2以上が都市に住むようになっている。2030年までに40以上の都市が人口1000万人をこえる"メガシティ"になることが予想されている。現在、最大のメガシティである東京圏には約3700万人が住んでいて、これはカナダ全体の人口とほぼ同じだ。都市にはさまざまな利点がある。人々が集まって暮らすことで、水道や電気、学校、交通といった公共サービスが効率よく行えるのだ。しかし、急速な発展が人口過密や病気の流行につながることもある。

声を上げて

パキスタンでは過激派のタリバンが少女たちを学校に通わせないようにしていた。パキスタン北部、スワート地方の11才の少女、マララ・ユスフザイは、タリバン監視下での生活をブログに書きこんでいた。15才のとき、マララは発言をやめさせようとするタリバンの兵士に頭をうたれた。彼女は一命を取りとめ、現在では女性の教育のために活動している。2014年、マララはノーベル平和賞をおくられた。

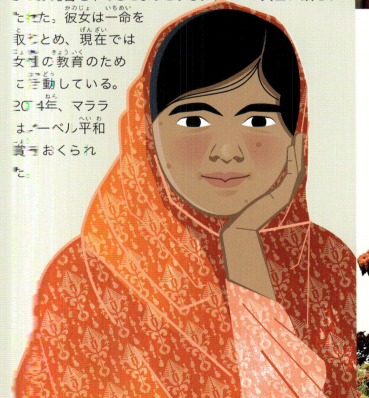

もっと緑を

森林破壊は動物のすみかをおびやかし、地球温暖化の主な原因にもなっている。21世紀に多くの国がその影響を打ち消すために、新しく木を植えて森をつくり直す植林を行っている。たとえば2019年7月には、エチオピアでわずか12時間のうちに国中で3億5000万本の木が植えられた。

世界の政治地図

現在の世界は国際連合（国連）に認められた193の国でなり立っている。いくつかの地域は、他の国がそうしてきたように独立を求めているため、この数は将来的に変わる可能性がある。国として認められるのは簡単なことではない。すべての国が自分や他の国の名前と国境に賛成するとは限らないからだ。1945年に設立された国連は、世界の平和、安全、人権のために活動している。

北アメリカ
北アメリカには広大なカナダからカリブ海のごく小さな島国、セントクリストファー・ネービスまで、23の独立国がある

カリブ海諸国
北アメリカの一部であるカリブ海諸国は、何千もの島々と13の独立国からなり立っている。国連はさらに12の地域を、他の国の政府が管理している非独立地域と定めている

南アメリカ
南アメリカには12の独立国がある。大陸の人口の半分近くはブラジルに住んでいる

アドバイスしてくれた専門家：ジェレミー・クランプトン　あわせて読んでみよう：大航海時代、p.298〜299；新たな帝国、p.304〜305；革命の時代、p.310〜311；第2次世界大戦、p.324〜325；脱植民地化、p.328〜329

近代
専門家に質問しよう！

シンディ・アーマス
歴史学者

この分野の研究をしていておどろくことは？
歴史はおどろきであふれています。たとえば、こんな話を知っていますか？ティコ・ブラーエという有名な科学者は決闘で鼻をなくしたため、残りの人生を作り物の鼻をつけてすごさなければなりませんでした。

この仕事の楽しいところは？
歴史学者をしていて楽しいのは、探偵にそっくりなところです。昔に何が起きたのかを解き明かすためには、集めた古い手紙や日記、本、新聞、品物といったあらゆる資料から証拠を組み立てる必要があります。それから、過去に起きたとんでもない出来事を知ることもできます。歴史を学ぶことが大事なのは、私たちがどのようにしてこの現在にたどり着いたのかがわかるからです。歴史には未来に引きつぐことのできる、大切な教えがつまっています。

エターナ・H・ディンカ
歴史学者

研究の分野は？
アフリカの歴史、特に現在の国々や経済、社会、政治をつくった歴史の歩みを専門にしています。帝国時代のエチオピアとその建国、存続、アフリカの歴史における位置付けに注目して研究を続けてきました。このテーマに向き合うことは、人類の歴史への理解を深める手がかりになるため、とても重要なのです。

この仕事の楽しいところは？
歴史学者の面白いところは、現在がどのようにして形作られてきたかがわかること、そして過去をどうとらえるべきかを決めるという名誉を手にできることです。過去と現在の橋わたし役となる歴史学者には、たいへんな努力と長期にわたる厳密な研究が求められます。私はそのすべてを楽しんでいます。

タイミーヤ・R・ザーマン
歴史学者

あなたの一番知りたいことは？
昔の人が書いたものを読むのが好きなのですが、たいていは文章を書くことができるのは権力があり、教育を受けた人たちだけでした。私は自分について書くことのできなかった人々の暮らしを知る方法に興味があります。たとえば本として残す代わりに、女性は孫たちに物語として語りついだり、キルトをぬって100年後の家族の代まで伝えたりすることもありましたし、何も残さずに、ある人の本のたった1、2行に書かれていることでしか存在が知られていない人もいます。

この分野の研究をしていておどろくことは？
過去の人物にふれていてわかるのは、思いもよらないことばかりです。私が特に好きな歴史上の人物は、ムガル帝国を建国したバーブルです。かれは旅の途中にホームシックになり、初恋に思いなやみ、詩のうまさで相手を判断するような人でしたが、その一方で、12才で領主になり、10代のうちに軍隊を指揮し、国民から神のようにあつかわれる世界に生きていました。

クイズ

1 エチオピア帝国のキリスト教徒の王たちの祖先は、聖書のどの人物だった?
a モーセ
b ソロモン
c ダビデ
d アブラハム

2 アシャンティ王国があった場所は現在のアフリカのどの国?
a マリ
b モロッコ
c ガーナ
d タンザニア

3 フィリピンで先住民と戦って死んだヨーロッパの探検家は?
a マゼラン
b コロンブス
c コルテス
d フランシスコ・ピサロ

4 インドの有名なコ・イ・ヌールとは?
a ダイヤモンド
b 宮殿
c 像
d モスク

5 タージ・マハルを建てたムガル帝国の皇帝は?
a アクバル大帝
b バーブル
c シャー・ジャハーン
d ジャハーンギール

6 ムガル帝国の皇帝、アクバル大帝は何頭のゾウをかっていた?
a 101
b 201
c 301
d 401

7 初期のイギリス人入植者をマサチューセッツ植民地のプリマスに運んだ船は?
a ゴールデンハインド号
b ティーサーク号
c メイフラワー号
d フラワーポット号

8 革命の年と呼ばれるのは?
a 1812年
b 1830年
c 1848年
d 1918年

9 世界初の黒人共和国として独立した国は?
a ブラジル
b リベリア
c ケニア
d ハイチ

10 1816年にフランスの医者レネ・ラエンネックが発明したものは?
a 聴診器
b 注射器
c 麻酔
d いびき防止装置

11 第1次世界大戦での活躍により、フランスで最高級の軍事勲章であるクロワ・ド・ゲールをさくられた動物は?
a 犬
b 伝書バト
c ゾウ
d 馬

12 世界で初めて女性に参政権があたえられた国は?
a メキシコ
b ドイツ
c ニュージーランド
d 日本

13 ディズニーのミッキーマウスが初登場した映画は?
a 『ミッキーの誕生日』
b 『蒸気船ウィリー』
c 『ミッキーの魔術師』
d 『ミッキーのドキドキ汽車旅行』

14 2018年に世界で初めて時価総額が1兆ドルをこえたアメリカの企業は?
a マイクロソフト
b Apple
c Facebook
d Amazon.com

337

ロボットが工場で人間の代わりに働くようになって50年以上。ロボットはまたたく間に広まり、できることも大幅に増えた。今ではロボット掃除機が使われたり、遠隔手術が行われたりしており、人工知能（AI）で私たちの暮らしを助けるデジタルアシスタントまで登場している。

第8章
現在とこれから

　ようやく、私たちのよく知る現在の世界にたどり着いた。およそ80億人が暮らす私たちの大切な惑星には、巨大な都市が散らばっているが、地球の周りを回る人工衛星のおかげで、私たちはいつも結びついていることができる。1日に40億人以上の人が、ニュースや買い物、娯楽などのためにインターネットを通じてつながっている。そして研究者たちは、私たちがより長く、健康に生きるための新しい道を常に探し続けているのだ。

　しかし、そうした進歩には犠牲が付き物だった。車や飛行機から流行のファッションまで、私たちがあらゆるものを欲しがったせいで、プラスチックごみの問題や水不足が起こり、不公平が大きくなってきた。今の私たちは生きものたちの大量絶滅や地球温暖化のまっただ中にいて、このつながりあった世界は、人類の昔からの敵である病気が広がるのにうってつけの場所になっている。

　今の私たちは、未解決の大きなナゾと向き合っている。未来には何が起こるのか？　政府や科学者たちは、病気の流行から私たちを守ることができるのか？　技術者たちは気候変動を止めることができるのだろうか？　人間とかけがえのない地球の生きものたちがはるか未来まで栄えることができる道を見つけるのは、きみたちの世代かもしれない。

1つの世界

世界の人口は増え続けており、1800年には10億人だったのが、現在では80億人を超え、地球の資源に負担をかけている。今の私たちは、これまでにないほどにつながりあっている。インターネットのおかげで、世界のどこにいる人とでもすぐに連絡がとれるようになったからだ。国境をこえた取引も盛んだ。異なる文化や人々との交流もしやすくなり、意見や情報を交換することも多い。しかし、世界がつながっているせいで、病気などの問題が大陸をこえてすぐに広がるおそれもある。

パンデミック

ウイルスなどによって引き起こされる感染症はすぐに広まることがある。2019年に発生したCOVID-19（新型コロナウイルス感染症）のように、地球上の広範囲に病気が広まることをパンデミックと呼ぶ。パンデミックが起こると、政府は1人ひとりを検査したり、患者同士の接触を追跡したり、国境や人が集まる場所を閉鎖したりして食い止めようとする。2020年には中国政府が12日たらずでCOVID-19の患者を治療する2つの病院を新しく建てている。火神山医院（写真）は感染の中心となった武漢市に建てられた。

国際的な取り組み

2020年1月、中国の科学者たちはCOVID-19ウイルスの遺伝子配列をつきとめて公開した。このおかげで世界中の科学者がウイルスを研究することができるようになったのだ。

何十台ものショベルカーが火神山医院を建てるため地面をならしている

医院が建てられる様子を数百万人がライブカメラで見ていた

アドバイスしてくれた専門家：シャーロット・グリーンバウム　あわせて読んでみよう：生きものの分類、p.152〜153；人体、p.198〜199；DNAと遺伝、p.200〜201；世界の政治地図、p.334〜335；なんでも、どこでも、p.342〜343；インターネット、p.356〜357；メディア、p.358〜359；環境問題、p.366〜367

多国籍企業

世界がつながっていくにつれて、多国籍企業と呼ばれる企業にまで成長する会社も現れるようになった。その1つがマクドナルドだ。110カ国以上に出店する、世界でも特に有名なブランドとなっている。この看板はアラビア語だが、シンボルであるゴールデンアーチのおかげですぐにマクドナルドだとわかる。

世界を見る

人はさまざまな理由で旅をする。真冬に日の光を求める者もいれば、外国の都市や歴史上に名を残す場所を訪れる者もいる。格安航空会社のおかげで空の旅はますます手軽になり、国内や外国への観光は大きな産業に成長した。

コミュニケーション

世界の人口の50％以上がインターネットを使い、ソーシャルメディアやアプリを通じて、他の国の人々とつながることができる。ビデオ通話を使えば、外国の人たちと顔を見て話すこともできる。インターネット回線の速度は上がり、より大きなファイルや映画、ゲームをダウンロードできるようになった。しかし、すべての人がインターネットを使えるようにするためには、まだやるべきことが残っている。

歴史を変えた人物

スティーブ・ジョブズ
実業家　1955〜2011年
アメリカ

コンピュータ開発者のスティーブ・ジョブズはApple社を設立し、パソコン普及に貢献した。2007年、Appleは携帯電話と無線インターネット通信機能を持ったコンピュータを組み合わせたタッチパネル式のスマートフォン、iPhoneを発売し、コミュニケーションのとり方を大きく変えた。その後も会社は成長を続け、世界で最も成功した企業の1つになっている。

人口の増加

地球の人口はここ三世紀の間に急激に増えた。医学の知識や生活環境が向上したことで、世界中で人類が栄えるようになったからだ。しかし、人口の増加は食べ物や水、電気といった資源に負担をかける過密の原因にもなる。人口学者たちは、世界の人口は2100年の約110億人をピークに増加が止まり、安定していくと考えている。

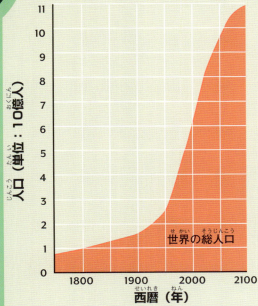

世界の総人口

341

なんでも、どこでも

世界の国々はおたがいに製品や原料を売り買いしている。これが国際貿易と呼ばれているものだ。写真のような巨大なコンテナ船が、1年間に何十億トンという荷物を世界中に運んでいる。コンテナ船は広い倉庫地帯にある水深の深い港で荷物の積み下ろしをする。運ぶ荷物を入れる輸送コンテナというバスくらいの大きさの四角い箱が発明されたおかげで、より早く、安く輸送が行えるようになった。コンテナは簡単に他の船やトラック、列車へ積み下ろしができる。世界には5000隻以上のコンテナ船がある。

輸送コンテナは巨大なクレーンで波止場から船に積みこまれる。1隻のコンテナ船にはたった20人程度の乗組員がいれば十分だ

船で輸送されるすべての製品のおよそ11％がコンテナで運ばれる

2000万個以上のコンテナが常に海上にある

エンジンの高さは17m（キリン3頭分）以上になることもあり、自動車の1000倍も強力だ

アドバイスしてくれた専門家：リチャード・ミード　**あわせて読んでみよう**：金属、p.114～115；プラスチック、p.118～119；単純機械、p.142～143；外洋、p.180～181；1つの世界、p.340～341；木平等、p.344～345

コンテナの中には食べ物からテレビまでさまざまな製品がつまっている。1箱の重さはゾウ5頭分の30トンにもなる。コンテナは上に積み上げられていく

冷蔵のコンテナもあり、野菜や果物などを運ぶのに使われる

海に散らばって

1992年、香港からアメリカに向かう船から、プラスチックの風呂用おもちゃが入った1箱のコンテナが太平洋に落下し、黄色いアヒルなどのおもちゃが海に流された。おもちゃは、数年のうちにはるか南のオーストラリアに流れ着いた。北極海をこえてアメリカのメイン州の海岸、さらにはスコットランド西部にまでたどり着いたものもある。

コンテナは船内にも積みこまれる。船が動いてもコンテナがずれないよう、仕切りと仕切りの間に置かれている

コンテナ1箱には8000足の靴を箱に入れたくつが入る。最大規模のコンテナ船であれば、1度の輸送でドイツに住むすべての人に新しいくつを届けられる計算だ

343

不平等

　世界中のだれもが世界にある資源を手に入れられるとは限らない。特に貧しい国では、多くの子どもたちが学校に入ったりまともな教育を受けたりすることができず、きれいな飲み水も手に入らないまま、ぎゅうぎゅうづめになって暮らしている場合もある。ほとんどの人が生活に困ることのない裕福な国でさえ、わずかな賃金しか手にできない人もいるのだ。さらに収入も平等ではなく、世界の1%の人が富の40%以上を手にしている。

貧富の差

　裕福な国に住む貧しい人もいれば、貧しい国に住む金持ちもいる。このブラジル・サンパウロ市の写真は、トタン屋根の家がひしめくファヴェーラと呼ばれるスラム街と、プールつきの高級マンションが並ぶ様子を写したものだ。ファヴェーラには水道水や電気が使えない人々も暮らしている。

アドバイスしてくれた専門家：シャーロット・グリーンバウム　あわせて読んでみよう　教育、p.230～231；公民権、p.330～331；新たな緊張、新たな希望、p.332～333；1つの世界、p.340～341；大富豪、p.352～353；都市、p.354～355；環境問題、p.366～367；気候変動の防止、p.374～375

同一労働同一賃金

男性と女性で支払われる賃金が異なることもある。これはテニスのスター選手、セリーナ・ウィリアムズとロジャー・フェデラーにも当てはまる。近代では、女性に男性と同じ役割を果たしても、賃金が少ないのが普通だった。アメリカでは、女性の収入は平均して男性の80%で、これは男女格差と呼ばれるものだ。しかし、それもだんだんとなくなりつつある。デンマークやノルウェーなどでは、男女の賃金格差を減らすための法律が定められている。

医療

アメリカのような裕福な国では、貧しい国よりもよい治療を受けられる。しかしアメリカの医療費は高いため、多くの人が手軽に治療を受けられず、無料診療所（右）に行かざるをえない。2018年にはアメリカ人の12人に1人が健康保険に入っていなかった。イギリスなどではほとんどの医療費が税金でまかなわれており、無料で治療を受けられる。

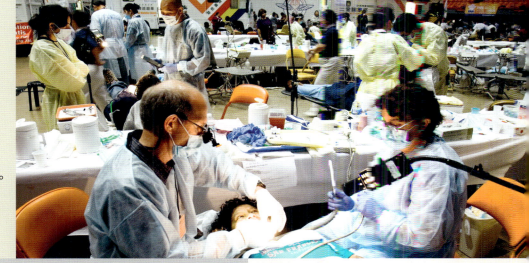

水の不平等

世界の多くの人はきれいな水を手に入れることができない。インドでは安全な飲み水を得られない人の数が、他のどの国よりも多く、9000万人にのぼる。そしてインドの10人中4人が自由に使えるトイレをもっていない。衛生施設がなければ水が汚染され、病気が広まるおそれがある。研究によれば、水などの基本資源の使用は、気候変動によってますます難しくなると考えられている。

インドでは水くみは主に女性の仕事になっている

バケツを井戸に下ろす

世界の貧困

世界の人口の10%が1日1.5ポンドで暮らしている。これはイギリスでのチョコレート2枚分の値段だ。世界の人口の半分近くは1日4.5ポンドたらずで暮らしている。1990年以来、極端な貧困の中で暮らす人は35%減っている。

食料問題

地球上のほとんどの人は、農家のおかげで食べ物を手に入れることができている。しかし地球の80億人以上の人すべてに食べ物が行きわたるようにするのは難しい。8億2000万以上もの人は食事も満足にできておらず、この数字はさらに増えていくかもしれない。世界ではすべての人に行きわたるだけの食べ物が作られているが、そのおよそ3分の1が輸送や保管中に、さらには私たちの家で傷んだりして無駄になっている。食べ物を無駄にしないのはもちろんだが、新しい食料源や農業のやり方を探すことも大事だ。

昆虫食

人類は、ずっと昆虫を食べ続けてきた。世界のおよそ20億人は普段から昆虫を食べている。ミールワーム（下）のような食べられる昆虫は栄養たっぷりで、大量に育てることもできる。焼いたミールワームはナッツのような味で、コオロギはポップコーンの味がするといわれている。

種の安全な保存

もしもある作物が病気や核戦争で絶滅したらどうなるだろう？　人間はどうやって生きていったらいいのだろうか？　その答えとなるのがノルウェーの山奥にある世界種子貯蔵庫だ。トウモロコシからトマトまで世界で最も多い100万種類以上の作物の種を冷凍保存している。

肉と乳製品

家畜は環境に悪い影響をあたえることがある。たとえば牛がおならやげっぷをすると、大量のメタンガスが出る。メタンガスは温室効果ガスで、地球温暖化の原因となる。肉を食べる量を減らし、牛の数を少なくすれば、温室効果ガスが減って気候変動を止めることができるかもしれない。もしアメリカのすべての人が1年間、1週間に食べるハンバーガーを1個減らせば、1年間に走る車が1000万台少なくなったのと同じ効果がある。

1頭の牛が1年間に出すメタンガスの量は最大で180kgにもなる

アドバイスしてくれた専門家：メリッサ・ペトルッツェロ　あわせて読んでみよう：大気、p.86〜87；気候、p.92〜93；食べ物と料理、p.208〜209；不平等、p.344〜345；世界に電気を、p.348〜349；都市、p.354〜355；環境問題、p.366〜367；気候変動の影響、p.372〜373

食料問題
豆知識リスト

世界中に食べ物を行きわたらせ続けるためには、より効率のよい農業や食料生産の方法を開発する必要がある。この目的を果たす手助けをしてくれるのが、次のような新しい技術だ。

1. **垂直農業** 垂直に積み重ねた層の中で農業をすれば、少ないスペースでより多くの作物が育てられる。土地がせまいか、農業に向かない場合に役に立つ方法だ。都市農業にもうってつけで、たとえば高い建物で果物や野菜を育てることができる。

2. **遠隔放牧** 牛の体にセンサーを取りつけることで、農家ははなれた場所から牛の健康を管理することができる。たとえば牛の足首につけたセンサーは、牛がほとんど歩いていなかったり、歩きすぎたりしていないかどうかを教えてくれる。

3. **スマート農業** 自動運転のトラクターや作物を見張るドローン、種の量を正確に量る機械などは、どれも生産量を増やすための技術だ。

4. **温室技術** 生産者は人工照明や自動生育システムを使ってハイテク温室内の環境を調整することができる。作物の生産量を増やし、成長を早めるための技術だ。

代用肉
植物から作ったプラントベースパティー(上)は肉の味と食感がある。こうした代用肉は、環境や動物を傷つけない食べ物を作る取り組みから生まれた。科学者たちは実験室で肉を育てる研究もしている。バイオリアクターで動物の細胞を育てて培養肉を作るというものだ。

未解決のナゾ
どうしたら世界中の人に食べ物が行きわたる?
私たちはカロリーの約60%を4つの主要作物——米、小麦、トウモロコシ、大豆から得ている。世界中に食べ物を行きわたらせるには、気候変動にたえる作物を育て、保管し、食べ物の無駄をなくす必要がある。

牛のげっぷには、おならよりも多くのメタンガスがふくまれている

世界に電気を

この夜の地球の写真は電気のある場所を示したものだ。宇宙からながめると、人口の多い地域ほど明るくなっているのがわかるだろう。他の場所、たとえばアマゾンの熱帯雨林やシベリアにはほとんど人が住んでいないため暗く見える。暗い地域があるもう1つの理由は、電気が十分に使えないからだ。いくつかの国では発電所を建てたり、家まで電線を引いたりする予算がないため、こうしたことが起こっている。サハラ砂漠や南極大陸が明るく見えるのは、月の光を反射しているからだ。

アドバイスしてくれた専門家：エリック・グレガーセン　あわせて読んでみよう：太陽、p.24〜25；エネルギー、p.122〜123；不平等、p.344〜345；都市、p.354〜355；インターネット、p.356〜357；環境問題、p.366〜367

北極海
ヨーロッパ
モスクワ（ロシア）
ワルシャワ（ポーランド）
パリ（フランス）
ローマ（イタリア）
シベリア
アジア
北京（中国）
東京（日本）
カイロ（エジプト）
エルサレム
デリー（インド）
メッカ（サウジアラビア）
香港（中国）
サハラ砂漠
アフリカ
バンコク（タイ）
マニラ（フィリピン）
コンゴ盆地
インド洋
ジャカルタ（インドネシア）
太平洋
ヨハネスブルグ（南アフリカ共和国）
オーストラリア
ケープタウン（南アフリカ共和国）
パース（オーストラリア）
シドニー（オーストラリア）
南極海
南極大陸

太陽光照明

電気を使えない人々はおよそ10億人いる。たとえばアフリカでは、10人中7人が電気なしで暮らしている。これを解決する方法の1つは太陽光発電を活用することだ。国際的な非営利（利益を求めない）組織であるリトル・サンは、昼間に太陽光で充電して夜にあたりを照らす照明を作っている。この照明をつけるのにコンセントはいらない。つまり電気が通っていない場所に住む人でも、暗くなったときにささやかな明かりをともすことができるのだ。

現代の戦争

　武力衝突が起きたとき、裕福で力のある国の軍隊は、ますます進歩した技術を使って相手より優位に立とうとする。人工衛星やドローン、進化した武器は現代の戦場を変えた。さらに新しい種類の戦争も起こっている。それがサイバー戦争と呼ばれるもので、コンピュータを使って軍事機密をぬすんだり、うその情報を流したりといったやり方で相手の国を攻撃する。大手の民間企業や政府のネットワークに対するサイバー攻撃は、その組織だけでなく国全体にダメージをあたえることもある。

ドローン戦争

　ドローンは人が乗りこまずに遠くから操作する小型の機械で、中には遠くの目標の上まで飛んでいってミサイルをうつ無人航空機（UAV）などもある。ドローンは何千kmもはなれた基地から操作することができるため、兵士は小型のドローン（写真）を空から広い範囲を見渡す空中監視に使っている。兵士が戦場に入ることなく個人をねらうために、攻撃ドローンが使われることもある。

ドローンにはカメラがついており、基地に画像を送ることができる

このT-ホークというドローンは垂直に離陸することができる

このドローンはバックパックに入れて持ち運べるほど軽い

ドローンのあし

ドローンは兵士のもう1つの目として、かくされた爆発物を見つけるのにも役立つ

アドバイスしてくれた専門家：ジャック・スナイダー　　**あわせて読んでみよう**：人工衛星、p40～41；地球の測量、p.56～57；争いと戦争、p.214～215；第1次世界大戦、p.316～317；第2次世界大戦、p.324～325；新たな緊張、新たな希望、p.332～333；世界の政治地図、p.334～335

戦火をのがれて

世界には3500万人以上の難民がいる。その中には、シリア内戦からにげてきた600万人もふくまれている。多くの難民は2度と家に帰ることができないという。2017年、ミャンマー軍がロヒンギャ（ラカイン州に住むイスラム教徒）を攻撃し、国外へ追放した。下の写真は、事件から2年後、バングラデシュの難民キャンプでロヒンギャの難民が集会を開いているところだ。

人工衛星は他の衛星の近くを飛んでスパイをすることができる

地上から強力なレーザーを照射し衛星を破壊できる

衛星は地上の画像をとるのに使われる

宇宙戦争

人工衛星には他の国をスパイするために使われるものもある。宇宙戦争が起これば、衛星そのものがねらわれる。もし衛星がこわされれば、地上に大きな影響をおよぼすことになる。GPSやテレビ信号の送信、携帯電話といったサービスは人工衛星にたよっているからだ。

非対称戦争

装備が整っていない、あるいは小規模な軍隊が自分たちより高度な軍隊と戦うことは、非対称戦争と呼ばれている。小さな軍ではカラシニコフ自動小銃のような旧式の武器を使わざるをえないことがある。小さな軍は強い相手をたおすために、テロや待ちぶせなどのゲリラ戦にたよる場合もある。

戦術としての食料不足

軍隊は勝つために食料をねらうことがある。これは、同じ国の中でちがうグループ同士が争う内戦でよく使われる手だ。人々に届く食べ物の量が限られては食料不足が起こる。イエメンでは国民に反乱を支持させないためにこの戦術が使われている。写真は食料の支援を待つ人々だ。

351

大富豪

世界では、ごく一部の人だけがばく大な富を持っている。世界の富のなんと40%は、地球上の人口のわずか1%の人のものなのだ。これが大きな不平等の原因になっている。富豪の多くが速い車やヨット、豪邸といった高い品物を買って自分がいかに金持ちかを見せつけているが、裕福な人の中には他人を助けるためにお金を使う人もいる。こうした行動は慈善活動と呼ばれている。

ビリオネア

世界には個人の資産が10億ドル（約1500億円）をこえるビリオネアが2000人以上いる。ビリオネアが最も多いのはアメリカと中国だ。カイリー・ジェンナーは自分で立ち上げた化粧品会社のおかげで、21才のときにビリオネアになった。張允中は世界最年長のビリオネアの1人で、102才まで生きた。中国出身の張は、シンガポールに本社を置く船会社の設立者だった。

- カイリー・ジェンナーの2020年の資産は約10億ドル（約1500億円）だった
- ヴェルサーチェのデザイナードレスを着たカイリー・ジェンナー。身につけているダイヤモンドとパープルサファイアのイヤリングや指輪などのアクセサリーは、490万ドル（約7億3千万円）の価値がある

世界の大富豪 豆知識リスト

裕福な人々はさまざまな方法でお金をかせいでいる。世界で最も裕福な人々は次のとおりだ（2020年）。

1. **ジェフ・ベゾス** インターネット企業Amazon.comの創業者で、1430億ドル（約21兆5千億円）をこえる資産を持っている。

2. **ビル・ゲイツ** マイクロソフト社の設立者の1人で、1050億ドル（約15兆7千億円）の資産の多くをビル＆メリンダ・ゲイツ財団を通じて寄付している。

3. **ベルナール・アルノー** ルイ・ヴィトンなど多くのファッションブランドの所有者の資産は940億ドル（約14兆1千億円）だ。

4. **ウォーレン・バフェット** 投資家で慈善活動家であるバフェットの資産は、およそ750億ドル（約11兆2千億円）といわれている。

5. **ラリー・エリソン** コンピュータソフト会社オラクルの創業者の1人で、資産は680億ドル（約10兆2千億円）。現在は同社の最高技術責任者を務めている。

6. **マーク・ザッカーバーグ** Facebook（現Meta）の設立者の1人でCEOを務めるザッカーバーグの資産はおよそ660億ドル（約9兆9千億円）だ。

7. **アマンシオ・オルテガ** ヨーロッパで最も裕福な人物の1人。ファッションの小売業を手がけ、資産は650億ドル（約9兆8千億円）だ。

アドバイスしてくれた専門家：シルバーナ・テンレイロ　**あわせて読んでみよう**：服装とかざり, p.210〜211；お金, p.226〜227；古代ギリシア, p.268〜269；共産主義の台頭, p.320〜321；にわか景気と不況, p.322〜323；不平等, p.344〜345；メディア, p.358〜359；スマート技術とAI, p.364〜365

慈善活動

お金持ちの人の中には、社会のために寄付をする者もいる。たとえばビル・ゲイツと元妻のメリンダ・ゲイツは、貧困への取り組みとコロナウイルスの研究といった医療の改善のために何十億ドルものお金を寄付している。かれらが資金提供しているプロジェクトの1つに、世界からマラリアを撲滅するというものがある。蚊が広めるこの病気によって、1年間で何十万人もの人が命を落としている。ゲイツ財団は医療の他に教育にも資金提供しており、開発途上国での教育だけでなくアメリカの学生も奨学金という形で支えている。

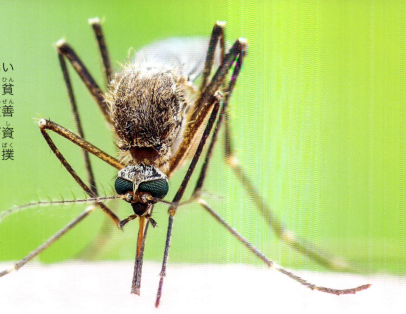

金のトイレ

4万個のダイヤモンドがちりばめられた防弾の便座がついたこの金のトイレは、2019年に上海の見本市で展示された。自分がどれほど金持ちかを見せびらかすために買い物をすることは、誇示的消費と呼ばれている。金のトイレや豪華な車、ダイヤモンドつきのペットの首輪などは、どれも社会的地位を見せつけるためのものだ。

オドロキの事実！

平均的なアメリカの労働者がビリオネアになるまでお金をかせぐには2万年かかる。言いかえれば、大富豪の多くは平均年収の5万アメリカドル（約750万円）を1分足らずでかせいでいるということだ。

ビリオネアの暮らし

大富豪のなかには、スーパーカーや、さらに高いハイパーカーを買う人がいる。写真はそんなハイパーカーであるブガッティのラ・ヴォワチュール・ノワールだ。1870万ドル（約28億円）もするこの車は、今までに作られた中で最も高い車の1つだ。こうしたぜいたくな車は、ただ財産を見せつけるためや投資のために買われることが多く、遠くまでドライブすることはあまりない。

353

都市

都市とは建物が集まった広い場所で、さまざまな生い立ちの人が一緒に暮らし、働いている。世界の人口の半数以上は都市や都市圏に住んでいる。都市での暮らしにはよい点がある。小さな町や村よりも仕事や学校、商店が多く、文化活動も盛んなのだ。さらに公共交通のネットワークも発達している。しかし都市圏は地方よりも環境汚染が進んでおり、さまざまな危険もある。2050年までには世界の人口の3分の2が都市に住むようになるといわれている。

スプロール現象

下は飛行機から見えるイギリス・マンチェスター市の様子だ。多くの都市は中心から周りに向かって広がっている。これはスプロール現象といわれるものだ。多くの人は郊外と呼ばれる都市の周りの部分に住んでいる。そこから中心部に行くためには、車やバスや電車に乗らなければならない。

大気汚染

汚染された空気には微粒子がふくまれており、これが肺に入ると健康問題を引き起こすことがある。ロンドンでの大気汚染の主な原因は自動車だ。現在、イギリスの首都ロンドンでは、空気の質をよくするために2階建ての電動バスが走っている。世界で最も汚染のひどい都市はインドのベグサライだ。大気汚染によりインド全体で年間100万人以上が亡くなっている。

摩天楼

特に高い建物は摩天楼と呼ばれている。大勢の人が働くことができるオフィスとして使われる場合が多い。マンションになっている摩天楼もある。韓国の首都ソウルには、12階をこえる建物が世界の都市の中で一番多くある。123階建てのロッテワールドタワー（写真）は周りのどの建物よりも高くそびえているが、それでも世界では6番目の高さにすぎない。現在、世界一高い摩天楼はドバイにある828mのブルジュ・ハリファだ。

グリーンな都市 豆知識リスト

世界の多くの都市は混雑しているが、政府はグリーン（地球に優しい）で環境に負担をかけない都市をつくる対策をとっている。都市とその周りに住むすべての人の健康にもよいことだ。

1. **コペンハーゲン** デンマークの首都であるコペンハーゲンでは、自動車より自転車のほうが多い。同市は2025年までに世界初のカーボンニュートラル（二酸化炭素の排出と吸収を同じ量にする）都市になる計画を立てた。

2. **クリチバ** このブラジルの都市では、出たごみのおよそ70%をリサイクルして新しい製品や再生可能エネルギーをつくりだしている。

3. **レイキャビク** このアイスランドの都市は、2050年までに石油や石炭といった化石燃料の使用をやめる計画を立てている。都市の電力は地熱エネルギー（地球内部の熱エネルギー）を利用した発電でまかなうそうだ。

4. **バンクーバー** この環境に優しいカナダの都市では電力の90%を再生可能エネルギーでつくっているため、ほとんど空気をよごすことはない。また、緑あふれる公園も多い。

混雑した都市

東京圏は約3700万人が暮らす現在世界で最も人口の多い都市圏だが、最も混雑した都市は東京ではない。東京には1平方kmあたりおよそ6000人が住んでいて、これが東京の人口密度になる。バングラデシュのダッカが現在世界で最も混雑しており、人口密度は東京の7倍近くだ。

世界の混雑した都市
1平方kmあたりのおおよその人口

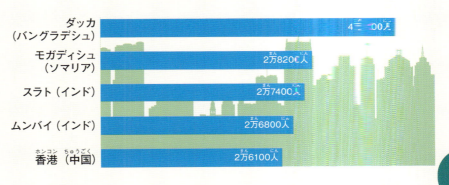

インターネット

インターネットは世界中のコンピュータの大きなネットワークだ。20世紀の終わりに登場したインターネットは世界を変えた。情報をすぐに、手軽に交換できることで、コミュニケーションや仕事、交流のやり方が一変したのだ。商品を売り買いしたり、情報を集めたり、配信動画や映画を視聴したり、ゲームを楽しんだり、友人と話したりと、今や多くの国の人が1日の大部分をインターネットについやしている。

ワールドワイドウェブ

インターネットとワールドワイドウェブ（WWW）はどうちがうのだろうか？ インターネットという言葉は、上のイメージ写真のように光ファイバーケーブルなどで世界中のコンピュータ同士をつないだ広大なネットワークを指す。ワールドワイドウェブとはインターネットで情報を見るために使うウェブサイトやアプリのことだ。

アドバイスしてくれた専門家：エリック・グレガーセン　あわせて読んでみよう：人工衛星, p.40〜41；メディア, p.358〜359；スマート技術とAI, p.364〜365

インターネット
年表

1969年 初期のインターネットがARPANET（高等研究計画局ネットワーク）として始まる。

1973年 別々の国のコンピュータネットワーク同士がつながれ、世界初のインターネットがつくられる。

1982年 他の国のネットワークと電話回線で通信できるようになる。

1985年 ".com"のアドレスをもつ最初のウェブサイトが登録される。

1991年 ワールドワイドウェブが公開され、インターネットで簡単に情報を見たり、交換したりすることができるようになる。

1995年 Amazon.comが創業し、1998年にはGoogle、2004年にはFacebookが設立される。

2020年 約45億人（世界の人口の半分以上）がインターネットを利用する。

情報格差

世界の約30億人はインターネットを使うことができない。そこでケーブルを地中に通すなどの対策がとられている。グランドキャニオンの底にあるスーパイ村（右）では、2019年までインターネットに接続できなかった。しかし、峡谷のふちに建てた塔から電波を送ることで、インターネットにつなぐことができるようになったのだ。

インターネット上の1分間

この図は2019年のある1分間に世界中で行われたインターネット上の活動を表したものだ。Twitter（現在のX）やInstagramといったSNSや、YouTubeやNetflixなどの動画配信サービスに、インターネット上での時間の大部分が費やされている。

- Googleでの検索 380万回
- Snapchatでとられた写真 210万枚
- Instagramのスクロール 34万7222回
- 表示されたGIF画像 480万枚
- オンラインでの消費額 81万ポンド
- ダウンロードされたアプリ 39万30個
- Facebookへログイン 100万回
- YouTubeで再生された動画 450万件
- Netflixでの視聴 69万4444時間
- ツイートした人 8万7500人
- 送信された電子メール 1億8800万件
- 送信されたメッセージ 4160万件

歴史を変えた人物

ティム・バーナーズ＝リー
コンピュータ科学者　1955年生まれ
イギリス

1989年、イギリスのコンピュータ科学者ティム・バーナーズ＝リーはあるアイデアを思いついた。それが当時ワールドワイドウェブ（WWW）と呼ばれた、大学や施設同士で情報を交換する仕組みだった。その開発はスイスにある世界最大の科学研究センター、CERNで行われた。WWWは個人や組織がインターネット上で利用できる、複数のウェブページをリンクした"ウェブサイト"を世界に広めた。

宇宙のインターネット

スペースXなどいくつかの会社は、宇宙から地上へ向けてインターネットの電波を送信する人工衛星を打ち上げている。何百、何千という衛星で地球をくまなく囲めば、世界のどこにいてもインターネットにつなぐことができるというアイデアだ。しかし、この計画には問題もある。たとえば、これほど多くの衛星同士が軌道上でぶつからないのかといったことだ。

衛星同士の広大なネットワークが地球をおおう

メディア

メディアは私たちがニュースや情報、娯楽を得るための手段だ。メディアには新聞や雑誌、テレビ、ゲームの他に、アプリやVR（仮想現実）などもある。私たちは記事を読んだり、ソーシャルメディアで友人と話したり、好きな番組を見たりと、ほとんど毎日メディアと接している。オンラインメディアの例の1つがYouTubeで、オフラインではラジオや本、広告の看板までもがメディアにふくまれる。

見出し
感情にうったえる言葉を使ったり、話がうますぎてありえないような見出しには気をつけよう。ウォンバットが他の動物を助けるなんて考えられるだろうか？　情報を信じる前に、他のソース（情報源）がないか検索しよう

品質
記事に書き間違いや俗語がないか注意しよう。オンライン記事の発行元には正しい文法で意味が通るように書かれているかチェックする編集者がいるはずだ

だれが書いたか？
筆者名が書いてあれば、その記事を書くのにふさわしい人かがわかる。検索エンジンを使って調べれば、筆者のことや他に書いた記事を知ることができる。そうすれば、偏見がなく客観的に書かれているかどうかがわかるのだ

写真
写真が不自然ではないか注意しよう。同じことについての他の写真を検索して探そう。何か手が加えられていないだろうか？　信用できるソースなら、写真を加工したりすることはない

超かわいい
ウォンバット救助隊!!!
ネタ元：独自情報

ウォンバットはかわいい小さな動物たちを、巣穴に入れて山火事から守ります。すごい！　みんなもウォンバットを好きになろう！

知りたいニュースはここにしかない！
www.cuddlyncutenews.com

事実を確認しよう
ウェブ上の記事には、ソースを書いているものがある。サイトにこうした情報がのっていなければ、あやしいと思った事実を検索エンジンで調べるようにしよう

ウェブアドレス
ウェブアドレス（URL）が見たこともないものの場合には注意が必要だ。その情報を書いている人について知ろう。サイトにはアドレスや運営者、その目的を書かなければならない

まちがった情報

インターネット上で読む記事がすべて事実とは限らない。意図せず事実と異なってしまったニュースもあるが、なかには読む人をだまして信じさせようと書かれた記事もある。世の中には自分たちの商品を買わせるように誘導してくる人たちもいる。情報を常に注意して見るのは大事で、インターネット上では特にソースに気をつける必要がある。

アドバイスしてくれた専門家：ヘブン・テイラー＝ウィン　あわせて読んでみよう：読み書き、p.218〜219；教育、p.230〜231；インターネット、p.356〜357；スマート技術とAI、p.364〜365

活字メディアの世界初
豆知識リスト

活字メディアには本、新聞、雑誌などがある。何世紀もの間、活字メディアはニュースを読むための最大の手段だった。デジタルメディアの登場によって、それも変わりつつある。

1. 活版印刷は1440年ごろ、ドイツのヨハネス・グーテンベルクにより発明された。これにより、同じものを短時間で何枚も印刷できるようになる。

2. 世界初のニュース冊子は1513年にイギリスで印刷された。記事はイングランドがスコットランドとの戦いに勝ったことを伝えるものだった。

3. 世界初の大衆雑誌は1672年にフランスで印刷された。雑誌には王室のニュースや詩、物語が掲載された。

4. 世界初のニュース写真が新聞に載ったのは1848年、暴動中のフランス・パリの通りを写したものだった。

5. 世界初のフルカラー日刊新聞であるUSAトゥデイは1982年にアメリカで印刷された。

歴史を変えた人物

マーク・ザッカーバーグ
Facebookの共同創設者　1984年生まれ
アメリカ・カリフォルニア州

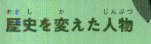

2004年、ハーバード大学の学生だったマーク・ザッカーバーグは、クラスメートとオンラインで交流するユニークな方法を思いついた。Facebookと名づけられたこのシステムは、のちに世界的な最初のソーシャルメディアプラットフォームへと成長する。現在、Facebookは30億人以上が利用しており、ザッカーバーグは世界で最も裕福で影響力のある人の1人になっている。

テレビ
20世紀に開発されたテレビは、現在でも広く使われている。1950年代の終わりには、テレビはアメリカのほとんどの家庭にあった。1969年には世界でおよそ6億人が月面への着陸を生放送で見守っている。今ではインターネットを通じて、スマートフォンなどの機器でいつでもテレビ番組を見ることができる。

ソーシャルメディア
YouTubeやInstagramなどのアプリはプラットフォームと呼ばれ、今や一大ブランドとなっている。グラフは世界中の人々がそれぞれのプラットフォームに1日に費やす平均時間を表したものだ。2019年にはテレビを見るよりスマートフォンを通じてソーシャルメディアに使う時間のほうが長かった。

- Facebook 58分
- Instagram 53分
- YouTube 40分
- Snapchat 35分
- Twitter（現在のX）3分

10億回再生
2012年12月、K-POPの大スター、PSYのミュージックビデオ"江南スタイル"が、初めて10億回以上再生された動画となった。"サメのかぞく"という動画も100億回以上も再生されている。YouTubeにある200以上の動画が、再生回数10億超えを果たしている。こうした動画は、多くの人が共有することで情報が広まっていく例を示している。これが"バズる"と呼ばれる現象だ。

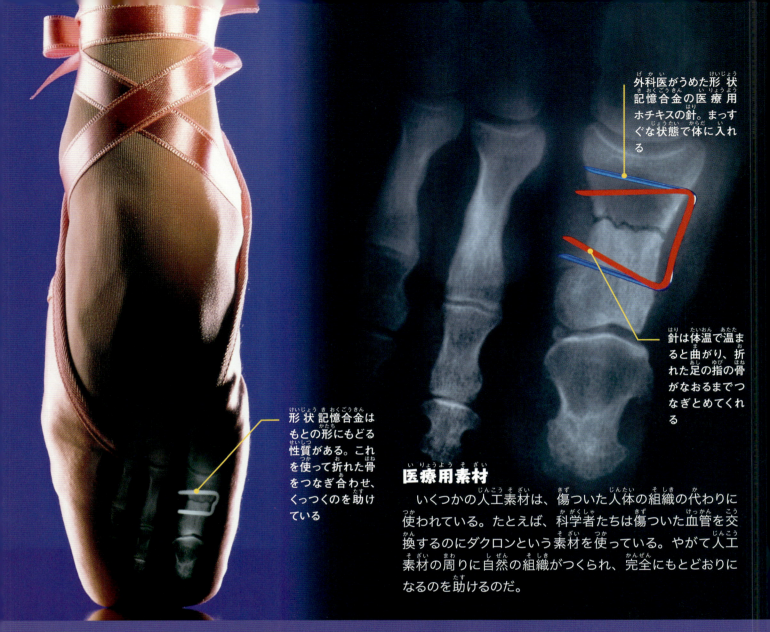

外科医がうめた形状記憶合金の医療用ホチキスの針。まっすぐな状態で体に入れる

針は体温で温まると曲がり、折れた足の指の骨がなおるまでつなぎとめてくれる

形状記憶合金はもとの形にもどる性質がある。これを使って折れた骨をつなぎ合わせ、くっつくのを助けている

医療用素材

いくつかの人工素材は、傷ついた人体の組織の代わりに使われている。たとえば、科学者たちは傷ついた血管を交換するのにダクロンという素材を使っている。やがて人工素材の周りに自然の組織がつくられ、完全にもとどおりになるのを助けるのだ。

人工素材

人工素材とは人間の手によって作られた材料のことで、その多くは木や石炭、粘土などの自然界に存在する素材の性質を変えたものだ。プラスチックは石炭と石油から作られた人工素材だ。他にもガラス、繊維強化プラスチック、レンガなどの人工素材がある。このじょうぶな素材はさまざまなものに使われる。たとえば繊維強化プラスチックは車や飛行機を造るのに使われ、ナイロンはパラシュートから楽器のげんまで幅広く使われている。

油を吸い取る

ウッドスポンジは最近発明された人工素材だ。このスポンジは木の表面を薬品ではがして作られ、油を引きよせるコーティングがほどこされる。スポンジは海や川に流出した石油を吸い取り、鳥の羽根が石油でくっついてしまうような（左）野生動物への被害を防ぐ。

アドバイスしてくれた専門家：ダンカン・デービス　あわせて読んでみよう：元素, p.102〜103；金属, p.114〜115；プラスチック, p.118〜119；医療技術, p.362〜363；環境問題, p.366〜367

新素材
豆知識リスト

科学者たちは常に世界を変える新しい素材の開発を目指している。現在作られている人工素材を紹介しよう。

1 カーボンナノチューブ グラフェンは炭素原子で作られる極めてうすいシートだ。これを丸めて筒状にすると、鋼鉄よりも強くかみの毛よりも細いカーボンナノチューブになる。これはラジオや機械を作るのに使われている。

2 ガリウム−インジウム共晶 ほとんどの金属は常温で固体だが、ガリウムなどのごく一部は液体になる。ガリウムを使って作られるのが、毒性のない液体金属のガリウム−インジウム共晶だ。どんな形にもなり電気を通すガリウム−インジウム共晶は、電気回路にぴったりの素材だ。

3 発泡金属 金属のかたまりにたくさんの小さな穴(気泡)を開け、そこにガスを満たして作られる素材。アルミニウムを使って作られることが多い。発泡金属は建物の防音や自動車事故に備えた衝撃吸収材に使われている。

4 金属ガラス 液体金属を急速にこおらせると、従来の金属よりもはるかに強い素材になる。このかたくて丈夫な素材はゴルフクラブや飛行機などに使われる。

5 ニチノール ニッケルとチタンから作られたニチノールは、温めるともとの形にもどる。ニチノールは心臓インプラントや歯の矯正に使われている。また、折れた骨がくっつくまでつなぎ止めるためにも使われる(左ページ)。

オドロキの事実!

科学者たちは粘着テープのおかげでグラフェンを発見できた。グラフェンは炭素原子でできている。とてもうすくて軽いのに、鋼鉄の200倍もじょうぶだ。このグラフェンは変わった方法で発見された。科学者たちは粘着テープを使って、鉛筆の芯の素材であるグラファイトから炭素をうすくはがそうとしたのだ。何度もくりかえして、ついにごくうすい炭素原子のシート——グラフェンを手に入れることができた。

ケブラー

警察や兵士が着る防弾チョッキはケブラーでできている。この人工素材はプラスチック繊維から作られる。この繊維を編むことで、銃弾も通さない強力な素材ができあがる。ケブラーはうすいので、スネアドラムの皮(右)にもぴったりな素材だ。

ケブラー製のドラムの皮はとても張りが強い

繊維強化プラスチック

この人工素材はガラス繊維とプラスチックを組み合わせたものだ。そうすることで軽くて丈夫な人工素材ができあがる。防音にも断熱にも優れているため、さまざまなものに使われる。その性質から、カヤック(左)にもぴったりの素材だ。

361

医療技術

現代の技術は医学の世界を変えた。医者たちは病気を見つけてなおすために、新しい技術をどんどんとり入れるようになっている。人々もまた、機械やアプリを使って心拍数や睡眠の周期や活動を測り、健康の基準を満たすのに役立てている。科学者たちは常に、人々が健康な生活を送って長生きするための新しい技術を開発している。すでにロボットを使って難しい外科手術を行い、3Dプリントを使って人工の体の部位を作る時代が訪れている。

活動の記録

最も普及しているウェアラブルデバイス（体につけるコンピュータ機器）がスマートウォッチとフィットネストラッカーだ。この機械を使えば、心臓がどのくらいの速さで全身に血液を送り出しているのかがわかる。ほかにも筋肉の動きや、脳の活動まで測ることのできるウェアラブルデバイスもある。

マイクロテクノロジー

このカプセル内視鏡を飲みこむと、体の内側から消化器の写真をとることができる。マイクロテクノロジーよりさらに小さい技術が、ナノテクノロジーと呼ばれるものだ。この技術を使った医療技術は、ナノメディシンと呼ばれている。ナノテクノロジーは、特に体内のがんにおかされた部分を発見したり、筋肉の細胞の再生をうながしたりするのに使われている。

カプセル内視鏡は消化器を通りやすいように丸くなっている

約1cm　実物大　約2.5cm

このカメラで何千枚もの写真をとり、送信する

アドバイスしてくれた専門家：マイク・ジェイ　あわせて読んでみよう：人体、p.198〜199；脳、p.202〜203；医学の歩み、p.312〜313；人工素材、p.360〜361、未来の人類、p.382〜383

森林破壊

二酸化炭素の一部は、木や植物の葉の働きによって大気中から取り除かれる。植物は二酸化炭素を吸収して、人間が呼吸するための酸素を放出しているのだ。森が切りたおされる森林破壊が起きれば、気候変動に対する自然の防御手段を失うことになる。

ペルーで船に乗せて運ばれる木材。木は違法に切りたおされることもある

メタンの放出

二酸化炭素の他にも温室効果ガスはある。その1つがメタンで、家畜やうめ立て地、工場、腐敗する植物やとけた永久凍土、石油などの化石燃料から発生する（右）。メタンは二酸化炭素よりも多くの熱を大気中に閉じこめるが、長くはとどまらない。とはいえ、どちらのガスも気温を上げることには変わりない。

化学廃棄物

危機にさらされているのは大気だけではない。採掘などにより有害な化学物質が近くの水源に流れ出し、動物や人間が被害を受けることもある。採掘では硫酸が出る場合がある。これが水源に混ざった場合、その水を飲むのは危険だ。

スペイン南部のリオティント銅山による汚染で水がオレンジ色になった

豆知識リスト

砂漠化

世界には人間の活動や自然の働きにより、乾燥した地域が砂漠になった場所もある。この変化は砂漠化と呼ばれている。原因は次のとおりだ。

1. **気候変動** 気候が暖かくなると雨の降るパターンが変わり、雨が少なくなる場所も出てくる。

2. **木の伐採** 燃料にするために木が切りたおされると、木の根でかためられていた土がゆるくなる。こうなると新しく植物が育つのは難しい。

3. **過耕作** あまりに多くの作物を育てると、土から栄養がうばわれ、新しい植物が育ちにくくなる。そのため農家は古い畑を捨ててまた新たに作らなければならない。

4. **過放牧** 動物が植物を食べすぎれば、また生えてくるまでに時間がかかる。その土を風や雨が侵食することで土地の質は落ちていく。

5. **人口増加** 砂漠地域の人口が増えると、ますます多くの人が水を使うようになる。

ごみ問題

人間は多くのごみを出している。ごみはリサイクルされる場合もあるが、多くは燃やされたり、うめ立て地にうめられたりしている。ただ、リサイクルできる素材は増えつつある。地元のリサイクルのルールや、パッケージの説明に従うことが大切だ。そうしなければ、リサイクルできるものが結局はごみとしてうめられてしまうことになる。

大量絶滅

短い期間に多くの種類の動物が死にたえることを大量絶滅という。地球では今までに5度の大量絶滅が起こっている。そのたびにたくさんの生きものが姿を消した。多くの科学者たちは、地球が今まさに人間の活動や気候変動などが引き起こした6度目の大量絶滅に直面していると考えている。今回の大量絶滅は、過去数百万年の間に起きたものより1000倍も速く進んでいるという。

優れた生物

この化石は三葉虫という、昆虫やカニ、クモに近い海の生物のものだ。およそ5億2500万年前に誕生したとき、三葉虫は地球上で最も進化した生きものだった。ごく小さなものから体長45cm、体重4.5kgのものまでと大きさはさまざまだ。初期の生物としては最も栄えた三葉虫だったが、ペルム紀の大量絶滅で姿を消してしまった。

大量絶滅年表

4億4400万年前　オルドビス紀
氷河時代が訪れたため地球全体が急速に冷え、海面が下がり85％の生物種が絶滅した。

4億900万～3億5900万年前　デボン紀　生物種の約4分の3が姿を消した。急激な気候変動、いん石の衝突、陸上から栄養が流れこみ海の生物に酸素が届かなくなるなど、複数の原因で起きたものだ。

2億6500万～2億5200万年前　ペルム紀　最も大規模な大量絶滅で、海の生物の95％と陸上の生物の70％が死にたえた。海の温暖化や、火山の噴火で太陽の光がさえぎられ植物がかれたことなどが原因だ。

2億100万年前　三畳紀の終わり
地球上の生物の約76％が、気候変動と火山の噴火によって絶滅した。

6600万年前　白亜紀と古第三紀のあいだ（K-Pg境界）　いん石かすい星の地球衝突の影響で起きたできごとにより恐竜が絶滅した。

絶滅危惧種の保護

絶滅するおそれが大きい生物（絶滅危惧種）は、その数を増やすための繁殖計画が立てられることがある。人間の手で動物を繁殖させてから野生にかえすのだ。こうした計画がうまくいったのがカリフォルニアコンドルの場合で、1980年代のはじめには22羽だったのが、今では500羽以上になっている。

アドバイスしてくれた専門家：ジョン・P・ラファーティ　**あわせて読んでみよう**：化石、p.76～77；気候、p.92～93；自然による気候変動、p.94～95；虫、p.160～161；生態系、p.162～163；雨林、p.164～165；小さくなる氷、p.186～187；絶滅危惧種、p.370～371；気候変動の影響、p.372～373；気候変動の防止、p.374～375

絶滅はさけられない？

いくつかの動物の絶滅には、人間が大きくかかわっている。たとえばキタシロサイは、高く売れる角のためにハンターがたくさん殺したことでほとんどいなくなってしまった。さらに、人間は農業や建設地のためにアフリカにあるサイのすみかをうばってきた。キタシロサイは現在、たった2頭のメスしか残っていない。

キタシロサイがねらわれた最大の理由はその角で、伝統的な薬の材料にするためにアジアで違法に取引がされていた

未解決のナゾ

6度目の大量絶滅は本当に訪れている？

私たちは人間が引き起こした大量絶滅のまっただ中にあるという科学者もいる。これは完新世の大量絶滅と呼ばれている。大量絶滅は何百年、何千年と続くため、まだこの流れを変える時間が残されている。しかしそのためには、すぐに行動を起こさなければならない。

おびやかされるミツバチ

気候変動による地球温暖化で、さまざまな生物に影響が出ている。特にミツバチは上がった気温に苦しんでいる。花をつける植物の約90％は、ミツバチなどの受粉を助ける生物にたよっている。私たちが生きのびるためにはこうした生物を死なせないことが大切だ。

絶滅危惧種
豆知識リスト

絶滅する可能性が高い生物のことを絶滅危惧種と呼ぶ。気候変動や、動物のすみかをこわす人間の活動がその原因とされることが多い。現在、世界で4万種前後の動物や植物が絶滅危惧種や近絶滅種とされている。下のリストでは、絶滅のおそれがある生物のうちいくつかを紹介している。野生動物の数を数えるのは難しい。この数字は、どれだけ残り少ないかということを感じてもらうためのものだ。

1. **アダックス** このレイヨウの一種は、乱獲のせいでアフリカのサハラ砂漠に100頭も残っていない。

2. **アドリアチョウザメ** この魚はアドリア海とイタリアのポー川に250匹未満が残るのみだ。

3. **アムールヒョウ** このめずらしいヒョウはロシア極東部と中国に生息している。残っているのは約120頭だ。

4. **ヨウスコウワニ** このワニは生息地の消失、汚染、かりが原因で中国の湿地にごくわずかしか残っていない。その数は86〜150頭と見積もられている。

5. **クロスリバーゴリラ** このゴリラはナイジェリアとカメルーンにわずか250〜300頭だけが生息している。木材と農業のためにすんでいた森が切り開かれたことが原因で減った。

6. **オニトキ** カンボジアの国立鳥類保護区に100組足らずのつがいだけが残っている。かりと人間の活動ですんでいた湿地があらされた結果だ。

7. **フクロウオウム** この大きな飛べないオウムの一種は90年以上も生きるが、ニュージーランドの森にわずか211羽しか残っていない。外国から持ちこまれたさまざまな動物のエサになっているのだ。

8. **マレートラ** この強力な肉食動物は、マレーシアの熱帯雨林で200頭以下が生きのびているが、伝統薬の材料にするためにかられている。

9. **タイセイヨウセミクジラ** 科学者たちはこのクジラが300〜400頭ほどしか残っていないと考えている。今までに漁の道具にからまって多くが命を落とした。

10. **ゼテクフキヤヒキガエル** この毒をもつカエルは病気により数を減らし、2009年から野生では見つかっていない。

11. **サオラ** このめったに見つかることのないレイヨウに似た動物は、ベトナムとラオスにおそらく100頭足らずしか生息していない。

12. **スマトラサイ** このサイの生き残っている数は80頭未満だ。生息地である森林を失ったことが最大の原因となっている。

オランウータンの危機

ボルネオオランウータンは東南アジアのボルネオ島にすんでいる。生息地である森林が木材をとるために伐採されたことで、2016年に近絶滅種に指定された。さらに違法なかりによっても数を減らし、この60年間で半数になっている。このオランウータンの中で最も危機にひんしているのは、ボルネオ島北東部にすむ集団だ。

アドバイスしてくれた専門家：ジョエル・サートレイ　あわせて読んでみよう：自然による気候変動、p.94〜95；雨林、p.164〜165；タイガと温帯林、p.166〜167；エベレスト、
p.170〜171；小さいおどろき、p.186〜187；環境問題、p.366〜367；大量絶滅、p.368〜369；気候変動の影響、p.372〜373

気候変動の影響

石油や石炭などの化石燃料を燃やすと大気中にたくさんの温室効果ガスが排出される。燃料を燃やせば燃やすほど、ガスはこくなって太陽の熱を閉じこめるようになる。現在の温室効果ガスの量は、過去80万年のどの時点よりも多い。この現象は地球温暖化と呼ばれている。

北極海　北アメリカ　太平洋　大西洋　南アメリカ

世界への影響

右は気候変動の影響を示した地図だ。気候変動は多くの影響を引き起こし、そのいくつかは地球の気温が上がる原因になっている。たとえば、真っ白な氷や雪は地表に届く太陽のエネルギーの大部分を反射する。氷や雪がとければ陸や海の暗い表面が熱を吸収するため気温が上がる。世界が暑くなれば山火事も増え、これにより発生した二酸化炭素が大気中に排出されることで、ますます温暖化が進むのだ。

 とける氷床
海面を上昇させ、洪水を引き起こす

 山火事
高温と雨の不足により山火事が増える

 とける氷
北極圏の氷がとけて海面が上がる

 大西洋の循環
1950年代以来、大西洋の海流の速度が落ちている。これがどんな影響をおよぼすのか、今のところわかっていない

 嵐
暑さでハリケーンなどの激しい嵐が増えている

かんばつ
気温が高くなるとかんばつが起きる

 とける永久凍土
こおった大地がとけると大気中に二酸化炭素やメタンが放出される

 サンゴ礁の死滅
海の水温が上がり、酸性度が強くなることでサンゴ礁が死滅する

気温と海面の上昇

世界の平均気温上昇

世界の平均海面上昇

海面の上昇

地球の気温が上がると、北極圏や南極の氷がとけることで海面も上がる。地球の気温はすでに1850年から1℃上がっており、もう0.5℃上がればいくつかの地域で大きな被害が出ると考えられている。海抜の低い沿岸の都市は、上がった海面の下に完全に消えてしまうかもしれない。タイのバンコクなどの都市はすでにタイランド湾の海面上昇におびやかされている。

アドバイスしてくれた専門家：ジェイス・クリアコス　あわせて読んでみよう：太陽、p.24～25；地球の氷、p.84～85；大気、p.86～87；天気、p.88～89；メガストーム、p.90～91；気候、p.92～93；自然による気候変動、p.94～95；サンゴ礁の危機、p.178～179；外洋、p.180～181；小さくなる氷、p.186～187

気候変動が地球の生物におよぼす影響 豆知識リスト

気候変動は人間や植物や動物に、短期と長期の影響をおよぼすおそれがある。

1. **洪水** 激しい雨と海面の上昇が引き起こす洪水は、野生動物の生息地だけでなく家などの財産や道路、交通網、発電所や通信施設などのインフラまでこわしてしまう。さらには、命が失われることさえあるのだ。

2. **極端な天気** 悪天候により、かんばつや洪水が起これば作物がかれてしまう。各地で食料や栄養が不足するだろう。

3. **熱波** 熱波や高温で道路や建物、インフラが被害を受ける。人々は熱中症や呼吸困難、心臓病などの健康被害に苦しむことになるだろう。熱波は山火事も引き起こすことがある。

4. **かんばつ** かんばつは食料の生産に影響し、食べ物や栄養の不足が起こる国や地域もある。苦しむのは人間だけではない。たとえば2019年にオーストラリアで起こった山火事は、コアラ（下）のエサとなるユーカリの木をたくさん焼きはらってしまった。

5. **大規模な移住** 極端な気候のせいでその場所に住めなくなることもある。人々はこうした土地をはなれ、安全で食べ物の豊富な場所に移らなくてはならないかもしれない。

気候デモ
2019年、世界中で数百万の人が政府の気候変動への取り組み方に対して抗議を起こした。写真はイギリスのロンドンに集まったエクスティンクション・レベリオン（XR）の支持者たちだ。XRは世界的な抗議運動で、政府がただちに行動を起こし、2025年までに温室効果ガスの排出をゼロにして生物の大量絶滅を食い止めることを求めている。

気候変動の防止

私たちは気候変動が地球を傷つけていることを知っていて、その責任の大部分が人間にあることもわかっている。しかし、気候変動を止めることはできるのだろうか？ 2015年、パリで国際的な協定が取り決められ、のちにほとんどすべての国が合意した。協定は各国が温室効果ガスの排出をおさえることで地球の気温を安全な基準に保つという内容のものだったが、達成にはまだ時間がかかりそうだ。現在では多くの人が、生態系、生物、そして私たちみんなの未来を守るためには今すぐに思い切った行動をとらなければならないと考えている。

風力や太陽光などの再生可能エネルギーに切りかえる

ガス排出の少ない生産方法をとる

より植物中心の食事にして自然を回復させる

電気自動車や自転車、公共交通機関を使う

エネルギーの効率をよくする

安全の基準
科学者たちは、地球の気温が2℃上がれば生態系や人間の健康、生活、食べ物や水の安全、インフラに深刻な被害が出ると警告している。安全な基準は1.5℃までだ。この基準を保つためには、政府や企業、個人が行動を起こす必要がある。

アドバイスしてくれた専門家：ジェイス・クリアコス　あわせて読んでみよう：化石燃料、p.80～81；エネルギー、p.122～123；サンゴ礁の危機、p.178～179；外洋、p.180～181；小さくなる氷、p.186～187；環境問題、p.366～367；大量絶滅、p.368～369；絶滅危惧種、p.370～371；気候変動の影響、p.372～373

流行の裏で

ファストファッションとは、すばやく作って安く売られる服で、流行が変わるたびに捨てられるため、環境によくない。ファッション産業は世界中で二酸化炭素の10分の1を排出している。このガスは気候変動の原因になっている。綿のシャツを1着作ると、車を56km走らせたときと同じ量のガスを排出するのだ。100万着のシャツを作るときの影響を想像してみよう。地球を守るために、あまり新品の服を買わず、リサイクルして、古着を買うようにしよう。

未解決のナゾ

ジオエンジニアリングで解決する?

ジオエンジニアリングとは、気候変動をおさえるために地球の自然の仕組みを変えることだ。理論上は、宇宙に鏡をおけば（左）太陽光を反射して地球温暖化を防ぐことができる。しかし実現できそうになく、地球の大気が変われば他の問題を引き起こすおそれもある。ほとんどの科学者は、温室効果ガスの排出を減らすのが先だと考えている。

歴史を変えた人物

グレタ・トゥーンベリ
環境活動家　2003年生まれ
スウェーデン

グレタ・トゥーンベリは今までで最も影響力のある気候活動家の1人だ。彼女が2018年に行った運動のおかげで、気候変動の問題が話題にされることが多くなった。それ以来、彼女は世界中の学生たちに地球温暖化への抗議を呼びかけている。国連や世界経済フォーラムでは気候変動に関する力強い演説を行った。

私たちにできること
豆知識リスト

二酸化炭素の排出を減らし気候変動を食い止めるために、私たちみんなにできることがある。

1. **あまり物を買わない**　商品を生産すると二酸化炭素が排出される。リサイクルや再利用を進めれば、排出を少なくすることができる。

2. **車を使わない**　バスを使ったり、歩いたり、自転車に乗ったりする。

3. **コンピュータやテレビの電源を切る**　こうした機器は待機中でも電力を消費している。使わないときはコンセントからプラグを抜いておこう。

4. **肉を食べる量を減らす**　牛や羊を育てると大量の二酸化炭素が排出される。肉の代わりに植物が原料の食事をとるようにしよう。

5. **暖房の温度を下げる**　夏には冷房を強くしすぎないようにしよう。使うエネルギーを減らせば、二酸化炭素の排出も少なくなる。

375

原子力

　原子力は便利で空気をよごさないエネルギーの形だが、反対する声もある。原子力発電所では注意深く監視しながら制御する必要のある放射性物質を使っている。もし事故が起これば、放射性物質がもれて人々や環境に大きな被害をあたえることになる。めったにないことだが、こうした事故は実際に起こっているのだ。世界の電力のおよそ10％は原子力によってつくられている。

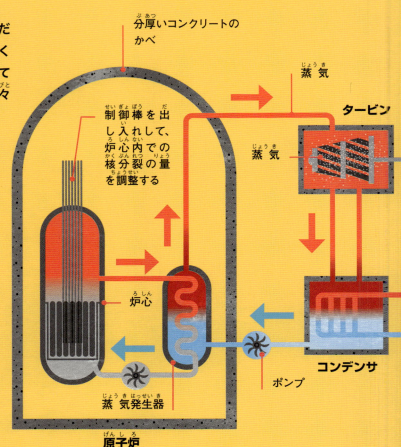

原子力発電の仕組みは？

　原子力発電では水を沸騰させて蒸気をつくりだす。この蒸気が大きな車輪（タービン）を回すことで電気が生まれる。水を沸騰させる熱をつくるためには、ウラン（放射性の金属元素）の原子を核分裂という方法で分裂させる。この処理は原子炉の炉心の中で行われる。冷却塔とつながったコンデンサが、温度が上がりすぎないように処理を止める。燃料を燃やすことがない原子力発電では、環境を破壊する温室効果ガスは一切出ない。

核分裂と核融合

　原子力は核分裂と核融合と呼ばれる反応によって生まれる。発電所では原子を分裂させる核分裂が使われている。核融合は2つの原子核を合体させる反応だ。核融合を起こすのは難しいが、危険な副産物が発生することがない。太陽のような恒星の中心では、この核融合が自然に起こっている。現在、世界初の核融合実験炉が建設中だ。

アドバイスしてくれた専門家：マイケル・モーエル　**あわせて読んでみよう**：恒星、p.10～11；太陽、p.24～25；原子、p.100～101；元素、p.102～103；放射線、p.104～105；固体・液体・気体、p.110～111；エネルギー、p.122～123

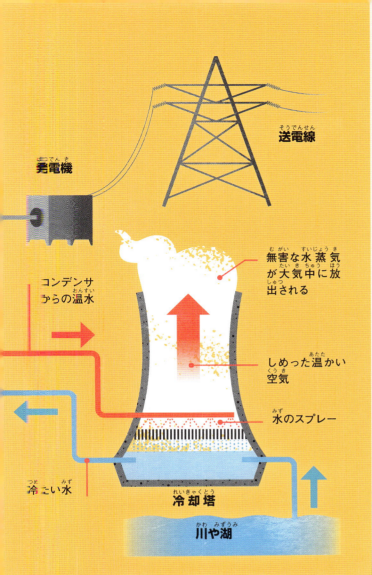

送電線
発電機
コンデンサからの温水
無害な水蒸気が大気中に放出される
しめった温かい空気
水のスプレー
冷たい水
冷却塔
川や湖

1. 2011年3月、日本近海で起こった地震により大きな津波が発生する
2. 福島にある発電所の原子炉から放射性物質がもれる
3. 発電所から3km以内の住人がただちに避難した
4. 放射性物質が広がるにつれて、さらに多くの人が避難しなければならなくなる
5. 福島から数百kmはなれた所でもわずかな放射能の影響が見られた

原子力災害

2011年3月、地震と津波が日本をおそったことにより福島第一原子力発電所で事故が起こった。原子炉から放射性物質がもれたものの、核燃料は中に残ったままだった。家をはなれた人々は数万人にものぼる。発電所は取りこわされる予定だが、それまでには30〜40年かかる。

宇宙での原子力発電

火星で生活したり遠くの世界まで旅をするには、長持ちするエネルギー源が必要だ。それには原子力が最適だろう。わずかな燃料でたくさんのエネルギーを生み出せるからだ。NASAは人間がいつの日か火星に住むときのために、キロパワーと呼ばれる小型の原子炉(下)を開発している。将来、原子力をエネルギーとする長距離宇宙船が登場するかもしれない。

原子力砕氷船

分厚い氷を割りながら北極点へ向かうロシアのアルクティカ級砕氷船。こうした砕氷船は原子力で動くため、長い北極の旅の途中でも燃料が切れることはない。積まれた原子炉が必要なエネルギーをつくりだしているのだ。原子力は潜水艦などの乗り物を動かすのにも使われており、宇宙船の動力としても役に立つだろう。

377

風力発電所
風力タービンは羽根の回転を使って発電機を動かし、電気をつくりだしている。デンマークの洋上風力発電所は、2001年に稼働を始めた時点では世界最大のものだった。最も風の強いときには、1カ月で6000メガワット時以上の電気をつくるという。この発電所の20基のタービンは、デンマークの首都コペンハーゲンで使われる電気の3%をつくりだしている。

再生可能エネルギー
再生可能エネルギーは化石燃料を燃やして得られるものとはちがって、つきることのない自然界のエネルギー源からつくられるエネルギーだ。それには太陽、風、川や海の力、そしてバイオマスなどがある。バイオマスは燃やして使うが、再生可能エネルギーは化石燃料に比べてとても環境に優しい。

宇宙に設置した大きなソーラーパネルで太陽のエネルギーを集める

ソーラーパネルがエネルギーを地球へ送る

未解決のナゾ
宇宙に太陽光発電所をつくることはできる？
宇宙にソーラーパネルをおけば雲や日の当たる時間に関係なく太陽光を受けられるため、地上におくよりも効率が高い。理論上は、太陽エネルギーを集めて地上に送ることはできる。しかし、地上にエネルギーを送る方法は今のところ見つかっていないのだ。

アドバイスしてくれた専門家：ジェイス・クリアコス　　あわせて読んでみよう：宇宙の中の地球、p.54〜55；化石燃料、p.80〜81；エネルギー、p.122〜123；重力、p.134〜135；生きものの分類、p.152〜153；世界に電気を、p.348〜349；環境問題、p.366〜367；気候変動の防止、p.374〜375；原子力、p.376〜377

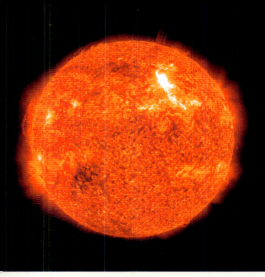

オドロキの事実！

太陽は人類がこれまで使ってきたよりも多くのエネルギーを1秒間で放出している。太陽をうまく利用すれば、将来必要になるすべてのエネルギーをまかなってくれるかもしれない。今から数年のうちに、太陽エネルギーはさらに広く使われるようになると考えられている。何しろ太陽エネルギーはつきることがなく、汚染の心配もないのだ。

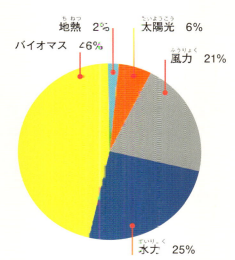

潮力発電

海の潮の満ち引きも発電に利用することができる。潮流や潮位の変化が海中に設置された大きなタービンを動かすことで、環境をよごさずに電力をつくることができるのだ。潮力で電力をつくるには、潮流発電と潮汐力発電（下）の2つの方法がある。

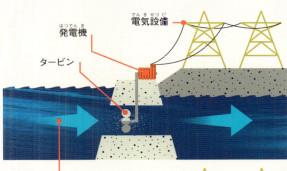

❶ 流れこんだ潮がタービンを通りぬけることでタービンが回転する

❷ タービンが発電機を動かし、電力が発生する

❸ 潮が引くとき、タービンを逆回転させる

❹ この出て行く潮の流れでも電気がつくられる

再生可能エネルギーの利用

世界の電力のおよそ27％は、風力や水力、太陽光などの再生可能エネルギーでつくられている。将来は電力の100％が再生可能エネルギーからつくられるようになるかもしれない。アメリカでは、2018年に使われた電力のおよそ11％が再生可能エネルギーによるものだった。上のグラフは同じ年にアメリカで発電に使われた再生可能エネルギー源の割合を表したものだ。バイオマスはバイオマス廃棄物（木のかけらや肥料）、バイオ燃料、木材をふくむ。

専門家から一言！

ジェイス・クリアコス
電気工学者

ジェイス・クリアコスは化石燃料に代わるゼロカーボン（二酸化炭素を放出しない）エネルギーの開発に日々を費やしている。ソーラーパネルや電気自動車などの再生可能エネルギー技術が安く使えるようになり、かつてないほど急速に発展しているため、未来は明るいという。

「危険な気候変動を止める手助けがしたいと考えています」

バイオマス

植物も再生可能エネルギー源になる。たとえば菜種は、再生可能燃料となる油をとるために育てられている。しかし、燃料をつくるために広い土地を使えば、生物多様性が失われるだけでなく、食料を育てることもできなくなる。多くの人が食べ物に困っている今、はたしてこれが地球の資源の正しい使い方といえるのだろうか？

未来の都市

将来、わくわくするような新しい技術が都市の見た目と仕組みを変えるかもしれない。"スマートシティ"では自動運転車が走り、"浮上式鉄道"が人々を乗せて出入りするようになる。未来の都市はきっと今よりもグリーン（地球に優しい）で、温室効果ガスの排出が少なく空気をよごさないエネルギーを使うため、環境にあたえる影響も小さくなるだろう。

都会のジャングル

未来はグリーンだ！ 都市では車や空調から出る熱で、地方よりもかなり気温が上がる。しかし植物が都市を冷やしてくれるのだ。この図は未来の都市の様子をコンピュータでえがいたものだ。建物は植物や木でおおわれ、環境に優しくなっている。木は二酸化炭素を吸収するため、木を増やせばそれだけ大気中の温室効果ガスの量も減る。それに木が多ければ、人々も気分がよくなるだろう。

自動運転車

自動車はおよそ1世紀の間、人間が運転してきたが、やがて機械がその代わりをするようになるだろう。自動運転車はコンピュータと人工知能で動かすため、人間はハンドルをきったり、ペダルをふんだりしなくていいようになる。この技術は試験と改良が進められており、近い将来には多くの車が自動運転になるかもしれない。

- 自動運転車なら人間のミスで起こる事故を減らすことができる
- 自動運転車は走行中にカメラで周りを見る
- 車が周りのものにどれだけ近づいているかをセンサーが伝える

中国の上海の浦東国際空港と龍陽路駅を結ぶマグレブは、現在運行している中で最も古いマグレブだ。30kmの道のりを8分で走る

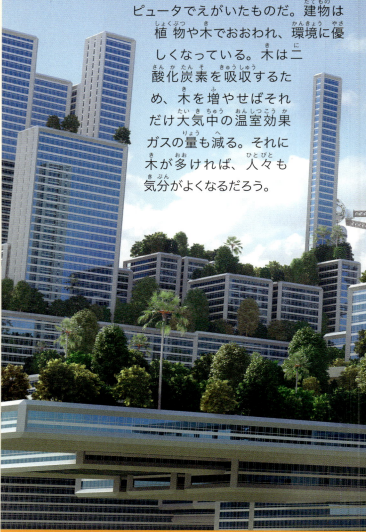

浮上式鉄道

磁気浮上式鉄道、通称マグレブは、磁石を使って列車をレールからうかせる鉄道だ。1984年から実用が始まっているが、現在使っているのは中国などのごく一部の国だけだ。マグレブは一般的な鉄道よりも速いうえ、使うエネルギーも最大で30%少ない。

- 建物の外側に取りつけたソーラーパネルで発電する
- 一部の建物を低くすることで地上により多くの光と風が届くようにしている
- 屋上庭園が二酸化炭素を吸収し、野鳥などを引きよせる

ホーフェンリング

オランダにはホーフェンリングと呼ばれる、高さ70mの柱から車道の上につり下げられた自転車と歩行者のための環状（円形の）交差点がある。車道と分かれているため、自転車と歩行者は安全に通行することができるのだ。

未来の予想年表

2030年 国連は人口が1000万人をこえる"メガシティ"が世界中で43都市になると予測している。

2040年 道路を走る車の半分が電気自動車になると考えられている。メーカーが化石燃料で走る車を売ることを禁止する国も現れる。

2050年 世界の人口が100億人近くになると予想されている。そのうちの3分の2以上は都市部に住んでいると考えられる。

2050年 もし都市が上に向かって成長し続けたら、世界で最も高い建物は高さ1.6km以上になる可能性がある。

2050年 気候変動により海面が上がり続けると、タイのバンコクやインドのムンバイのような都市は一部か全体が水中にしずんでしまうおそれがある。

2070年 世界の都市部の総面積が2倍になると予想されている。

未来の人類

世の中には、健康に過ごすために体の中に入れた機械にたよっている人がいる。たとえば、ペースメーカーは心臓の鼓動を正常に保つためにうめこまれる。そして、いつの日か機械は私たちをよりかしこく、強くしてくれるようになるかもしれない。科学者たちはすでに人間の脳をコンピュータや義肢などの機械につないで、考えるだけで動かすことに成功している。

ゲノム編集

もしきみの両親が、きみが生まれる前に遺伝子を選んでかみの毛や目の色を決めたとしたらどう思うだろう？ ゲノム（遺伝情報）編集は遺伝する病気を受けつがせないためにも使われることがある。こうしたデザイナーベビーと呼ばれる、両親の望む性質をもった赤ちゃんをつくることに対しては反対する声も多い。

アドバイスしてくれた専門家：シンシア・チェステック　あわせて読んでみよう：人類の誕生、p.196～197；人体、p.198～199；DNAと遺伝、p.200～201；脳、p.202～203；読み書き、p.218～219；ゲームとスポーツ、p.234～235；医療技術、p.362～363；スマート技術とAI、p.364～365；未来の都市、p.380～381

人工内耳

人工内耳は耳が不自由な人のための電子機器だ。人工内耳には体の外につける部品が2つある。1つは補聴器のような形で、マイクがついている。マイクは頭の内側にうめこんだ受信機と通信し、耳の蝸牛と呼ばれる部分を通して聴神経に信号を送る。そして脳で音として認識され、耳が聞こえるようになる。

延びる寿命

人々はより長生きできるようになったが、体がついていかないことが多い。近い将来、ナノボットと呼ばれるごく小さな機械が臓器をなおしたり、薬を体の必要な部分に届けたりできるようになるかもしれない。さらに未来には、脳をコンピュータにアップロードすることさえできるだろう。人間の思考を保存して将来の世代に伝えることができるのだ。

思考制御型義手

もし神経が傷ついて手が動かなくなった場合、"バイオニック（生体の）"義手が活躍する。これは皮膚や骨の代わりに電気回路を使った人工の手だ。取りつけた人の脳で操作する。

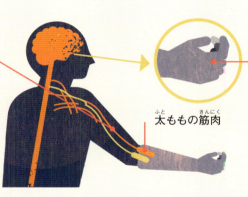

1 太ももの筋肉を使ってうでの筋肉をつくり直し、神経をバイオニック義手につなぐ

太ももの筋肉

2 脳を使ってバイオニック義手を動かすことができる

未解決のナゾ

人間は脳だけで会話することができるようになる？

物理学者のスティーブン・ホーキング（左）のように病気やけがのために話すことができず、コンピュータで1文字ずつ打たなければ言葉を表せない人々を助ける技術の研究が進んでいる。科学者たちはすでに脳から直接言葉を読みとる第一歩をふみ出している。実験では、ボランティアで参加した人の脳に電極が取りつけられた。その人が文章を読み上げると、コンピュータが脳の活動を読みとって、そのとおりに発声することができたのだ。

383

現在とこれから
専門家に質問しよう！

胡英杰（フーインジエ）
地理情報科学者

あなたの一番知りたいことは？
地理空間技術（コンピュータ、地図、場所に関する技術）で災害への対応を支え、困っている人を助けるための最適な方法を見つけたいです。この問題を解決することは財産や命を守ることにつながります。私が学生だった2008年に、故郷の中国・四川省で地震がありました。こうした大災害におそわれた人々を助けるために知識を役立てたいと思っています。

この分野の研究をしていておどろくことは？
多くの国では、地理情報科学は地理学の分野にふくまれています。だから地理学者なのに新しいコンピュータ技術にもくわしい人がいておどろくことがあります。

この仕事の楽しいところは？
私たちはスマートフォン上の地図で目的地までの一番近い道を見つけます。でも地理空間技術は、病院を建てるのにぴったりな場所を探したり、病気の大流行が起こりそうな場所を予測したりするのにも使われるのです。

ショーナ・ブレイル
都市地理学者

この分野で解明されていないことは？
都市地理学者たちがよく問うのは、「何が都市を成長させるのか？」ということです。この質問への答えを見つけることができれば、すべての都市はもっと栄えるかもしれません。ですが、政治の仕組みや都市の歴史、場所、地理的特徴などのたくさんのことによって答えは変わります。

この分野で興味をかき立てられることは？
私は都市が大好きです。都市はおもしろい人たちや建物、空間であふれています。ほとんどの都市に共通していることは何か、その都市にしかない特徴は何かということを考えるのに夢中になってしまいます。都市地理学が好きなことに気づいたのは高校1年生のときでした。「自宅の立地分析」という宿題が出て、何週間もかけて調べました。採点されたコピーを今でも持っています。

ジョエル・サートレイ
写真家・自然保護活動家

あなたの一番知りたいことは？
世界の生態系と、そこにすむすべての生物を守る最もよい方法が知りたいです。すべての種を守る方法を知れば、結局は人類が生き残る可能性が高くなるので、とても大切なことです。

読者のみんなに伝えたいことは？
何であれ、あなたの好きなことをやるのが一番大事です。自分の好きなことならきっと得意になります。そして、その分野を極めるために専門家になりましょう。そうすればあなたは認められ、他の人がアドバイスや助けを求めてやってくるようになります。それがどんな分野でも長く活躍するために本当に重要なことです。

現在とこれから
クイズ

1 1800年の世界の人口は？
- a 1億人
- b 10億人
- c 100億人
- d 1000億人

2 AppleがiPhoneを発売したのは何年？
- a 2001年
- b 2007年
- c 2010年
- d 2013年

3 世界にはおよそ何隻のコンテナ船がある？
- a 500隻未満
- b 5000隻以上
- c 5万隻
- d 50万隻

4 ノルウェーの世界種子貯蔵庫には何種類の種が保存されている？
- a 100万以上
- b 500万以上
- c 1000万以上
- d 2000万以上

5 もしすべてのアメリカ人が1年間、1週間に食べるハンバーガーを1個減らしたら、二酸化炭素の放出量はどの場合と同じくらい減る？
- a 1年間に走る車が1万台減ったとき
- b 1年間に走る車が10万台減ったとき
- c 1年間に走る車が100万台減ったとき
- d 1年間に走る車が1000万台減ったとき

6 世界で最も混雑している都市は？
- a 日本の東京
- b 中国の北京
- c バングラデシュのダッカ
- d ブラジルのリオ・デ・ジャネイロ

7 アドレスに.comがつくウェブサイトが初めて登録されたのは？
- a 1972年
- b 1985年
- c 1991年
- d 1996年

8 スーパイ村は2019年までインターネットにつながっていなかったが、それは村がどんな場所にあったから？
- a 陸から遠くはなれた島
- b 北極圏
- c アマゾンの熱帯雨林
- d グランドキャニオンの底

9 オランダの医者ウィレム・コルフが人工腎臓を作るヒントになったものは？
- a レーシングカー
- b テレビのクイズ番組
- c 洗濯機
- d 水洗式トイレ

10 環境活動家グレタ・トゥーンベリは何年生まれ？
- a 2003年
- b 2004年
- c 2005年
- d 2006年

11 ドイツのヨハネス・グーテンベルクが活版印刷を発明したのは何年ごろ？
- a 1215年
- b 1340年
- c 1440年
- d 1520年

12 世界初のフルカラー日刊新聞は次のうちのどれ？
- a USAトゥデイ
- b デイリー・メール
- c マイアミ・ヘラルド
- d ザ・サン

13 キーリング曲線とは何の上昇を表したグラフ？
- a 海面
- b 二酸化炭素の濃度
- c メタンガスの濃度
- d 地震活動

14 将来、ごく小さな機械を使って体の臓器をなおすことができるようになるかもしれない。この機械の名前は？
- a ドクターボット
- b ナノボット
- c フィクソボット
- d ノボット

答え：1) b、2) b、3) b、4) a、5) d、6) c、7) b、8) d、9) c、10) a、11) c、12) a、13) b、14) b

情報源

本書の内容は、なんども、確認作業が行われている。まず、それぞれの章の書き手が、確かな情報源を活用して、内容を構成した。その後、別の者が、異なる情報源をもとに、内容が本当に正しいかをチェック。さらに、専門家たちが、あやまりがないように、すべての章を確認した。そのために活用された情報源は、このスペースだけでは、紹介しきれない。確認してくれた専門家たちの名前は「まえがき」の前のページにある通りだ。ここでは情報源の一部を見開きページごとに記しておきたい。

第1章　宇宙

p.4–5 'The Big Bang Theory: How the Universe Began', www.livescience.com; Dunkley, Jo. *Our Universe: An Astronomer's Guide*. (London, UK: Pelican, 2019); Howell, Elizabeth. 'What is the Big Bang Theory?', www.space.com; 'NASA Science Space Place', spaceplace.nasa.gov; 'The Planck Mission', plancksatellite.org.uk.

p.6–7 Cartwright, Jon. 'What Is a Galaxy?', www.sciencemag.org; Fountain, Henry. 'Two Trillion Galaxies, at the Very Least', www.nytimes.com; Greshko, Michael. 'Galaxies, explained', www.nationalgeographic.com.

p.8–9 Hurt, Robert. 'Annotated Roadmap to the Milky Way', www.spitzer.caltech.edu; Imster, Eleanor and Deborah Byrd. 'New map confirms 4 Milky Way arms', earthsky.org; Taylor Redd, Nola. 'Milky Way Galaxy: Facts About Our Galactic Home', www.space.com.

p.10–11 'The Life Cycles of Stars: How Supernovae Are Formed', imagine.gsfc.nasa.gov; 'What is the Life Cycle Of The Sun?', www.universetoday.com.

p.12–13 Dunbar, Brian. 'The Pillars of Creation', www.nasa.gov; Simoes, Christian. 'Types of nebulae', www.astronoo.com; Williams, Matt. 'Nebulae: What Are They And Where Do They Come From?', www.universetoday.com.

p.14–15 'The Constellations', www.iau.org; Sagan, Carl. *Cosmos*. (London, UK: Abacus, 2003)（『コスモス』カール・セーガン著、木村繁訳、朝日新聞社、1984年）.

p.16–17 'Comparison of Hubble and James Webb mirror (annotated)', www.spacetelescope.org. 'Engineering Webb Space Telescope', www.jwst.nasa.gov; 'JWST Instruments Are Coming In From The Cold', www.sci.esa.int.

p.18–19 'Anatomy of a Black Hole', www.eso.org; O'Callaghan, Jonathan. 'Astronomers reveal first-ever image of a black hole', horizon-magazine.eu; Wood, Johnny. 'Stephen Hawking's final theory on black holes has been published, and you can read it for free', www.weforum.org.

p.20–21 Brennan, Pat. 'Will the "first exoplanet", please stand up?', exoplanets.nasa.gov; 'Nasa's Kepler Mission Discovers Bigger, Older Cousin to Earth', nasa.gov; Summers, Michael and James Trefil. *Exoplanets*. (Washington, D.C.: Smithsonian Books, 2018); Tasker, Elizabeth. *The Planet Factory: Exoplanets and the Search for a Second Earth*. (London, UK: Bloomsbury Sigma, 2017); Wenz, John. 'How the first exoplanets were discovered', astronomy.com.

p.22–23 O'Callaghan, Jonathan. 'Voyager 2 Spacecraft Enters Interstellar Space', www.scientificamerican.com; Williams, Matt. 'How Long is Day on Mercury?', www.universetoday.com.

p.24–25 Gleber, Max. 'CME Week: The Difference Between Flares and CMEs', www.nasa.gov; 'The Mystery of Coronal Heating', www.science.nasa.gov; 'Sun Facts', www.theplanets.org.

p.26–27 Choi, Charles Q. 'There May Be Active Volcanoes on Venus: New Evidence', www.space.com; Howell, Elizabeth. 'What Other Worlds Have We Landed On?', www.universetoday.com; 'Mars Curiosity Rover', www.mars.nasa.gov.

p.28–29 'An Interior Made Up of Different Layers', www.seis-insight.eu; 'Mercury Transit on May 7, 2003', www.eso.org; Pyle, Rod, and James Green. *Mars: The Missions That Have Transformed Our Understanding of the Red Planet*. (London, UK: Andre Deutsch, 2019).

p.30–31 Mathewson, Samantha. 'Jupiter's Great Red Spot Not Shrinking Anytime Soon', www.space.com; Williams, Matt. 'What are Gas Giants?', www.universetoday.com.

p.32–33 Greshko, Michael. 'Discovery of 20 new moons gives Saturn a solar system record', www.nationalgeographic.com; 'Inside the Moon', moon.nasa.gov; 'A unique look at Saturn's ravioli moons', www.mpg.de.

p.34–35 Black, Riley. 'What Happened the Day a Giant, Dinosaur-Killing Asteroid Hit the Earth', www.smithsonianmag.com; Starkey, Natalie. *Catching Stardust: Comets, Asteroids and the Birth of the Solar System*. (London, UK: Bloomsbury Sigma, 2018); Stern, Alan, and David Harry Grinspoon. *Chasing New Horizons: Inside the Epic First Mission to Pluto*. (New York: Picador, 2018).

p.36–37 'Dwarf Planets: Science & Facts About the Solar System's Smaller Worlds', www.space.com; 'Kuiper Belt', Space.com; 'The Oort cloud', spaceguard.rm.iasf.cnr.it.

p.38–39 Lieberman, Bruce. 'If It Works, This Will Be the First Rocket Launched From Mars', www.airspacemag.com; 'Robert Goddard: A Man and His Rocket', www.nasa.gov; 'Saturn V', www.nasa.gov.

p.40–41 'ESA commissions world's first space debris removal', www.esa.int; Howell, Elizabeth. 'CubeSats: Tiny Payloads, Huge Benefits for Space Research', www.space.com; 'Point Nemo, Earth's watery graveyard for spacecraft', phys.org.

p.42–43 Hadfield, Chris. *An Astronaut's Guide to Life on Earth*. (London, UK: Pan Macmillan, 2015)（『宇宙飛行士が教える地球の歩き方』クリス・ハドフィールド著、千葉敏生訳、早川書房、2015年）; Tyson, Neil deGrasse, and Avis Lang. *Space Chronicles: Facing the Ultimate Frontier*. (New York: W. W. Norton, 2012).

p.44–45 'Juno', www.nasa.gov; 'Space Probes', www.history.nasa.gov.

p.46–47 Clegg, Brian. *Dark Matter and Dark Energy*. (London, UK: Icon Books, 2019); Moskowitz, Clara. '5 Reasons We May Live in a Multiverse', www.space.com; Woollaston, Victoria. 'A Big Freeze, Rip or Crunch: How Will the Universe end?', www.wired.com.

第2章 地球

p.52–53 Hazen, Robert M. *The Story of Earth: The First 4.5 Billion Years, from Stardust to Living Planet.* (New York: Viking, 2012) (『地球進化46億年の物語：「青い惑星」はいかにしてできたのか』ロバート・ヘイゼン著、円城寺守監訳、渡会圭子訳、講談社、2014年); Stanley, Steven M., and John A. Luczaj. *Earth System History.* (New York: W. H. Freeman, 2015).

p.54–55 Chown, Marcus. *Solar System: A Visual Exploration of the Planets, Moons, and Other Heavenly Bodies That Orbit Our Sun.* (New York: Black Dog & Leventhal, 2016) (『世界で一番美しい太陽系図鑑：太陽から惑星や衛星、準惑星、彗星まで』マーカス・チャウン著、大朝由美子監修、誠文堂新光社、2023年); Cox, Brian, and Andrew Cohen. *The Planets.* (Glasgow, Scotland: William Collins, 2019); Howell, Elizabeth. 'How Fast Is Earth Moving?', www.space.com.

p.56–57 Allain, Rhett. 'A Modern Measurement of the Radius of the Earth', www.wired.com; Choi, Charles Q. 'Strange but True: Earth Is Not Round', www.scientificamerican.com; Sobel, Dava. *Longitude: The True Story of a Lone Genius Who Solved the Greatest Scientific Problem of His Time.* (London, UK: Bloomsbury, 2003) (『経度への挑戦』デーヴァ・ソベル著、藤井留美訳、角川書店、2010年).

p.58–59 'Earth's Interior', www.nationalgeographic.com; Luhr, James F., and Jeffrey Edward Post, eds. *Earth.* (New York: DK Publishing, 2013) (『地球大図鑑』ジェームス・F・ルール総編集、瀬戸口烈司日本語版総監修、岩本真理子ほか訳、ネコ・パブリッシング、2005年); Powell, Corey S. 'Deep Inside Earth, Scientists Find Weird Blobs and Mountains Taller than Mount Everest', www.nbcnews.com.

p.60–61 *National Geographic Atlas of the World.* (Washington, DC: National Geographic, 2019).

p.62–63 Andrews, Robin George. 'Here's What'll Happen When Plate Tectonics Grinds to a Halt', www.nationalgeographic.com; Ince, Martin. *Continental Drift: The Evolution of Our World from the Origins of Life to the Far Future.* (New York: Blueprint Editions, 2018); Molnar, Peter Hale. *Plate Tectonics: A Very Short Introduction.* (Oxford, UK: Oxford University Press, 2015).

p.64–65 Parfitt, Liz and Lionel Wilson. *Fundamentals of Physical Volcanology.* (Oxford, UK: Blackwell, 2008).

p.66–67 Dvorak, John. *Earthquake Storms: The Fascinating History and Volatile Future of the San Andreas Fault.* (New York: Pegasus Books, 2014); Taylor Redd, Nola. 'Earthquakes & Tsunamis: Causes & Information', www.livescience.com.

p.68–69 Frisch, Wolfgang, Martin Meschede and Ronald C. Blakey. *Plate Tectonics: Continental Drift and Mountain Building.* (New York: Springer, 2011); 'Mountains', www.nationalgeographic.com.

p.70–71 'Minerals and Gems', www.nationalgeographic.com; Pellant, Chris. *Rocks and Minerals.* (New York: DK Publishing, 2002); Zalasiewicz, J. A. *Rocks: A Very Short Introduction.* (Oxford, UK: Oxford University Press, 2016).

p.72–73 'These human-size crystals formed in especially strange ways', www.nationalgeographic.com; Packham, Chris et al. *Natural Wonders of the World.* (London, UK: DK Publishing, 2017).

p.74–75 Fossen, Haakon. *Structural Geology.* (Cambridge, UK: Cambridge University Press, 2016); Klein, Cornelis, and Anthony R. Philpotts. *Earth Materials: Introduction to Mineralogy and Petrology.* (Cambridge, UK: Cambridge University Press, 2017).

p.76–77 Hendry, Lisa. 'How Are Dinosaur Fossils Formed?', www.nhm.ac.uk; Parker, Steve. *The World Encyclopedia of Fossils & Fossil-Collecting.* (London, UK: Southwater, 2016); Ward, David. *Fossils.* (London, UK: DK Publishing, 2010) (『化石図鑑』デヴィッド・J・ウォード著、喜多直子訳、創元社、2023年).

p.78–79 Brusatte, Stephen. *The Rise and Fall of the Dinosaurs: A New History of a Lost World.* (New York: Harper Collins, 2018) (『恐竜の世界史：負け犬が覇者となり、絶滅するまで』スティーブ・ブルサッテ著、黒川耕大訳、みすず書房、2019年); Jaggard, Victoria. 'Why did the dinosaurs go extinct?', www.nationalgeographic.com; Osmólska, Halszka, Peter Dodson, and David B. Weishampel. *The Dinosauria.* (Berkeley, CA: University of California Press, 2007).

p.80–81 Nunez, Christina. 'Fossil Fuels, Explained', www.nationalgeographic.com; Pirani, Simon. *Burning up: A Global History of Fossil Fuel Consumption.* (London, UK: Pluto Press, 2018).

p.82–83 Brutsaert, Wilfried. *Hydrology: An Introduction.* (Cambridge, UK: Cambridge University Press, 2005) (『水文学』ウィルフリード・ブルツッアールト・著、杉田倫明訳、共立出版、2008年); Jha, Alok. *The Water Book.* (London, UK: Headline, 2015); Leahy, Stephen. 'From Not Enough to Too Much, the World's Water Crisis Explained', www.nationalgeographic.com; 'Our water cycle diagrams give a false sense of water security', www.birmingham.ac.uk.

p.84–85 'Glaciers and Icecaps', www.usgs.gov; Marshall, Michael. 'The History of Ice on Earth', www.newscientist.com; Wadhams, Peter, and Walter Munk. *A Farewell to Ice: A Report from the Arctic.* (London, UK: Penguin, 2017) (『北極がなくなる日』ピーター・フダムズ著、武藤崇恵訳、原書房、2017年).

p.86–87 'Atmosphere', www.nationalgeographic.org; Lutgens, Frederick K., and Edward J. Tarbuck. *The Atmosphere: An Introduction to Meteorology.* (Boston, MA: Pearson, 2016); Wallace, John M. and Peter Victor Hobbs. *Atmospheric Science: An Introductory Survey.* (Boston, MA: Elsevier Academic Press, 2006).

p.88–89 'Learn About Weather', www.metoffice.gov.uk; Shonk, Jon. *Introducing Meteorology.* (Edinburgh, Scotland: Dunedin Academic Press, 2013); 'Ten Basic Clouds', www.weather.gov.

p.90–91 Mogil, H. Michael. *Extreme Weather.* (New York: Black Dog & Leventhal, 2010) (『異常気象』マイケル・H・モーギル著、山本威一郎訳、昭文社、2009年).

p.92–93 Neelin, J. David. *Climate Change and Climate Modeling.* (Cambridge, UK: Cambridge University Press, 2010).

p.94–95 Cornell, Sarah, Catherine J. Downey, Joanna I. House, and

I. Colin Prentice, eds. *Understanding the Earth System*. (Cambridge, UK: Cambridge University Press, 2012).

第3章　物質

p.100–101 Close, Frank E. *Particle Physics: A Very Short Introduction*. (Oxford, UK: Oxford University Press, 2004); Sharp, Tim. 'What Is an Atom?', www.livescience.com.

p.102–103 Emsley, John. *Nature's Building Blocks: An A–Z Guide to the Elements*. (Oxford, UK: Oxford University Press, 2011)（『元素の百科事典』ジョン・エムズリー著、山崎昶訳、丸善、2003年）; Gray, Theodore W. *Molecules: The Elements and the Architecture of Everything*. (New York: Black Dog & Leventhal, 2018)（『世界で一番美しい分子図鑑』セオドア・グレイ著、武井摩利訳、創元社、2015年）; Parsons, Paul, and Gail Dixon. *The Periodic Table: A Field Guide to the Elements*. (London, UK: Quercus, 2013).

p.104–105 L'Annunziata, Michael F. *Radioactivity: Introduction and History, from Quantum to Quarks*. (Cambridge, MA: Elsevier Academic Press, 2016).

p.106–107 Helmenstine, Anne Marie. 'These Compounds Have Both Ionic and Covalent Bonds', www.thoughtco.com.

p.108–109 Glassman, Irvin, Richard A. Yetter, and Nick Glumac. *Combustion*. (Waltham, MA: Academic Press, 2015).

p.110–111 Grossman, David. 'All the States of Matter You Didn't Know Existed', www.popularmechanics.com; Miodownik, Mark. *Stuff Matters: Exploring the Marvelous Materials That Shape Our Manmade World*. (Boston, MA: Houghton Mifflin Harcourt, 2014)（『人類を変えた素晴らしき10の材料：その内なる宇宙を探険する』マーク・ミーオドヴニク著、松井信彦訳、インターシフト、2015年）; Silberberg, Martin S., and Patricia Amateis. *Chemistry: The Molecular Nature of Matter and Change*. (New York: McGraw-Hill Education, 2018).

p.112–113 Peratt, Anthony L. *Physics of the Plasma Universe*. (New York: Springer, 2014); Rovelli, Carlo. *Seven Brief Lessons on Physics*. (New York: Riverhead Books, 2016).

p.114–115 *The Physics Book*. (New York: DK Publishing, 2020).

p.116–117 Cobb, Allan B. *The Basics of Nonmetals*. (New York: Rosen Publishing Group, 2013); Pappas, Stephanie. 'Facts About Silicon', www.livescience.com.

p.118–119 Bellis, Mary. 'The History of Plastics', www.theinventors.org; Gray, Alex. 'This Plastic Bag is 100% Biodegradable', www.weforum.org; Perkins, Sid. 'Explainer: What Are Polymers?', www.sciencenewsforstudents.org.

p.120–121 Castro, Joseph. 'How Do Enzymes Work?', www.livescience.com; Hanel, Stephanie. 'Dorothy Hodgkin: The Queen of Crystallography', www.lindau-nobel.org.

p.122–123 Jaffe, Robert L. and Washington Taylor. *The Physics of Energy*. (Cambridge, UK: Cambridge University Press, 2018); Kuhn, Karl F. *Basic Physics*. (New York: Wiley, 2007). US Department of Energy. 'How a Wind Turbine Works', www.energy.gov; Woodford, Chris. 'The Conservation of Energy', www.explainthatstuff.com.

p.124–125 Goldsmith, Mike. *Sound: A Very Short Introduction*. (Oxford, UK: Oxford University Press, 2015); Rossing, Thomas D., F. Richard Moore, and Paul Wheeler. *The Science of Sound*. (Harlow, UK: Pearson Education, 2014); 'The Science of Sound', www.nasa.gov.

p.126–127 Dwyer, Joe. 'How Lightning Works', www.pbs.org; Woodford, Chris. 'Electricity', www.explainthatstuff.com.

p.128–129 Feynman, Richard P. *QED: The Strange Theory of Light and Matter*. (Princeton, NJ: Princeton University Press, 2014)（『光と物質のふしぎな理論：私の量子電磁力学』R・P・ファインマン著、釜江常好、大貫昌子訳、岩波書店、2007年）; Kenney, Karen. *Science of Color: Investigating Light*. (North Mankato, MN: Abdo Publishing, 2015); Watzke, Megan K., and Kimberly K. Arcand. *Light: The Visible Spectrum and Beyond*. (New York: Black Dog & Leventhal, 2015); 'What Is Light?—An Overview of the Properties of Light', www.andor.oxinst.com.

p.130–131 'Latest Bloodhound High Speed Testing Updates', www.bloodhoundlsr.com; McNamara, Alexander. 'Land speed record: the 18 fastest cars in the world and their drivers', www.sciencefocus.com.

p.132–133 Hesse, Mary B. *Forces and Fields: The Concept of Action at a Distance in the History of Physics*. (Mineola, NY: Dover Publications, 2005); Pask, Colin. *Magnificent Principia: Exploring Isaac Newton's Masterpiece*. (Amherst, NY: Prometheus Books, 2019).

p.134–135 Clifton, Timothy. *Gravity: A Very Short Introduction*. (Oxford, UK: Oxford University Press, 2017); Goldenstern, Joyce. *Albert Einstein: Genius of the Theory of Relativity*. (Berkeley Heights, NJ: Enslow Publishing, 2014); Strathern, Paul. *The Big Idea: Newton and Gravity*. (London, UK: Arrow, 1997); Wood, Charlie. 'What Is Gravity?', www.space.com; Zeleny, Enrique. 'Galileo's Experiment at the Leaning Tower of Pisa', www.demonstrations.wolfram.com.

p.136–137 'Hydraulic Machinery', www.sciencedirect.com; 'The Skin They're In: US Navy Diving Suits', www.history.navy.mil.

p.138–139 Burton, Anthony. *Balloons and Air Ships: A Tale of Lighter than Air Aviation*. (Barnsley, UK: Pen and Sword, 2020).

p.140–141 Inwood, Stephen. *The Man Who Knew Too Much: The Inventive Life of Robert Hooke, 1635–1703*. (London, UK: Pan Macmillan, 2003); Woodford, Chris. 'How Do Shape-Memory Materials Work?', www.explainthatstuff.com and 'Springs', www.explainthatstuff.com.

p.142–143 Gray, Theodore W., and Nick Mann. *How Things Work: The Inner Life of Everyday Machines*. (New York: Black Dog & Leventhal, 2019)（『世界で一番美しい「もの」のしくみ図鑑』セオドア・グレイ著、ニック・マン写真、武井摩利訳、創元社、2020年）; Lucas, Jim. '6 Simple Machines: Making Work Easier', www.livescience.com.

第4章　生きもの

p.148–149 Dodd, Matthew S. et al. 'Evidence for early life in Earth's oldest hydrothermal vent precipitates', *Nature* 543 (2017); Marshall, Michael. 'Fossilized microbes from 3.5 billion years ago are oldest yet found', www.newscientist.com.

p.150–151 Buffetaut, Eric. 'Tertiary ground birds from Patagonia (Argentina) in the Tournouër collection of the Musée National d'Histoire Naturelle, Paris', *Bulletin de la Société Géologique de France* 185 (2014); 'Peppered Moth Selection', www.mothscount. org.

p.152–153 'Classification of Life', www.moana.hawaii.edu; Panko, Ben. 'What does it mean to be a species?', www.smithsonianmag. com.

p.154–155 Biello, David. 'How Microbes Helped Clean BP's Oil Spill', www.scientificamerican.com; Makarova, Kira S. et al. 'Genome of the Extremely Radiation-Resistant Bacterium *Deinococcus radiodurans* Viewed from the Perspective of Comparative Genomics', *Microbiology and Molecular Biology Reviews* 65 (2001).

p.156–157 'Bee orchid', www.wildlifetrusts.org; Forterre, Yoël, Jan M. Skotheim, Jacques Dumais, and L. Mahadevan. 'How the Venus flytrap snaps', www.nature.com.

p.158–159 'Deep sea corals may be oldest living marine organism', www.llrl.gov; Marshall, Michael. 'Zoologger: A primate with eyes bigger than its brain', www.newscientist.com; Spelman, Lucy. *Animal Encyclopedia*. (Washington, DC: National Geographic, 2012).

p.160–161 Mora, Camilo, Derek P. Tittensor, Sina Adl, Alastair G.B. Simpson, and Boris Worm. 'How Many Species Are There on Earth and in the Ocean?' *PLOS Biology* 9, 2011.

p.162–163 Dorling Kindersley, Eds. *The Ecology Book*. (London, UK: DK Publishing, 2019); 'Feral European Rabbit', www. environment.gov.au; 'Giant Panda', www.nationalgeographic.com; Singer, Fred D. *Ecology in Action*. (Cambridge, UK; Cambridge University Press, 2016).

p.164–165 Martin, Glen. 'Humboldt County/ World's Tallest Tree, A Redwood, Confirmed', www.sfgate.com; 'Western Lowland Gorilla', www.panda.org.

p.166–167 Bachman, Chris. 'Do Bears Really Hibernate?', www. nationalforests.org; Grant, Richard. 'Do Trees Talk to Each Other?', www.smithsonianmag.com; 'Tree Rings (Dendrochronology)', www. scied.ucar.edu; Waleed. 'Siberian Tiger Facts', www.siberiantiger. org.

p.168–169 Slobodchikoff, C.N. and J. Placer. 'Acoustic structures in the alarm calls of Gunnison's prairie dogs', *The Journal of the Acoustical Society of America* 119 (2006); Smith, Paul. 'Giant Anteater', www.faunaparaguay.com; Suttie, J. M., S. G. Reynolds, and C. Batello, eds. *Grasslands of the World*. (Rome: Food and Agriculture Organization of the United Nations, 2005).

p.170–171 Chatterjee, Souvik. 'High Altitude Plants Discovered in the Himalayas', www.glacierhub.org; Wanless, F. R. 'Spiders of the Family Salticidae from the Upper Slopes of Everest and Makalu', www.britishspiders.org.

p.172–173 Hamilton, William J. III and Mary K. Seely. 'Fog Basking by the Namib Beetle, *Onymacris unguicularis*', *Nature* 262 (1976); 'Scorpions glow in the dark to detect moonlight', www.newscientist. com.

p.174–175 Keeling, Jonny. *Seven Worlds, One Planet*. (London, UK: BBC Books, 2020); Riley, Alex. 'The fish that makes long and short-range water missiles', www.bbc.co.uk.

p.176–177 Clark, Nigel. 'Getting to the Arctic on time: Horseshoe Crabs and Knots in Delaware Bay', www.soven.nl; *Ocean: a visual encyclopaedia*. (London, UK: DK Publishing, 2015).

p.178–179 'In What Types of Water Do Corals Live?', www. oceanservice.noaa.gov.

p.180–181 'Blue Whale', www.acsonline.org; Brassey, Charlotte. 'A mission to the Pacific Plastic Patch', www.bbc.co.uk; 'Sailfish', www. floridamuseum.ufl.edu.

p.182–183 Fox-Skelly, Jasmin. 'What does it take to live at the bottom of the ocean?', www.bbc.co.uk; 'Layers of the Ocean', www.weather.gov; McGrouther, Mark. 'Spiderfishes, Bathypterois spp', www.australianmuseum.net.au.

p.184–185 Chapelle, Gauthier and Lloyd S. Peck. 'Polar gigantism dictated by oxygen availability', *Nature* 399, 114–115 (1999); Egevang, Carsten. *Migration and Breeding Biology of Arctic Terns in Greenland*. (Denmark: Greenland Institute of Natural Resources and National Environmental Research Institute (NERI), 2010); 'Emperor Penguins', www.antarctica.gov.au.

p.186–187 'Arctic summer 2018: September extent ties for sixth lowest', www.nsidc.org; Leahy, Stephen. 'Polar Bears Really Are Starving Because of Global Warming, Study Shows', www. nationalgeographic.com.

p.188–189 Beans, Carolyn. 'Lizard gets to grips with city life by evolving stickier feet', www.newscientist.com; Wiley, John P. Jr. 'When Monkeys Move to Town', www.smithsonianmag.com.

p.190–191 Blakemore, Erin. 'Ancient DNA Study Pokes Holes in Horse Domestication Theory', www.nationalgeographic.com; Kole, C. ed. *Oilseeds, Genome Mapping and Molecular Breeding in Plants*. (Heidelberg, Germany: Springer, 2007).

第5章 人間

p.196–197 'Australopithecus Afarensis', www.australianmuseum. net.au.; Gowlett, J. A. J. 'The Discovery of Fire by Humans: A Long and Convoluted Process.' *Philosophical Transactions of the Royal Society B: Biological Sciences* 371 (2016); Wayman, Erin. 'Becoming Human: The Evolution of Walking Upright', www. smithsonianmag.com.

p.198–199 'Anatomy of a Joint', www.stanfordchildrens.org; Neumann, Paul E. and Thomas R. Gest. 'How Many Bones? Every Bone in My Body.' *Clinical Anatomy* 33 (2020).

p.200–201 Briggs, Helen. 'DNA from Stone Age Woman Obtained 6,000 Years On', www.bbc.com; Fieldhouse, Sarah. 'We've Discovered a Way to Recover DNA from Fingerprints without Destroying Them', www.phys.org; 'What Is DNA?', www.ghr.nlm.nih. gov.

p.202–203 'Brain Basics: Genes At Work In The Brain', www.ninds. nih.gov; Kieffer, Sara. 'How the Brain Works', www. hopkinsmedicine.org; Martinez-Conde, Stephen L. and Susana

Macknik. 'How Magicians Trick Your Brain', *Scientific American*, www.scientificamerican.com.

p.204–205 Callaway, Ewen. 'Mona Lisa's Smile a Mystery No More', www.newscientist.com; Hwang, Hyi Sung and David Matsumoto. 'Reading Facial Expressions of Emotion', www.apa.org; 'Understanding the Stress Response', www.health.harvard.edu.

p.206–207 'Anatomy of the Eye', www.kelloggeye.org; 'How Does Loud Noise Cause Hearing Loss', www.cdc.gov; Munger, Steven D. 'The Taste Map of the Tongue you Learned at School is All Wrong', www.smithsonianmag.com.

p.208–209 Foley, Jonathan. 'Feeding 9 Billion', www.nationalgeographic.com; 'Food Loss and Food Waste', www.fao.org; Pariona, Amber. 'What Are the World's Most Important Staple Foods?', www.worldatlas.com.

p.210–211 Jahangir, Rumeana. 'How Does Black Hair Reflect Black History?', www.bbc.com; Keller, Alice and Terri Ottaway. 'Centuries of Opulence: Jewels of India', www.gia.edu; Schultz, Colin. 'In Ancient Rome, Purple Dye Was Made from Snails', www.smithsonianmag.com.

p.212–213 Armstrong, Karen. *A History of God.* (New York: Gramercy, 2004). Smith, Huston. *The World's Religions.* (New York: HarperOne, 2009).

p.214–215 Ferguson, R. Brian. 'War Is Not Part of Human Nature', www.scientificamerican.com; 'Medicine in the Aftermath of War', www.sciencemuseum.org.uk.

p.216–217 Jackendoff, Ray. 'FAQ: How Did Language Begin?', www.linguisticsociety.org; Lustig, Robin. 'Can English remain the "world's favourite" language?', www.bbc.co.uk; 'What are the top 200 most spoken languages?', www.ethnologue.com.

p.218–219 Boissoneault, Lorraine. 'How Humans Invented Numbers— And How Numbers Reshaped Our World', www.smithsonianmag.com; Mark, Joshua J. 'Cuneiform', www.ancient.eu; Schmandt-Besserat, Denise. 'The Evolution of Writing', www.utexas.edu.

p.220–221 Pettitt, P. B., et al. 'Hand Stencils in Upper Palaeolithic Cave Art', www.dur.ac.uk; Vergano, Dan. 'Cave Paintings in Indonesia Redraw Picture of Earliest Art', www.nationalgeographic.com.

p.222–223 'Music and the Brain: What Happens When You're Listening to Music', www.ucf.edu; 'Performing Arts (Such as Traditional Music, Dance and Theatre)', https://ich.unesco.org; 'William Shakespeare', www.bl.uk.

p.224–225 Longstaff, Alan. 'Calendars from Around the World', www.rmg.co.uk; 'Mystery of the Maya—Maya Calendar', www.historymuseum.ca; Stern, Sacha. *Calendars in Antiquity: Empires, States, and Societies.* (Oxford, UK: Oxford University Press, 2012).

p.226–227 'How Money is Made–Paper and Ink', www.moneyfactory.gov; Kishtainy, Niall. *A Little History of Economics.* (New Haven, CT: Yale University Press, 2017)（『若い読者のための経済学史』ナイアル・キシテイニー著、月沢李歌子訳、すばる舎、2018年）; 'Tonne Gold Kangaroo Coin', www.perthmintbullion.com.

p.228–229 Eleftheriou-Smith, Loulla-Mae. 'Magna Carta: What is it– and why is it still important today?', www.independent.co.uk.; Levack, Brian P. *The Witch-Hunt in Early Modern Europe.* (London, UK: Longman, 1987).

p.230–231 Beaubien, Jason. '"Floating Schools" Make Sure Kids Get To Class When The Water Rises', www.npr.org; 'Girls' Education', www.worldbank.org; Patrinos, Harry A. 'Why Education Matters for Economic Development', https://blogs.worldbank.org.

p.232–233 'Data on the future of work', www.oecd.org; Ferguson, Donna. 'From Dog Food Taster to Eel Ecologist', www.theguardian.com.

p.234–235 Geere, Duncan. 'Bionic Bolt: The Future of Performance Enhancing Sports Robotics', www.techradar.com; Solly, Meilan. 'The Best Board Games of the Ancient World', www.smithsonianmag.com.

p.236–237 Boomer, Ben. 'Ghaajj Navajo New Year', www.shamaniceducation.org; Crump, William D. *Encyclopedia of New Year's Holidays Worldwide.* (Jefferson, NC: McFarland, 2016)（『世界のお正月百科事典』ウィリアム・D・クランプ著、澤田治美監訳、石川久美子、大塚典子、児玉敦子訳、柊風舎、2018年）.

p.238–239 Ebenstein, Joanna. *Death: A Graveside Companion.* (London, UK: Thames & Hudson, 2017)（『死の美術大全：8000年のメメント・モリ』ジョアンナ・エーベンシュタイン編、北川玲訳、河出書房新社、2018年）; 'Egyptian Mummification', www.spurlock.illinois.edu.

第6章　古代と中世

p.244–245 Flood, Josephine. *The Original Australians: Story of the Aboriginal People.* (London, UK: Crows Nest, 2006); Macintyre, Stuart. *A Concise History of Australia.* (Cambridge, UK: Cambridge University Press, 2009).

p.246–247 Bottéro, Jean. *Everyday Life in Ancient Mesopotamia,* trans. Antonia Nevill. (Edinburgh, UK: Edinburgh University Press, 2001); Kramer, Samuel Noah. *History Begins at Sumer: Thirty-Nine Firsts in Man's Recorded History.* (Philadelphia, PA: University of Pennsylvania Press, 2001)（『歴史はスメールに始まる』サミュエル・ノア・クレマー著、佐藤輝夫、植田重雄訳、新潮社、1959年）; Kriwaczek, Paul. *Babylon: Mesopotamia and the Birth of Civilisation.* (London, UK: Atlantic Books, 2010).

p.248–249 Hunter, Erica C.D. *Ancient Mesopotamia.* (New York: Chelsea House, 2007); Rathbone, Dominic, ed. *Civilizations of the Ancient World: A Visual Sourcebook.* (London, UK: Thames & Hudson, 2009)（『古代文明の世界大図鑑：エジプト・メソポタミア・ギリシア・ローマ』ドミニク・ラズボーン編、玉嵜敦子訳、ガイアブックス、2010年）.

p.250–251 Chippindale, C. *Stonehenge Complete.* (London, UK: Thames and Hudson, 2004).

p.252–253 Loewe, Michael and Edward L. Shaughnessy, eds. *The Cambridge History of Ancient China: From the Origins of Civilisation to 221 BC.* (Cambridge, UK: Cambridge University Press, 1999).

p.254–255 *Oxford Encyclopedia of Ancient Egypt.* (Oxford, UK:

Oxford University Press, 2001).

p.256–257 Iles Johnston, Sarah ed. *Religions of the Ancient World.* (Cambridge, MA: Harvard University Press, 2004); Lloyd, Alan B., ed. *A Companion to Ancient Egypt.* (Chichester, UK: Wiley-Blackwell, 2010).

p.258–259 Conklin, William J. and Jeffrey Quilter. *Chavin: art, architecture and culture.* (Los Angeles: Cotsen Institute of Archaeology Press, 2008); Silverman, Helaine. *Ancient Nasca Settlement and Society.* (Iowa City: University of Iowa Press, 2002).

p.260–261 Craig, Robert D. *Handbook of Polynesian Mythology* (Santa Barbara: ABC-CLIO, 2004); Lal, Brij V. and Kate Fortune, eds. *The Pacific Islands: An Encyclopaedia.* (Honolulu: University of Hawaii Press, 2000).

p.262–263 Cartledge, Paul, ed., *The Cambridge Illustrated History of Ancient Greece.* (Cambridge, UK: Cambridge University Press, 2002); Speake, Graham, ed. *Encyclopedia of Greece and the Hellenic Tradition.* (London, UK: Fitzroy Dearborn, 2000).

p.264–265 Coe, Michael D. and Rex Koontz. *Mexico: From the Olmecs to the Aztecs.* (London, UK: Thames & Hudson, 2002); Foster, Lynn V. *Handbook to Life in the Ancient Maya World.* (Oxford, UK: Oxford University Press, 2005).

p.266–267 Harrison, Thomas, ed. *The Great Empires of the Ancient World.* (London, UK: Thames & Hudson, 2009); Potts, D. T. ed. *The Oxford Handbook of Ancient Iran.* (Oxford, UK: Oxford University Press, 2013).

p.268–269 Boardman, John. *The Oxford History Of Greece & The Hellenistic World.* (Oxford, UK: Oxford University Press, 2002); Konstam, Angus. *Historical Atlas of Ancient Greece.* (London, UK: Mercury Books, 2006).

p.270–271 Bosworth, A. B. *Conquest and Empire: the Reign of Alexander the Great.* (Cambridge, UK: Canto, 1993); Lane Fox, Robin. *Alexander the Great.* (London, UK: Penguin, 2004) (『アレクサンドロス大王　上下巻』ロビン・レイン・フォックス著、森夏樹訳、青土社、2001年).

p.272–273 Avari, Burjor. *India: The Ancient Past, A history of the Indian sub-continent from c. 7000 BC to AD 1200.* (Abingdon, UK: Routledge, 2007); Lahiri, Nayanjot. *Ashoka in Ancient India.* (Cambridge, MA: Harvard University Press, 2015); Singh, Upinder. *A History of Ancient and Early Medieval India.* (Delhi, India: Pearson Longman, 2008); Thapar, Romila. *The Penguin History of Early India. From the Origins to AD 1300.* (London, UK: Penguin, 2002).

p.274–275 Ebrey, Patricia Buckley ed. *The Cambridge Illustrated History of China.* (Cambridge, UK: Cambridge University Press, 2010).

p.276–277 Coarelli, Filippo. *Rome and Environs: An Archaeological Guide.* (Berkeley, CA: University of California Press, 2014); Wilson Jones, Mark. *Principles of Roman Architecture.* (New Haven, CT: Yale University Press, 2000).

p.278–279 Angold, Michael. *Byzantium: The Bridge from Antiquity to the Middle Ages.* (New York: St. Martin's Press, 2001); Mango, Cyril, ed. *The Oxford History of Byzantium.* (Oxford, UK: Oxford

University Press, 2002); Rosen, William. *Justinian's Flea: Plague, Empire and the Birth of Europe.* (London, UK: Penguin, 2008).

p.280–281 Miller, Joseph C. ed. *New Encyclopaedia of Africa.* (Farmington Hills, MI: Gale, 2008); Phillipson, David W. *Ancient Ethiopia: Aksum: Its Antecedents and Successors.* (London, UK: British Museum Press, 1998).

p.282–283 Dash, Mike. 'The Demonization of Empress Wu', (*Smithsonian* magazine, August 10, 2012); Lu, Yongxiang, ed. *A History of Chinese Science and Technology.* (London, UK: Springer, 2015).

p.284–285 Al-Hassani, Salim T. S., ed. *1001 Inventions: The Enduring Legacy of Muslim Civilization* (Washington, DC: National Geographic, 2012); 'The Elephant Clock', www.metmuseum.org.

p.286–287 Backman, Clifford R. *The Worlds of Medieval Europe.* (Oxford, UK: Oxford University Press, 2014). Bauer, Susan Wise. *The History of the Medieval World.* (New York: W. W. Norton, 2010).

第7章　近代

p.292–293 Campbell, Gordon. *The Oxford Illustrated History of the Renaissance.* (Oxford, UK: Oxford University Press, 2019) Paoletti, John T. and Gary M. Radke. *Art in Renaissance Italy.* (London, UK: Pearson, 2011).

p.294–295 'Asante Gold', www.vam.ac.uk; Sansom, Ian, 'Great Dynasties of the World: The Ethiopian Royal Family', www.theguardian.com; 'Wrapped in Pride', www.africa.si.edu.

p.296–297 Anderson, Maria. '5 Reasons the Inka Road is One of the Greatest Achievements in Engineering'. www.insider.si.edu; Cossins, Daniel. 'We thought the Incas couldn't write. These knots change everything', www.newscientist.com; 'Heilbrun Timeline of Art History. Tenochtitlan', www.metmuseum.org; Mavrakis, Emily. 'Ominous new interpretation of Aztec sun stone', www.floridamuseum.ufl.edu.

p.298–299 Fernandez-Armesto, Felipe. *Pathfinders: A Global History.* (New York: W. W. Norton, 2006) Worrall, Simon. 'How the Discovery of Two Lost Ships Solved an Arctic Mystery', www.nationalgeographic.com; 'Zheng He' exploration.marinersmuseum.org

p.300–301 Boissoneault, Lorraine. 'The True Story of the Koh-i-Noor Diamond And Why the British Won't Give It Back', www.smithsonianmag.com; 'Taj Mahal Architecture with Design and Layout', www.tajmahalinagra.com.

p.302–303 Gordon, Andrew. *A Modern History of Japan.* (Oxford, UK: Oxford University Press, 2019) (『日本の200年　徳川時代から現代まで』アンドルー・ゴードン著、森谷文昭訳、みすず書房、2006年); 'Kabuki Actors: Masterpieces of Japanese Woodblock Prints' (from the Collection of the Art Institute of Chicago, www.artic.edu) 1988.

p.304–305 Machemer, Theresa. 'Spanish Conquistadors Stole This Gold Bar From Aztec Emperor Moctezuma's Trove', www.smithsonianmag.com; Pringle, Heather. 'How Europeans Brought Sickness to the New World', sciencemag.org Townsend, Camilla.

Fifth Sun: A New History of the Aztecs. (New York: Oxford University Press, 2020).

p.306–307 'French and Indian War/Seven Years War 1754–63', www.history.state.gov; 'The Mayflower Story', www.mayflower400uk.org; 'The Pocahontas Archive', www.digital.lib.lehigh.edu.

p.308–309 Hochschild, Adam. *Bury the Chains: the British Struggle to Abolish Slavery.* (London, UK: Macmillan, 2005); 'Slavery and Freedom', www.nmaahc.si.edu; Thomas, Hugh. *The Slave Trade.* (London, UK: Weidenfeld & Nicolson, 2015).

p.310–311 'Boston Tea Party History', www.bostonteapartyship.com; 'Enlightenment', www.plato.stanford.edu; 'Touissant Louverture', www.slaveryandremembrance.org.

p.312–313 Hajar, Rachel. 'History of Medicine Timeline', www.ncbi.nlm.nih.gov; Hernandez, Victoria. 'Photograph 51, by Rosalind Franklin', www.embryo.asu.edu; *Medicine: The Definitive Illustrated History.* (London, UK: DK Publishing, 2016).

p.314–315 Stearns, Peter N. *The Industrial Revolution in World History.* (New York: Routledge, 2018); Weightman, Gavin. *The Industrial Revolutionaries.* (New York: Grove Press, 2007).

p.316–317 'Cher Ami', www.americanhistory.si.edu; 'First World War', www.iwm.org.uk; Gregory, Adrian. *The Last Great War: British Society and the First World War.* (Cambridge, UK: Cambridge University Press, 2008); Howard, Michael. *The First World War.* (Oxford, UK; Oxford University Press, 2002)（『第一次世界大戦』マイケル・ハワード著、馬場優訳、法政大学出版局、2014年）; 'Medicine in the First World War', www.kumc.edu.

p.318–319 Neuman, Joanna. *And Yet They Persisted.* (Hoboken, NJ: Wiley-Blackwell, 2020); 'Women and the Vote', www.parliament.uk.

p.320–321 Chang, Jung and Jon Halliday. *Mao.* (New York: Knopf, 2005)（『マオ　誰も知らなかった毛沢東』ユン・チアン、ジョン・ハリデイ著、土屋京子訳、講談社、2005年）; Sperber, Jonathan. *Karl Marx, A Nineteenth Century Life.* (New York: Liveright Publishing Corporation, 2013)（『マルクス　ある十九世紀人の生涯』ジョナサン・スパーバー著、小原淳訳、白水社、2015年）.

p.322–323 'Walt Disney'. moma.org; Spivack, Emily. 'The History of the Flapper', www.smithsonianmag.com; Taylor Redd, Nola. 'Charles Lindbergh and the First Solo Transatlantic Flight', www.space.com.

p.324–325 Carter, Ian. 'The German Lightning War Strategy of the Second World War', www.iwm.org.uk; Holmes, Richard, ed. *World War II The Definitive Visual Guide.* (London, UK: DK Publishing, 2009); 'Life in Shadows: Hidden Children and the Holocaust', www.ushmm.org.

p.326–327 'Soviet Invasion of Czechoslovakia', www.history.state.gov; 'The Soviet Space Program', www.nationalcoldwarexhibition.org; 'Why China Rents Out Its Pandas', www.economist.com.

p.328–329 Kennedy, Dane Keith. *Decolonization.* (Oxford, UK: Oxford University Press, 2016)（『脱植民地化　帝国・暴力・国民国家の世界史』デイン・ケネディ著、長田紀之訳、白水社、2023年）; Mahaffey, James. *Atomic Awakening.* (New York: Pegasus Books, 2009); Shipway, Martin. *Decolonization and Its Impact.* (Malden, MA: Blackwell, 2008).

p.330–331 Conwill, Kinshasha Holman, ed. *Dream a World Anew.* (Washington, DC: Smithsonian Books, 2016); Sampson, Anthony. *Mandela.* (New York: Vintage Editions, 2000)（『マンデラ　闘い・愛・人生』アンソニー・サンプソン著、濱田徹訳、講談社、2001年）; 'Sorry Rocks', www.environment.gov.au.

p.332–333 'Malala's Story', www.malala.org; Regan, Helen and Sharif Paget. 'Ethiopia plants more than 350 million trees in 12 hours', www.edition.cnn.com.（「12時間で3億5千万本超の植樹、エチオピアで世界記録」https://www.cnn.co.jp/world/35140600.html）

p.334–335 'Countries', www.europa.eu; 'Member Countries', thecommonwealth.org; 'Member States', www.un.org.

第8章　現在とこれから

p.340–341 Cumming, Vivien. 'How many people can our planet really support?', www.bbc.co.uk; Khandelwal, Rekha. 'McDonald's Global Presence and the Three-Legged Stool', marketrealist.com; Roser, Max, Hannah Ritchie, and Esteban Ortiz-Ospina. 'World Population Growth', ourworldindata.org; Spence, Michael. *The Next Convergence.* (New York: Farrar, Straus and Giroux, 2011)（『マルチスピード化する世界の中で　途上国の躍進とグローバル経済の大転換』マイケル・スペンス著、土方奈美訳、早川書房、2011年）.

p.342–343 Harford, Tim. 'The simple steel box that transformed global trade', www.bbc.co.uk; Statista Research Department. 'Container Shipping—Statistics & Facts', www.statista.com.

p.344–345 'Demographia World Urban Areas 16th Annual Edition 2020.04', www.demographia.com; Hodgson, Geoffrey M. 'What the world can learn about equality from the Nordic model', theconversation.com; The World Bank. 'Nearly Half the World Lives on Less than $5.50 a Day', www.worldbank.org.

p.346–347 Reuters/ABC. 'Arctic "doomsday" seed vault welcomes millionth variety amid growing climate change concerns', www.abc.net.au; World Health Organisation. 'Global hunger continues to rise, new UN report says', www.who.int.

p.348–349 Firstenberg, Arthur. *The Invisible Rainbow.* (White River Junction, VT: Chelsea Green Publishing, 2020)（『電気汚染と生命の地球史　インビジブル・レインボー』アーサー・ファーステンバーグ著、増川いづみ監修・解説、柴田浩一訳、ヒカルランド、2022年　）; www.littlesun.com; Quak, Evert-jan. 'The costs and benefits of lighting and electricity services for off-grid populations in sub-Sahara Africa', assets.publishing.service.gov.uk.

p.350–351 'Figures at a Glance', www.unhcr.org; Firth, Niall. 'How to Fight a War in Space (and Get Away with It)', www.technologyreview.com; 'Hunger Used as a Weapon of War in Yemen, Experts Say', www.actionagainsthunger.org.

p.352–353 Milanovic, Branko. *The Haves and the Have-Nots.* (New York: Basic Books, 2010)（『不平等について　経済学と統計が語る26の話』ブランコ・ミラノヴィッチ著、村上彩訳、みすず書房、2012年）; 'The richest in 2020', www.forbes.com; Warren, Katie. '13 countries that have only one billionaire', www.businessinsider.com.

(「世界に2153人いるビリオネアが、1人しかいない13カ国」https://www.businessinsider.jp/post-202499)

p.354-355 '11 Most Eco-Friendly Cities of the World', interestingengineering.com; Broom, Douglas. '6 of the world's 10 most polluted cities are in India', www.weforum.org; Kolb, Elzy. '75,000 people per square mile? These are the most densely populated cities in the world', eu.usatoday.com.

p.356-357 'The birth of the web', home.cern; Gralla, Preston. *How the Internet Works*. (London, UK: Que, 2006)(『新・イラストで読むインターネット入門』プリストン・グラーラ著、石田晴久監訳、鷲谷好輝訳、インプレス、1997年); Zimmermann, Kim Ann and Jesse Emspak. 'Internet History Timeline: ARPANET to the World Wide Web' www.livescience.com.

p.358-359 Hutchinson, Andrew. 'People Are Now Spending More Time on Smartphones Than They Are Watching TV', www.socialmediatoday.com; Nimmo, Dale. 'Tales of Wombat "Heroes" Have Gone Viral. Unfortunately, They're Not True', www.theconversation.com.

p.360-361 Arrighi, Valeria. 'Five Synthetic Materials with the Power to Change the World', www.scitechconnect.elsevier.com; McFadden, Christopher. 'Inspired by Nature but as Tough as Iron: Metal Foams', www.interestingengineering.com.

p.362-363 Berger, Michele W. 'A Wearable New Technology Moves Brain Monitoring from the Lab to the Real World', www.medicalxpress.com; Nawrat, Allie. '3D Printing in the Medical Field: Four Major Applications Revolutionising the Industry', www.medicaldevice-network.com; 'Robotic Surgery', www.mayoclinic.org.

p.364-365 Brynjolfsson, Erik and Andrew McAfee. *The Second Machine Age*. (New York: W. W. Norton, 2016)(『ザ・セカンド・マシン・エイジ』エリック・ブリニョルフソン、アンドリュー・マカフィー著、村井章子訳、日経BP社、2015年); Goddard, Jonathan. 'Alumna Rana El Kaliouby named in BBC's 100 influential women of 2019', www.cst.cam.ac.uk; Reese, Byron. *The Fourth Age*. (New York: Atria Books, 2018)(『人類の歴史とAIの未来』バイロン・リース著、古谷美央訳、ディスカヴァー・トゥエンティワン、2019年); Shapiro, Jordan. *The New Childhood*. (New York: Little, Brown Spark, 2018)(『ニュー・チャイルドフッド つながりあった世界で生きる知恵を育む教育』ジョーダン・シャピロ著、関美和、村瀬隆宗訳、NTT出版、2021年); 'Smart Motorways – What Are They and How Do You Use Them?', www.rac.co.uk.

p.366-367 'How Big Is the Great Pacific Garbage Patch? Science vs. Myth', www.response.restoration.noaa.gov; 'Methane: The Other Important Greenhouse Gas', www.edf.org; Nunez, Christina. 'Desertification, explained', www.nationalgeographic.com.

p.368-369 Aldhous, Peter. 'We Are Killing Species at 1000 Times the Natural Rate', www.newscientist.com; Kolbert, Elizabeth. *The Sixth Extinction*. (London, UK: Bloomsbury, 2014)(『6度目の大絶滅』エリザベス・コルバート著、鍛原多惠子訳、NHK出版、2015年).

p.370-371 'The IUCN Red List of Threatened Species', www.iucnredlist.org(「IUCN絶滅危惧種レッドリスト」https://www.iucnredlist.org/ja/); Platt, John R. 'Bornean Orangutan Now Critically Endangered', www.blogs.scientificamerican.com; Sartore, Joel. *The Photo Ark*. (Washington, DC: National Geographic, 2019)(『動物の箱船 絶滅から動物を守る撮影プロジェクト』ジョエル・サートレイ著、関谷冬華訳、日経ナショナルジオグラフィック、2017年).

p.372-373 'Could the Domino Effect of Climate Change Impacts Knock Us into "Hothouse Earth"?', www.eia-international.org; Lenton, Timothy M., et al. 'Climate Tipping Points—Too Risky to Bet Against', www.nature.com; Nunez Christina. 'What is global warming, explained', www.nationalgeographic.com.

p.374-375 Dunne, Daisy. 'Explainer: Six ideas to limit global warming with solar geoengineering', www.carbonbrief.org; Gore, Al. *An Inconvenient Truth*. (New York: Rodale Books, 2006)(『不都合な真実』アル・ゴア著、枝廣淳子訳、ランダムハウス講談社、2007年); 'Is it too late to prevent climate change?', www.climate.nasa.gov; Klein, Naomi. *This Changes Everything*. (New York: Simon & Schuster, 2014)(『これがすべてを変える 資本主義vs.気候変動／上下巻』ナオミ・クライン著 幾島幸子、荒井雅子訳、岩波書店、2017年); Milman, Oliver 'Greta Thunberg Condemns World Leaders in Emotional Speech at UN', www.theguardian.com; Wallace-Wells, David. *The Uninhabitable Earth*. (New York: Tim Duggan Books, 2020)(『地球に住めなくなる日 「気候崩壊」の避けられない真実』デイビッド・ウォレス・ウェルズ著、藤井留美訳、NHK出版、2020年).

p.376-377 Humpert, Malte. 'Russia's Brand New Nuclear Icebreaker "Arktika" to Begin Sea Trials', www.highnorthnews.com; 'What Is Nuclear Power and Energy?', www.nuclear.gepower.com.

p.378-379 Hartley, Gary. 'What Role Does Biomass Have to Play in Our Energy Supply?', www.energysavingtrust.org.uk; Shinn, Lora. 'Renewable Energy: The Clean Facts', www.nrdc.org.

p.380-381 Carr, Nicholas. *The Shallows*. (New York: W. W. Norton, 2010)(『ネット・バカ インターネットがわたしたちの脳にしていること』ニコラス・G・カー著、篠儀直子訳、青土社、2010年); Cronon, William. *Nature's Metropolis*. (New York: W. W. Norton, 1992); Demtriou, Steven J. 'We Can Build Cities Fit for the Future—but We Need to Think Differently', www.weforum.org; Dobraszczyk, Paul. *Future Cities*. (London, UK: Reaktion Books, 2019); Garfield, Leanna. 'These Will Be the World's Biggest Cities in 2030', www.businessinsider.com(「2030年、世界最大の都市圏は?」https://www.businessinsider.jp/post-171089); Giemann, Holly. 'Vincent Callebaut's 2050 Vision of Paris as a 'Smart City'', www.archdaily.com.

p.382-383 Anumanchipalli, Gopala K., Josh Chartier and Edward Chang. 'Speech synthesis from neural decoding of spoken sentences,' *Nature* 568 (2019); Walsh, Fergus. 'Woman receives bionic hand with sense of touch', www.bbc.co.uk.

用語集

＜あ行＞

アストロラーベ
恒星や惑星の地平線上の方位や高さを調べる昔の道具。天文学や航路の決定のために使われていた。

アミノ酸
たんぱく質を構成する、窒素をふくむ小さな分子で、全部で20種類存在する。

アルカリ
水にとけて酸と反応し、塩をつくる化学物質。多くは苦い味がする。

イオン
電子を受けとったり、放出したりした原子。イオン化した原子では、陽子の数と電子の数が異なる。

イオン結合
他の原子と電子を受け渡しすることで、結びつく化学結合。

遺伝学
身長や目の色などの特徴がどのように親から子へ受けつがれるかなど、遺伝子とその影響を研究する学問。

遺伝子
体のほぼすべての細胞にある数万種類の「指示書」の1つ。どんなふうに成長するか、どんな見かけになるかをコントロールする。遺伝子の半分はお母さんから、もう半分はお父さんからもらう。遺伝子はDNAと呼ばれる物質でできている。

いのり
神に助けを求めたり、お礼を言ったり、神をほめたたえるために話しかける言葉。聖人などに向けていのりをささげることもある。宗教の礼拝のときに神に向けて話す決まり文句もいのりだ。

入れ墨
墨などの顔料を使って、はだにいつまでも残るように模様や図案をえがいたもの。

インフラ（インフラストラクチャー）
交通機関や上下水道、発電所など、現代社会の維持に必要な設備。普通は政府がつくり、公共のものとなる。

ウイルス
人や動物、植物の病気の原因になる小さな粒子。風邪、インフルエンザ、新型コロナウイルス感染症など、多くの病気を引き起こす。細菌より小さく、生きている細胞に侵入してその細胞を利用して増える。

宇宙探査機
宇宙のある範囲について調べるために、宇宙空間に送りこまれる、人間が乗らない機械。調べたデータは、地球に送信される。

腕
渦巻銀河の中心部から、渦を巻くように外にのびる明るい部分。

うるう年
暦を、太陽年（地球が太陽の周りを1周する時間）に合わせるため、1年の日数を増やす年。通常1年は365日とされるが、太陽年が365.25日のため、うるう年をつくらなければ、暦がずれてしまう。現在、多くの国で標準とされているグレゴリオ暦では、4年に1度、2月に1日加えたうるう年をつくって、1年を366日としている。

永久凍土
いつまでもこおったままの大地。北極や南極地域でよく見られる。

衛生
特にきれいな飲み水を提供したり、安全なごみ処理の方法を広めたりすることで、人間の住む環境を清潔で健康に保つこと。

衛星
惑星の周りを回る自然または人工の物体。人工の衛星は普通、人工衛星と呼ばれる。天然の衛星は、月とも呼ばれる。

栄養分
食べ物にふくまれるビタミンやミネラルなどの物質のことで、体が働くのを助ける。

エネルギー
仕事をする、つまり、ものを動かす力。位置エネルギー、運動エネルギー、熱エネルギー、電気エネルギー、化学エネルギー、核エネルギーなどの種類がある。いずれも、運動にかかわる。たとえば、動いている物体は、運動エネルギーをもつ。また、止まっている物体は、位置エネルギーをもつ。ものからものへと移動する熱もエネルギーであり、熱エネルギーと呼ばれる。

ＬＧＢＴＱ＋
「レズビアン、ゲイ、バイセクシャル、トランスジェンダー、クィア、その他」の略。

エントロピー
ある範囲の中の、乱れ具合や複雑さを表す量。化学反応は、エントロピーが増大する方向に進む。

大あご
アリなどの昆虫のかむための部分。

おしべ
花の中にあるオスの器官で、花粉をつくる。

オセアニア
オーストラリア、ニュージーランド、

太平洋上の小さな島々をすべてふくむ地理学的地域。

温室効果ガス

温室効果の原因となる、すべてのガス。地表から放射される熱エネルギーが、温室効果ガスによって閉じこめられるため、大気の温度が本来よりも上昇する。温室効果ガスには、二酸化炭素やメタンなどがあるが、どちらも人間によって排出量が増えているため、地球温暖化が進んでいる。

温度

どれくらい温かいか、冷たいかを表す度合い。摂氏（Cまたは℃）という単位で表す。普通の条件では、混じり気のない水の氷点は0℃で沸点は100℃だ。

＜か行＞

解読

知らない言語で書かれた単語や文章などの意味を明らかにすること。

核

原子の質量の大半をしめる中心部の原子核や、細胞の中心にある細胞核などを表す。

核融合

水素などの軽い元素の原子核同士が合体して、重い元素の原子核になること。

革命

多くは反乱などの暴力によって、政治が突然変わること。

過激派

特に政治や宗教について、行きすぎた考え方をする人。

化石

ずっと昔に死んだ生きもの（植物や動物）や、その生きものが残したあと（足あとなど）が地面の中に保存されたもの。

化石燃料

石炭や石油、天然ガスなど、地面の中に存在する燃料。はるか昔に生きていた生物や植物が、もとになっている。

可塑性

物体を引っぱったり、おしつぶしたりしても、ちぎれたり元の形に戻ったりせずに変形し、そのまま変形したあとの形を保とうとする性質。

カモフラージュ／擬態

動物が自分の体の色や模様を、周りのものに似せること。

かんがい

作物を育てるために、田や畑に水を引くこと。

間欠泉

火山地帯で、時間をおいて噴出する温泉。

慣性

物体が止まったままでいようとしたり、今の運動を続けようとしたりする性質。

環流

海洋の広い範囲に渡って大きな円をえがくように流れる海流。

キーストーン種（中枢種）

特定の生息地にとって重要な生物種のことで、その種がいなくなると生息地がすっかり変わってしまうもの。

ききん

自然災害や戦乱などで大規模な食糧不足が起こり、飢餓が広まる状況のこと。

気候変動

天気が自然に変わるのとはちがい、地球全体の気候が変わっていく状態。

儀式

公式なもよおしものや決まり事。たとえば、宗教の一部として、または何かを祝うために行われる。

貴族

公爵、男爵などのように、社会の中で他の人たちより高い地位をあたえられた人たち。

気体（ガス）

物質の状態の1つ。物質を構成する原子や分子が、たがいに結びついている液体や固体とにちがい、それぞれ自由に動き回っている状態を指す。

軌道

惑星や衛星、人工衛星など、宇宙に存在する天体が、重力によって、自分より大きな天体の周りを回る道筋。

共産主義

個人ではなく社会全体や政府が工場や土地を所有するという国の運営のしかた。生み出された財産は全員で共有し、分け合うことになっている。

共有結合

原子同士が、複数の電子を共有することで結びつく化学結合。

クォーク

陽子と中性子をつくる小さな粒子。

屈折

空気中を進む光が水の中に入るときのように、ある物質の中を進んでいた波が、別の物質の中に入るときに、進行方向が変わる現象。

君主制
1人の人物が支配する制度で、その多くは王や女帝などの王族が支配者だ。

経済
国や地域、あるいは世界全体で生産され消費される物とサービスの全体の仕組み。

ケイ酸塩
岩石など、ケイ素と酸素を主成分とする物質全体を指す。地球の地殻は、主にケイ酸塩岩石で構成されている。

啓蒙思想
1700年代にヨーロッパで始まった考え方で、理性や論理、科学を使って社会や政治の問題を解決することをねらいとするもの。

結晶
原子や分子が、空間の中で規則正しく配列している固体。

原子
物質を構成する基本的な単位。原子の中心部には、小さな原子核がある。原子核は重く、プラスの電荷をもつ。その周りを、マイナスの電荷をもつ軽い電子が飛び回っている。

原生生物
核のある細胞をもつが、動物や植物、菌類ではない生物。ほとんどの原生生物は顕微鏡がないと見えず、海のプランクトンの仲間に見られるような単細胞生物だ。

元素
同一の原子だけからなる、基本的な化学物質。

原料
ものをつくるために使われる天然の物質。たとえば、ガラスの原料は砂だ。

後継
だれかが死んだ場合などに、その人から何かを受けつぐこと。受けつぐものは王や公爵などの称号のこともあれば、事業や技術、住居や財産、そのすべてのこともある。これらを受けつぐ人のことを後継者という。

光合成
緑色の植物が、太陽の光を使って、生きるために必要な栄養をつくる仕組み。

考古学者
昔の貨幣や墓、建物のあとなどを調べて、古い時代の人間の社会について研究する人。

鉱石
事業として採掘する価値のある金属を含む鉱物。

公転
太陽の周りを回る惑星などが軌道上を1周すること。

鉱物
一定の化学成分をもつ自然の物質で、生物ではないもの。鉱石など。

公民権
選挙権などの政治的権利のほか、個人の自由と、同じ社会の中で他の人と平等にあつかわれることを求める権利などを指す。

個眼
昆虫の目をつくっている1つ1つの部分。個眼が集まってできる目は複眼と呼ばれ、数千個の個眼からできているものもある。

コマ
彗星の頭部を取り巻く、ガスと小さな粒子。彗星が太陽に近づき、温められることで発生する。

＜さ行＞

再生可能
なくならず、何度でもくり返し使えること。太陽光や風力などのエネルギー源に対して使われることが多い。

細胞
生命体の一番小さな単位で、膨大な数が集まって人間やその他の生きものの体をつくっている。皮膚細胞、神経細胞など。

作物
食べるために育てる植物。

酸
他の物質と反応すると、水素イオンを放出する化学物質で、反応しやすく、水にとけることが多い。多くはすっぱい味がする。

酸化
物質が酸素と結びつくこと。物質が電子を失う化学反応のことも、酸化という。

参政権
国民が政治に参加する権利。主に選挙権などを指す。

紫外線
人間には見えないが、昆虫など他の動物には見える光の一種。

磁気
鉄などに見られる、他の物体を引きつけたり、遠ざけたりする性質。電気と深い関わりをもつ。

識字
読み書きできること。

試作品
機械や装置を大量生産する前に、うまく動くかどうか確かめるために作って

みたもの。

事象の地平面
ブラックホールと外部との境界面。事象の地平面より内側に入ると、重力がとても強く、光でさえ出てこられないため、何も見えず、中で起きていることを知ることはできない。

使節
何かを行うために公式に派遣される人たちのグループ。たとえば、宗教を広めるために送られる信者など。

自然淘汰
生物の種の中で一番成功した個体が一番生き残りやすくなるため、その遺伝子が子に伝えられて進化していくこと。

湿度
しめり気。特に、空気中にふくまれる水分の量を表す。空気がふくむことのできる、最大の水分量に対する割合は、相対湿度と呼ばれる。空気中の水分は、その最大の水分量をこえると、水や氷として表出する。温かい空気は、冷たい空気よりも、多くの水分をふくむことができる。

支点
てこの回転運動を支える、固定された点。

資本主義
お金や富のあつかい方の1つで、政府ではなく個人の企業が産業や事業を行い、他の企業と競争する仕組み。

指紋
指先の内側にある模様のこと。また、その模様がものについてあとに残ったしるし。

社会主義
より平等に財産が行き渡る社会をつく

ろうとする方法。

周波数
波の種類に関係なく、1秒間に繰り返される波の数。

重力
宇宙のすべての物質に作用する、物質同士を引きよせる力。たとえば、人間と地球や、地球と太陽との間に働いている。

受粉
花のめしべに花粉が運ばれ、受精すること。受精すると種が発達する。

巡礼
宗教に関係のある場所や寺院を訪れるための長い旅。

昇華
温められた固体が、液体になることなく、いきなり気体になる現象。

象形文字
単語またはひと続きの言葉を表す絵。最初のころの文字には象形文字がよく使われた。

条約
2つ以上の国やグループの間で結ばれる、法律にもとづいた取り決め。

小惑星
太陽の周りを回る、惑星より小さな岩石の天体。きれいな球形ではなく、表面がごつごつしているものが多い。

触媒
みずからの構造を変えずに、化学反応をうながす作用をもつ物質。

植物プランクトン
海の表面の層にういている、顕微鏡がないと見えない植物のような生物。海

の生態系にとって主な食料源だ。

植民地
ある国に他の国からやってきた人たちがつくった都市や住んだ地域。植民地の支配には普通、入植者の出身国がかかわっている。

進化
多くの世代をかけて、ある生物の集団の遺伝子の構成が変化すること。

人工
人間の手によって、つくられること。

神社／神殿／寺院
特定の宗教の信者があがめたりいのったりする神聖な場所や建物。

人種差別
人種を理由にある人に対して他の人とちがったあつかい方をすること。たとえばあたえる権利を少なくするなど。

侵食
風や水などによって土地がけずりとられて、そのかけらが別の場所に運ばれること。

神聖
特定の宗教によってあがめられたり、特別だとみなされたりすること。

振動
ゆれたりふるえたりする動き。

神話
昔は本当だと信じられていた古い物語のことで、特に、神や女神が登場するものや、地球や空などがどのようにしてつくられたのかを説明するもの。また、特定の古代文明や民族に属する伝説。

推定
実際とはちがうこともある、おおよその数や量。

水道
地域のあちこちに水を引くための構造物。たとえば、飲み水を都市にもってくるために作られる。水道には谷を渡る橋もふくまれることが多い。

ストロマトライト
光合成を行う細菌によって、水中で少しずつ石の層がつくられて積み重なったもの。

スモッグ
本来は、けむりときりが入り混じったものを意味する。今では、健康に害を及ぼすとされる汚染物質がつくる大気中のかすんだ層を指すことが多い。

生息地／生育地
特定の種類の動物、植物、その他の生命体が生きるのに適した地域。

生態学
生きものとその周りの環境との関係を研究する学問。

生態系
特定の生息地で暮らす生きもの全体のこと。また、生きもの同士や、生きものと物理的環境が交流する仕組み。

生物群系
砂漠や雨林など、生息地の主な種類のことで、世界各地の気候が似ている場所に見られる。

生物量
1つの生息地内の生物の総量（総重量）、あるいは1つの生物種またはグループの総量。

性別
ある人が男と女のどちらであるかということ（どちらとも自認しないこともある）。

生命体／生きもの／生物
生きているもののことで、細菌から人間までふくまれる。

赤外線
人間の目では見ることができない電磁波の1種で、熱を伝える。

脊椎動物
魚類、鳥類、ほ乳類など、背骨をもつ動物。

赤道
地球を北半球と南半球に分けるように、地球の周りをぐるりと1周引いた、理論上の線。

先史時代
書かれた記録より前の時代のこと。この時代は場所によってちがう。

先住民
ある場所にもともと住んでいた人たちとその子孫。

ソーラーパネル
太陽の光を吸収して、熱を生み出したり、電気をつくったりする装置。

祖先
おばあさんのおばあさんなど、もう生きていない親戚。また、ある人々の集団全体の昔の世代のことも指す。

ソビエト連邦
正式にはソビエト社会主義共和国連邦（USSR）で、1917年にロシア皇帝（ツァーリ）が失脚した後、ユーラシア大陸北部に誕生した大国。1922年に成立し、冷戦が終わるとともに、1991年に崩壊した。

〈た行〉

ダークエネルギー
宇宙のエネルギーの大半をしめ、宇宙の膨張を加速させていると考えられている、正体不明のエネルギー。

大気
多くの惑星や衛星、恒星の周りにある気体の層。

代謝
生命体の細胞内部の化学反応のことで、生きたり成長したりするために必要なエネルギーを生み出す。

大聖堂
司教が勤めるキリスト教の教会で、大きなものが多い。

太陽風
太陽からふきだされる、小さな粒子の高速の流れ。主に電子と陽子からなる。

大陸
地球上にある、大きな一続きの陸の地域。7つの大陸は大きい順に、アジア、アフリカ、北アメリカ、南アメリカ、南極、ヨーロッパ、オーストラリアだ。

大量輸送機関
1度に多くの人を運ぶことができる、鉄道などの輸送手段。

卓越風
ある地方で、1年を通して、ほぼ同じ方向からふく風のこと。赤道近くの暖かい地方でふく貿易風が、その1つ。

多細胞
多くの細胞でできた体をもつこと。動物と植物は多細胞だが、細菌はちがう。

断食
宗教的理由などで、みずから進んで食べ物を食べずに過ごすこと。

炭水化物
炭素と水素、酸素が結びついた化合物。砂糖、でんぷん、セルロースなどがある。

炭素年代測定
ある物体にふくまれる、炭素の放射性同位体の量を調べることで、その物体がどれだけ古いものなのかを特定する方法。

地下水
岩石や鉱物に吸収されなかった地面の中の水。

地球温暖化
地球の大気と海水の平均温度が上がること。科学的調査によると、地球温暖化は現在進行中で、まず間違いなく大気中の温室効果ガスが引き起こしている。

中性子
ほとんどの原子の原子核に見られる、電荷をもたない亜原子粒子。

超音波
人間の耳で聞こえる範囲よりも上にある周波数の高い音。

津波
海底で発生した地震や、火山の噴火、地すべりなどによって引きおこされる、高速で進む強力な海の波。海岸に近づくにつれて波は高くなり、海岸付近の地域に、とても大きな被害をもたらす。

低周波音
人間の耳で聞こえる範囲よりも下にある低い周波数の音。

適応
外部の環境に合うように、生物が変化していくこと。

哲学
人間は何のために存在するのか、あるいは物事についてどうしたら確かな知識を手に入れられるのかなど、人生の基本的な疑問について深く考えること。

テロリズム
凶悪な犯罪を起こして人々をこわがらせるなど、恐怖によって社会を変えようとすること。

電子
原子核の周りを回っている、マイナスの電荷をもつ粒子。

電子顕微鏡
光ではなく電子線をあてて、拡大する顕微鏡。光をあてる普通の顕微鏡より、ずっと小さなものを見ることができる。

電磁波
光の速さでエネルギーを伝える波。可視光線、赤外線、電波、X線などがある。

伝説
本当の話にもとづいているかもしれないし、そうでないかもしれない大昔の物語。

天文学
惑星や恒星、宇宙空間のすべてをふくむ、地球の外にある宇宙を研究する学問。

同位体
同一元素の原子のうち、原子核にふくまれる陽子の数は同じだが、中性子の数が異なる原子。多くの場合、同一元素において、複数の同位体が存在する。

投資家
のちに利益が返ってくることなどを期待して、ある計画にお金を出す人や企業。

導体
電気を通しやすい物質。

冬眠
冬の間動物が活動しなくなり、体の作用がゆっくりになる状態。

特異点
密度が無限大になる1点。どのような現象が起こるか、今の物理学ではわかっていない。ブラックホールの中心部に、特異点だあると考えられている。

独裁者
権力を制限されずに国を支配する人。

独立
ある国や領土を他の国が一部または完全に支配するのではなく、自分たちで管理するようになること。

ドルメン
先史時代に造られた建造物で、2つ以上の直立する石の上に1つの大きな石をのせたもの。

奴隷制度廃止
奴隷制度をやめること。イギリスでは1834年に奴隷制度が廃止された。

＜な行＞

流れ星
宇宙空間から地球の大気圏に高速で突入して、かがやく尾をつくりながら地表に向かって落下している小さな岩石。地表に落ちたものは、いん石と呼ばれる。小惑星のかけらが地球の大気圏に突入して、流れ星となる。

399

ナショナリズム
国や国民に強い愛着を持つ政治思想。

難民
危険からのがれるために別の国ににげた人。

入植者
新しい地域に移り住む人。

熱水
地下の岩盤をめぐる熱湯のこと。熱水噴出孔は海の底から熱湯がふき出している場所。

農業
土作りをし、作物を育てたり、家畜を育てたりする仕事。

＜は行＞

バズる
ある話題や画像がインターネット上で何万回、何百万回と取り上げられること。

バルカン半島
ヨーロッパ南東部にある、さまざまな民族や文化が混じり合ってきた地域。アルバニア、ブルガリア、セルビアなどいくつかの国々がふくまれる。

半球
球の半分のこと。地球の北半球や南半球など。

犯罪
法律に反し、国がばつをあたえる行い。

反物質
この世に存在する普通の物質とは反対の性質をもつ物質。普通の物質に比べて、本当にわずかしか存在しない。反物質の原子核はマイナス、電子はプラスの電荷をもつ。物質と反物質が衝突

すると2つとも消え、エネルギーが発生する。

微生物
細菌、原生生物、酵母など、顕微鏡がないと見えない生命体。

氷河
氷ぼうや高い山脈から流れ落ち、ゆっくり動く大きな氷の「川」。

標高
海面からの高さ。

表層／サンライトゾーン
海洋の最も上に位置する、海面から深さ200mぐらいまでの層。

表面張力
液体の表面を小さな物がつきぬけないように働く力。

ピラミッド
数学では、正方形の底面と、1つの頂点に向かってかたむく三角形の側面をもつ立体。古代エジプトや古代マヤの建物にこのような形をしたものがある。

ファラオ
古代エジプトの支配者のことで、神としてあがめられた。

風化
地表の岩石が、次第に細かくくだけていく現象。凍結や、雨にふくまれる化学物質が影響する。

フェロモン
動物がつかう相手を引きよせたり、危険を警告したりするために、同じ種の他の動物に届くように放出される化学信号。

不純物
よぶんな物質。科学研究のためのサン

プルや、飲み水などにも、多くの場合自然とふくまれる。

ふ節
昆虫のあしの先端の部分のことで、いくつかの小さな関節でできている。

物質
宇宙に存在するすべてのもの。原子など、質量をもつものすべて。

プレート
地殻と上部マントルの境界に位置する、巨大な岩盤。アフリカプレートには、アフリカ大陸すべてと、その周りの海底が広くふくまれる。

分子
化合物の最小の単位。分子は2つ以上の原子が結びついてできている。

包囲戦
戦争の形式の1つで、軍隊が都市を囲み、食べ物や水、武器がなくなって降伏するように仕向けるもの。

放出／排出
何かを外に出すこと。たとえば、放射能は放射性物質から出る（放出される）。

補装具
義手など、体の部位の代わりになる人工の物。

ほ乳類
人間をふくめ、メスがつくる乳で子を育てる動物。ほ乳類の多くは毛や毛皮をもち、卵ではなく子を生む。

ポリマー
小さな分子がしなやかなくさりのようにつながってできた、とても長い分子。

＜ま行＞

マグマ
地下に存在する、とけた岩石。地表に
ふき出したものは、溶岩と呼ばれる。

マントル
地球の地殻の下に存在する、岩石から
なる層。他の岩石惑星にも、同じよう
な層が見られる。

ミイラ
くさらないための特別な処置によって
保存された死体。

密度
物質の体積に対する質量の割合。

ミネラル
生物学で、鉄、カリウム、亜鉛など、
生物が少量を必要とする化学元素。

民族
同じ文化や歴史を共有する人々のグ
ループ。

無脊椎動物
昆虫、巻貝、クラゲなど、背骨のない
動物。

めいそう
心を落ち着けるため、あるいは宗教や
精神的な目的のために、おだやかな状
態や自分を忘れた状態に入ること。

モスク
イスラム教でおいのりする場所。

モネラ界
細菌をふくむ生物の界。モネラ界の生
物は細胞に核がない。

モンスーン
雨季に発生する大雨。

＜や行＞

油圧
油にかける圧力のこと。パイプの中の
油に圧力をかけ、力を伝える。

有害
生きものの体に悪い影響をもたらすこ
と。

夢
眠っている間に頭の中に次々と生まれ
る考えやイメージ。

溶岩
火山の火口や地表のさけ目から噴出す
る、とけた岩石。

陽子
すべての原子の原子核に存在する、プ
ラスの電荷をもつ粒子。

＜ら行＞

乱流
液体や気体が、まっすぐ流れずに、渦
を巻くなど、流れに乱れが生じること。

粒子
亜原子粒子を指すことが多い。亜原子
粒子とは、原子よりも小さな物体のこ
とで、中性子や電子、クォークなどが
該当する。

ルネサンス
ヨーロッパの歴史上、1300年代から
1500年代までの期間。古代ギリシアや
ローマが再び注目されたこともあ
り、芸術や思想が発展した。

冷戦
第2次世界大戦が終わった1945年から
ソ連が崩壊する1991年までの歴史上の
期間。ソ連（現在のロシアを含む）に
代表される共産主義国とアメリカ合衆
国に代表される西欧民主主義国が対立
し、核兵器が使われるおそれがあった。

霊長類
キツネザル、サル、類人猿、ヒトをふ
くむほ乳類のグループ。

レプリカ
複製品。たとえば、古代の彫像とそっ
くりに作られた現代の彫像など。移動
展覧会などで、元の作品が動かせない
場合に、レプリカを使えばいろいろな
場所で展示できる。

レンズ
光を屈折させ、1点に集めることで、
物体を見やすくする道具。

ロボット
人の助けなしに仕事を行う機械。

＜わ行＞

ワームホール
ブラックホールから、宇宙のまったく
別の場所につながると想定されている
通り道。ただし、その存在は、まだ証
明されていない。

索引

【A-Z】

AI（人工知能）233, 338, 364, 380
AIDS（後天性免疫不全症候群）313
Alexa 364, 365
Amazon.com 333, 352, 357, 364, 365
Apple 333, 341
ARPANET 357
ASL（アメリカ手話言語）217
AU（天文単位）22, 23
BED（バナナ等価線量）104
CHZ（惑星系のハビタブルゾーン）55
CMB（宇宙マイクロ波背景放射）5
COVID-19／新型コロナウイルス 155, 340
DNA 35, 151, 153, 156, 159, 200, 201, 247, 313
　鑑定 215
EHT（イベント・ホライズン・テレスコープ）18
ESA（欧州宇宙機関）27, 41
EU（欧州連合）335
Facebook 352, 357, 359
Google 333, 357, 365
GPS（全地球測位システム）41, 57, 351
HIV（ヒト免疫不全ウイルス）313
HPVワクチン 313
Instagram 357, 359
IoT（モノのインターネット）365
iPhone 341
ISS（国際宇宙ステーション）38, 42, 43, 87, 135
JWST（ジェイムズ・ウェッブ宇宙望遠鏡）16, 17
KBO（カイパーベルト天体）36
LEO（低軌道）87
LGBTQ＋の権利 331
LUCA（最終普遍共通先）54
NASA（アメリカ航空宇宙局）5, 8, 9, 12, 16, 20, 26, 27, 29, 35, 37, 39, 43, 125, 377
NEO（地球近傍小惑星）34
Netflix 357
NGTS-10b 21
PET検査 105
pHスケール 117
PSY 359
SLS（スペース・ローンチ・システム）39
Snapchat 357, 359
SORCE 40
T-ホーク 350
TESS 21
TRAPPIST-1系 21
Twitter（現在のX）357, 359
Uボート 317
UAV（無人航空機）350
UV（紫外線）129
V2（ロケット）38
Wi-Fi 364
WMAP（ウィルキンソン・マイクロ波異方性探査機）5
X（旧Twitter）357, 359
X-15（ロケット飛行機）131
X-43A（飛行機）108
XR（エクスティンクション・レベリオン）374
X線 121, 129, 313, 317
YouTube 357, 358, 359

【あ】

アームストロング、ニール 38, 327
アイスランド 63, 334, 355
アイルランド 250, 251, 286, 313, 335
アインシュタイン、アルベルト 135
アヴェロエス 295
アウグストゥス皇帝 277
アウストラロピテクス・アファレンシス 196, 197
亜鉛 103, 107
アオラキ・マッケンジー 14
アガウ人のザグウェ朝 281
赤ちゃん 59, 111, 187, 199, 216
　試験管ベビー 313
　デザイナーベビー 382
あかつき 44
アガメムノン王 263
アクスム 280, 281
アクセサリー 195, 210, 211, 266, 352
アクチノイド 103
アクバル大帝 301
亜原子粒子 100
亜高山帯 171
麻 247
アザラシ 85, 185, 186, 187, 208
アジア 56, 61, 65, 69, 89, 95, 171, 174, 181, 196, 209, 228, 243, 253, 261, 267, 270, 273, 284, 304, 305, 316, 331, 335, 349, 369, 373
アシャンティ王国 292, 293
アショーカ 272, 273
アショーカ王碑文 273
アステカ帝国／アステカ 225, 296, 297, 304
アストラポテリウム 150
アストロラーベ 15
アセチルセルロース 118
アセノスフェア 59, 62
アタカマ砂漠 14
アダックス 370
アッカド帝国 248, 249
圧縮応力 141
圧縮強度 141
アッシュルバニパル 249
アッシリア帝国 248, 249
アッバース朝 284, 285
圧力 13, 30, 59, 65, 66, 70, 102, 111, 121, 136, 137, 138, 185, 206
　気圧 27, 68, 88, 89, 90, 115
　水圧 137, 182, 183
　大気圧 136, 137
圧力波 125
アテネ 251, 262, 263, 268, 270
アトッサ女王 267
アトラス 32
アドレナリン 205
アナグマ 188
アナトリア 279
アナホリフクロウ 169
アヌビス 255

（中央列）

亜熱帯気候 92
アノールトカゲ 188
アパタイト 71
アパルトヘイト 331
アビサルゾーン 182
アビセンナ 285
アプガー、ヴァージニア 313
アプガー指数 313
アブド・アッラフマーン1世 285
アプリ 341, 356, 358, 359, 362
アフリカ 56, 61, 65, 168, 173, 184, 196, 197, 209, 214, 226, 228, 267, 280, 284, 292, 293, 298, 304, 308, 316, 328, 329, 331, 335
　王国と帝国 280, 292, 293
　脱植民地化 328, 329
アフリカ系アメリカ人 330, 331
アフリカハゲコウ 168
アボリジナルオーストラリア人 244, 245
アボリショニスト 309
アポロ計画 32
アマ 247
アマゾン川 83, 127
アマゾンの熱帯雨林 165, 348
天の川銀河 5, 6, 7, 8, 9, 12, 19, 20
アミノ酸 35, 121
アムールトラ 166
雨 41, 70, 82, 88, 89, 91, 93, 117, 159, 164, 167, 211, 366, 367, 372, 373
アメーバ 152
アメジスト 71
アメリカ／アメリカ合衆国 5, 7, 14, 26, 29, 32, 33, 38, 39, 42, 43, 47, 57, 65, 66, 77, 83, 94, 108, 114, 117, 118, 120, 167, 172, 181, 189, 210, 215, 217, 223, 226, 227, 228, 229, 235, 237, 305, 306, 308, 309, 310, 313, 314, 315, 316, 318, 319, 322, 323, 324, 325, 326, 327, 330, 331, 332, 334, 341, 343, 345, 346, 348, 352, 353, 359, 365, 379
　医療 345
　宇宙開発競争 327
　9・11事件 332
　禁酒法 322
　公民権運動 330, 331
　女性参政権運動 318, 319
　第1次世界大戦 316
　大恐慌 322, 323
　第2次世界大戦 324, 325, 326
　南北戦争 215, 309
　法律 228, 229, 311, 330
　冷戦 326, 327
アメリカ航空宇宙局（NASA）5, 8, 9, 12, 16, 20, 26, 27, 29, 35, 37, 39, 43, 125, 377
アメリカ手話言語（ASL）217
アメリカ先住民／アメリカ先住民族 214, 237, 308, 331
アメリカ独立戦争 310
アメリカフクロウ 189
アライグマ 188, 189
嵐 86, 90, 91, 92, 366, 372
　サイクロンと台風 90, 91
　竜巻 90, 91
　竜巻の追っかけ 91
ハリケーン 30, 51, 90, 91, 170, 372

（右列）

雷雨 30
惑星 29, 30, 31, 45
アラビアオリックス 173
アラビア語 212, 217, 251, 285, 341
アリ 160, 165, 168, 173
アリエル 32
アリストテレス 268, 270, 295
アル＝キンディー 285
アル＝ジャザリー 284
アル＝スーフィー 285
アル＝フワーリズミー 285
アルカイダ 332
アルカリ金属 103, 115
アルカリ性 117
アルカリ土類金属 103, 115
アルゴン 103, 113, 116
アルジェリア 329, 335
『アルタシャーストラ（実利論）』273
アルテミス1号 44
アルノー、ベルナール 352
アルハゼン 285
アルファベット 218
アルプス山脈 61, 69
アルミニウム 74, 75, 103, 131, 361
アレクサンドリア 270
アレクサンドロス大王 266, 270, 273
アロコス 37
暗号通貨 227
暗黒星雲 13
アンデス山脈 60, 68, 69, 258
アンデス文明 258, 259
アントニウス、マルクス 277
アンドロメダ銀河 6, 7, 8, 11, 285

【い】

イアペトゥス 32
イーサ 227
イースト菌（酵母）121, 152
イーペルの戦い 316
イエメン 335, 351
イエローストーン国立公園 65
イオ 32
硫黄 13, 81, 103, 116
イオン 112
イオン化列 114
医学 199, 230, 284, 285, 291, 312, 341, 362, 363
　ナノメディシン 362
イギリス 19, 38, 56, 75, 98, 108, 109, 118, 121, 130, 133, 141, 151, 211, 213, 223, 228, 238, 250, 257, 276, 286, 287, 299, 306, 307, 308, 310, 312, 313, 314, 315, 316, 317, 318, 319, 324, 325, 328, 345, 354, 357, 359, 374
　医療 345
　産業革命 108, 151, 314, 315
　植民地 211, 229, 301, 307, 311, 329
　女性参政権運動 318, 319
　第1次世界大戦 316, 317
　第2次世界大戦 38, 324, 328, 335
　中世 228, 286, 287
　法律 228
イシス 256, 257

移住／渡り 170, 177, 184, 215, 260, 306, 373
　鳥 170, 177
　人 215, 260, 306, 373
イスタンブール 278
イスラエル／イスラエル人 233, 251, 257, 355
イスラム／イスラム教 15, 212, 213, 225, 257, 273 257, 278, 283, 284, 285, 287, 292, 295, 300, 332
イスラム教徒／イスラム教信者 237, 285, 287, 292 295, 300, 328, 351
イタリア 276, 277, 279, 291, 295, 299, 319, 323, 324, 335, 349, 370
位置エネルギー 122
イッカク 185
一酸化炭素 81
1トン・カンガルー金貨 226
いて座A＊ 9, 19
遺伝／遺伝子 152, 156, 159, 200, 201, 247, 340, 342
緯度 5
イナズマ／カミナリ／かみなり 88, 124, 126, 127, 257
イナンナ 248
犬 61 253
イヌイット 208
イブン・アル＝ハイサム 285
イブン・スィーナー 285
イベント・ホライズン・テレスコープ（EHT） 18
イラン 213, 217, 237, 257, 266, 267, 283, 335
医療／医療技術 232, 312, 313, 321, 345, 353, 360, 362
入れ墨 210, 211
岩 2, 84, 149, 151, 170, 172, 173, 186, 238, 244, 245, 264, 273, 293, 331
　火成岩 70, 71
　断層 66
　変成岩 70, 71
イワシ 180
閻魔王国 252
インカ帝国／インカ 208, 225, 296
インサイト 44
印刷本 219, 226, 227, 285, 301, 359
印刷機／活版印刷 219, 295, 359
インスリン 121, 312
いん石 34, 35, 151, 368
インターネット 22, 41, 195, 339, 340, 341, 352, 356, 357, 358, 364, 365
　モノのインターネット（IoT） 365
インド 26, 129, 208, 211, 212, 213, 224, 237, 257, 267, 270, 271, 273, 283, 284, 299, 300, 319, 328, 331, 335, 345, 349, 354, 355, 381
　カースト制度 331
　シク教 212
　ヒンドゥー教 189, 212, 237, 238, 239, 243, 257
　仏教 212, 213, 224, 237, 243, 272, 273, 283
　分離独立 328
　マウリヤ朝 272, 273
　祭り 224, 237

ムガル帝国 300, 301
インドガン 170
インドネシア 65, 217, 220, 328, 335, 349
陰陽 53

【う】
ヴィーガン 209
ヴィクトリア女王 300
ヴィシュヌ 257
ウィッカ 213
ウィリアムズ、セリーナ 345
ウィルキンソン・マイクロ波異方性探査機（WMAP） 5
ウイルス 154, 155, 313, 340
ウィルソン、ロバート 5
ウインチ 142
ヴェサリウス、アンドレアス 312
ヴェスプッチ、アメリゴ 305
ウェッデル海 184
ウェブサイト 356, 357
ウォレス、アルフレッド・ラッセル 151
ウサギ 163, 253
牛飛び 262
渦巻銀河 6
宇宙 3, 4, 5, 6, 7, 8, 9, 10, 11, 15, 16, 17, 19, 22, 23, 24, 27, 29, 35, 38, 41, 42, 43, 46, 47, 51, 53, 54, 60, 93, 100, 102, 103, 112, 116, 122, 123, 129, 133, 135, 223, 257, 291, 327, 348, 357, 375, 377, 378
　宇宙の終わり 46
　宇宙の誕生 3, 4, 5, 6
　知的生命体 3, 7
宇宙開発競争 327
宇宙ごみ 41
宇宙船 38, 42, 43, 50, 54, 87, 108, 131, 377
宇宙戦争 351
宇宙探査 22, 31, 39, 44, 48
宇宙トイレ 43
宇宙の鏡 375
宇宙の膨張 4, 46, 47, 133
宇宙飛行士 3, 19, 32, 38, 42, 43, 50, 87, 125, 131, 223
宇宙マイクロ波背景放射（CMB） 5
ウッドスポンジ 360
馬、ウマ 159, 168, 190, 220, 253, 263, 266, 267, 270, 271, 275, 276, 282, 292
生まれ変わる 238, 239
海 39, 52, 53, 54, 55, 59, 60, 62, 63, 66, 67, 68, 71, 81, 82, 83, 85, 92, 93, 95, 119, 124, 147, 158, 162, 171, 174, 176, 177, 178, 180, 181, 182, 183, 184, 185, 186, 187, 210, 260, 261, 269, 292, 287, 360, 368, 370, 372, 378
　海の酸性化 81
　海の波／潮 55, 56, 66, 176, 177, 379
　海溝 62
　外洋 180, 287
　海洋地殻 59
　海流 119, 156, 176, 181, 182, 372
　層 180, 182
　大西洋の循環 372
　中央海嶺系 60

ウミガメ 177, 181
海草 177
ウミグモ 185
うみへび座 15
うめ立て地 367
うらない師 253
ウラン 102, 103, 104, 376
雨林／熱帯雨林 147, 160, 162, 164, 165, 178, 264, 348, 370
うるう年 55, 224, 225
ウルク 248
ウルル（エアーズロック） 244, 331
運動エネルギー 122, 123
運動の法則 133
ウンブリエル 32

【え】
エアーズロック（ウルル） 244, 331
エアバルーン 111
エアロゾル 136
映画 182, 323, 324
永久凍土 367, 372
英語 117, 182, 189, 217, 218, 228, 285, 286, 287
衛星 4, 27, 30, 31, 32, 36, 37, 40, 52, 55
　自然の衛星 40
　人工衛星 25, 38, 40, 41, 44, 45, 54, 56, 57, 63, 87, 90, 184, 327, 339, 350, 351, 357
嬴攻 275
エウロパ 32
エーゲ海 262, 270
液体 27, 29, 30, 33, 38, 52, 58, 110, 111, 112, 114, 116, 124, 136, 155, 156, 159, 198, 206, 255, 361
エクアドル 68, 296, 311, 319
エクスティンクション・レベリオン（XR） 374
エザナ王 281
エジプト、古代 211, 218, 224, 226, 230, 235, 239, 246, 251, 254, 255, 256, 257, 266, 270, 277, 280, 293
　神、女神 239, 254, 255, 256, 257, 266
　ヒエログリフ（文字） 218, 235, 239, 255
　ピラミッド 254
　ファラオ 235, 239, 243, 254, 255, 256
　ミイラ作り 254, 255
　来世 235, 239, 255, 256
エチオピア 196, 197, 225, 237, 280, 281, 292, 293, 319, 329, 333, 335
エニセイ・アンガラ・セレンガ水系 83
エネルギー 4, 5, 10, 19, 24, 40, 42, 44, 47, 53, 66, 75, 80, 81, 91, 93, 110, 112, 120, 121, 122, 123, 128, 129, 133, 148, 149, 152, 156, 159, 162, 166, 208, 235
　エネルギー保存の法則 123
　再生可能 355, 374, 378, 379
　種類 122
　ダークエネルギー 47, 133
エベレスト 59, 60, 61, 68, 170
エメラルド 75, 211
エラトステネス 51, 57
エリス 37
エジソン、ラリー 352

エリトリア 280, 292, 329, 335
エル・カズネ（宝物殿）、ペトラ 251
エル・カミーノ・レアル（王の道） 305
エル・カリウビ、ラナ 365
エンケタシュ 257
エンケラドス 32
塩酸 117
エンジン 38, 108, 130, 131, 342
　ジェットエンジン 108, 130, 131
　蒸気機関 109, 290, 315
　内燃機関 109, 315
塩水／しお水 82, 174, 176
塩素酸カリウム 109
エントロピー 123
エンマーコムギ 246, 247

【お】
王家の谷 255
欧州宇宙機関（ESA） 27, 41
欧州連合（EU） 335
黄色い恒星 11, 21
王の道（カリフォルニア州） 305
王の道（ペルシア帝国） 267
応力 141
大あご 167
オオアリクイ 168
オオイヒキイワシ（三脚魚） 182
大型動物 35
大型ネコ科動物 166
大型ハドロン衝突型加速器 132
オオカミ 171, 191, 276, 287
おおぐま座 14
オオシモフリエダシャク 151
オーストラリア 143, 159, 163, 174, 179, 226, 244, 245, 260, 261, 299, 319, 335, 343, 349, 366, 373
　アボリジニオーストラリア人 244, 245
　先住民の権利 331
　山火事 358, 366, 373
オーストリア＝ハンガリー帝国 316
オオムギ 246, 247
オールトの雲 22, 23, 37
オーロックス 190, 247
オーロラ 24, 36, 128
お金 195, 214, 219, 226, 227, 232, 233, 267, 283
　硬貨／貨幣 114, 226, 270, 232, 304
　通貨 226, 304, 328
オキアミ 162, 181
屋上庭園 381
オサイリス・レックス 35, 44
オシリス 239, 256, 257
オスマン帝国 278, 279, 316
オセアニア 260, 261, 335
汚染 326, 345, 354, 367, 370, 379
　環境汚染 119, 315
　大気汚染 354
　プラスチックごみ、プラスチック汚染 119, 181, 339, 343
　放射能汚染 326
　水の汚染 81
音 124, 125, 129, 137, 175, 188, 207, 218, 222, 245, 263, 264, 312

403

音エネルギー　122
音の周波数　124, 125
音の高さ　124, 188
音速のカベ　131
音波　124
音のない空間　124, 125
おとめ座　15
オハイン、ハンス・ヨアヒム・パプスト・フォン　108
オビ川・エルティシ川水系　83
オベリスク　281
オベロン　32
重さ　13, 39, 76, 84, 89, 103, 115, 134, 137, 141, 153, 202, 226, 233, 250, 251, 264, 265, 317, 323, 325, 343
オラクル　352
オランウータン　159, 370, 371
オランダ　299, 302, 312, 319, 328, 329, 335, 363, 381
オリオン座　13, 14
オリンピック　234, 235, 268
オリンポス山　29
オルガ／カタ・ジュタ　244
オルテガ、アマンシオ　352
オルドリン、バズ　38
オルメカ　264, 265
音楽　195, 222, 223, 230, 237, 268, 282, 283
温室　93, 347
温室効果　93
温室効果ガス　75, 93, 346, 366, 367, 372, 374, 375, 376, 380
温帯気候　92
温帯林、温帯林帯　166, 171
温度　4, 5, 10, 21, 24, 28, 30, 52, 55, 58, 65, 68, 73, 74, 86, 92, 93, 95, 109, 110, 111, 116, 138, 139, 144, 155, 158, 177, 202, 207, 375, 376
　金星　24, 27
　太陽　2, 24
　地球内部　58
　月　33
　溶岩　65
温度計　312

【か】
蚊　151
ガ　151
カークラッシャー　140
ゲージ　237
カースト制度　331
カーディ・B　210
ガーナ帝国　280, 281
カーネギー、アンドリュー　315
カーボンナノチューブ　361
カーボンニュートラル都市　355
カール大帝　286
貝　76, 77, 158, 171, 176, 177, 178, 208, 210
界（生物）　152, 153, 158
海王星　22, 23, 30, 31, 32, 36, 37
貝殻のお金　226
海岸　61, 66, 67, 164, 176, 184, 258, 293, 299, 343

外気圏　86
海藻　177, 186
海賊　98, 287, 307
海底　56, 59, 60, 62, 63, 66, 70, 119, 148
海馬　204, 223
カイパーベルト　22, 23, 36, 37
カイパーベルト天体（KBO）　36
海氷　85, 185, 186
解剖学　312
貝紫　210
海面　56, 61, 62, 66, 68, 85, 95, 155, 180, 182, 368, 372, 381
　上昇　85, 95, 372, 381
海綿動物　158
カエサル、ユリウス　224, 276, 277
カエル　158, 163, 165, 166, 169, 370
夏王朝　252
カオダイ教　213
顔認識システム　365
ガガーリン、ユーリ　38, 43, 327
化学結合　122
科学捜査官　201
化学廃棄物　367
化学反応　105, 107, 117, 121, 183
化学兵器　316
核　28, 30, 33, 37, 52, 58, 59, 154, 156, 159, 200
　原子核　4, 100, 101, 104, 107, 112, 122, 126, 133
　細胞　154, 156, 159, 200
核エネルギー　122
核シェルター　326
核分裂　376
核兵器　326
革命　247, 290, 291, 309, 310, 311, 315, 320, 321, 328
核融合　10, 24, 55, 102, 112
化合物　99, 106, 107, 117, 200, 312
かざり　114, 210, 211, 258, 265
火山　51, 59, 60, 62, 63, 64, 65, 68, 69, 70, 151, 277, 368
　火星の火山　29
　環太平洋火山帯　60, 65
　金星の火山　27
カシオペヤ座　14
可視光線　24, 128, 129
ガス給湯器　108
ガス灯　109
カストロ、フィデル　321
風　12, 29, 30, 88, 89, 90, 91, 93, 123, 156, 170, 254, 261, 287, 374, 378
　卓越風　88
　風力　374, 378
　乱気流／乱流　87, 129
火星　22, 26, 27, 28, 29, 32, 34, 42, 43, 44, 52, 55, 377
火成岩　70, 71
化石　51, 63, 76, 77, 78, 79, 80, 149, 151, 171, 196, 244, 258, 368
化石燃料　80, 81, 119, 315, 355, 366, 367, 372, 378, 379, 381
ガゼル　168, 169
火葬　238

家族の特徴　201
カタ・ジュタ／オルガ　244
学校　215, 230, 231, 232, 268, 314, 330, 333, 344, 354
活字メディア　359
滑車　142, 143
褐虫藻　178
活版印刷／印刷機　219, 295, 359
かつら　211
寡頭制　269
カナダ　6, 53, 83, 98, 186, 187, 299, 306, 307, 309, 319, 333, 334, 355
カニ　158, 176, 368
ガニメデ　32
カヌー　260, 261
カビ　152
歌舞伎　303
株式　227, 333
カプセル内視鏡　362
カブトガニ　177
カブラル、ペドロ・アルヴァレス　299
貨幣／硬貨　114, 226, 270, 282, 304
過放牧　367
カボット、ジョン　299
かま　109
ガマ、ヴァスコ・ダ　299
神／女神　63, 189, 212, 213, 222, 225, 239, 248, 249, 251, 254, 255, 256, 257, 259, 266, 269, 276, 281, 288, 296, 297, 336
カミキリムシ　160
カミナリ／かみなり／イナヅマ　88, 124, 126, 197, 257
カミナリ雲　88, 90
カモフラージュ／擬態　120, 162, 167
カモメ　176, 188
火薬　38, 109, 279
カヤック　361
カラス　159
ガラス　10, 75, 91, 107, 113, 117, 140, 144, 188, 211, 264, 360
　金属ガラス　361
体に障害を持つ人　235
カラル　258
かり　105, 120, 166, 187, 188, 190, 191, 208, 245, 247, 265, 269, 370
ガリア　276, 277, 279
カリウム　103, 104, 115
ガリウム　361
ガリウムーインジウム共晶　361
カリスト　14, 32
カリブ海　188, 307, 308, 328, 334
ガリレイ、ガリレオ　10, 134
カリンガ戦争　273
軽石　64
カルシウム　103, 116, 120
カルタゴ　276, 277, 280, 281
カレンダー／暦　55, 224, 225, 237, 253, 264, 297
カロリス盆地　28
カロン　36
川　26, 27, 53, 76, 82, 83, 84, 123, 143, 158, 174, 175, 176, 181, 246, 274, 276, 287, 296, 314, 360, 377, 378

がん　104, 105, 144, 313
かんがい　258
感覚　199, 202, 203, 206, 207, 223
環境問題　366
環形動物　158
間欠泉　65
韓国　235, 327, 355, 365
カンジキウサギ　167
感情　202, 203, 204, 205, 216, 223, 311, 358, 365
完新世の大量絶滅　369
慣性　132, 133
岩石　20, 26, 28, 30, 33, 34, 35, 36, 37, 39, 44, 51, 52, 53, 54, 56, 58, 59, 62, 63, 64, 65, 66, 70, 71, 74, 75, 76, 77, 81, 82, 83, 84, 109, 114, 117,
　火成岩　70, 71
　岩石の循環　70
　堆積岩　70, 71
　フラッキング　81
　噴出岩／貫入岩　70, 71
　変成岩　70, 71
　マグマ　52, 58, 62, 63, 64, 65, 69, 70, 71, 73
岩石惑星　23, 28, 30, 83
関節　161, 199
寒帯気候　92
環太平洋火山帯　60, 65
ガンディー、マハトマ　328
江南スタイル　359
貫入岩　70, 71
かんばつ　252, 265, 366, 372, 373
カンブリア爆発　94
カンブレーの戦い　317
緩歩動物（クマムシ）　154
ガンマ線　129
環流　181

【き】
木／森林　93, 95, 157, 162, 164, 165, 167, 171, 177, 189, 333, 367, 370
　森林限界　171
　年輪　95, 167
ギア　143
気圧　27, 68, 88, 89, 90, 115
キーストーン種（中枢種）　163
キープ　296
キーリング曲線　366
黄色い服（皇帝が着る）　283
キエリテン（テン）　171
幾何学　57
貴ガス　103, 113, 116
器官　173, 198, 199, 206, 207
移植　313
インプラント　361
人工臓器　363
機関銃　215, 317, 325
飢饉　325
気候　92, 93, 94, 95, 166
気候帯　92
微気候　93

気候活動家　375
気候変動　92, 94, 95, 162, 178, 345, 346, 347, 366, 367, 368, 370, 372, 374, 381
ギザの二ピラミッド　254
義肢　35, 363, 383
気象学者　89
季節　55, 224, 231, 237
輝線星雲　13
北アメリカ　56, 60, 61, 62, 63, 65, 68, 69, 89, 95, 166, 168, 169, 181, 188, 208, 261, 296, 299, 306, 307, 308, 310, 334, 348, 372
気体　10, 30, 86, 106, 108, 110, 111, 112, 113, 116, 137, 138
　貴ガス　103, 113, 116
擬態／カモフラージュ　120, 162, 167
北朝鮮　321, 327
北半球　6, 14, 55, 88, 90
キタユウレイクラゲ　181
キツツキ　172, 276
キツネ　188
キツネザル　153
軌道　30, 31, 34, 36, 37, 38, 40, 42, 52, 55, 87, 94, 100, 116, 357
希土類　103
キノコ　152
キャパニック、コリン　330
9・11事件　332
嗅覚　203, 206
球技　234, 264, 265
嗅球　207
キューバ革命　321
キューブサット　41
キュリー、マリー　105
キュリオシティ　26, 27, 44
キュロス・シリンダー　267
キュロス大王　266, 267
教育　219, 229, 230, 292, 333, 344, 353
教育の平等　230
京劇　223
峡谷　29
共産主義　320, 321, 326, 327
凝縮　52, 82, 110
狂騒の20世紀　322
恐鳥類　150
恐怖舞台　311
共有結合　107
恐竜　34, 76, 77, 78, 79, 80, 82, 150, 151, 157, 363
　恐竜の足あと　77
　恐竜の化石　77, 78, 79
キョクアジサシ　184
極限環境微生物　155
極地　162, 184
　南極　55, 62, 63, 65, 84, 85, 86, 88, 92, 95, 128, 167, 184, 185, 348
　南極点　55, 56, 61, 63
　北極　15, 55, 59, 84, 86, 88, 92, 95, 172, 184, 186, 191, 208, 299
　北極点　55, 56, 57, 58, 61, 85, 377
きょく皮動物　158
巨大ガス惑星　20, 23, 30, 45
巨大な積乱雲　90, 91
藻類、貝　77, 121, 152, 158, 162, 174, 175,

177, 178, 180, 182, 183, 185, 197, 208, 209, 258, 261
　魚の化石　77
　生物発光　183
　脊椎動物　158
キリアツメゴミムシダマシ（逆立ちする甲虫）　173
ギリシア、古代　14, 15, 51, 57, 134, 143, 152, 218, 222, 235, 243, 251, 257, 262, 263, 268, 269, 270, 276, 277, 295
　神／女神　222, 251, 257, 263, 269
　古代ギリシアの天文学者たち　15
　哲学者　268, 270, 295
　ミケーネ人　262, 263
ギリシア火薬　279
キリスト教　212, 225, 239, 257, 278, 279, 285, 286, 287, 304, 305, 307
キリマンジャロ　68, 69
キリン　165
ギロチン　311
キロパワー　377
金　16, 17, 71, 75, 98, 99, 102, 103, 106, 114, 226, 263, 266, 281, 292, 293, 304
銀　75, 103, 114, 226, 304
銀貨　114, 267
銀河　5, 6, 7, 8, 12, 18, 19, 27, 46, 47
　種類　6
銀河NGC6052　7
キング牧師（マーティン・ルーサー・キング・ジュニア）　330
銀行の口座　227
菌糸体　157
禁酒法　322
金星　6, 22, 24, 26, 27, 28, 32, 44, 55, 257
金属　24, 28, 33, 58, 59, 74, 75, 99, 102, 103, 107, 110, 114, 115, 116, 117, 127, 140, 226, 258, 307, 308
金属疲労　115
筋肉　121, 198, 199, 202, 203, 205, 362, 383
キンバレー岩　59
菌類　156, 157, 167

【く】
グアテマラ　251, 264, 265, 296
空気抵抗　131, 134, 135
グーテンベルク、ヨハネス　219, 359
空母　317
　クォーク　100, 101
くさび形文字と数字　218, 247
クジラ　124, 181, 185, 186, 370
クセルクセス1世　266
果物　156, 209, 247, 343, 347
屈折　128, 129
クノッソス　262
クフ王　254
グプタ朝　273
クマ　158, 171, 175, 185, 186, 187, 279, 287
クマムシ　154
組立方式　315
雲　28, 30, 44, 54, 82, 86, 88, 89, 90, 91, 93, 126, 378
　種類　88

クモ　147, 158, 170, 174, 185
クラゲ　111, 181
グラスノスチ　327
グラファイト　361
グラフェン　361
クリアスペース1　41
グリーンな都市　355, 380
グリーンランド　85, 155, 184, 287, 334, 348
クリチバ　355
クリプトン　103, 113, 116
グルーオン　100, 101
グルバダン・ベーグム　301
クレーター　33, 34, 52
グレート・ベイスン・ブリッスルコーン・パイン　167
グレートバリアリーフ　60, 61, 179
グレートリフトバレー　61
クレーン　142, 342
クレオール言語　217
クレオパトラ　277
グレゴリオ暦　225
クレジットカード　226
クレタ島　262
クレバス　84
黒と白のけむり　148
黒ひげ　307
クロム　103, 107, 115
クロワ・ド・ゲール勲章　317
軍事衛星　41
君主制　269, 277, 311
軍隊　234, 243, 248, 252, 267, 268, 270, 271, 274, 275, 279, 287, 301, 311, 327, 350, 351

【け】
ゲイ＝リュサックの法則　138
蛍光　129
ケイ酸塩　28
芸術　197, 216, 220, 256, 259, 264, 269, 277, 279
　アシャンティ　293
　アステカ帝国　304
　アボリジナル　245
　アンデス　259
　イスラム　285, 300
　オルメカ　264
　古代ギリシア　268, 269
　細密画　301
　青銅　253
　中国　223, 252, 274, 275, 282, 283
　彫刻　220, 245, 259, 261, 262, 264, 269, 272, 273, 274, 281
　陶器、素焼き　109, 252, 275, 282, 283
　洞窟壁画　220
　ビザンツ　279
　壁画　220, 221, 262, 264, 277, 279
　ポリネシア　261
　ミケーネ　263
　ミノア　262
　ムガル帝国　301
　ルネサンス　225, 294, 295
形状記憶合金　360

ケイ素　11, 5, 59, 103, 117
携帯電話　7, 75, 341, 351
ゲイツ、ビル　352, 353
経度　56
啓蒙思想　31
契約の箱　211
ケーニヒセク社のアゲーラ　131
ゲーム　234, 235, 265, 341
ゲールドレーマー　26, 44
劇場／芝居／舞台　109, 222, 223, 258, 303
ケツァールコアトル　257, 297
血液　17, 173, 198, 199, 312, 362
血管　173, 198, 199, 360
　細胞　198, 199
　輸血　312
桀王　252
結晶　71, 73, 75, 82, 88, 89, 117, 121
血しょう　198
血小板　198
ケナガマンモス　167
ゲノム編集　382
ケプラー　11, 361
ケプラー宇宙望遠鏡　20, 21
ケプラー90系　21
ケプラー452b　21
ゲリラ戦　35
ケレス（準惑星）　37
ケロジェン　30
巻雲　88
言語　197, 216, 217, 218, 277, 284
峡谷　34
検索エンジン　358
原子　18, 34, 46, 100, 102, 103, 104, 105, 106, 107, 110, 122, 126, 127, 128, 133, 140, 376
　亜原子粒子　99, 100,
　原子核　4, 100, 101, 104, 107, 112, 122, 126, 133
　中性子　100, 101
　電子　100, 107, 112, 116, 126, 127
　陽子　100, 101, 103, 132
原始的原子　4
原子爆弾　305
原子番号　103
玄奘　283
原子力　376, 377
原子力災害　377
原生生物　152, 153
巻積雲　88
元素　4, 5, 18, 52, 55, 74, 75, 86, 100, 101, 102, 103, 105, 106, 107, 114, 116, 117, 120
　周期表　102, 103, 116
巻層雲　88
ケンテ　293
顕微鏡　89, 54, 180, 200, 312

【こ】
コ・イ・ヌール（ダイヤモンド）　300
交易／貿易　168, 255, 262, 263, 264, 265, 267, 268, 280, 281, 283, 287, 292, 296, 298, 301, 302, 303, 304, 307, 308, 309, 342

紅炎 24
硬貨／貨幣 114, 226, 270, 282, 304
黄河 83, 252
航空機／飛行機 108, 115, 116, 118, 125, 131, 137, 138, 142, 207, 315, 317, 323, 325, 350, 360
皇后／女王／女帝 255, 267, 269, 277, 279, 283, 300
光合成 81, 156, 157, 179, 180
甲骨 253
高山気候 92
好酸性細菌 155
高山帯 171
孔子 213, 253
工場 118, 151, 232, 233, 314, 320, 322, 323, 338, 367
向心力 132
洪水 224, 231, 252, 254, 373
降水量 89
恒星 4, 5, 6, 7, 8, 9, 10, 11, 12, 13, 14, 15, 16, 18, 20, 21, 24, 37, 46, 53, 102, 112, 124, 264, 376
　黄色わい星 11, 24
　恒星の一生 11
　準惑星 22, 36, 37
　星座 14, 15, 285
　赤色巨星 11, 46
　中性子星 11
　超巨星 11
　超新星 11, 12, 13, 102
　白色わい星 11
抗生物質 313
鉱石 74, 75
高積雲 88
恒雪帯 170
酵素 121
高層雲 88
光速 11, 57, 128, 129, 132
甲虫 146, 153, 160, 161, 165, 173
皇帝パープル 300
コウテイペンギン 185
鋼鉄 75, 115, 141, 317, 361
後天性免疫不全症候群（AIDS）／ヒト免疫不全ウイルス（HIV）313
高等教育 230
鉱物 44, 70, 71, 74, 75, 76, 79, 98, 106, 148
酵母（イースト菌）121, 152
公民権運動 330, 331
コウモリ 125, 159, 172
コーカサス山脈 69
コーラン 212, 285
氷 20, 29, 30, 33, 36, 37, 44, 82, 83, 84, 85, 86, 88, 89, 93, 94, 95, 110, 126, 152, 155, 170, 172, 184, 185, 186, 208, 287, 299, 372, 377
　海氷／海の氷 85, 185, 186
　氷山 84, 85
　氷床 82, 84, 85, 94, 95, 372
コオロギ 346
古気候学者 95
小切手 226
ゴキブリ 189
呼吸器系 199
国際宇宙ステーション（ISS）38, 42, 43,

87, 135, 223
国際連合（国連）215, 334, 375, 381
黒死病 287
古細菌 152, 154
誇示的消費 353
個人主義 311
ゴダード、ロバート 38, 108
固体 28, 33, 37, 38, 58, 63, 80, 110, 111, 112, 114, 116, 124, 140, 361
古代世界の七不思議 270
骨格系 199
コック、クリスティーナ 43
骨髄 198, 199
コッホ、ロベルト 313
子どもの労働／児童労働 232, 314
コバシエーリャ洞窟、スペイン 220
コペルニクス、ニコラウス 23
コペンハーゲン 355, 378
ごみ／ゴミ 41, 42, 119, 181, 355, 367
コミュニケーション 77, 218, 315, 341, 356
コヨーテ 169, 188
暦／カレンダー 55, 224, 225, 237, 253, 264, 297
コランダム 71
ゴリラ 164, 370
ゴルディロックスゾーン 55
コルテス、エルナン 299, 304
コルドバ 285
コルドバ、フアン・デ 309
ゴルバチョフ、ミハイル 327
コロナ質量放出 24
コロンビア 296, 311, 334
コロンブス 299
コンキスタドール 304
コンスタンティノープル 278, 279
昆虫 67, 77, 146, 152, 156, 157, 158, 159, 160, 167, 168, 170, 173, 174, 208, 346, 368
　化石 77
　受粉 156
　節足動物 158
昆虫食 346
コンテナ船 342
コンドル 368
コンピュータ 17, 22, 74, 89, 117, 129, 232, 233, 341, 350, 352, 356, 357, 362, 364, 375, 380, 382, 383

【さ】
サーミ人 191
サーンチーの仏塔 272
サイ 95, 369, 370
細菌 35, 80, 122, 149, 152, 153, 154, 155, 183, 312
採掘、鉱山 74, 292, 293, 367
サイクロン 90, 91
サイバー戦争 350
裁判官 229
砕氷船 377
細胞 111, 127, 129, 154, 155, 156, 158, 159, 166, 179, 198, 199, 200, 201, 202, 203, 206, 207, 347, 363
　感覚細胞 206, 207

血液細胞 198, 199
植物細胞 156, 159
神経細胞 158, 202, 203, 206
動物細胞 159
人間の細胞 111, 159, 198, 199, 200, 363
皮膚細胞 201
細胞小器官 156, 159
細密画 301
サオラ 370
逆立ちする甲虫（キリアツメゴミムシダマシ）173
魚、魚類 77, 121, 152, 158, 162, 174, 175, 177, 178, 180, 182, 183, 185, 197, 208, 209, 258, 261
　化石 77
　生物発光 183
　脊椎動物 158
サギ 177
砂丘 172, 173
作物 143, 208, 211, 225, 246, 247, 347, 367, 373
サケ 175
鎖国／鎖国政策 302, 303
砂じん嵐 29
サソリ 173
サターンV型ロケット 38, 39
サッカー 234
ザッカーバーグ、マーク 352, 359
雑誌 322, 359
雑食動物 158
茶道 302
サトラップ（太守）267
砂漠 14, 54, 60, 61, 94, 162, 172, 173, 244, 246, 280, 292, 348, 367, 370
サハラギンアリ 173
サハラ砂漠 60, 61, 172, 280, 292, 348, 370
サバンナ 168
サビ 107
サファイア 75, 211
差別 315, 330, 331
　人種 309, 325, 330, 331
　性 315
サボテンフクロウ 172
サメ 122, 158, 162, 181, 370
「サメのかぞく」359
サル 165, 171, 175, 188, 189, 253, 258
サルゴン大王 248, 249
サレルノのトロタ 199
酸 117
酸化カドミウム 107
酸化鉄 84
酸化反応 108
三脚魚（オオイトヒキイワシ）182
産業革命 108, 151, 314
サンゴ 60, 81, 95, 158, 176, 178, 179, 211
　サンゴ礁 60, 178, 179, 372
　白化 178
塹壕戦 316
三神一体 257
三清 257
酸素 11, 38, 55, 86, 102, 103, 106, 107, 108, 114, 116, 117, 120, 121, 137, 149, 152, 154,

155, 158, 164, 170, 177, 180, 181, 185, 198, 199, 205, 206, 367, 368
酸素の大量発生 149
三葉虫 368
サンライトゾーン 180, 182

【し】
詩／詩人 239, 248, 268, 277, 283, 303, 359
西安 283
シヴァ（神）257
シヴァ（儀式）238
シェイクスピア、ウィリアム 223, 277
ジェイムズ・ウェッブ宇宙望遠鏡（JWST）16, 17
シェール 81
ジェットエンジン 108, 130, 131
シェフ 233
ジェンナー、エドワード 312
ジェンナー、カイリー 352
潮（の満ち引き、が満ちる、が引く）／波 55, 176, 177, 379
潮力 379
ジオエンジニアリング 375
ジオード 71
潮だまり 177
塩の交易 292
しお水／塩水 82, 174, 176
シカ 171, 190, 220
紫外線（UV）13, 24, 129, 173
視覚 202, 203, 206
磁器 303
磁気圏 55
識字 231
磁気浮上 131
時空 135
シク教 212
試験管ベビー 313
始皇帝 274, 275
子午線 56
仕事 43, 50, 82, 103, 142, 143, 190, 198, 199, 202, 230, 232, 233, 314, 315, 331, 345, 354, 356, 364
　分業 315
司祭／神官／みこ 248, 255, 256
死者の日 238
視床下部 204, 205
事象の地平面 19
地震 44, 58, 59, 60, 62, 63, 66, 67, 69, 81, 252, 278, 377
　衝撃波 67
　地震計 66
　地震波 67
　地震波トモグラフィー 59
慈善活動 352, 353
自然淘汰 150, 151
四足動物 197
七年戦争 307
ジッグラト 248
実地学習 233
質量 8, 9, 18, 19, 55, 56, 89, 110, 116, 133, 134
『実利論（アルタシャーストラ）』273

支点 142, 143
自転車 143, 355, 374, 381
自転周期 22
自動車 108, 130, 131, 322, 342, 354, 361, 374, 380, 381
　最高速度 130, 131
　自動運転車 365, 380
　スーパーカー 353
　ハイパーカー 353
児童労働／子どもの労働 232, 314
死の儀式 238
磁場 24, 25, 44, 55, 58, 112
芝居／劇場／舞台 109, 222, 223, 258, 303
シバテリウム 95
紙幣 226, 227, 239, 328
シベリア 348
刺胞 179
資本主義 320, 321, 327
『資本論』（カール・マルクス） 320
シマウマ 168, 169
しめごろしの木 164
指紋 201, 207
シャー・ジャハーン 300
ジャービル・イブン・ハイヤーン 285
ジャイアントパンダ 163, 171
ジャイナ教 213
社会主義 320
社会的スキル 230
ジャコウウシ 185
社貢 227
写真 358, 359, 362, 365
ジャズの時代 322
シャチ 158
ジャマイカ 213, 319, 334
斜面 64, 84, 93, 143, 171
車輪 142, 243, 246, 247, 296, 376
シャルルの法則 138
シャンセル、ジャン 109
種（生物） 150, 151, 153, 158, 160, 163, 164, 169, 170, 174, 176, 183, 196, 197, 368, 370
　数 153
　キーストーン種（中枢種） 163
　侵略的外来種 163
周王朝 252, 253
周期表 102, 103, 116
宗教 210, 212, 213, 214, 220, 237, 238, 239, 243, 245, 256, 258, 259, 266, 272, 273, 278, 279, 283, 284, 304, 328, 330, 332
しゅう曲山地 69
十字軍 279, 287
重水素 83
臭素 103, 107, 116
重装歩兵 269
終端速度 135
周波数 124, 125
ジュウモンジダコ（ダンボ・オクトパス） 182
集約農業 191
重力 6, 12, 13, 18, 19, 38, 40, 42, 43, 47, 52, 53, 55, 56, 122, 132, 133, 134, 135, 141
重力エネルギー 122
儒教 213
手術 129, 233, 312, 313, 338, 362, 363
　移植 313

インプラント 361
　ロボット手術／ロボットの手術 233, 362, 363
主食 209
ジュノー 44, 45
種の絶滅／大量絶滅／絶滅 34, 94, 95, 150, 151, 164, 173, 196, 197, 247, 339, 346, 368, 369, 370, 374
受粉 156, 369
シュメール人 218, 247, 248
主要作物 347
手話 216, 217
シュンガ朝 273
循環器系 199
準惑星 22, 36, 37
小アジア 277
消化器系 199
正月 237
嫦娥4号 32, 44
蒸気／蒸気機関／蒸気力 109, 290, 314, 315
焼却炉 108
象形文字 219, 264
衝撃波 67, 125, 137
証券市場 227
　暴落 322
蒸散 82
消毒剤 312
小脳 202
蒸発 29, 36, 82, 88, 166
情報格差 357
小惑星 20, 22, 23, 27, 33, 34, 35, 36, 37, 44, 53, 83, 86
　小惑星帯 22, 23, 34, 36, 37
女王／女帝／皇后 255, 267, 269, 277, 279, 283, 300
食虫植物 157
植物 54, 70, 77, 80, 81, 82, 100, 105, 119, 120, 121, 135, 152, 153, 156, 157, 158, 159, 162, 163, 164, 165, 170, 171, 172, 174, 176, 177, 180, 184, 190, 191, 208, 209, 247, 255, 258, 260, 285, 347, 366, 368, 370, 373, 374, 375, 379, 380,
　作物 143, 208, 211, 225, 246, 247, 347, 367, 373
　植物界 152
　植物の化石 77
　生物量 153
植物プランクトン 81, 162, 180
植民地／植民地主義／植民市 211, 215, 268, 291, 300, 304, 305, 306, 307, 308, 309, 310, 311, 328, 329
　脱植民地化 328, 329
女性 43, 199, 201, 211, 229, 234, 252, 256, 258, 262, 268, 269, 279, 283, 295, 301, 303, 313, 315, 322, 327, 333, 345
　宇宙飛行士 43, 327
　教育 230, 333
　教育の平等 230
　参政権運動 318, 319
　女王／女帝／皇后 255, 267, 269, 277, 279, 283, 300
スパルタ 268

性差別 315
投票権 318
　ムガル帝国 300, 301
女性参政権運動家 318, 319
触角（アンテナ） 160, 161
触覚（物をさわる感覚） 202, 203, 206, 207
ショックレー、レス 108
ジョブズ、スティーブ 341
シリア 215, 277, 335, 351
シリカ 117
シリコンバレー 117
シルク・ドゥ・ソレイユ 222
シルクロード 282, 283
シルト 83
城 286
シロイルカ 185, 186, 187
シロナガスクジラ 181
進化 35, 77, 108, 148, 149, 150, 151, 152, 162, 174, 188, 191, 196, 197, 218, 350, 368
シンカイクサウオ 182
深海層 182
真核生物 154
新型コロナウイルス（COVID-19） 155, 340
シンガポール 335, 352
神官／司祭／みこ 248, 255, 256
神経系 199
神経節 158
神経伝達物質 205
人工腎臓 363
人工素材 360, 361
人工知能（AI） 233, 338, 364, 380
人工内耳 383
人口密度 355
人種隔離 331
真珠層 325
心臓 125, 170, 199, 204, 205, 255, 312, 361, 362, 363, 382
神殿 248, 250, 251, 255, 256, 257, 258, 259, 264, 269
神殿のおか 251
神道 213
新年 224, 236, 237
ジンバブエ 227, 319, 335
シンプソン・スケール 91
新聞 322, 359
針葉樹 152, 166, 167
侵略的外来種 163
森林／木 93, 95, 157, 162, 164, 165, 167, 171, 177, 189, 333, 367, 370
　雨林 162, 164, 165, 178, 370
　温帯雨林 164
　年輪 95, 167
　北方林 166
　林冠 164, 165
森林限界 171
森林破壊 333, 367
人類 27, 33, 38, 41, 42, 43, 48, 83, 108, 114, 151, 196, 197, 209, 218, 220, 246, 324, 327, 332, 335, 346, 379, 382
　進化 196, 197
　人体 198, 199
　未来の人類 382, 383

【す】
水圧破砕法（フラッキング） 81
水泳 235
隋王朝 283
水銀 81, 103, 110, 312
水車 23, 314
彗星 20, 22, 27, 35, 36, 37
水星 22, 28, 32, 44, 55
水素 4, 5, 12, 13, 24, 30, 38, 83, 102, 103, 106, 107, 112, 116
数学／数学者 57, 33, 143, 230, 264, 284, 235, 29?
スーナ 266, 267, 27?
スーダン 274, 280, 329, 335
スーパーカー 353
スカイダイバー 87, 35?
スカベンジャー 176
すき 206
スクラムジェットエンジン 108
スクリュー 143
スコットランド 77, 247, 313, 315, 343, 359
スズ 14, 108, 114
スターシップ 39, 42
ステップ 168
ステンレス鋼 115
ストーンサークル 250
ストーンヘンジ 250, 251
ストロマトライト 149
ストロンボリ式噴火 64
スナガニ 176
砂浜 76
スノーボールアース（雪玉の地球） 94
スパレ 208, 269, 270
スピードイージー 322
スピードスケート 235
スピカ 15
スピッツァー宇宙望遠鏡 9, 12
スプートニク1号 38
スプートニク干渉 3?
スプロール現象 35?
スペイン 14, 27, 26, 277, 279, 281, 284, 285, 29?, 304, 305, 3?, 311, 319, 329, 335, 367
スペースX社 39, 42, 157
スペース・ローンチ・システム（SLS） 39
スポーツ 233, 234, 235, 262, 265, 268, 330
スマートウォッチ 362, 364
スマート技術 364, 365
スマートフォン 341, 359, 364, 365
スマートホーム 364
スモッグ 81
素焼き・陶器 109, 252, 275, 282, 283
スラストSSC 130, 131
スラム街 344
3Dプリンター 313, 362, 363
スルツェイ島 63
スワン、ジョセフ 315
スンニ 212

【せ】
星雲 11, 12, 13, 24

407

成王 252
星座 14, 15, 285
静止衛星 87
生石灰 109
成層圏 86
生息地／生育地 95, 151, 164, 169, 173, 174, 182, 188, 370, 373
　海 81, 158, 162, 176, 177, 178, 180, 181, 182, 183, 184, 185, 186
　雨林 160, 162, 164, 165, 178, 370
　温帯林 166, 171
　海岸 176
　極地 162, 184
　砂漠 162, 172, 173
　サンゴ礁 178, 179, 192
　草原 162, 168
　タイガ 166, 167
　淡水 174
　都市 151, 188, 189, 333, 354
　山 162, 170, 171
生態学 162
生態系 119, 162, 163, 164, 174
生態的地位（ニッチ）163
正長石 71
静電気 126, 127
青銅 114, 252, 253, 275, 300
青銅器時代 114
生物群系 162
生物多様性 379
生物発光 183
生物量 153
精錬 74, 109
ゼウス 257, 269
世界種子貯蔵庫 346
世界人権宣言 230
積雲 88, 89
石英 28, 71, 117
赤外線 9, 12, 16, 17, 24, 27, 129
赤色巨星 11, 46
脊髄 158, 199, 202, 203
石炭紀 80
脊椎動物 158
赤道 55, 56, 57, 60, 61, 63, 68, 69, 90, 92, 93, 181
石油 80, 81, 93, 118, 137, 355, 360, 366, 367, 372
　流出 360
積乱雲 88, 90, 91
セクメト 256
セコイア 122, 165
セコイアデンドロン 165
セシウム 103, 115
世俗主義 311
絶縁体 127
石炭 63, 75, 80, 81, 93, 109, 151, 314, 355, 360, 366, 372
石灰岩 61, 120, 171
石器時代 114
石こう 70, 71, 73, 75
接触力 132
雪線 68
節足動物 158, 161
絶滅危惧種 368, 370

セト 256
セネト 235
ゼリービーンズ 208
セルジューク朝 279
セレナイト 73
セロトニン 205
繊維強化プラスチック 360, 361
船外活動 43
戦車 222, 247, 248, 252, 268, 275, 317, 325
染色体 156, 159, 200
漸深層 182
潜水艦 317, 324, 377
潜水艇 182, 183
潜水服 137
前線（気象）89
戦争 190, 214, 215, 245, 248, 255, 256, 257, 263, 265, 269, 273, 276, 277, 281, 307, 309, 310, 317, 321, 324, 325, 326, 327, 328, 330, 332, 346, 350, 351
　宇宙戦争 351
　軍隊 234, 248, 252, 267, 268, 270, 271, 274, 275, 287, 301, 311, 327, 336, 350
　ゲリラ戦 351
　現代の戦争 350
　サイバー戦争 350
　第1次世界大戦 215, 316, 317, 322, 323
　第2次世界大戦 121, 215, 321, 323, 324, 325, 326, 328, 331, 335
　非対称戦争 351
せん断応力 141
全地球測位システム（GPS）41, 57, 351
線文字Aと線文字B 263

【そ】
ゾウ 105, 124, 158, 159, 276, 284, 301
層雲 88
草原 162, 168
草食動物 158, 168
層積雲 88
創造の柱 12
ゾウ時計 284
ソウル 355
藻類、藻 60, 149, 152, 154, 162, 164, 178, 179
ソーシャルメディア 341, 358, 359
ソーラーパネル 17, 42, 43, 378, 379, 381
組織犯罪 228
ソニックブーム 125
ソマリア 329, 335, 355
空の旅 341
そり 247, 250
ソリン 36
ソルラル 237
ゾロアスター教 213, 243
ソンクラーン 237

【た】
ダーウィン、チャールズ 151
ダークエネルギー 47, 133
タージ・マハル 300
タービン 123, 290, 376, 378
タール 170, 171

タイ 208, 237, 298, 335, 349, 372, 381
第1次世界大戦 215, 316, 317, 322, 323
太陰月 224
大禹 252
タイガ 166, 167
大気 10, 24, 27, 28, 29, 31, 36, 43, 44, 45, 54, 55, 80, 82, 86, 87, 88, 89, 92, 93, 102, 106, 117, 120, 128, 129, 136, 137, 149, 164, 354, 366, 372, 375, 377, 380
　地球の大気 10, 43, 55, 86, 102, 128, 366, 375
大気圧 136, 137
大気汚染 354
大恐慌 322, 323
大航海時代 15, 298, 299
代謝 185
太守（サトラップ）267
大スフィンクス 251
大西洋中央海嶺 60, 63
堆積岩 70, 71
大赤斑 31
体操 235
タイタン 27, 32
ダイナマイト 106, 108
第2次世界大戦 121, 215, 321, 323, 324, 325, 326, 328, 331, 335
「第2の地球」21
大脳 202, 203
大脳辺縁系 203
台風 90
太平洋ゴミベルト 147, 181
大砲 298, 307, 317
大マゼラン雲と小マゼラン雲 6
大名 302
体毛 196
ダイモス 32
大モスク、コルドバ 285
ダイヤモンド 59, 70, 71, 75, 121, 129, 211, 300, 352, 353
太陽 2, 9, 10, 11, 14, 16, 17, 18, 20, 22, 23, 24, 25, 28, 36, 37, 40, 42, 44, 46, 52, 53, 55, 57, 58, 77, 81, 86, 88, 92, 93, 94, 112, 120, 128, 129, 133, 176, 184, 211, 224, 225, 243, 250, 264, 297, 368, 372, 374, 376, 378, 379
　紅炎 24
　コロナ質量放出 24
　中心核 13, 24
太陽系 6, 8, 20, 21, 22, 23, 24, 27, 28, 29, 30, 31, 32, 34, 36, 37, 44, 45, 52, 54, 55, 83, 134
太陽系外惑星 20, 21
太陽光発電 349, 378
代用肉 347
太陽年 224
太陽風 24, 29, 44, 55
太陽フレア 24, 25
大陸地殻 59
対立遺伝子 201
対流圏 86
大量生産 315, 322
楕円銀河 6
ダクロン 360

竹 156, 163, 171
多元宇宙（マルチバース）47
タコ 182
蛇行 83
多国籍企業 341
多細胞生物 148, 197
タスキーギ航空隊 331
タスマン、アベル 299
「戦うかにげるか」反応 205
竜巻 90, 91
谷 60, 84, 95, 171, 296
タニト 281
種を遠くへ運ぶ方法 156
ダフニス 32
食べ物 42, 76, 79, 104, 121, 151, 159, 162, 163, 164, 175, 177, 188, 189, 190, 198, 199, 207, 208, 209, 232, 238, 246, 273, 281, 286, 306, 341, 343, 346, 347, 351, 373, 374, 379
　宇宙食 42
　主要作物／主食 209, 347
　食物連鎖 156, 162, 180, 181
　食料の支援 351
　バランスがよい食事 209
　不足 308, 351
　ペットフード 233
　無駄／捨てられる食べ物 209, 346
卵 153, 158, 161, 165, 177, 185, 186, 209
ダリット 331
タリバン 333
タルク 71
ダレイオス1世（大王）266, 267
ダレイオス3世 270
タングステン 75, 103
炭酸カルシウム 120
炭酸湖 121
単純機械 142, 143
男女の賃金格差 345
淡水 81, 82, 84, 85, 174, 176
　生息地 174
炭水化物 120, 198
弾性の法則 141
炭素 80, 103, 105, 115, 116, 120, 121, 153, 361
炭素14 105
炭素年代測定 105
タンニン 167
たんぱく質 78, 121, 159, 163, 198, 199, 200, 209
ダンボ・オクトパス（ジュウモンジダコ）182

【ち】
チェコスロバキア 327
地塊山地 69
地殻 28, 33, 52, 53, 58, 59, 66, 69, 74, 117
地下水 73, 76, 79, 81, 82
地下鉄道 309
力 47, 52, 69, 91, 92, 107, 118, 132, 133, 136, 137, 140, 141, 142, 143
　応力 141
　基本的な力 133
　強い力と弱い力 133
地球 2, 4, 6, 7, 8, 9, 10, 12, 14, 17, 20, 21,

22, 23, 24, 26, 27, 28, 29, 30, 31, 32, 33, 34, 35, 38, 39, 40, 41, 42, 43, 44, 46, 50–97, 102, 106, 120, 126, 128, 131, 133, 134, 135, 137, 143, 148, 149, 150, 151, 153, 154, 155, 160, 162, 167, 168, 172, 177, 178, 181, 182, 184, 224, 251, 272, 291, 340, 346, 355, 357, 366, 368, 369, 372, 374, 375, 378

進化　77, 148, 149, 150, 151, 152, 174, 188, 191, 192, 196, 197, 368
大量絶滅／絶滅　34, 94, 95, 150, 151, 164, 173, 196, 197, 247, 368, 369, 370, 374
地球磁気圏　55
地球の核　52, 58, 59
地球の気候　81, 92, 93, 94, 95, 120, 146, 162, 164, 166, 167, 178, 181, 185, 186, 287, 363–375
地球の四季　55
地球の質量　56
地球の生命の始まり　148
地球の測量　56
地球の大気　10, 43, 55, 86, 102, 128, 366, 375
地球の誕生　52, 53
地球の地震　52, 58, 59, 66, 69, 74
地球の天気　86, 88, 89, 92, 373
地球の年齢　53, 197
地球のマントル　58, 59
地球温暖化　41, 81, 85, 177, 186, 315, 333, 346, 369, 372, 375
地球接近惑星（NEO）　34
チクシュルーブ・クレーター　34
チタニア　32
チタン　103, 361
窒素　36, 86, 102, 103, 106, 111
窒素酸化物　81
地熱エネルギー　355
チビミズムシ　175
チャビン　258, 259
チャレンジャー海淵　60, 61, 155
チャンドラグプタ・マウリヤ　272, 273
チャンドラグプタ1世　273
チャンドラヤーン2号　44
長 允中　353
昼間園　86
中間航路（ミドル・パッセージ）　308
中国　26, 32, 38, 53, 75, 77, 79, 83, 109, 14, 131, 163, 213, 217, 219, 223, 224, 226, 234, 236, 237, 239, 252, 253, 274, 275, 282, 283, 293, 302, 321, 324, 327, 335, 340, 349, 352, 355, 370, 380
　宇宙計画　26
　三国　252, 253, 282, 283
　共産主義　321, 326
　言語　217
　誓　224, 233
　儒教　213
　新年　236
　神話／伝説　53, 252
　第2次世界大戦　324
　書王朝　232, 283
　道教　213, 257, 283
　万里の長城　274
　兵馬俑　255

文字　219
中国語　217, 234
中 深層　182
中 枢種（キーストーン種）　163
中 世　228, 286, 287, 291, 312
中 性子　100, 101
中 性子星　11
チョウ　160, 167
長 安　283
超 音波　59, 115, 125
聴 覚　203, 206, 207, 223
　耳が不自由な人　383
潮 間帯　176
長 江　83, 252
彫 刻　245, 259, 261, 262, 264, 269, 272, 281
チョウザメ　370
超 深海層　182
聴 診器　312
超 新星　11, 12, 13, 102
潮 汐力発電　379
朝 鮮戦争　327
超 大陸　62, 94
チョウチンアンコウ　183
超 低周波音　124
調 理／料理　109, 197, 208, 209, 232, 233, 247
潮 力　379
鳥 類、鳥　34, 67, 127, 150, 151, 152, 158, 159, 165, 170, 171, 172, 184, 186, 187, 188, 191, 197, 284, 360, 370
　さえずり　188
　進化　150
　猛きん類　188
　渡り　170, 177
チリ　9, 14, 296, 334, 348
チンパンジー　197
チンボラソ　68, 69

【つ】
ツィオルコフスキー、コンスタンチン　38
通貨　225, 227, 304, 328
月　23, 26, 27, 32, 33, 36, 38, 39, 40, 43, 44, 50, 52, 53, 55, 131, 133, 173, 176, 182, 184, 224, 225, 236, 250, 264, 300, 327, 348, 359
　月面基地　33
　月面のつり　33
ツタンカーメン　235, 239, 255
土　39, 70, 75, 82, 83, 117, 118, 156, 162, 169, 246, 251, 331, 367
つながりあった世界　340
津波　66, 67, 377
強い力　133, 136
つり橋　141, 296
ツンドラ　92, 184

【て】
テイア　52
ディーワーリー　224, 237
ディオネ　32
ティカル　251
低軌道（LEC）　87
帝辛王　252

ディズニー　182, 323
テイデ天文台　14
ティラノサウルス　77
鄭和　298
デーツ（果物）　247
テオドラ、皇后　279
てこ　142, 143
デサリーヌ、ジャン＝ジャック　311
デシベル　207
デス・バレー国立公園　14
テスラコイル　113
テセウス　263
鉄　28, 29, 33, 55, 58, 59, 74, 75, 102, 103, 107, 109, 115, 209, 211, 253, 320
鉄道／列車　80, 131, 314, 342, 380
テッポウウオ　174
テティス　32
テノチティトラン　296
手の洞窟（ラス・マノス洞窟）、アルゼンチン　220
テフロン　118
デュシェンヌ・スマイル　205
テレシコワ、ワレンチナ　327
テレビ　41, 87, 343, 351, 359, 364, 375
テレビの画面　112
テロリズム　332
テン（キエリテン）　171
天乙王　252
天気　41, 86, 87, 88, 89, 91, 92, 256, 373
　天気図　89
電気　113, 114, 116, 118, 122, 123, 126, 127, 203, 206, 315, 331, 333, 341, 344, 348, 349, 361, 376, 378, 379, 381, 383
　静電気　126, 127
　絶縁体　127
　電荷　100, 101, 112, 113, 127
　電気エネルギー　122, 123
　導体　127
　動電気　126
電気ウナギ　127
電気ケーブル　114
電気自動車　374, 379, 381
電球　315
電極　113, 383
電子　100, 107, 112, 116, 126, 127
電磁気力　133
電磁スペクトル　129
電子送金　226
電磁波　19, 122, 129
伝書バト　317
電子レンジ　129, 364
電信機　315
電池　117, 126, 127, 326
伝道所　305
天然ガス　80, 81, 118, 366
天然痘　304, 312
天王星　22, 23, 30, 31, 32
電波　5, 18, 129, 357
デンマーク　201, 235, 319, 324, 334, 335, 345, 355, 378
天文学／天文学者　4, 5, 6, 7, 9, 15, 21, 23, 47, 252, 264, 285, 295
天文単位（AU）　22, 23

天理教　23
電話機　35

【と】
ドイツ　28, 71, 108, 131, 135, 219, 313, 316, 317, 323, 324, 325, 327, 335, 343, 359
　第一次世界大戦　315, 317
　第2次世界大戦　323, 324, 325, 327
　ナチス　323, 324, 331
銅　71, 74, 75, 103, 109, 114, 226, 235, 367
トゥーンベリ、グレタ　53, 375
唐王朝　282, 283
陶芸／素焼き　109, 252, 275, 282, 283
東京　29, 332, 333, 349, 355
道教　213, 257, 283
洞窟壁画　220
道具を使う動物　159
凍結　117
鄧小平　52
動電気　126
投票権　214, 330
トゥファ　120, 121
動物　15, 30, 75, 77, 94, 95, 100, 120, 121, 124, 125, 150, 151, 152, 153, 154, 156, 157, 158, 159, 161, 162, 165, 166, 167, 168, 169, 170, 172, 174, 175, 177, 179, 181, 182, 183, 197, 203, 220, 221, 222, 246, 253, 258, 327, 333, 347, 368, 369, 370
　家畜／家畜化　190, 191
　絶滅危惧種　369, 370
　動物界　152, 153, 158
動物プランクトン　173
東方正教会　279
冬眠　166
ドーパミン　205, 223
ドーム状山地　69
トール　257
ドーン　37
トカゲ　159, 188
トカマク　132
トキ　370
特異銀河　16
特異点　19
独裁者　269, 321
独立運動　358
年　21, 22, 43, 55, 67, 224, 225, 237
　うるう年　55, 224, 225
　公転周期　22, 23
　太陽年　224
都市　82, 85, 188, 189, 215, 248, 249, 251, 258, 259, 262, 263, 264, 265, 267, 268, 269, 270, 271, 276, 277, 278, 281, 284, 292, 296, 314, 324, 331, 333, 354, 355, 366, 380, 381
　カーボンニュートラル都市　355
　グリーン都市　335, 380
　スプロール現象　354
　都市農業　347
　都市の野生生物　188
　未来の都市　380, 381
　メガシティ　333, 354
　最古の都市　248
都市国家　248, 268, 269, 270

土星　22, 23, 24, 27, 30, 32, 55
トナカイ　191, 208
トパーズ　71, 211
ドバイ　116, 355
飛び込み　235
トラ　166, 370
ドラモンド、トーマス　109
トランスフォーム型境界　62
鳥、鳥類　34, 67, 119, 127, 150, 151, 152, 158, 159, 165, 170, 171, 172, 184, 186, 187, 188, 189, 191, 197, 284, 360, 370
　さえずり　188
　進化　150
　猛きん類　188
　渡り　170, 177
ドリームタイム　244
トリケラトプス　77
トリトン　32
鳥肌　196, 204
トルコ　226, 262, 267, 269, 270, 279, 300, 319, 335
トルデシリャス条約　304
ドルメン　238
奴隷解放宣言　309
奴隷と奴隷貿易／奴隷と奴隷制度　269, 308, 309, 311, 330
トレース・ガス・オービター　44
トレス海峡諸島民　244
トロイア戦争　263
ドローン　64, 347, 350
トワイライトゾーン　182, 183
トンブクトゥ　292
トンボー地域　36

【な】
ナイカ鉱山（メキシコ）　73
内戦　214, 215, 276, 321, 351
内燃機関　109, 315
ナイル川　83, 246, 254, 270, 280
ナイロン　118, 119, 139, 360
長崎　303, 325
流れ星　35, 43
ナショナリズム　323
ナスカ　63, 258, 259
ナスカの地上絵　259
菜種　379
ナチス　323, 324, 331
ナトリウム　103, 115
ナノテクノロジー　362
ナノボット　383
ナノメディシン　362
ナパタ　280
ナビゲーション　41
波／潮（の満ち引き、が満ちる、が引く）　55, 176, 177, 379
　潮力　379
ナミブランド自然保護区　14
ナラボー平原　61
南極／南極大陸　29, 61, 62, 65, 84, 85, 86, 88, 92, 93, 95, 128, 146, 184, 185, 335, 348, 349, 373
南極エイトケン盆地　33

南極光　24, 128
南極点　55, 56, 61, 63, 85
軟骨　199
軟体動物　152, 158
難民　215, 351

【に】
におい物質（におい分子）　207
肉食動物　158, 370
肉と乳製品　346
二酸化硫黄　117
二酸化炭素　28, 29, 64, 81, 92, 93, 120, 156, 164, 180, 198, 199, 355, 366, 367, 372, 375, 380, 381
　光合成　81, 156, 157, 179, 180
にじ　128
ニシオンデンザメ　158
ニジキジ　171
ニジハギ　178
二足歩行　197
ニチノール　361
ニッケル　33, 58, 59, 103, 114, 361
日食　23
ニッチ（生態的地位）　163
ニトログリセリン　106
ニネヴェ　249
日本　26, 35, 42, 65, 67, 68, 118, 182, 213, 219, 237, 302, 303, 314, 319, 324, 325, 335, 349, 377
　江戸時代　302
　社会身分　302
　第2次世界大戦　324, 325
　東日本大震災　67
　広島市と長崎市　325
ニャササウルス　77
ニューグレンジ　251
ニューコメン、トーマス　109
ニュージーランド　261, 299, 319, 335, 370
ニュートン、アイザック　133
ニュー・ホライズンズ　37, 44
ニューヨーク証券取引所　227
ニューロン　202, 203
にわか景気と不況　322
ニワトリ　138, 191, 229
人間以外の知的生命体　7

【ぬ】
ヌー　168, 169
ヌール・ジャハーン　301
ヌナブト準州　299

【ね】
ネオン　103, 113
ネコ　153, 171
ねじり応力　141
ねじりの強度　141
ネズミ　135, 189, 253, 287
熱　2, 5, 10, 13, 16, 24, 28, 58, 70, 71, 77, 88, 92, 93, 108, 110, 114, 118, 122, 123, 129, 173, 181, 185, 197, 366, 372, 376, 380
熱エネルギー　122, 355
熱気球　138, 139

熱圏　86, 87
熱水噴出孔　148, 154, 155
熱帯　55, 80, 86, 88, 89, 91, 160, 178
　熱帯雨林／雨林　147, 160, 162, 164, 165, 178, 264, 348, 370
　熱帯気候　92
熱的死　46
熱波　373
ネパール　170, 171, 224, 225, 239, 273, 335
眠り　202, 203
ネレイド　32
ネレイド記念堂　269
燃焼　107, 108, 109

【の】
脳　105, 124, 158, 159, 161, 173, 189, 196, 197, 199, 202, 203, 204, 205, 206, 207, 216, 223, 235, 255, 362, 363, 382, 383
　刺激　223
　動物　173, 189
　人間　105, 124, 196, 199, 202, 203, 204, 205, 206, 207, 216, 223, 235, 255, 363, 382, 383
　脳幹　202, 203
　脳の主なエリア　202
　脳波　203
　半球　202
農業　82, 191, 208, 246, 254, 256, 264, 287, 302, 314, 346, 347, 369, 370
　過耕作　367
　家畜化　191
　かんがい　258
　作物　143, 208, 211, 225, 246, 247, 347, 367, 373
　集約農業　190
　垂直農業　347
　都市農業　347
ノウルーズ　237
ノーベル、アルフレッド　108
ノッティングヒルカーニバル　328
のばす、つぶす　140
ノルウェー　287, 319, 335, 345, 346
ノルエピネフリン　205
ノルテ・チコ　258

【は】
ハーヴェイ、ウィリアム　312
パーカー・ソーラー・プローブ　44
パークシン　118
バークリウム　103
バーコードリーダー　129
バーナーズ＝リー、ティム　357
肺　137, 170, 198, 199, 205, 255, 316, 354
バイオニック義手　383
バイオ燃料　379
バイオフィルム　155
バイオプラスチック　119
バイオマス　378, 379
バイキング　257, 287
排出／放出　10, 12, 73, 75, 81, 93, 104, 120, 122, 149, 202, 205, 366, 372, 374, 375, 376, 377, 379, 380

陪審員　229
バイソン　190, 220
ハイチ革命　309, 311
ハイパーカー　353
ハウメア　37
ハエトリグサ　157
ハエトリグモ　170
墓／埋葬地　41, 235, 238, 239, 252, 254, 255, 263, 269, 275, 280, 281, 282, 300, 305
ハギア・ソフィア大聖堂　278
パキスタン　301, 319, 328, 333, 335
白色光　128
白色わい星　11
ハクジラ　186
バグダッド　284, 285
はくちょう座　14
幕府　302
ハゲワシの碑　248
橋　74, 115, 141, 286, 296
バショウカジキ　180
ハシリグモ　174
バシレイオス2世　279
パスツール、ルイ　313
ハタネズミ　171, 189
ハチ／ミツバチ　156, 160, 369
は虫類　67, 152, 153, 158, 188, 197
ハチラン　156
8レアル銀貨　304
ばつ　229
パック　32
発電所　81, 126, 290, 348, 373, 376, 377, 378
ハッブル、エドウィン　7, 47
ハッブル宇宙望遠鏡　16, 41
発泡金属　361
バティスタ、フルヘンシオ　321
ハト　5, 172, 188, 317
馬頭星雲　13
ハトシェプスト女王　255
ハドフィールド、クリス　223
ハトル　256
鼻　168, 172, 173, 199, 201, 207, 255
バナナ等価線量（BED）　104
パナマ　311, 334
歯の矯正　361
バハイ教　213
パピルス　255
バビロニア帝国　224, 248, 249, 257, 270
バビロン　248, 249, 267, 270, 271
パプアニューギニア　217
バフェット、ウォーレン　352
ハヤブサ　188, 255, 257
はやぶさ2　35, 44
ハリウッド　323
ハリケーン　30, 51, 90, 91, 170, 372
ハリケーンの目　90
春（ボッティチェッリ）　225
パルサ（ペルセポリス）　267
パルテノン　251
春の訪れ　225
ハロゲン　103
パン（衛星）　32
ハンガリー動乱　327
半球（地球）　6, 14, 15, 55, 88, 90, 184

半球（脳）202
バンクーバー 355
バングラデシュ 231, 335, 351, 355
パンゲア 62
礫石 53
白亜 201, 228, 229, 322
科学捜査官 201
白亜紀 228, 229, 365
反射（体の機能）203
反射星雲 13
繁殖計画 368
パンデミック 340
ハンニバル 276

パンパ 168
反物質 3, 5
ハンマーとかまのシンボル 321
ハンムラビ王 248, 249
万里の長城 274

【ひ】
火 107, 108, 109, 129, 135, 139, 159, 194, 195, 196, 197, 203, 209, 279, 307
ピーナッツバター 121
ビーバー 163
ヒエログリフ 218, 235, 239, 255
東日本大震災 67
皮下注射器 312
光 2, 4, 8, 10, 11, 13, 18, 19, 20, 23, 24, 28, 32, 57, 81, 86, 92, 93, 113, 128, 129, 165, 166, 173, 183, 206, 285
可視光線 24, 128, 129
光速 11, 132
白色光 128
光ファイバーケーブル 356
蒸気機 93
非金属 103, 116, 117
飛行機／航空機 108, 115, 116, 118, 125, 131, 137, 138, 142, 207, 315, 317, 323, 325, 350, 360
ジェットエンジンの飛行機 108, 131
ピサの斜塔 134
ビザンツ帝国 278, 279
ピジン言語 217
ヒスパニア 277
ねずみ 66
微生物 54, 118, 148, 149, 154, 155
ピタゴラス 295
ビタミンB12 121
ビッグクランチ 46
ビッグバン 4, 5, 46, 47
ビッグフリーズ 46
ビッグリップ 46
ヒツジ 133, 171, 253
ヒッタイト人 262
ビットコイン 226, 227
引っぱり応力 141
引っぱり強度 141
ビデオ通話 341
ひどいインフレーション 227
ヒトデ 158, 176
ヒト免疫不全ウイルス（HIV）／後天性免疫不全症候群（AIDS）313

ヒトラー、アドルフ 323, 324
火の噴水 64
ヒペリオン 32
ヒマラヤ山脈 60, 61, 68, 69, 170, 171
ピューマ 189
ヒョウ 120, 171, 280, 370
氷河 63, 82, 84, 155
氷河時代 84, 95, 368
病気 81, 105, 121, 125, 155, 198, 256, 283, 304, 308, 312, 313, 316, 325, 333, 340, 345, 346, 353, 362, 370, 382, 383
病原体説 313
氷山分離 85
表情 204, 205, 216
表層 13, 24, 33, 36, 180, 182
平等主義 311
肥沃な三日月地帯 246, 247
ビラコチャ神 259
ピラプタンガ 175
ピラミッド 251, 254, 280
ビリオネア 352, 353
ビリッポス2世、王 270
微量元素 107
ピルグリム 306
広島 325
貧困／貧しい 230, 314, 323, 344, 345, 353
品種改良 190, 191
ヒンドゥー教 189, 212, 237, 238, 239, 243, 257

【ふ】
ファーレンハイト、ダニエル・ガブリエル 312
ファヴェーラ 344
ファシズム 323
ファッション 210, 211, 352, 375
ファラオ 235, 239, 243, 254, 255, 256
ファラデー、マイケル 315
ファルコンHTV-2 131
フィットネストラッカー 362
フィリピン 299, 335, 349
フィンランド 324, 335
風船 126, 137
高高度気球 87
熱気球 138, 139
ブーメラン 245
風力タービン 123, 378
風力発電所 378
フェーベ 32
フェデラー、ロジャー 345
フェニキア人 218, 262, 263, 281
フェロモン 161
武王 252
フォーセット、ミリセント 319
フォボス 32
ブガッティのラ・ヴォワチュール・ノワール 353
不規則銀河 6
複眼 161
副腎 205
服装 210, 211, 266, 295
フクロウ 169, 172, 189
フクロウナウム 370

ブケパロス 271
富豪 352, 353
武士 302, 303
富士山 68
腐食 117
武則天 283
舞台／芝居／劇場 109, 222, 223, 258, 303
舞台芸術 222, 223
ブッダ 256
仏教 212, 213, 224, 237, 243, 272, 273, 283
フックの法則 141
物質 4, 5, 11, 19, 24, 36, 59, 70, 80, 99, 100, 102, 105, 106, 107, 110, 112, 116, 117, 118, 119, 121, 122, 123, 129, 133, 156, 159, 177, 208, 312, 363
ダークマター 8
フッ素 103, 116
仏塔 272
物物交換 226, 267
武丁王 252
不平等 344, 345, 352
ブラウン、ヘンリー 309
ブラウン、ルイーズ 313
ブラジル 299, 308, 309, 334, 344, 348, 355
プラスチック 118, 119, 181, 226, 343, 360, 361
プラスチック汚染 181
プラズマ 112, 113
プラズマボール 112, 113
プラチナ 114
フラッキング（水圧破砕法）81
ブラックバード（ロッキード社のSR-71）131
ブラックホール 3, 9, 11, 13, 18, 19
ブラッシカ・ラパ 191
ブラッドハウンドLSR 130
フラッパー 322
プラトン 268, 295
フラニ人 293
ブラフマー 212, 257
フランクリン、ジョン 299
フランクリン、ロザリンド 313
フランス 57, 107, 109, 190, 199, 217, 220, 276, 277, 287, 306, 307, 309, 311, 312, 313, 316, 317, 319, 324, 328, 329, 334, 335, 349, 359
第1次世界大戦 316, 317
第2次世界大戦 324
フランス革命 311
ブランデル、ジェームズ 312
ブランド 341, 352, 359
ブリッツクリーク 324
プリンストンの戦い 310
プリンツ、ヨアヒム 330
ブルガリア 220, 267, 316, 335
ブルジュ・ハリファ 116, 355
ブレイク、ユージン・カーソン 330
ブレイクダンス 223
ブレーキ 130
プレートテクトニクス 62, 63
プレーリー 168
プレーリードッグ 169
フレスコ画 277, 294, 295
フレミング、アレクサンダー 313

フレンチ・インディアン戦争 307
プロキシマ・ケンタウリ 1
プロキシマ・ケンタウリb 21
プロテウス 32
プロメリア 65
フロントラニス 130
噴気孔 64
分子 3, 5
分子 99, 105, 107, 110, 111, 118, 122, 124, 136, 137, 140, 148, 152, 198
噴出岩 71
噴出物 64, 65, 69
フン人 273, 279
フン人のアッティラ 279
ふん石 76
ブンゼンバーナー 109
分類 12, 67, 70, 71, 103, 116, 132, 143, 152, 158, 172, 182

分類体系（生物）182

【へ】
平衡石 5
ヘイダルノーン 192
兵馬俑 275
平和な抗議／暴力にたよらない抗議 214, 330
ベークライト 113
ペースメーカー 362
ベーリング海峡 95
壁画 220, 221, 262, 264, 277, 279
ベスビオ山 35, 257
ベゾス、ジェフ 352
ベッセマー、ヘンリー 75
ベッドフート 233
ベトナム 210, 298, 309, 321, 327, 329, 335, 371
ベトナム戦争 327
ペトラ 257
ペニシリン 121, 313
ベニテングタケ 157
ベネズエラ 311, 334
ベビー・コロンボ 4
ベビーズ 264, 265, 34?
ヘリウム 4, 5, 12, 13, 30, 102, 103, 112, 116
ベル、アレクサンダー・グラハム 315
ペルー 228, 258, 259, 296, 311, 334, 367
ペルシア人・ペルシア帝国 225, 237, 243, 266, 267, 269, 270
ペルセポリスで発見された粘土板 267
ベルタ砲 317
ペルム紀の大量絶滅 363
ヘルメット 118, 264, 265, 317
ベストローザ 32
変異 201
ペンギン 85
ベンケイチュウ 172
扁形動物 158
ベンジアス、アーノ 3
変成岩 70, 71
偏光 84, 93
ベンサ、コール 335
へん桃 207
へん桃体 204, 205

偏東風 88
ベンヌ 35, 44

【ほ】

ボイジャー 22, 31
ホイヘンス 27
ボイル＝シャルルの法則 138
ボイルの法則 138
ポイント・ネモ 41
方位磁針 58, 298
棒渦巻銀河 6
貿易／交易 168, 255, 262, 263, 264, 265, 267, 268, 280, 281, 283, 287, 292, 296, 298, 301, 302, 303, 304, 307, 308, 309, 342
望遠鏡 5, 9, 10, 12, 16, 17, 18, 20, 21, 30, 31, 41, 46, 129
防音 361
方解石 71
封建制度 286
放射 19, 24
　紫外線 13, 24, 129, 173
　赤外線 12, 16, 17, 24, 27, 129
　電磁放射 122
　ホーキング放射 19
　放出 104
放射エネルギー 122
放射性物質／放射能 326, 376, 377
放射性崩壊 104
放射線 99, 104, 105, 154, 155
宝石 51, 71, 75, 84, 211, 264, 300
紡績機 315
防弾チョッキ 361
法廷 229
法律 228, 229, 230, 232, 249, 268, 277, 279, 283, 311, 330, 345
法律家 229
暴力によらない抗議／平和な抗議 214, 330
法輪功 213
ポエニ戦争 276, 281
ボーキサイト 75
ホーキング、スティーブン 19, 383
ホーキング放射 19
ホー・チ・ミン 321
ホーフェンリング 381
ポカホンタス 307
北磁極 58, 61
ホグマネイ 237
ホジキン、ドロシー 121
捕食者と獲物 162
ボストーク1号 43
ボストン茶会事件 310
ホタル石 116
北極 15, 29, 30, 55, 56, 84, 86, 88, 92, 95, 172, 184, 185, 186, 191, 208, 299, 372, 377
北極海 60, 61, 83, 85, 89, 158, 184, 287, 334, 343, 348, 372
ホッキョククジラ 185
ホッキョクグマ 185, 186, 187
北極光 24, 128
北極星 15
北極点 55, 56, 57, 58, 61, 85, 89, 377
ホットジュピター（惑星） 21

ポップコーン 123, 346
北方林 166
ほ乳類 119, 152, 153, 158, 159, 171, 180, 185, 186, 197, 370
骨 76, 77, 78, 151, 198, 199, 201, 209, 211, 215, 244, 253, 258, 360, 383
ほほえみ 205
ホホジロザメ 162, 181
ホモ・エレクトス 109, 196, 209
ホモ・サピエンス 195, 196, 197, 209
ホモ・ネアンデルターレンシス 196
ホモ・ハビリス 196
ボランティア 233
ポリエチレン 118
ボリシェヴィキ 321
ポリネシア 260, 261
ボリバル、シモン 311
ボリビア 77, 304, 311, 334
ポリマー 118
ホルス 257
ボルト、ウサイン 197
ポルトガル 217, 277, 299, 304, 305, 308, 319, 329, 335, 348
ホロコースト 324
ポロニウム 103, 105
本、印刷 219, 226, 227, 285, 301, 359
ポンペイ 65, 277

【ま】

マーズ・リコネッサンス・オービター 44
マーティン・ルーサー・キング・ジュニア（キング牧師） 330
マードック、ウィリアム 109
マイクロソフト 333, 352
マイクロチップ 117
マイクロプラスチック 119
埋葬地／墓 41, 235, 238, 239, 252, 254, 255, 263, 269, 275, 280, 281, 282, 300, 305
マウイ 261
マウナケア 14, 68
マウリヤ朝 272, 273
マオリ人 211
マクドナルド 341
マグナ・カルタ（大憲章） 228
マグネシウム 55, 103, 115
マグマ 52, 58, 62, 63, 64, 65, 69, 70, 71, 73
枕状溶岩 63
マグレブ／リニアモーターカー 131, 380
マケマケ 37
マサイ 211
魔術 213, 229
魔女裁判 229
麻酔 312
マスク、イーロン 363
貧しい／貧困 230, 314, 323, 344, 345, 353
マゼラン 299
まちがった情報 358
マッチ 102, 109, 135
祭り 195, 222, 224, 225, 236, 237, 238
マテ貝 176
摩天楼 355
豆類 247

マヤ 218, 224, 225, 243, 251, 264, 265
　マヤの記数法 264
マラリア 353
マリアナ海溝 61, 119, 155, 182
マリ帝国 292, 293
マリネリス峡谷 29
マルクス、カール 320
マルチバース（多元宇宙） 47
マルディグラ 237
マルドゥク 257
マンガルヤーン 44
マンサ・ムーサ 292
マンデラ、ネルソン 331
マントル 28, 33, 58, 59

【み】

南半球 6, 14, 15, 55, 88, 90, 184
ミイラ作り 255
ミールワーム 346
ミカエル8世 279
味覚 202, 207
　味見係 233
　味らい 207
ミクロネシア 260, 261, 335
ミケーネ人 262, 263
みこ／神官／司祭 248, 255, 256
ミシシッピ・ミズーリ水系 83
水 27, 30, 33, 44, 52, 54, 62, 63, 68, 81, 82, 83, 86, 88, 89, 100, 106, 110, 111, 114, 115, 118, 120, 123, 124, 126, 129, 136, 143, 149, 155, 156, 162, 167, 171, 172, 173, 174, 175, 176, 177, 180, 181, 185, 187, 198, 199, 246, 254, 258, 277, 279, 284, 286, 290, 300, 331, 341, 344, 345, 366, 367, 374, 376, 377
　塩水／しお水 82, 174, 176
　汚染 81, 326, 345, 367
　水圧 137, 182, 183
　水蒸気 52, 64, 82, 91, 110, 377
　水道水 344
　淡水 81, 82, 84, 85, 174, 176
　地下水 73, 76, 79, 81, 82
　不平等 345
　水の循環 82
　雪どけ水 82
水責め椅子 229
水にうかぶ学校 231
ミスラ 257
ミッドナイトゾーン 182, 183
ミツバチ／ハチ 156, 160, 369
密猟 164
ミトコンドリア 156, 159
ミドル・パッセージ（中間航路） 308
南アフリカ共和国 335
南アメリカ 56, 60, 61, 62, 65, 68, 69, 83, 127, 150, 168, 174, 175, 184, 225, 228, 258, 296, 304, 308, 311, 334, 348, 372
みなみじゅうじ座 15
ミナミトビハゼ 177
ミノア人 262, 263
ミノタウロス 263

ミマス 32
耳 124, 206, 207, 256, 383
耳が不自由な人 383
ミミズ 158
ミヤコドリ 176
ミャンマー 57, 335, 351
ミランダ 32
民衆文字 218
民主主義／民主制 269, 276, 277, 311, 335

【む】

ムガル帝国 300, 301
無響室 125
無重力 135
無人航空機（UAV） 350
無脊椎動物 149, 158
ムッソリーニ、ベニート 323
ムハッラム 237
ムハンマド、預言者 212, 284
ムムターズ・マハル 300
紫式部 219
無料食堂 323

【め】

目 6, 8, 10, 18, 23, 27, 51, 53, 90, 108, 119, 128, 129, 133, 159, 160, 161, 166, 169, 174, 177, 187, 201, 202, 206, 211, 248
　錯覚 203
　複眼 161
メイア、ジェシカ 43
冥王星 22, 24, 36, 37, 44
メイフラワー号 306
メイブン 44
冥幣 239
メートル法 57
メガシティ 333, 381
メガネザル 159
メキシコ 34, 73, 83, 90, 172, 174, 208, 230, 238, 264, 265, 296, 299, 319, 334, 348
メソアメリカ 257, 264, 265
メソサイクロン 91
メソポタミア 246, 247, 248, 249, 270
メタン 30, 31, 93, 154, 346, 347, 367, 372
メッカ 15, 292, 298
メディア 358, 359
メディア人 266
メネス 254
メフメト2世、スルターン 278
メラネシア 260, 261
メロエ 280
メンデレーエフ、ドミトリ 103
メンフィス 267

【も】

藻、藻類 60, 149, 152, 154, 162, 164, 178, 179
毛沢東 321
モーガン、ベンジャミン 108
モース硬度 71
モールス、サミュエル 315
木星 20, 21, 22, 23, 24, 30, 31, 32, 34, 44, 45, 55

モクテスマ2世　296, 304
文字　216, 218, 219, 235, 239, 246, 247, 248, 252, 253, 255, 263, 264
　発達　216
モスク　278, 285, 292, 300
モナ・リザ（レオナルド・ダ・ヴィンチ）　205
モニュメントバレー（アメリカ）　94
モネラ　152, 153
物語　216, 218
モレーン　84
モンゴル／モンゴル人　14, 38, 83, 283, 284, 335
モンスーン　231

【や】
夜光雲　86
野菜　29, 209, 286, 343, 347
ヤドクガエル　165
ヤヌス　257
ヤハウェ　257
山　29, 36, 56, 59, 60, 61, 62, 63, 64, 65, 66, 68, 69, 82, 84, 88, 93, 151, 162, 167, 168, 170, 171, 184, 258, 269, 274, 277, 279, 296
　火山　29, 59, 60, 62, 63, 64, 65, 66, 68, 69, 70, 151, 277, 368
　　種類　69
　　雪線　68
　山火事　366, 372, 373
ヤマキチョウ　167
ヤマネ　166
ヤンスゾーン、ウィレム　299

【ゆ】
油圧装置　137
優生学　252
有袋類　188
郵便制度　267
幽霊　178
雪　63, 82, 84, 85, 89, 136, 167, 187, 372
雪玉の地球（スノーボールアース）　94
雪とけ水　82
雪の結晶　89
ユキヒョウ　171
ユスティニアヌス1世、皇帝　228, 278, 279
ユスフザイ、マララ　333
輸送コンテナ　342, 343
ユダヤ教　212, 237, 243, 257
ユダヤ暦　224, 237
指ぬき　207
夢　203, 330
ユリウス暦　224, 225

【よ】
溶岩／溶岩球　52, 53, 63, 64, 65, 70, 71, 73
陽子　100, 101, 103, 132
溶接　232
羊皮紙　228
葉緑体　156
ヨーロッパ　23, 26, 33, 56, 61, 65, 69, 89, 95, 119, 158, 188, 191, 208, 211, 218, 219, 226, 228, 229, 234, 238, 262, 267, 270, 277, 279, 284, 285, 286, 287, 295, 299, 303, 304, 306,
307, 308, 310, 311, 314, 316, 324, 326, 331, 335, 349, 352, 373
　中世ヨーロッパ　286
4つのブローチをつけた女性　258
ヨツメウオ　174
読み書き　218, 230, 231
ヨルダン　61, 251, 335
弱い力　133

【ら】
来世　235, 239, 255, 256, 275, 282
ライト、ウィルバーとオーヴィル　315
ライムライト　109
ラエンネック、ルネ　312
ラオス　321, 335, 370
ラス・マノス洞窟（手の洞窟）、アルゼンチン　220
ラスタファリ運動　213
ラテン語　103, 277, 285, 286
ラピタ文化　261
ラファエロ　295
ラボアジエ、アントワーヌ＝ローラン・ド　107
ラリベラの岩の教会　293
乱気流／乱流　87, 129
藍色細菌　149
乱層雲　88
ランニングブレード　235

【り】
リービット、ヘンリエッタ・スワン　7
李淵　282
リクガメ　153
リサイクル　43, 75, 355, 367, 375
利子（銀行）　227
リス　156, 188, 189
リスター、ジョゼフ　312
理性主義　311
リソスフェア　59
リチウム　75, 102, 103
リトマス紙　117
リトルビッグホーンの戦い　214
リニアモーターカー／マグレブ　131, 380
リャマ　296
竜脚類　77
琉球王国　302
リュウグウ　35, 44
りゅうこつ座　12, 15
硫酸　28, 64, 109, 367
粒子加速器　101, 103, 132
流星　35, 86
両生類　152, 158, 197
料理／調理　109, 197, 208, 209, 232, 233, 247
リン　75, 102, 103
リンカーン　309
リンドバーグ、チャールズ　323

【る】
類人猿　197
ルイス、ジョン　330
ルーヴェルチュール、トゥーサン　311
ルーシー（化石）　197
ルーフェンゴサウルス・マグヌス　79
ルーマニア　235, 239, 277, 335
ルネサンス　225, 294, 295
ルノアール、エティエンヌ　109
ルビー　75, 211, 248
ルメートル、ジョルジュ　4
ルンビニ　273

【れ】
レア　32
レイキャビク　355
冷戦　326, 327
レーウェンフック、アントニ・ファン　312
レーザー光／レーザー　63, 116, 129, 351
レーザーハープ　129
レーニン、ウラジーミル・イリイチ・ウリヤノフ　321, 327
レゴ社　118
レゴリス　33
レスリング　235, 268
レッサーパンダ　171
列車／鉄道　80, 131, 314, 342, 380
レバノン　263, 335
レンズ状銀河　6
レントゲン、ヴィルヘルム・コンラート　313

【ろ】
ろうそく　108, 172, 239
ローシュ・ハッシャーナー　237
ローマ・カトリック教会　279
ローマ字　218
ローマとローマ帝国　210, 218, 222, 225, 228, 257, 276, 277, 278, 279, 281, 295, 349
ロケット　38, 39, 40, 41, 42, 131, 133
　エンジン　108, 130
　燃料　38
ロケット飛行機　131
ロシア／ソビエト連邦　26, 38, 43, 83, 87, 103, 191, 217, 287, 316, 319, 321, 324, 325, 326, 327, 335, 349, 370, 377
　宇宙開発競争　327
　宇宙計画　26
　共産主義　320, 321, 326, 327
　グラスノスチとペレストロイカ　327
　第1次世界大戦　316, 317
　第2次世界大戦　321, 324, 325, 326
　冷戦　326, 327
　ロシア内戦　321
ロゼッタストーン　218
ロッキー山脈　60, 68, 69, 167
ロッキード社のSR-71（ブラックバード）　131
露天採掘　74
ロヒンギャ　351
ロボット　41, 43, 233, 338, 362, 363, 364
ロボット手術　233, 362, 363
ロボット掃除機　338, 364
ロボットホテル　43
ロムルスとレムス　276
ロルフ、ジョン　307
ロングシップ　287
ロンドン　131, 319, 324, 328, 348, 354, 374

【わ】
藁　30, 35
ワームホール　19
ワールドワイドウェブ　356, 357
矮星　11
惑星　4, 7, 8, 10, 20, 21, 22, 23, 24, 26, 27, 28, 29, 30, 31, 32, 34, 36, 37, 39, 40, 41, 45, 46, 51, 52, 53, 54, 55, 56, 83, 155, 264
　岩石惑星　28, 29, 30, 83
　巨大ガス惑星　28, 30, 45
　巨大ガス惑星の誕生　30
　準惑星　22, 36, 37
　太陽系の全惑星　20, 21
　惑星系のハビタブルゾーン（CHZ）　55
　惑星状星雲　13
ワクチン　299, 313
ワシントン、ジョージ　310
輪作／移牧　171, 177, 184, 215, 260, 306, 347
ワット、ジェームズ　315
ワニ　370
ブレシャ会計標準　327
温血動物　77

画像クレジット

写真およびイラストの複製を許可してくださった次の方々に感謝いたします。画像の著作権者を確認するためにあらゆる努力を尽くしましたが、誤りや抜け落ちがあった場合、それがいかなるものであっても深く謝罪し、必要があれば今後の重版分の訂正に喜んで応じます。

凡例：上（t）、下（b）、左（l）、右（r）、中央（c）

p.2 istock/hadzi3; **p.5 t** WMAP Science Team/NASA; **cl** istock/Bullet_Chained; **c** 123rf.com/creepycube; **cr** Image courtesy of Sarah Tuttle; **bc** Cavan Images/Superstock; **p.6 r** Alan Dyer/VWPics/Superstock; **p.7 t** NASA Image Collection/Alamy; **cl** GL Archive/Alamy; **bc** 123rf.com/Nikolia Titov; **p.11 tr** ESA/Hubble/NASA; **cr** Image courtesy of Ian Morison; **p.12 cl** NASA; **p.12–13 c** 123rf.com/nasaimages; **p.13 tr** NASA; **tcr** Giuseppe Carmine Iaffaldano/Roberto Colombari/NASA; **bc** istock/erierika; **p.14 bl** Library of Congress; **br** 123rf.com/Dmytro Kozyrskyi; **p.15 cr** istock/habari1; **bl** Bettman/Getty; **p.16–17** NASA (background); istock/alex-mitt (telescope); **p.18** Xinhua/Alamy; **p.19 cl** 123rf.com/Olga Popova; **bl** Goddard Space Flight Center/NASA; **bc** istock/vladwel; **p.20 tc** NASA; **b** Science Photo Library/Lynette Cook; **tr** CXC/M. Weiss/NASA; **p.21 cr** Southwest Research Institute; **bc** Ames/JPL-Caltech/T. Pyle/NASA; **tl** JPL-Caltech/SwRI/MSSS/Gerald Eichstädt/Seán Doran © CC NC SA/NASA; **p.22 bl** istock/OstapenkoOlena; **br** Dreamstime/Planetfelicity; **p.23 cl** World History Archive/Superstock; **p.24–25** Stocktrek Images/Superstock; **p.26** JPL-Caltech/MSSS/NASA; **cl** JPL-Caltech/MSSS/NASA; **bl** NASA; **p.27 t** NASA/Superstock; **cr** Image courtesy of Rudi Kuhn; **bl** JPL/NASA; **p.28 bl** NASA Image Collection/Alamy; **br** Dreamstime/Nitoshevikova; **p.29 t** JPL/USGS/NASA; **b** NASA; **p.30** istock/3quarks; **p.31 tr** istock/CoreyFord; **cl** ESA, A. Simon (Goddard Space Flight Center) and M.H. Wong (University of California, Berkeley)/NASA; **cr** Encyclopaedia Britannica, Inc.; **bl** istock/3quarks; **p.32 br** Neil A. Armstrong/NASA; **p.33 tr** MediaNews Group/Boulder Daily Camera/Getty; **cr** Foster Partners/ESA; **p.34** istock/estt; **tr** Kike Calvo/Getty; **tl** Dreamstime/Mircovon; **tr** Science Photo Library/Superstock; **br** JAXA/A. IKESHITA/MEF/ISAS; **p.36 cl** NASA Photo/Alamy; **r** NASA; **p.37 bl** Science Photo Library/Mark Garlick; **p.38 tr** istock/VickiVector; **p.39 tl** Space X/NASA; **r** NASA; **bl** istock/Yevhenii Dorofieiev; **p.41 cl** NASA; **cr** Image courtesy of Dr. Clifford Cunningham; **bl** ESA; **p.42 bc** NASA; **p.43 tc** istock/Samtoon; **tr** NASA; **cl** NASA; **bc** NASA; **br** NG Images/Alamy; **p.44** JPL/NASA; **p.45** Stocktrek Images/Alamy; **p.46 t** NASA; **p.47 tl** NASA; **cl** NASA; **r** istock/sakkmesterke; **p.48** Image courtesy of Michelle Thaller; Image courtesy of Michael G. Smith; Image courtesy of Toby Brown; **p.50-51** NASA; **p.52 tr** 123rf.com/snake3d; **p.53 tc** istock/dartlab; **tcr** John Cancalosi/age fotostock/Superstock; **cr** Catherine Frawley; **bl** Jon Astor/Alamy; **p.54** GSFC/NASA; **p.55 cl** istock/koya79; **cr** 123rf.com/pakhnyushchyy; **p.56 tr** istock/intararit; **bl** Joshua Stevens/NASA; **p.57 cl** INTERFOTO/Alamy; **br** istock/Moinia; **p.58 tr** istock/Wittayayut; **p.59 bc** istock/RobertKacpura; **p.62 tr** 123rf.com/tinkivinki; **p.63 tl** Ragnar Th. Sigurdsson/age fotostock/Superstock; **cl** National Oceanic and Atmospheric Administration (NOAA); **cr** Image courtesy of Brendan Murphy; **p.64** tom pfeiffer/Alamy; **p.65 tr** Radius/Superstock; **c** ClickAlps/Mauritius/Superstock; **p.66 tr** © Encyclopaedia Britannica, Inc.; **p.67 tc** istock/dutourdumonde; **cl** istock/Beboy_ltd; **cr** istock/Ashva73; **p.68 tr** istock/AVIcons; **p.70 tr** 123rf.com/Atcharaphon Chawanna; **p.71 tl** istock/VvoeVale; **tc** istock/reeisegraf; **tr** 123rf.com/Trygve Finkelsen; **cl** Dreamstime/Bjorn Wylezich; **bc** Dreamstime/Daniel127001; **p.72–73** Carsten Peter/Speleoresearch & Films/National Geographic Creative; **p.74 tr** istock/midkhat; **b** F1 Online/Superstock; **p.75 tc** istock/Eriklam; **tr** 123rf.com/yupiramos; **cl** Science and Society/Superstock; **br** istock/yomka; **p.76 tc** 123rf.com/Stock Photo; **p.77 tr** MERVYN REES/Alamy; **cr** Image courtesy of Dr. Nathan Smith; **bc** 123rf.com/Erlantz Perez Rodriguez; **p.78–79** Xinhua/Alamy; **p.80 bl** istock/nito100; **bc** istock/stephenallen75; **br** istock/CreativeNature_nl; **p.81 tl** 123rf.com/normaals; **bl** Birke/Mauritius/Superstock; **br** 123rf.com/Farhad Zobrabbayov; **p.82 tr** istock/ikryannikovgmail.com; **p.83 tr** Maxar/ASU/P.Rubin/JPL-Caltech/NASA; **cr** Image courtesy of David Hannah; **bl** istock/smietek; **p.84 cr** istock/kimrawicz; **p.85** istock/NicoElNino; **tr** istock/kappaphoto; **p.86–87bc** istock/PutyCzech (globe); **p.86** istock/a-r-t-i-s-t; Dreamstime/Tatianazaets; Dreamstime/Mogilevchik; istock/Roman Bykhalets; **p.87** istock/kathykonkle; istock/filo; istock/4x6; istock/leremy; Dreamstime/Andrew7726; **p.88** © 2012 Encyclopaedia Britannica, Inc.; **tc** © 2010 Encyclopaedia Britannica, Inc.; **p.89 tl** Dreamstime/Vladimir Velickovic; **tr** Michael Durham/Nature Picture Library; **cl** © 2013 Encyclopaedia Britannica, Inc.; **bc** © 2015 Encyclopaedia Britannica, Inc.; **p.90 t** Jason Persoff Stormdoctor/Cultura Limited/Superstock; **br** NASA; **p.91 tcr** Ryan McGinnis/Alamy; **cl** Dreamstime/Ratpack2; **p.92 tr** istock/antpun; **p.93 bl** istock/Veronika Ziminia; **bl** istock/ET-ARTWORKS; **bl** istock/VICTOR; **br** istock/Lucezn; **p.94 tc** Stocktrek Images/Superstock; **b** istock/Wildnerdpix; **p.95 c** istock/hidesy; **cr** Image courtesy of Paul Ullrich; **bl** 123rf.com/Adrian Hillman; **bc** istock/oleg7799; **p.96** Image courtesy of Paolo Forti; Image courtesy of Erik Klemetti; Image courtesy of Mark C. Serreze; **p.98** istock/manfredxy; **p.101 br** Dreamstime/Petrovich11; **p.102** NASA; **br** istock/yvdayd; **p.103 t** © Encyclopaedia Britannica, Inc.; **cl** Wikimedia Commons; **p.104 tc** 123rf.com/Chaowat Rittizin; **b** stockeurope/Alamy; **p.105 tl** Fred Tanneau/AFP/Getty; **cl** Library of Congress; **p.106** istock/agnormark; **p.107 tl** istock/PeterHermesFurian; **tr** istock/PrettyVectors; **cl** US Department of Defense; **bcl** Fine Art Images/Superstock; **br** istock/desertsolitaire; **p.108 t** © Encyclopaedia Britannica, Inc. (flame inset); **p.108–09** 123rf.com/Denis; istock/Tilegen; istock/omar mouhib; istock/Barbulat; istock/Fidan Babayeva; istock/Enis Aksoy; istock/appleuzr; istock/Neselena; istock/Arnaphoto; istock/lumpynoodles; istock/fairywong; istock/Skarin; istock/Nastasic; istock/Vectorios2016; istock/Anastasia Shafranova; istock/Rashad Aliyev; **p.110 tr** istock/ados; **p.111 tl** agefotostock/Alamy; **tr** 123rf.com/Ivan Kokoulin; **b** istock/scubaluna; **p.112–13** istock/Renato_Pessanha; **p.114 tl** Fine Art/Getty; **bl** istock/demarco-media; **p.115 t** istock/Fabvietnam_Photography; **bl** E. R. Degginger/Alamy; **br** STRINGER/Getty; **p.116 l** Tyson Paul/Superstock; **cr** istock/Coldmoon_photo; **p.117 tl** istock/BanksPhoto; **cl** 123rf.com/Jozsef Szasz-Fabian; **bl** istock/pixinoo; **p.118 tr** istock/meskolo; **cl** Dreamstime/DigitalBazaarr; **cr** istock/karandaev; **bl** istock/MariyaKolyago; **p.119 bl** istock/pcess609; **br** 123rf.com/Phong Giap Van; **p.120–21** istock/Chris LaBasco; **p.121 tr** istock/egal; **cl** Keystone Press/Alamy; **c** 123rf.com/yayasyaya; **br** istock/luchschen; **p.122 tr** istock/AVIcons; Dreamstime/Kutukupretkw2; 123rf.com/Chi Chiu Tse; Dreamstime/Fourleaflover; istock/dar woto; istock/chege011; istock/Moto-rama; istock/M-Vector; **p.123 r** Dreamstime/Broker; **bl** istock/nixoncreative; **p.124–25 t** istock/Craig Lambert; **p.124 br** NASA (stars); **br** Dreamstime/Curvabezier (astronaut); **p.125 tr** Dreamstime/Denys Kurbatov; **cr** Science Photo Library/Andrew Brookes/National Physical Laboratory; **bl** Dreamstime/Andrey Nyrkov; **p.126** Clarence Holmes Photography/Alamy; **p.127 tl** Science and Society/Superstock; **tr** 123rf.com/Kom Kunjara Na Ayuthya; **cl** Dreamstime/Dennis Jacobsen; **cr** Image courtesy of Cristina Lazzeroni; **p.128** istock/Marc_Hilton; **p.129 tr** 123rf.com/starsstudio; **bl** istock/Pat_Hastings; **p.130–31** Ben Stansall/AFP/Getty; **p.132 tr** 123rf.com/seventysix; **b** Science Photo Library/Cern/Julien Marius Ordan; **p.133 tc** NASA; **cl** 123rf.com/Georgios Kollidas; **bc** istock/Tanya St (shopping); **br** 123rf.com/_fla; **p.135 t** Dreamstime/The Skydiver; **cl** Library of Congress; **cr** NASA; **br** juniors@wildlife Bildagentur G/Juniors/Superstock; **p.136 t** 123rf.com/Jose Angel Astor; **br** istock/Denys; **p.137 tl** istock/OstapenkoOlena (truck); **tl** © Encyclopaedia Britannica, Inc. (hydraulic artwork); **tr** istock/Aleksandr Durnov (plane); **tr** istock/C-mere (mountain); **bl** istock/BoValentino; **br** Nature Picture Library/Michael Pitts; **p.138–39** Dreamstime/Eos5dmii; **p.140** Scott Ramsey/Alamy; **p.141 cr** Nicola Lyn Evans; **bl** istock/Nirian; **p.142** Dreamstime/Alexey Silin; **p.143 tcr** Dreamstime/Artizarus; **c** Dreamstime/Azmet Tlekhurai (gears); **c** istock/Macrovector (hand); **cr** Dreamstime/Maksim Bazarov; **bcr** istock/Barbulat; **p.144** Image courtesy of Kimberly M. Jackson; Image courtesy of Duncan Davis; Image courtesy of A. Jean-Luc Ayitou; **p.146** istock/marcouliana; **p.148 br** 123rf.com/alexutemov; **p.149 t** istock/Samtoon; **t** istock/runLenarun; **t** istock/vectorwin; **tcr** 123rf.com/Alexey Romanenko; **bcr** Image courtesy of Michael D. Bay; **bl** istock/Totajla; **p.151 cl** istock/Ivan Mattioli; **c** Dreamstime/Yehor Vlasenko; **br** Dreamstime/Elena Shvoeva; **p.153 c** 123rf.com/neyro2008; **cr** istock/Anolis01; **bl** istock/Vectorios2016; **p.154 t** Science Photo Library/Eye of Science; **br** Science Photo Library/Power and Syred; **p.155 tl** 123rf.com/William Roberts; **tr** Science Picture Co/SF/Superstock; **cr** istock/DavorLovincic; **bl** 123rf.com/Steven Heap; **p.156 tc** Kevin Sawford/imageBROKER/Superstock; **br** Dreamstime/Olga Deeva; **p.157 cr** Image courtesy of Matthew P. Nelsen; **bl** 123rf.com/Albertus Engbers; **p.158** 123rf.com/Daranee Himasuttidach; 123rf.com/Ansnasiia Lavrenteva; 123rf.com/Brankica Vlaskovic; 123rf.com/Elena Kozyreva; 123rf.com/Evgenii Naumov; 123rf.com/archivector; 123rf.com/Loveleen Kaur; 123rf.com/seamartini; 123rf.com/robuart; 123rf.com/route55; 123rf.com/Liane Nothaft; **p.159 tcr** Dreamstime/Nurlia Rasmi; **cr** Image courtesy of Karen McComb; **p.160–61** Anton Sorokin/Alamy; **p.160 cl** 123rf.com/Oleksandra Sosnovska; **p.162 tr** Superstock; **p.163 cl** Dreamstime/Chase Dekker; **bl** 123rf.com/Levente Janos; **bl** 123rf.com/Veronika Gotovceva; **p.164 cr** istock/ANDREYGUDKOV; **p.165 r** 123rf.com/Yevgenii Movliev; **bl** 123rf.com/Sergey Siz'kov (frog); **bl** istock/Mark Kolpakov (skull); **p.166 br** Animals Animals/Superstock; **p.167 tc** Dreamstime/Philip Kinsey; **bl** 123rf.com/Ljubisa Sujica (insect); **bl** Dreamstime/Elena Tumanova (tree); **br** Marli Miller/Alamy; **p.168–69 b** Dreamstime/Jo Reason; **p.168 t** Morales/age fotostock/Superstock; **c** Dreamstime/Roman170976; **p.169 cr** Image courtesy of Tal Avgar; **p.170 cl** 123rf.com/Dennis Jacobsen (tahr); **tc** 123rf.com/Oleg Serkiz (spider); **tr** Dreamstime/Agami Photo Agency (goose); **p.171 tc** Dreamstime/Walter Arce (leopard); **bl** istock/gui00878 (panda); **bc** Dreamstime/Akhilesh Sarfare (langur); **cr** istock/ePhotocorp (pheasant); **p.172 r** Nature Collection/Alamy; **p.173 tr** Dreamstime/Delstudio; **cl** istock/Diane Labombarbe; **cr** Image courtesy of Kristin H. Berry; **bc** Animals Animals/Superstock; **p.174 tr** Nature Picture Library/Stephen Dalton; **cl** NaturePL/Superstock; **bl** Stephen Dalton/Minden Pictures/Superstock; **p.175 br** istock/Tombolato Andrea; **p.176 tr** istock/TrevorFairbank; **cl** Dreamstime/Daseaford; **cr** Dreamstime/Julio Salgado; **bl** Dreamstime/Natakuzmina; **br** istock/rockptarmigan; **p.177 tl** Nature Picture Library/Laurie Campbell; **tc** robertharding/Superstock; **tr** Peter Lilja/age fotostock/Superstock; **c** Dreamstime/Lorrainehudgins; **cr** Image courtesy of Dr. Gil Rilov; **bc** Dreamstime/Jarous; **p.178–79** Alexis Rosenfeld/Getty; **p.178 tcl** 123rf.com/wrangel (surgeonfish); **p.179 tr** 123rf.com/designua; **p.181 t** istock/cienpies; **tr** Dreamstime/Vladimir Velickovic; **c** istock/Nigel Marsh; **cr** istock/vladoskan; **p.183 cr** Image courtesy of Monika Bright; **bl** Nature Picture Library/Jeff Rotman; **p.184 tr** 123rf.com/Taras Adamovych; **p.185 tr** Minden Pictures/Superstock; **cr** Encyclopaedia Britannica, Inc.; **p.187 tr** 123rf.com/Vladimir Seliverstov; **p.188 tl** istock/FRANKHILDEBRAND; **cl** Dreamstime/Dimityr Rukhlenko; **cr** istock/yhelfman; **bl** istock/Shelly Bychowski; **p.189 tl** paul kennedy/Alamy; **tc** 123rf.com/Feng Yu; **cr** istock/gan chaonan; **bl** Dreamstime/Taras Adamovych; **br** istock/dzphotovideo; **p.190 tr** Wikimedia Commons; **p.191 cl** Dreamstime/Ivonne Wierink; **cr** Gilles Barbier/imageBROKER/Superstock; **b** istock/Eriklam (dogs); **br** istock/ValerijaP (wolf); **p.192** Image courtesy of Kevin Foster; Image courtesy of Janice Lough; Image courtesy of Dino J. Martins; **p.194** istock/derno; **p.196 tr** GODONG/BSIP/Superstock; **p.197 tl** paolo siccardi/SYNC/Marka/Superstock; **cl** Ottfried Schreiter/imageBROKER/Superstock; **bl** istock/GlobalP; **br** istock/mdesigner125; **p.199 cl** fototeca gilardi/Marka/Superstock (Trota); **p.200** istock/Artem_Egorov; **p.201 tc** 123rf.com/bzh22; **cl** Charlotte Cox; **cr** Tom Bjorklund; **bcr** Image courtesy of Abigail H. Feresten; **bc** Cultura Creative/Superstock; **p.202 tc** istock/Henrik5000; **p.203 bl** istock/MediaProduction; **br** istock/zygotehasnobrain; **p.204** istock/calvindexter; **p.205 tl** 123rf.com/luckybusiness; **tr** istock/

Vintervarg; **cl** istock/monkeybusinessimages; **br** Wikimedia Commons; **p.207 cr** istock/VikiVector; **cr** istock/appleuzr; **cr** istock/Rakdee; **cr** istock/mecnanick; **cr** istock/soulcid; **bc** istock/ByM; **br** istock/GlobalP; **p.208 br** Dreamstime/Chernetskaya; **p.209 tc** 123rf.com/yupiramos; **r** Clickalps SRLs/age fotostock/Superstock; **bc** 123rf.com/fuzullhanum; **p.210 tc** World History Archive/Superstock; **b** Dia Dipasupil/Getty; **p.211 tl** Science History Images/Alamy; **br** istock/master2; **p.212–13** Dreamstime/Sadalaxmi Rawa; **p.213** 123rf.com/redberry; **p.214 t** World History Archive/Superstock; **bc** Ashraf Shazly/AFP/Getty; **p.215 tl** 123rf.com/chatcameraman; **cr** ITAR-TASS News Agency/Alamy; **bcr** Encyclopaedia Britannica, Inc.; **cl** 123rf.com/Alexander Pokusay; **bl** 123rf.com/artush; **p.216 tr** istock/JohnnyGreig; **p.217 cl** istock/Lokibaho; **cr** Image courtesy of Laura Kalin; **bl** Dreamstime/Danemo; **p.218 tr** istock/f9be5183_118; **c** DeAgostini/Superstock; **bl** DeAgostini/Superstock; **br** Jose Peral/age fotostock/Superstock; **p.219 cl** istock/coward_lion; **bc** 123rf.com/Kobby Dagan; **p.220–21** Look-foto/Superstock; **p.220 bc** Javier Etcheverry/Visual & Written/Superstock; **p.222** Robert Marquardt/Getty; **p.222 bl** Jan Wlodarczyk/Alamy; **p.223 tl** TAO Images Limited/Alamy; **cl** istock/TonyBaggett; **c** NASA; **br** Dreamstime/Kino Alyse; **p.224–25** 123rf.com/magicpictures; istock/bananajazz; 123rf.com/aratehortua; istock/AVIcons; Dreamstime/Sadalaxmi Rawa; Dreamstime/Dreamsidhe; istock/ekazansk; istock/MicrovOne; istock/appleuzr; istock/kumarworks; istock/Tatiana_Ti; istock/Drypsiak; istock/olnik_y; istock/Alexey Morozov; 123rf.com/Svitlana Drutska; istock/Photoplotnikov; **p.225 tr** World History Archive/Superstock; **p.226 l** istock/GeorgeManga; **l** istock/Bakal; **l** istock/Balora; **l** istock/Counterfeit_ua; **l** istock/-VICTOR-; **l** istock/13ree_design; **l** istock/Tanya St; **l** istock/Vectorios2016; **l** istock/einegraphic; **tr** Wikimedia Commons/Baomi (CC BY-SA 4.0 International); **p.227 tr** Dreamstime/Kwanchaidt; **cl** Dreamstime/Joe Sohm; **br** Dreamstime/Taigis; **p.228 t** istock/TonyBaggett; **p.229 cl** istock/undefined undefined; **cr** Image courtesy of Jack Snyder; **p.230 cl** agefotostock/Alamy; **tr** istock/hadynyah; **p.231 t** Jonas Gratzer/Getty; **p.232 t** Steve Morgan/Alamy; **bc** David Gee 4/Alamy; **p.233 tr** Nature Picture Library/Cyril Ruoso; **bl** istock/cherstva (chair/table); **bl** istock/Alex Belomlinsky (dog bowl); **br** 123rf.com/Ian Allenden; **p.234 tr** Jose Breton/NurPhoto/Getty; **p.235 tl** Alain Guilleux/age fotostock/Superstock; **tr** Sueddeutsche Zeitung Photo/Alamy; **bl** Warren Little/Getty; **p.238 t** istock/Solange_Z; **br** Chris Warren/Superstock; **p.239 tl** age fotostock/Superstock; **r** DeAgostini/Superstock; **bl** istock/ThamKC; **p.240** Image courtesy of Pravina Shukla; Image courtesy of Gina A. Zurlo; Image courtesy of Martin Polley; **p.242** istock/Carlos Aranguiz; **p.244 tr** Auscape/Getty; **p.244–45 b** LEMAIRE Stephane/Hemis/Superstock; **p.245 tl** Dreamstime/Rafael Ben Ari; **cr** robertharding/Superstock; **bcr** Image courtesy of Dave Ella; **p.247 tr** 123rf.com/Nicolas Fernandez; **br** istock/Species125; **p.248 tr** Peter Willi/Superstock; **c** Wikimedia Commons/Eric Gaba (CC BY-SA 3.0); **bl** DeAgostini/Superstock; **p.249 t** PRISMA ARCHIVO/Alamy; **cl** INTERFOTO/Alamy; **br** DeAgostini/Superstock; **p.250–251** istock/MNStudio; **p.253 tl** The Print Collector/Alamy; **tr** Heritage Image Partnership Ltd/Alamy; **cl** 123rf.com/Willaume; **br** 123rf.com/Anan Punyod; **p.254 tr** Stock Connection/Superstock; **p.255 cl** 123rf.com/Mikhail Kokhanchikov; **cr** 123rf.com/Silviu-Florin Salomia; **bc** Tom K Photo/Alamy; **p.256–57** Peter Barritt/Superstock; **p.258 tc** 123rf.com/Aleksandra Sabelskaia; **cr** George Steinmetz/Getty; **bl** Cicero Moraes; **p.259 tr** 123rf.com/maksanaphoto; **cr** Image courtesy of Alicia Boswell; **bc** istock/SL_Photography; **p.261 cl** Encyclopaedia Britannica, Inc.; **br** David Tomlinson/Alamy; **p.263 tr** Wikimedia Commons/Xuan Che (CC BY 2.0); **cl** DeAgostini/Superstock; **cr** North Wind Picture Archives/Alamy; **bl** istock/D_Zheleva; **br** PRISMA ARCHIVO/Alamy; **p.264 tr** DeAgostini/Superstock; **bl** DeAgostini/Superstock; **p.265 cr** Image courtesy of Elizabeth Graham; **bl** istock/Soft_Light; **p.266 l** Funkystock/age fotostock/Superstock; **cr** DeAgostini/Superstock; **p.267 cl** Philippe Michel/age fotostock/Superstock; **cr** Wikimedia Commons; **br** José Fuste Raga/age fotostock/Superstock; **p.268 tc** Granger Historical Picture Archive/Alamy; **b** World History Archive/Superstock; **p269 tl** funkyfood London - Paul Williams/Alamy; **cr** Image courtesy of Bill Parkinson; **bl** Dreamstime/Leremy; **p.271 tc** PRISMA ARCHIVO/Alamy; **p.272** istock/kaetana_istock; **p.273 tcl** Dinodia/Bridgeman Images; **cr** Dreamstime/Arindam Banerjee; **bl** 123rf.com/vectorstockcompany; **bc** Dreamstime/Adisak Paresuwan; **p.274–75** istock/zhaojiankang; **p.274 bc** istock/aphotostory; **p.276 tr** istock/Aaltazar; **bl** Universal Images/Superstock; **p.277 tr** Metropolitan Museum of Art; **cl** 123rf.com/Rusian Gilmanshin; **p.278 tc** 123rf.com/vincentstthomas; **p.279 tl** Heritage Image Partnership Ltd/Alamy; **cl** Wikimedia Commons; **br** Wikimedia Commons; **p.281 tl** DeAgostini/Superstock;**r** Gilles Barbier/imageBROKER/Superstock; **bl** Dreamstime/Fireflyphoto; **p.282 r** Martha Avery/Getty; **bl** Robert Kawka/Alamy; **p.283 tcl** Pictures from History/Bridgeman Images; **c** 123rf.com/Peng Hua; **br** Aterra Picture Library/Alamy; **p.284 r** Cultural Archive/Alamy; **p.285 tl** Christie's Images Ltd/Superstock; **cr** istock/Ghulam Hussain; **br** Dreamstime/Giuseppe Sparta; **bc** Heritage Image Partnership Ltd/Alamy; **p.287 tr** istock/a40757; **cl** istock/bubaone; **cr** The Picture Art Collection/Alamy; **bl** INTERFOTO/Alamy; **p.288** Image courtesy of Salima Ikram; Image courtesy of John O. Hyland; Image courtesy of Patrick V. Kirch; **p.290** istock/Keith Lance; **p.292 tr** JORDI CAMI/Alamy; **p.293 cr** Edwin Remsberg/Visual & Written/Superstock; **bl** MyLoupe/Getty; **br** Heritage Image Partnership Ltd/Alamy; **p.294–95** Wikimedia Commons; **p.296 cl** Lanmas/Alamy; **bl** Katya Palladina/Stockimo/Alamy; **p.297** Lucas Vallecillos/age fotostock/Superstock; **p.298 tc** istock/artisteer; **p.299 tc** Wikimedia Commons; **cr** Image courtesy of Lorenzo Veracini; **bl** Print Collector/Getty; **p.300 tc** 123rf.com/thelightwriter; **b** istock/somchaisom/Dreamstime/Cbaumg; **p.301 tl** IndiaPicture/Alamy; **cl** The Granger Collection/Alamy; **cr** Granger Historical Picture Archive/Alamy; **p.302** istock/MrsWilkins; **p.303 tl** Christie's Images Ltd/Superstock; **tr** Historic Collection/Alamy; **cr** Image courtesy of Katsuya Hirano; **bl** DEA/G. DAGLI ORGTI/Getty; **p.304 tr** North Wind Picture Archives/Alamy; **cl** Artokoloro/Alamy; **cr** istock/mj007; **br** istock/CNuisin; **p.305 cl** Pantheon/Superstock; **p.306 b** Mira/Alamy; **tr** North Wind Picture Archives/Alamy; **p.307 tl** World History Archive/Superstock; **tr** Historic Collection/Alamy; **br** istock/sharpner; **p.308 b** Wikimedia Commons; **p.309 tl** The Granger Collection/Alamy; **cr** Image courtesy of Joseph E. Inikori; **bc** Library of Congress; **p.310 tr** North Wind Picture Archives/Alamy; **b** Wikimedia Commons; **p.311 l** istock/Victor Metelskiy; **l** istock/vectortatu; **l** istock/bubaone; **l** istock/jamesbenet; **l** istock/AVIcons; **l** istock/Yuriy Bucharskiy; **bcl** Google Art Project; **cr** istock/ilbusca; **br** Stefano Bianchetti/Getty; **p.312–13** istock/lushik; istock/TSUKIYO; istock/CSA-Archive; istock/Barbulat; istock/pop_jop; istock/jamesjames2541; istock/Panptys; istock/lushik; istock/vectortatu; istock/Bismillah_bd; istock/-VICTOR-; istock/Enis Aksoy; **p.313 tr** istock/Raycat (kidney); **p.314 t** World History Archive/Alamy; **br** Science History Images/Alamy; **p.315 tcl** North Wind Picture Archives/Alamy; **bcl** istock/supanut piyakanont; **bc** Science History Images/Alamy; **r** istock/filo; **r** istock/eduardrobert; **r** istock/d-l-b; **r** istock/AVIcons; **r** istock/pepsizi; **r** istock/GeorgeManga; **r** istock/DmitryLarichev; **p.316 tr** World History Archive/Superstock; **p.317 tl** Classic Vision/age fotostock/Superstock; **c** istock/solargaria; **cr** Dave Bagnall Collection/Alamy; **bl** Granger Historical Picture Archive/Alamy; **p.318–19** LSE Library; **p.320** istock/mustafahacalaki (speech bubbles); **p.321 tl** istock/Kreatiw; **tcl** Universal Images/Superstock; **cr** Library of Congress/Getty; **bl** David Pollack/Getty; **p.322 tr** New York Daily News Archive/Getty; **b** Chronicle/Alamy; **p.323 cl** Allstar Picture Library/Alamy; **cr** istock/Shams Suleymanova (factory); **cr** istock/Ihor Kashurin (dollar); **bl** World History Archive/Superstock; **br** istock/Ieremy (jobs); **br** istock/bubaone (soup kitchen); **p.324 tr** Dreamstime/Micha Klootwijk; **cl** Bentley Archive/Popperfoto/Getty; **cr** © The Paul Kendel Fonoroff Collection for Chinese Film Studies, C.V. Starr East Asian Library, University of California, Berkeley; **br** istock/Irina Cheremisinova (submarines); **br** istock/bebuntoon (waves); **p.325 bl** World History Archive/Superstock; **br** Dreamstime/Alexmillos; **br** istock/supanut piyakanont; **br** istock/pop_jop; **br** istock/grebeshkovmaxim; **br** istock/Maksym Kapliuk; **br** istock/Mai Vu; **p.326 tr** Dreamstime/Vitaly Komorov; **b** Walter Sanders/Getty; **p.327 cr** istock/Shunrei; **bcl** Universal Images/Superstock; **br** Sueddeutsche Zeitung Photo/Alamy; **p.328 tr** Wikimedia Commons; **cr** Prisma by Dukas Presseagentur GmbH/Alamy; **bl** Wallace Kirkland/Getty; **p.329 r** istock/lukiv007 (compass); **cr** Image courtesy of Fobtel Neajai Pailey; **bl** Dominique BERRETTY/Getty; **p.330 c** Robert W. Kelley/Getty; **br** Miami Herald/Getty; **p.331 tl** National Archives and Records Administration (NARA); **tr** istock/Filed IMAGE; **cr** istock/supanut piyakanont; **bcl** World History Archive/Alamy; **br** istock/olga_besnard; **p.332** Stacy Walsh Rosenstock/Alamy; **p.333 tl** Dreamstime/Xi Zhang; **cr** Edwin Remsberg/age fotostock/Superstock; **br** MJ Photography/Alamy; **p.336** Image courtesy of Cindy Ermus; Image courtesy of Etana H. Dinka; Image courtesy of Tayyiya R. Zaman; **p.338** istock/PhonlamaiPhoto; **p.340 r** Science Photo Library/Roger Harris; **b** STR/Getty; **p.341 tl** robertharding/Superstock; **tr** Dreamstime/Bundit Minramun; **cl** Dreamstime/Featureflash; **cr** istock/justhavealook; **p.342–43** mauritius images GmbH/Alamy; **p.343 tr** 123rf.com/Valentin Valkov; **p.344** istock/C_Fernandes; **p.345 tl** Shutterstock/James Gourley/BPI; **cr** Visions of America, LCC/Alamy; **bl** Maria Heyens/Alamy; **br** 123rf.com/yupiramos; **p.346–47b** istock/Martijnvan Dernap; **p.346 tr** istock/GlobalP; **cl** Nature Picture Library/Paul Hermansen; **p.347 tr** istock/NatashaPhoto; **cr** 123rf.com/Dai Trinh Huu; **p.348–349** NASA; **p.349 bc** Little girl playing with a Little Sun in Ethiopia – photo: Merkit Mersha; **p.350** UK Ministry of Defence; **p.351 tr** Science Photo Library/Alamy; **cl** MUNIR UZ ZAMAN/AFP/Getty; **cr** istock/daz2d; **br** KHALED FAZAA/AFP/Getty; **p.352** Dimitrios Kambouris/Getty; **p.353 t** istock/nechaev-kon; **c** Imagine China Limited/Alamy; **cr** istock/ArnaPhoto; **br** NU Photo/Getty; **p.354–55 c** istock/Thomas De Wever; **p.354 cl** istock/Nigel_Wallace; **br** istock/pidjoe; **p.355 br** istock/smile3377 (city skyline); **p.356** istock/imaginima; **p.357 tr** US Marines Photo/Alamy; **cl** Science Photo Library/Sam Ogden; **cr** 123rf.com/artursestudio; **cr** Dreamstime/Nanmulti; **cr** Dreamstime/Andrii Kuchyk; **cr** Dreamstime/Raffaele1; **cr** Dreamstime/Fidan Babayeva; **cr** istock/13ree_design; **cr** Dreamstime/Sandaru Nirmana; **cr** Dreamstime/Mary San; **cr** Dreamstime/Provectorstock; **p.358** istock/scanrail (phone); istock Katharina13 (Australian animals); 123rf.com/bennymarty (wombat); **p.359 tr** ClassicStock.com/Superstock; **cl** Dreamstime/K2images; **cr** 123rf.com/artursestudio; **cr** Dreamstime/Raffaele1; **cr** Dreamstime/Fidan Babayeva; **br** Dreamstime/Danang Setiawan; **p.360 t** Science Photo Library/Pascal Goetgheluck; **bc** age fotostock/Superstock; **p.361 tr** istock/NPavelN; **cr** istock/aceshot; **b** istock/echnotr; **p.362 t** istock/Sudowoodo; **cr** Dreamstime/Vikteria Kasyanyuk; **b** istock/Gannet77; **p.363 tr** CMR Surgical; **cl** 123rf.com/arcady31; **cr** Image courtesy of Mike Jay; **bl** istock/piranka; **p.365 tr** 123rf.com/Wantarnagon; **cl** Image courtesy of Rana el Kaliouby; **br** EThamPhoto/Alamy; **p.366** istock/petar belobrajdic; **p.367 tl** Amazon-Images/Alamy; **c** Martin Shields/Alamy; **bl** imageBROKER/Superstock; **br** istock/Nataniil; **p.368 tc** istock/ScottCar; **br** istock/Pavliha; **p.369 bl** istock/Misha Shutkevych; **br** istock/Suzyanne16; **p.370–71** Nature Picture Library/Anup Shah; **p.372** Dreamstime/Zaur Tahirov; **p.372–73** Dreamstime/Johnpaulramirez; istock/AmePhoto; Dreamstime/Liudmyla Klymenko; **p.373 br** istock/GlobalP; **p.374 t** SOPA Images/Getty; **br** 123rf.com/Rosanna Cunico; **br** istock/Enis Aksoy; **br** 123rf.com/bytyczech; **br** istock/-VICTOR-; **p.375 r** istock/PamelaJoeMcFarlane; **cl** Zoonar GmbH/Alamy; **bcl** Jasper Chamber/Alamy; **p.376 b** istock/ctily; **p.377 cr** Sue Flood/Alamy; **bl** NASA; **p.378 t** istock/imageegen; **p.379 tl** NASA; **cr** Image courtesy of Dr. Jose Kuriakose; **bl** Dreamstime/Riccistda; **p.380–81 t** istock/3000ad; **p.380 bl** Dreamstime/Yinan Zhang; **p.381 bl** Jochen Tack/Alamy; **p.382** Dreamstime/Jie Xu; **p.383 tc** Science Photo Library/Life in View; **bl** JEP Celebrity Photos/Alamy; **r** Shutterstock/Quirky China; **p.384** Image courtesy of Ying-yi Hu; Image courtesy of Shauna Brail; Image courtesy of Joel Sartore.

宇宙の誕生から現代まで
138億年のこども大百科
発行日　2024年11月22日　第1刷

Author	クリストファー・ロイド
Translator	権田敦司　瀧下哉代　倉橋俊介（翻訳協力：株式会社トランネット）
Book Designer	装丁：chichols
	本文・DTP：朝日メディアインターナショナル株式会社
Publication	株式会社ディスカヴァー・トゥエンティワン
	〒102-0093　東京都千代田区平河町2-16-1 平河町森タワー11F
	TEL　03-3237-8321（代表）03-3237-8345（営業）
	FAX　03-3237-8323
	https://d21.co.jp/
Publisher	谷口奈緒美
Editor	原典宏　元木優子
Store Sales Company	佐藤昌幸　蛯原昇　古矢薫　磯部隆　北野風生　松ノ下直輝　山田諭志
	鈴木雄大　小山怜那　町田加奈子
Online Store Company	飯田智樹　庄司知世　杉田彰子　森谷真一　青木翔平　阿知波淳平　井筒浩
	大﨑双葉　近江花渚　副島杏南　徳間凜太郎　廣内悠理　三輪真也　八木眸
	古川菜津子　斎藤悠人　高原未来子　千葉潤子　藤井多穂子　金野美穂
	松浦麻恵
Publishing Company	大山聡子　大竹朝子　藤田浩芳　三谷祐一　千葉正幸　中島俊平　伊東佑真
	榎本明日香　大田原恵美　小石亜季　舘瑞恵　西川なつか　野﨑竜海
	野中保奈美　野村美空　橋本莉奈　林秀樹　牧野類　村尾純司　安永姫菜
	浅野目七重　厚見アレックス太郎　神日登美　小林亜由美　陳玟萱
	波塚みなみ　林佳菜
Digital Solution Company	小野航平　馮東平　宇賀神実　津野主揮　林秀規
Headquarters	川島理　小関勝則　大星多聞　田中亜紀　山中麻吏　井上竜之介　奥田千晶
	小田木もも　佐藤淳基　福永友紀　俵敬子　池田望　石橋佐知子　伊藤香
	伊藤由美　鈴木洋子　福田章平　藤井かおり　丸山香織
Proofreader	朝日新聞メディアプロダクション校閲事業部：本望和孝　小野美樹
	飯島智子　瀧本維衣
	文字工房燦光：菅原都記子
Printing	シナノ印刷株式会社
Binding	加藤製本株式会社

・定価はカバーに表示してあります。本書の無断転載・複写は、著作権法上での例外を除き禁じられています。インターネット、モバイル等の電子メディアにおける無断転載ならびに第三者によるスキャンやデジタル化もこれに準じます。
・乱丁・落丁本はお取り替えいたしますので、小社「不良品交換係」まで着払いにてお送りください。
・本書へのご意見ご感想は下記からご送信いただけます。

https://d21.co.jp/inquiry/

ISBN 978-4-7993-3101-9
©Discover21 inc., 2024, Printed in Japan.